JN410663

근대 동아시아 여성 의학교육사

근대 동아시아 여성 의학교육사

초판 1쇄 2025년 11월 30일

지은이 신규환·정다혜·김진혁·선민경·유지아·김영수·황용위안·신지혜·이현주·공혜정
펴낸이 주혜숙
펴낸곳 역사공간
등록 2003년 7월 22일 제6-510호
주소 04000 서울특별시 마포구 동교로19길 52-7 PS빌딩 4층
전화 02-725-8806
팩스 02-725-8801
이메일 jhs8807@hanmail.net

ISBN 979-11-5707-266-8 93910

앞표지 사진 1885년 펜실베이니아 여자의과대학 학장 레이첼 보들리가 연 리셉션에 참석한 유학생들
뒷표지 사진 경성여자의학전문학교 학생들의 실습 장면

근대 동아시아 여성 의학교육사

일러두기

외래어 표기는 국립국어원의 외래어표기법을 원칙으로 하였다.

머리말

한국 최초의 근대적 의학교육은 1886년 설립된 제중원의학교에서 시작되었지만, 1908년 첫 졸업생이 배출될 정도로 우여곡절이 많았다. 무엇보다 여성은 의학교육의 대상이 아니었다. 1890년 여성 의료선교사로 내한한 로제타 홀(Rosetta Sherwood Hall: 1865－1951)은 가난하고 소외된 환자를 돌보는 데 평생을 바쳤다. 그는 여성 의학교육과 장애인 교육에 관심을 뒀고, 그 결과 한국 최초의 국내파 여의사들과 특수교사들이 배출되었다. 한국 최초로 제도적 차원에서 여성 의학교육이 시작된 것은 1928년 로제타 홀과 길정희(吉貞姬: 1899－1990)의 주도로 설립된 조선여자의학강습소부터였다.

1933년 로제타 홀이 한국을 떠나면서, 여성 의학교육은 김탁원·길정희 부부에게 맡겨졌고, 교명도 경성여자의학강습소로 개칭되었다. 1933년 11월, 조선여자의학강습소의 첫번째 입학생 중 박순정과 임용화가 의사검정시험에 합격했다. 이후로 경성여자의학강습소는 매년 합격자를 배출하였다. 그러나 의사검정시험에 의존해서 여의사를 양성하는 데는 한계가 있었다. 김탁원(金鐸遠: 1898－1940) 소장은 졸업과 동시에 의사자격을 얻을 수 있는 여자의학전문학교 설립만이 유일한 해결책이라고 보고, 여의전 승격을 위해 고군분투했다. 이 과정에서 중앙학원 이사장 김성수의 주선으로 호남의 부호이자 교육사업가였던 김종익(金鍾翊: 1886－1937)과 교류하여 총 65만원의 기부금을 받게 되었다. 이 기금을 바탕으로 1938년 경성여자의학전문학교가 설립되었다. 경성여의전은 문부성 지정학교가 되면서 졸업생들은 식민지 조선뿐만 아니라 일본 제국 내에서 의사자격이 유효한 글로벌면허를 얻게 되었다. 경성여의전은 해방 이후 서울여자의과대학으로 개칭되었고, 이후 수도의과대학, 우석대학교 의과대학을 거쳐 지금의 고려대학교 의과대학으로 발전하게 되었다.

여성 의학교육을 미국과 동아시아의 시각으로 확대해 보면, 미국에서 여성 의학교육이 시작된 것은 19세기 중반의 일이다. 미국 전체에서 여성 의사가 차지하는 비율은 3-5% 수준이었음에도 불구하고, 19세기 후반 이래로 적지 않은 여성 의료선교사들이 중국, 일본, 한국에 파송되었다. 펜실베이니아 여자의과대학(Woman's Medical College of Pennsylvania)을 졸업한 루신다 콤스(Lucinda Combs)가 1873년 중국에 파견되었고, 시카고 여자의과대학(Women's Medical College of Chicago)을 졸업한 세라 커밍스(Sarah K. Cummings)가 1883년 일본에 파송되었으며, 시카고 여자의과대학을 졸업한 메타 하워드(Meta Howard: 1858-1932)가 1887년 조선에 파송되었다. 로제타 홀, 에바 필드, 메리 커틀러 등은 의료선교 활동뿐만 아니라 여성 의학교육을 위해서도 헌신하였다.

중국 최초의 여의사로 여겨지는 진윈메이(金韻梅: 1864-1934) 등 4명의 여의사는 모두 미국에서 의학교육을 받았다. 중국에서는 1879년 광저우의 박제의원(博濟醫院) 부설 서양의학교에서 여학생 2명이 최초의 여성 의학교육을 받았다. 1899년에는 미국 북장로회 여성 의료선교사인 메리 해나 풀턴(Mary Hannah Fulton)이 중국 최초의 여성 의학교육 기관인 광둥여의학당(The Canton Woman Medical College)을 설립하였고, 1902년 해킷의학교(Hackett Medical College for Women, Canton)로 개칭되었다.

일본에서는 오기노 긴코(荻野吟子: 1851-1914)가 1885년 의술개업시험에 합격하여 일본 최초의 여의사가 되었다. 그러나 의사검정시험에 의한 의사 양성은 한계가 있었다. 일본에서 세 번째로 여의사가 된 다카하시 미즈코(高橋瑞子: 1852-1927)는 제생학사(현 일본의과대학)에서 여성 의학교육을 길을 열었다. 또한 제생학사 출신인 요시오카 야요이(吉岡彌生: 1871-1959)가 1900년 도쿄여의학교(현 여자의과대학)를 설립하여 여의사를 본격적으로 양성하게 되었다.

이 책은 2023년 12월, 고려대학교 여성 의학사연구소가 개최한 개소 1주년 기념 심포지엄 〈동아시아 역사 속의 여성 의학교육〉에서 발표된 글과 2024년 2월 창간한 『의학사연구: 여성, 의학, 역사』에 게재된 연구 성과를 주로 모아서 엮은 것이다. 이 책에는 근대 동아시아 여성 의학교육에 관한 10편의 글이 실려 있다.

〈제1부 한국의 여성 의학교육〉에서는 한국에 관한 네 편의 글이 실려 있다. 첫 번째, 신규환의 「한국 여성 의학교육의 뿌리와 로제타 홀의 도전」은 한말 이래 로제타 홀의 의학교육의 전개과정과 성과를 단계별로 분석했다. 준비기(보구녀관 시기)는 의료조수 양성시기였고, 태동기(광혜녀원 시기)에 의사시험을 통한 면허의사 배출을 위해 의학교육을 실시했다. 과도기(청강생 시기)에 국내 최초의 여의사가 탄생했으나 지속성을 확보하지 못했다. 전환기(1928년 이후)에 조선여자의학강습소를 시작으로 여자의학전문학교 설립을 위한 방안을 모색하였다. 두 번째, 정다혜의 「로제타 홀, 여성 의학교육과 여성병원 운영의 길」은 로제타 홀의 여성 의학교육론을 검토하였다. 이 글에서는 로제타 홀이 의료선교의 위기 속에서도 조선 여성을 위한 의료사업은 조선인 여성 의료인이 주도해야 하며 여성이 운영하는 여성병원이 존속해야 한다는 입장을 일관되게 견지했으며, 이것이 여성 의학교육 제도화를 위한 활동을 뒷받침했음을 밝혔다. 세 번째, 김진혁의 「식민지시기 여성 의학교육기관의 설립과 성장」은 1928년 조선여자의학강습소에서 시작해 1938년 경성여자의학전문학교 설립에 이르는 과정을 조선인 의사와 사회 명망가의 주도적 참여를 중심으로 분석함으로써, 로제타 홀의 초기 역할 이후 조선인 사회의 자발적 후원과 교육 실천이 중심이 되었음을 강조하였다. 또한 여의전 교수진의 구성과 활동을 통해 여성 의학교육의 제도화 과정과 그 의의를 밝혔고, 경성여자의학전문학교를 해방 이후 한국 현대 의학교육의 기반을 마련한 교육기관으로도 평가하였다. 네 번째, 선민경의 「여의사 길정희, 그 삶과 발자취」는 한국 여성 의학교육의 선구자인 길정희에 관한 연구이다. 길정희는 여성 의학 교육의 발전에 크게 기여했을 뿐 아니라, 1920년대에는 민족해방운동과 여성운동에도 참여하며 여성 계몽 활동을 펼쳤다. 여성 엘리트로서 길정희의 삶과 활동은 일제강점기 여의사의 활동 반경을 보여주는 중요한 사례라고 할 수 있다.

〈제2부 일본·중국의 여성 의학교육〉에서는 일본과 중국에 관한 세 편의 논문이 실려 있다. 첫 번째, 유지아의 「메이지 시대, 여의사의 등장과 여성 의학교육의 시작」은 메이지시기 최초의 여의사들의 등장과 활동, 제생학사와 도쿄여의학교에서의 여성 의학교육을 다루고 있다. 이 글은 메이지 시기 의사제도의 형성에 맞물려 선구적인 여성들의 헌신적인 노력 끝에 일본에서 여의사가 다른 아시아 국가들보다 먼저 등장할 수 있었다고 평가한다. 두 번째, 김영수의 「도쿄여자의학전문학교와 근대 일본 여성 의학교육의 발전」은 요시오카 야요이(吉岡彌生)의 주도로 설립된 도쿄여의학교(도쿄여자의학전문학교의 전신)를 중심으로 일본에서 여성 의학교육이 제도적으로 정착되고 여의사에 대한 사회적 인식이 어떻게 변화되는지를 고찰했다. 세 번째, 황용위안의 「해킷의학교와 근대 중국 여성 의학교육의 성장」은 중국 최초의 여성 의학교육 기관인 해킷의학교의 설립 배경, 미션스쿨로서의 종교성과 지역문화 특성, 실용적 임상의사 양성이라는 운영 특징을 분석하였다. 특히 광둥 지역에 기반을 두고 있으면서도 전국적으로 영향력을 확대해 간 과정을 상세히 밝혔다. 이를 통해 근대 중국 여성 의학교육의 제도적 정착과 서양의학의 현지화 메커니즘을 구체적으로 이해하고자 하였다.

〈제3부 미국의 여성 의학교육〉에서는 미국에 관한 세 편의 글이 실려 있다. 첫 번째, 신지혜의 「근대 미국의 여성 의학교육과 펜실베이니아 여자의과대학」은 19세기 말에서 20세기 초 펜실베이니아 여자의과대학의 교육 내용과 발전을 논한다. 이 연구는 기존 연구에 더해 펜실베이니아 여자의과대학을 더 넓은 역사적 맥락에 놓고, 펜실베이니아 여자의과대학이 미국을 대표하는 여성 의학교육 기관으로 자리매김한 과정을 살펴보았다. 또한 20세기에 접어들면서 다른 어떤 의과대학보다 더 많은 여성 의료선교사를 배출할 수 있었던 비결에 초점을 맞춰 펜실베이니아 여자의과대학의 역사를 추적하였다. 두 번째, 이현주의 「19세기 말-20세기 초 해외 의료선교와 미국 여성 의사」는 19세기 후반부터 20세기 중반까지 선교사로 내한한 미국인 여성 의사를 중심으로 미국의 해외 여성 의료선교의 발전과 쇠퇴의 과정과 원인을 검토하였다. 이 시기 얼마나 많은 미국인 여성이 파견되었고, 그들은 어떤 사람들이었으며, 왜 선교를 선택했을까? 이에 대한 답을 찾아 나서며, 이 글은 미국의 해외여성 의료선교의 성장과 쇠퇴의 요인을 특히 당대 미국 사회의 변화에 중심을 두고 분석하였다. 세 번째, 공혜정의 「20세기 미국 여성 의학교육의 성과와 한계」는 1910년부터 2000년까지 미국 여성 의사들의 성장사와 의학교육의 변화를 살펴보았다. 1970년대까지 정체되었던 여성 의사의 수는 1960-1970년대 민권운동과 페미니즘 운동의 활성화, '고등교육법 9편'의 제정, 그리고 소수자우대정책에 힘입어 괄목할 만한 증가세를 보였다. 여전히 여성들은 의과대학 입학부터 인턴십, 레지던트 과정에 이르기까지 성차별과 사회적 편견이라는 난관에 부딪히고, 승진 및 지도적 지위에서는 '유리천장'에 직면했다. 하지만 이러한 역경 속에서도 여성 의사들은 전문성을 입증하며 새로운 세대에게 귀감이 되는 역할 모델로 자리매김했다.

이 책은 19세기 후반부터 20세기 전반까지 동아시아 각국의 여성 의학교육의 전개과정을 다루고 있다. 이 책을 통해 근대 동아시아에서 여성 의학교육의 흐름을 조감할 수 있기를 기대한다. 미국에서조차 여성 의학교육은 여성의 사회활동에 대한 편견과 사회적 차별 때문에 지난한 것이었다. 그럼에도 적지 않은 여성 의료선교사가 동아시아 각지에 파송되었고, 결과적으로 그들의 활동은 여성 의학교육과 간호교육에 커다란 자극제가 되었다. 한국, 중국, 일본의 상황도 서로 달랐다. 중국에서는 선교계통이 주도하는 여성 의학교육이 활발하게 진행되었던 반면, 일본에서는 사회적 차별에 맞선 몇몇 선구자들에 의해 여성 의학교육이 제도화되었다. 반면 한국의 여성 의학교육은 중국처럼 선교계의 전폭적인 지원을 받은 것도 아니었고, 일본처럼 여성 스스로가 주도적으로 성과를 낼 수 있었던 것도 아니었다. 그러다보니 한국은 중국과 일본에 비해 한 세대 뒤처지게 되었던 것으로 보인다. 그럼에도 불구하고 한국에서는 로제타 홀의 불굴의 노력과 김탁원·길정희 등 한국인 의사들의 선구적인 활동, 민족 지도자들의 후원 속에서 여성 의학교육에서 성과를 낸 것이다. 이 책을 통해서 근대 동아시아에서 한국 여성 의학교육의 위상과 성과를 확인해 볼 수 있을 것으로 기대한다.

저자를 대표하여

신규환 씀

차례

제2부 일본·중국의 여성 의학교육

제3부 미국의 여성 의학교육

제1부

한국의 여성 의학교육

제1장

한국 여성 의학교육의 뿌리와 로제타 홀의 도전

신규환

시작하며

일제는 식민지 조선에서 1916년 경성의학전문학교(이하 경성의전)의 설립을 시작으로, 1917년 세브란스연합의학전문학교(이하 세브란스의전), 1933년 평양의학전문학교와 대구의학전문학교, 1938년 경성여자의학전문학교(이하 경성여의전), 1944년 함흥의학전문학교와 광주의학전문학교 등 7개교를 승인함으로써 4년제 의학전문학교를 중심으로 한 식민지 의학교육 체제를 완성했다. 이른바 '의전체제'의 구축이었다. 일제시기 의전체제의 성립은 임상의사 위주의 식민지 의학교육과 식민지 의료체제에 편입시키기 위한 노력의 일환으로 이해된다. 아울러 일제는 선교계를 위시한 사립 진영에서 종합대학 설립 구상을 비롯한 고등교육에 대한 주도권을 둘러싼 경쟁에 신경을 곤두세우고 있었고, 그 결과 식민당국은 1926년 일본 제국의 여섯 번째 제국대학인 경성제국대학 의학부(이하 경성제대 의학부)를 설립함으로써 기존 의전체제에 스스로 균열을

냈다. 그것은 사립 진영의 고등교육을 견제하고 의학교육에서 주도권을 선점함으로써 식민지에서 의학적 헤게모니를 장악하기 위한 전략적 포석이었다. 말하자면 일제시기 의학교육은 의전체제의 구축과 균열을 특징으로 한다고 말할 수 있다.[1]

일제시기 의전체제에 관한 개괄적인 연구로는 기창덕, 이충호, 박형우 등의 연구가 있고, 한말 의학교체제에서 일제시기 의전체제로의 전환에 대해서는 신규환의 연구가 있다.[2] 그밖에 경성제대 의학부, 경성의전, 세브란스의전 등 개별 의학교육 기관의 성립과 발전에 대해서는 이미 적지 않은 연구가 있다.[3]

반면 한말 일제시기 한국의 여성 의학교육에 대한 연구는 파편화된 양상을 보인다. 한말부터 식민지 전반기까지 체계적인 여성 의학교육이 실시되지 못했고, 식민지 후반기의 시작점인 1928년 이후에야 한국 최초의 여성 의학교육기관인 조선여자의학강습소를 중심으로 의학교육이 본격화되었기 때문일 것이다. 한말 일제 전반기 여성 의학교육에 대한 연구는 의학교육을 주도했던 로제타 홀(Rosetta Sherwood Hall: 1865–1951), 메리 커틀러(Mary M. Cutler: 1865–1948), 길정희(吉貞姬: 1899–1990) 등 의학교육자들과 초기 여의사 양성과정 등에 주목하였다.[4] 식민지 후반기의 여성 의학교육은 조선여자의학강습소와 경성여의전 등 여성 의학교육 기관에 관한 연구가 중심이었다.[5]

그 중에서도 조선여자의학강습소로 대표되는 식민지 후반기 여성 의학교육은 한국인 의사 및 유지층이 주도한 것인지, 미북감리회가 주도한 것인지를 두고 논란이 되어 왔다.[6] 특히 초기 여성 의학교육에서 로제타 홀의 독보적인 역할은 부정할 수 없지만, 그녀의 활동과 성과가 전적으로 미북감리회의 것인지는 논란의 여지가 있다. 우선은 미북장로회와 미북감리회 등 해외선교회들이 여성 의학교육 기관의 설립을 지원할 만큼 재정적 여건과 관심이 충분치 않았다는 점이 지적될 필요가 있다. 미북장로회는 제중원을 설립하고, 세브란스병원과 부속의학교 설립에 많은 지원을 하면서 여성 의학교육을 지원할 별도의 여력이 없었다. 1913년 세브란스연합의학교의 출범으로 교파 연합에 의해 의학교와 병원을 운영하고 있었기 때문에, 미북장로회나 여타의 선교기관이 여성 의학교육 기관을 따로 설립하는 것은 거의 불가능한 일이었다. 또한 여성 의료선교를 주도하던 로제타 홀이나 메리 커틀러와 같은 미북감리회 의료선교사들조차도 의료인력의 부족 때문에, 미북장로회 등과의 협력을 통해 연합 사역이 이루어지길 기대하고 있었다. 이 때문에 미북감리회 의료선교사들은 새로 건립할 여성전문병원이 동대문이 아닌 세브란스병원이 있던 남대문 인근에 세워지는 것이 적합하다고 보았다. 그러나 미북감리회 본부는 독자적인 여성 의료사업을 고수하고 있었고, 더 이상 미북감리회와 미북장로회의 협력을 기대하기는 어려웠다.[7]

그다음으로 검토할 것은 의료활동에 필요한 의료조수(medical assistant)를 양성하기 위한 교육과 자격을 갖춘 의사(medical doctor)를 양성하기 위한 교육의 차이에 관한 것이다. 일부 연구들은 보구녀관(普救女館)[8] 등에서 일찍부터 의학교육이 시작되었다고 보고 있다.[9] 의료선교사들은 자신들의 의료활동을 확장하기 위해서 의사, 간호사, 의료조수 등이 필요했고, 필요한 인력을 확보하기 위해서는 현지에서 다양한 교육을 실시했다. 그러나 정규 의료인력을 양성하기 위해서는 충분한 교수진이 확보되어야 했다. 의사 한두 명으로는 의료조수에 대한 훈련만 가능했다. 의료조수들은 단기간의 훈련을 거쳐 간단한 처지 등으로 의사들의 활동을 보조할 수 있었다. 그러나 의료조수 훈련과 의사와 간호사 등을 양성하기 위한 의학·간호교육은 질적으로 완전히 다른 것이었다.[10]

이런 점들에 주목하면서 이 글은 한국의 여성 의학교육이 어떠한 연속성과 불연속성을 가지고 있었는지 한말 일제 전반기 여성 의학교육의 계보를 살펴보려고 한다. 특히 *Annual Report of the Korea Woman's Conference of the Methodist Episcopal Church*(KWC Annual Report), *Annual Report of the Woman's Foreign Missionary Society of the Methodist Episcopal Church*(WFMS Report), *Korea Mission Field*(KMF), 미국 감리교연합회 총회교회역사보존위원회(General Commission on Archives and History, GCAH) 아카이브 자료 등을 활용하여, 선교 진영과 한국인 의사와 유지층의 여의사 양성 계획을 검토하고 그것을 연결시켰던 로제타 홀의 역할에 주목해 보고자 한다. 특히 로제타 홀이 활동하던 시기를 태동기(1890-1900년대)-준비기(1910년대 초반)-과도기(1910년대 중반에서 1920년대 중반)-전환기(1928년 이후) 등으로 시기를 나누어 시기별 의학교육의 특징에 주목하고자 한다. 이를 통해 식민지 의전체제하에서 여성 의학교육기관이 어떻게 등장할 수 있었는지, 여성들이 의사가 되기 위해서 어떠한 선택이 가능했는지 살펴봄으로써 한말 일제하 한국의 여성 의학교육의 의미를 재검토해 보고자 한다.

준비기(1890－1900년대)의 여성 의학교육

근대 여성 의학교육의 준비기라고 할 수 있는 1890－1900년대의 여성 의학교육은 여의사 양성을 위한 의학교육이라기보다는 의료조수 또는 간호인력을 양성하기 위한 목적이 더 컸다. 그런 점에서 사료상 의학생(medical student)이라는 표현이 등장하더라도 이들이 의료조수(medical assistant)나 간호 보조인력(nursing assistant)의 성격을 가졌다는 점에 유의해야 한다. 우선 이 시기 제중원과 보구녀관의 초기적 의학교육과 간호교육의 실태를 살펴볼 필요가 있다.

의료선교사들은 선교를 목적으로 의료활동을 전개했고, 효과적인 의료활동을 위해서는 일차적으로 자신의 활동을 뒷받침해 줄 의료조수를 필요로 했다. 더 나아가 정식 의학교육까지 마친 의학교 졸업생이 배출된다면 그 활용도는 더할 나위가 없었을 것이다. 그러나 대부분의 의료선교사들은 혼자서 의료 활동뿐만 아니라 전도 활동이나 봉사 활동에 참여하는 경우가 많아 진료 이외에 의사 양성까지 담당하는 것은 거의 불가능한 일이었다. 의료선교사가 다른 의사의 도움을 받는 일은 기대하기 어려웠기 때문에, 현지의 의료조수에게 의존하는 것이 가장 현실적인 방안이었다.

> 제중원에서 첫 번째 특이 사례는 최초의 입원환자이자 최초의 수술환자였다. 그것은 매우 위험한 경우였다. 제대로 훈련받지 못한 조수(the untrained assistants)가 클로로포름으로 잘못 마취하여 생긴 좋지 않은 결과로 갓 만들어진 병원의 이름이 손상될 뻔했기 때문이다. 그는 오그라

든 다리의 상처에서 고름이 흐르는 상태로 병원에 운반되어 왔다. 악취 때문에 아무도 그와 함께 방에 있으려고 하지 않았다. 그는 12년 동안 앓아 왔다. 며칠간 상처를 처지한 다음 수술했는데, 약 6인치 길이의 골침 및 대퇴골초를 제거했다. 그는 빠르게 회복되어 24일 만에 목발을 짚고 걸어서 퇴원했다. 그리고 며칠 전 그는 1년간 건강하게 지낸 후 여느 사람처럼 똑바로 서서 병원에 찾아왔다.[11]

잘 훈련되지 않은 '조수(assistants)'는 언제든지 사고를 낼 위험성이 있었다. 이런 문제를 극복하기 위해서는 정식 의학교육을 받은 인력을 양성할 필요가 있었다. 1885년 제중원 설립 이후 다음 해에 제중원의학교가 설립되어 의학교육이 본격적으로 실시되었지만, 여러 가지 이유로 몇 차례 의학교육이 중단되고 말았다. 제중원의학교에서 정식 졸업생이 배출된 것은 제중원의학교 설립 후 22년이 경과한 1908년의 일이었다. 제대로 된 의학교육이 진행되기 위해서는 교수진 확보, 학생 충원, 시설 및 재정 확보, 면허제도 및 교육제도 개선 등 다양한 요인이 충족되어야 했기 때문에, 정식 의학교의 졸업생을 배출하는 것은 생각만큼 간단한 일이 아니었다.

1886년 2월, 제중원의학교의 설치가 결정되자, 외아문은 의학생의 자격을 "지체와 문벌을 따지지 말고 14–15세에서 17–18세 사이의 젊은이 가운데 총명하고 똑똑하며 성실한 자"로 정했다. 알렌과 외아문 관리들은 16명의 의학생을 선발했다. 여성을 배제한 것은 아니었지만, 졸업생은 군의관 등으로 근무할 예정이었기 때문에, 암묵적으로 의학생은 남성으로 제한되었다.[12] 제중원의학교의 교수진으로는 알렌, 헤론, 언더우드 등이 있었다. 그들은 의학생들에게 영어를 빨리 익히도록 했다. 의학생들은 영어가 어느 정도 숙달되면 기초과학인 수학, 물리, 화학 등을 배웠다. 기초과학을 배운 후에는 영어로 해부학, 생리학 등 기초의학을 공부할 수 있었다.[13]

제중원의학교에서 서양 의학교육이 실시되자, 여성도 신학문을 배우고자 하는 열망이 곳곳에서 표명되고 있었다. 1899년 조선정부가 관립의학교를 설립하자, 의학교 교장인 지석영(池錫永: 1855-1935)을 찾아가 입학을 호소하는 사람도 있었다. "북촌 교동에 사는 총명 혜철한 여성이 학문을 배우지 못함을 한탄하다가 의학교 설립소식을 듣고 의학을 공부하면 사회에 나아가 봉사할 수 있다고 생각하고, 의학교 교장 지석영을 찾아가 입학하기를 청하였으나 남녀 동학의 장정(章程)이 없어 입학시킬 수 없다고 거절하였다."는 보도가 나올 정도였다.[14] 또한 1909년 6월, 대한의원에서 종두사를 모집할 때에도 한성에서만 40-50명의 여성이 지원할 정도였다.[15] 또한 사회적으로는 여성의 치료를 적극적으로 진행하기 위해서는 여학생들이 의사직에 진출해야 한다는 점이 제기되기도 했다.[16]

한국 최초의 서양식 근대병원인 제중원의 설립자인 알렌(Horace N. Allen: 1858-1932)도 여의사의 필요성을 충분히 인식하고 있었다. 알렌은 조선 왕실의 어의로서 여성 환자들을 진료했지만, 남녀가 유별한 조선사회에서 남성 의사가 여성 환자를 진료하는 것은 여러 가지 제약이 따랐다. 상류층 부인들을 진료하기 위해서 주변의 통행을 금지시키는 등 아무도 보지 않는 상태가 되도록 주위의 시선을 고려하지 않으면 안되었다. 상류층의 여성들은 직접 진료를 받기보다는 남편이나 친지 등을 통해 필요한 약을 구하고 있었고, 남자 의사에게 자기의 몸을 보이느니 차라리 죽어버리겠다고 진찰을 거부하는 사람도 적지 않았다. 이에 알렌은 자신을 도와줄 간호인력을 확보하고자 했다. 1885년 8월, 15세 전후의 총명한 기녀 5명을 선발해 그들이 제중원에 설치된 여성병원에서 근무하게 하였다. 알렌은 이들을 '여자 의학생(female medical student)'이라고 불렀지만, 실제로는 여성 환자들을 진료할 때 필요한 간호사의 역할을 부여하고자 한 것이었다. 그러나 외아문의 관리들이나 제중원 주사들이 기녀들을 농락하는 일이 벌어지자, 알렌은 병원에서 기녀들을 고용하는 것이 부적절하다는 것을 알게 되어 그들 중 2명을 해임시켰고, 나머지 3명은 위안스카이에게 팔려가고 말았다.[17]

여성 환자를 치료하기 위해서는 궁극적으로 여의사가 필요했다. 1885년 10월, 알렌은 선교본부에 여의사의 파견과 부녀과 설치를 정식으로 요청하였다. 1886년 7월, 애니 엘러스(Annie J. Ellers: 1862–1938)가 여의사의 자격으로 제중원에 도착했다. 애니 엘러스는 간호사 출신이었고, 의과대학 재학 중에 파견되었으므로 엄격히 따지자면 정식 의사는 아니었다. 그녀는 1888년까지 제중원의 여성병원 의사로 근무했으며, 민비의 주치의로서 활동을 인정받아 조선정부로부터 정2품에 해당되는 정경부인(貞敬夫人)이라는 칭호까지 하사받았다. 1888년 3월, 릴리어스 호턴(Lillias S. Horton Underwood: 1851–1921)이 엘러스의 뒤를 이어 부녀과를 담당하기도 했다.[18]

제중원 설립 당시에 이미 부인병동이 설치되어 있었다. 이는 신체 노출과 외부 접촉을 꺼리는 당대 조선여성들의 사정을 고려한 특별한 조치였다. 『제중원 일차년도 보고서』(1886)에 따르면, 1년 동안 부인병동에

36명의 여성이 입원해 있었다. 애니 엘러스와 릴리어스 호턴 등 여의사의 등장으로 부인병동의 진료 활동은 활기를 띠기 시작했다. 1895년 엘러스와 호턴에 뒤이어 조지아나 와이팅(Georgiana Whiting: 1869 - 1952)이 부녀과의 책임을 맡았고, 1897년에는 와이팅의 뒤를 이어 에바 필드(Eva Field Pieters: 1868 - 1932)와 메리 피쉬(Mary A. Fish: 1870 - 1912) 등 여의사들이 부녀과를 담당했다. 이 중 에바 필드는 1901년 2명의 여성에게 의학교육을 실시하기도 했다.[19] 에바 필드의 의학교육은 제중원의학교에서 이미 정규 의학교육이 실시되고 있었다는 점을 상기할 때, 의료 조수를 양성하려는 의도였을 것이다.

제중원에 정식으로 간호사가 파견되기 시작한 것은 1893년 11월, 제중원의 에비슨 원장이 병원 운영을 재개하기 위해서 선교부에 여의사와 간호사 파견을 요청하면서부터였다. 1895년 4월, 선교부는 안나 제이콥슨(Anna P. Jacobson: 1866 - 1897)을 파견했다. 그녀는 한국에 근대적 간호 개념을 설파한 선구자로 평가되지만, 한국에 온 지 2년이 되지 않아 이질에 걸려 사망했다. 제이콥슨에 이어 1897년 10월 제중원에 간호선교사로 파송된 사람은 에스더 실즈(Esther L. Shields: 1868 - 1940)였다. 그녀는 40여 년 동안 세브란스병원에서 근무하면서 근대 간호학을 정립하는 데 기여했다. 1902년 미북감리회에서도 마거릿 에드먼즈(Margaret J. Edmunds: 1871 - 1945) 간호사를 간호선교사로 파견했다. 실즈와 에드먼즈는 함께 간호교육을 위해 협력하기로 의기투합했는데, 뒤늦게 한국에 온 에드먼즈가 1903년 보구녀관에 간호원양성소를 개설했다. 실즈도 1906년 세브란스병원에 간호부양성소를 설립했다.[20]

1887년 10월, 미북감리회는 메타 하워드(Meta Howard: 1862 - 1930)

를 파송했고, 그녀는 스크랜턴(William B. Scranton: 1856-1922)의 시병원(施病院)에서 진료활동을 시작하였다. 1888년 11월, 독립적인 건물에 보구녀관이 설치되면서 여성 진료가 본격화되었다. 1903년 12월, 보구녀관에 간호원양성소가 설립되어 한국 간호교육의 효시를 이루기도 했다. 메타 하워드는 첫 해 10달 동안 1,127건을 진료했고, 다음 해에는 1,423건을 진료했다. 그녀는 2년 동안 진료 활동을 하는 과정에서 건강이 나빠졌고, 1889년 9월 본국으로 돌아가야만 했다. 미국 북감리회 여성 해외선교회(Woman's Foreign Missionary Society of the Methodist Episcopal Church, 이하 WFMS)는 메타 하워드의 후임자를 찾았으나 1년 동안 적임자를 찾지 못했다.[21] 그동안은 스크랜턴(William B. Scranton: 1856-1922)과 맥길(Dr. W. B. McGill, 1859-1918)이 보구녀관의 운영을 도왔다. 보구녀관의 의사들은 간호 및 보조 인력의 부족으로 고충을 겪었다. 메타 하워드는 세라(봉순 어머니)에게 의료조수로서의 필요한 교육을 실시하였다. 세라는 여감독 및 간호사 역할을 수행했지만, 정식 간호사는 아니었다.[22]

메타 하워드의 후임자로 내한한 로제타 셔우드(로제타 홀의 결혼 전 이름)는 1890년 보구녀관에서 활동을 시작하자마자 조선인과 일본인으로 구성된 의료보조훈련반(Medical Assistant Training Class)을 개설했다. 여순이(여메례), 노수잔, 김점동(박에스더)에 더해 봉순, 애니, 오가와 등이 의료조수로 활동했는데, 로제타 셔우드는 그들을 '마이 걸스(My Gilrs)' 라고 불렀다. 일부 연구자들은 로제타 셔우드가 보구녀관에 재직하던 시기인 1891년부터 이들에 대해서 생리학과 약리학 등을 가르치면서 본격적인 의학교육을 시작했다고 주장한다.[23] 그러나 초등교육이나 중등교육의 경험이 없던 여성들에게 기초의학을 가르쳐 의사로 양성하려고 했다는 것은 이치에 맞지 않는다. 제중원의학교에서도 의학교육을 시작할 때, 의학생도들의 교육 수준을 고려하여 우선은 영어교육을 시행한 후, 그 다음으로 기초과학을 교육하였고, 그런 다음에 기초의학을 교육했음을 알 수 있다. 로제타 홀이 만든 의료보조훈련반은 의사 양성을 목표로 한 것이 아니라 다방면으로 활용가능한 의료조수를 만들기 위한 시도였다고 볼 수 있다.

로제타 홀은 1890년 미국 감리교 의료선교사로 조선에 파송된 이래로 40여 년 동안 한국의 여성 의학교육에 헌신한 대표적인 인물이었다. 로제타 홀은 한말 일제하에서 여성 의학교육을 제도화하기 위해 다방면으로 노력하였다. 이것은 로제타 홀이 다른 의료선교사와 차별화되는 지점이기도 하다. 그러나 로제타 홀이 의료 활동에 필요한 의료조수를 혼자서 양성한 것과 여의사 양성을 목표로 여러 사람들과 함께 노력한 것은 구분할 필요가 있다. 로제타 홀이 1897년 11월부터 약 5개월간 메리 커틀러와 함께 근무한 것과 엠마 언즈버거(Emma Ernsberger: ?-1934)가 1899년부터 1901년까지 메리 커틀러와 함께 근무한 시기 등을 제외하면 보구녀관은 기본적으로 1인 의사 체제였다. 기존의 몇몇 연구들은 로제타 홀이 1891년 의료조수를 훈련시켜 정규 의료진으로 키우려는 생각을 가졌다거나 1893년 약물학과 치료법의 초급 과정을 가르쳐 한국 최초로 여성에게 의학교육을 실시했다고 주장했다.[24] 로제타 홀이 생리학과 인체학을 가르치면서 약제실과 진료소에 도움이 될 수 있도록 훈련시켰다는 것이다.[25] 그러나 1892년 6월, 로제타 홀이 윌리엄 홀과 결혼하면서 남편의 임지인 평양을 오가는 상황이어서 의사 양성을 위한 의학교육은 사실상 불가능했다. 단지 그녀는 의료활동을 도와줄 의료조수를 양성할 수 있는 것에 만족해야 했다.

1894년 5월, 로제타 홀이 평양의 의료선교사로 정식 파견되면서 여성 의료사업을 시작했지만, 청일전쟁의 발발과 윌리엄 홀의 사망으로 귀국길에 오르면서 여성 의료사업은 단절되고 말았다. 1896년 5월, 더글러스 폴웰(Douglas Follwell)이 의료활동을 시작하고, 이듬해에는 로제타 홀의 지원 속에서 윌리엄 홀을 기념하는 기홀병원(Hall Memorial Hospital)이 설립되었다. 1898년 5월, 로제타 홀이 의료선교사로 재임명되면서 평양에서 여성 의료사업이 재개되었다. 1898년 6월, 로제타 홀은 평양에서 광혜녀원을 설립하여 여성 진료를 본격화했고, 1900년 박에스더(1877-1910)의 귀국으로 로제타 홀은 여의사 양성 목표를 현실화할 수 있다는 기대에 크게 고무되었을 것이다. 그러나 1900년대 역시 로제타 홀은 평양의 광혜녀원과 맹아학교를 운영하는 것만으로도 버거운 상황이었다. 1906년, 정동 보구녀관에는 메리 커틀러 의사와 마거릿 에드먼즈 간호사가 있었고, 동대문 볼드윈진료소에서는 엠마 언즈버거가 활동하고 있었다. 평양 광혜녀원에는 로제타 홀과 박에스더가 있었지만, 둘 다 병환이 있어서 두 달간 병원문을 닫고 지내는 등 의료활동에 적지 않은 지장을 받았다.[26]

로제타 셔우드는 의사로서 활동할 때 훈련된 간호사가 없다는 점이 의료활동에서 가장 부족한 점이라고 생각했다.[27] 간호교육조차 사실상 불가능한 상태에서 로제타 셔우드는 선교부에 경험 있는 간호사를 보내달라고 요청했다. WFMS에서 간호사 파견 계획이 없다는 것을 알고 있던 그녀는 뉴욕에서 함께 근무한 경험이 있던 엘라 루이스(Ella A. Lewis:

1863 - 1927)를 파견해 달라고 요청했다.[28] 엘라 루이스는 로제타 셔우드의 요청에 부응했고, WFMS는 정식으로 엘라 루이스를 미북감리회 최초의 간호사로 조선에 파송했다. 그녀는 1892년 1월 조선에 도착하여 1899년까지 보구녀관의 간호사로 일했다. 1893년 3월, 동대문 지역에서 볼드윈 진료소(Baldwin Dispensary)가 개원하자 그녀는 로제타 홀과 함께 보구녀관과 볼드윈 진료소를 오가며 활약했다.[29]

그러나 루이스의 내한에도 근본적인 간호 인력의 부족 문제는 해소되지 못했다. 의료선교사들에게 가장 이상적인 형태는 간호 인력을 배출할 수 있는 간호교육기관을 설립하는 것이었다. 선교사들의 대모였던 스크랜턴 대부인은 이러한 선교사들의 요구사항을 모아 WFMS에 정식으로 간호교육기관의 설립을 요구했고 곧이어 그녀의 요청이 받아들여졌다.[30] 1894년 11월, 윌리엄 홀이 사망하자, 로제타 홀은 남은 가족들과 함께 고향으로 돌아갔다. 1898년 5월, 평양 선교를 위해 조선에 입국했으나, 1901년 6월, 그녀는 건강이 악화되자 다시 미국으로 돌아갔다. 1903년 3월, 메리 커틀러의 요청으로 로제타 홀은 마거릿 에드먼즈와 함께 내한했다. 1903년 12월, 마거릿 에드먼즈를 책임자로 보구녀관 간호원양성소가 개설되었다. 1908년 11월, 김마르다와 이그레이스 등 두 명이 첫 졸업생이 되었다. 세브란스에서도 1906년 간호부양성소가 설립되고, 1910년 김배세가 첫 졸업생이 되었다. 1912년 가을, 동대문에 릴리언 해리스 기념병원(Lillian Harris Memorial Hospital)이 부분 준공되고, 평양 광혜녀원(廣惠女院)에 근무하던 나오미 앤더슨(Naomi A. Anderson: 1884 - 1943) 간호원장이 새로운 병원으로 전임되면서 간호교육은 활기를 띠었다.

최근 한 연구는 1906년부터 1912년 사이에 메리 커틀러가 보구녀관에서 의학교육을 실시했다고 주장했다.[31] 메리 커틀러는 1903년 보구녀관 간호원양성소 설립되자 간호교육에 적극 참여하였으며 「1906년 보구녀관 보고서」의 부록에서 의학교육을 위한 인력과 공간확보, 교육 내용을 계획하였다. 그녀가 의학교육에 대해서도 관심을 가졌음을 알 수 있지만, 단지 막연한 계획이었을 뿐 구체성을 결여하고 있었다.[32] 「1907년 KWC 연례보고서」에 따르면, 1907년 메리 커틀러는 4명의 의학생을 선발하여 '예비적인 의학교육' 과정을 진행했지만, 그 중에 한 명만이 이 과정을 넘어설 것으로 예상하였다.[33] 1908년에도 의학생의 지원을 받았다.[34] 12명이 지원했지만 최종적으로 2명만 남게 되었고, 1911년까지 2명이 유지되었다.[35] 메리 커틀러는 그 중 한 명을 조수 의학생으로 고용하여 급여를 지급했다. 이처럼 메리 커틀러가 의학생을 확보하고 있었던 것은 사실일 것이다. 그러나 의학생은 의사가 되기 위한 교육을 받는데 목적이 있었다기보다는 급여를 받는 조수로서의 역할이 더 중요했던 것으로 보인다. 더군다나 의사 혼자서 정규 의사를 만드는 일은 불가능한 일이었다.

비슷한 시기인 1908년경 세브란스병원의학교는 올리버 에비슨(약리학·진단학), 제시 허스트(조직학·세균학), 에바 필드(생리학), 휴 와이어(병리학·기생충학), 더글라스 폴웰(소화기 및 순환기질환), 윌리엄 리드(소화기질환), 김필순(생물학·해부학), 박서양(화학), 홍석후(안과학·이비인후과학), DeCamp 목사(영어) 등을 담당하는 10여 명의 교수진을 확보하였고, 학년제를 정비하는 등 체계적인 의학교육 체계를 구축하고 있었다.[36] 1913년에는 세브란스연합의학교가 출범하면서 더 많은 교수인력을 확보하게 되었다. 이와 비교해 볼 때, 메리 커틀러의 의학교육 시도는 단기간 동안의 '예비적인 의학교육'에 그치는 것이었고, 의사 양성을 위한 의학교육이라기보다는 의료선교사들의 의료활동을 보조해 줄 의료 조수 양성을 위한 것이었다고 볼 수 있다.

태동기(1910년대)에서 전환기(1928년 이후)까지의 여성 의학교육

1910년대 이후로 1920년대까지 로제타 홀의 여성 의학교육은 평양 의료선교사로 파견된 이래로 초보적으로 의학교육을 시작했던 태동기(1910년대 광혜녀원 시기)와 과도기(1914-1926년 청강생 시기)를 거쳐 전환기(1928년 이후)인 조선여자의학강습소 활동 시기로 나누어 살펴볼 수 있다.

여성 의학교육에 헌신했던 로제타 홀과 메리 커틀러는 감리회와 장로회의 실현 가능한 모든 협력을 기대하고 있었고, 의료사업에서도 협력이 가능해진다면 의사 양성을 위한 의학교 설립도 가능하다고 판단하고 있었다. 1906년 로제타 홀과 메리 커틀러는 보구녀관을 대신할 새로운 여성병원인 릴리언 해리스 기념병원(Lillian Harris Memorial Hospital)이 볼드윈 진료소가 있는 동대문 지역이 아니라 세브란스병원이 위치한 남대문 지역에 지어지길 희망했다. 그들은 이를 통해 의학교육과 간호교육이 효율적으로 이루어질 수 있다고 보았다. 그러나 1907년 감리회 집행위원회는 미북감리회 의료위원회의 통합협력안을 현실성이 없다는 이유로 거절했다. 또한 그와 더불어 릴리언 해리스 기념병원 역시 볼드윈 진료소가 있는 동대문에 짓기로 결정되었다.[37] 이에 대해 로제타 홀은 감리회 집행위원회의 결정은 한국의 여성 의료인력의 양성에 차질을 초래할 것으로 우려했다. 1909년까지 광혜녀원에서 의료조수로서 활동하던 김배세와 황에스더가 세브란스 간호부양성소와 이화학당에 정식 입학하면서, 로제타 홀의 의료 활동은 크게 타격을 입었다. 그녀는 WFMS에 조선의 여의사와 간호사 양성에 관심을 가져줄 것을 촉구하였다.[38]

결국 WFMS의 새 여성병원인 릴리언 해리스 기념병원이 1912년 동대문 지역에 건립됨에 따라 로제타 홀과 메리 커틀러가 바라던 여성 의학교육을 위한 선교계의 통합과 협력은 실현되지 못했다. 그러나 릴리언 해리스 기념병원의 개원은 로제타 홀에게는 새로운 기회이기도 했다. 1913년 보구녀관이 릴리언 해리스 기념병원에 통합되면서,[39] 20여 년간 정동 보구녀관에서 근무했던 메리 커틀러가 1912년 3월 이후 평양 광혜녀원으로 임지를 옮겼기 때문이다.[40] 로제타 홀로서는 메리 커틀러의 합류로 천군만마를 얻은 셈이었다.

1912년 3월에서 1913년 9월 사이, 로제타 홀과 메리 커틀러는 광혜녀원 부속 여성 의학반을 개설하였다.[41] 이 시기는 비로소 초보적인 여성 의학교육이 시작되었던 태동기라고 볼 수 있다. 여성 의학반은 정규 의사면허를 얻기 위해 조선총독부가 주관하는 의사시험을 준비하기 위해 설치된 것이었다. 그러나 1913년 말부터 로제타 홀은 건강상태가 좋지 않았다. 그녀는 광혜녀원의 업무를 분담하고 여성 의학반의 운영에 도움을 줄 수 있는 여의사의 파견을 미북감리회 선교회측에 요청했다.[42] 그러나 요청은 받아들여지지 않았다.[43] 게다가 일본어로 된 조선총독부의 의사시험에 합격하기 위해서는 일본어 의학교육이 반드시 필요했다. 이에 로제타 홀은 2명의 일본인 강사를 초빙하여 일본어로 의학교육을 실시하기도 했는데,[44] 일본인이 제공하는 단기 교육과정을 이수했다고 해도 실제 의사시험에 합격하기는 쉽지 않았다. 더군다나 광혜녀원은 여러 가지로 재정적인 어려움에 직면해 있었는데, 1914년을 전후로 광혜녀원 폐지논쟁이 일어날 정도였다.[45] 이에 로제타 홀은 광혜녀원에서 의학교육을 받은 여학생들을 기존 의학교에 입학시키고자 했지만, 세브란스측에서는 이러한 제안을 거절했다.[46] 결국 태동기에는 여의사를 배출하는 데는 실패하였다.

로제타 홀은 조선총독부의원 부속의학강습소에 입학시키는 방안도 타진해 보았다. 그녀는 후지타 쓰구아키라(藤田嗣章: 1854–1941) 원장을 수차례 찾아가 여학생을 받아달라고 요청했는데, 후지타는 정식 입학생이 아닌 청강생 자격으로 세 명만 입학하는 방안을 제시했다. 그렇게 해서 1914년 김영흥, 김해지, 안수경 등 세 명이 조선총독부의원 부속의학강습소에 청강생 자격으로 입학하여 1918년 경성의전 제2회 졸업생의 자격을 얻게 되었다. 경성의전은 조선총독부 지정학교였으므로 졸업과 동시에 무시험으로 의사면허를 취득할 수 있었다. 이는 과도기(1914–1926년 청강생 시기)의 새로운 조치였으며, 국내 최초로 여의사를 배출하는 성과를 냈다.

1920년 시가 기요시(志賀潔: 1871–1957)가 경성의전의 교장이 되면서 청강생 제도에 변화가 생겼다. 시가는 청강생에게 무시험으로 의사면허의 특권을 부여하는 제도에 반대했다. 1921년에는 고수선, 윤보명, 김온순 등이 입학하였지만, 이들은 경성의전의 정식 졸업생이 되지 못했다. 즉 이들에게는 무시험으로 의사면허를 취득할 수 있는 특권이 보장되지 않았다. 1926년 8월, 고수선만이 한지 의사면허를 취득했을 뿐이었다.[47] 1922년에도 강기경, 김미재, 이영실 등이 청강생으로 경성의전에 입학했고, 언론상으로는 그들이 1926년 3월 경성의전을 졸업한 것으로 보도되었다.[48] 그러나 1929년 강기경만이 정식으로 의사면허 시험에 통과했을 뿐이었다.[49] 이것이 마지막이었다. 1926년 이후 경성의전은 더 이상 여학생을 청강생으로 받아주지 않았다. 이제 여의사가 배출될 수 있는 길이 사실상 막히게 되었다. 1914-1926년까지 10여 년 동안 유지된 여성 청강생 제도는 절반의 성공이었다. 청강생 제도를 통해 국내 최초로 여의사가 배출되었다는 의미를 지니지만, 청강생 제도의 변화와 단절로 여의사 양성의 지속성을 확보할 수 없었다는 한계를 가지고 있었다.

1926년 10월 로제타 홀은 자신의 뒤늦은 환갑연에서 각계 인사들에게 여자의학전문학교의 필요성을 역설했고 많은 사람들의 지지를 받았다.

> (홀 여사가 답하여 말하기를) 여러 선배로부터 들은 말을 실험하여 보고자 하는 것은 조선여성을 위하여 하려고 하는 일이니 여러분들의 많은 도움을 바랍니다. 조선 가정에 있는 어린이의 건강을 보호하며 소경과 귀머거리를 예방하고 더욱 공장에 있는 여자들의 건강을 보호하는 데에 부인병원이 많이 생겨야 하겠고, 여의도 많아야겠습니다. 그래서 여자의학전문학교를 꼭 세워야 하겠는데, 어떻게 하여야겠습니까?"[50]

로제타 홀의 여성 의학교육의 목표는 기존의 청강생 제도와 의사시험 준비 등의 경험과 시행착오를 넘어서는 것이었다. 전환기(1928년 이후)의 로제타 홀은 여자의학전문학교 설립이라는 이상적인 목표를 제시하였다. 드디어 1928년 5월 19일, 경성부 서소문정 41번지 김탁원병원에서 로제타 홀을 위시하여 50여 명의 한국인 유지들이 여자의학전문학교기성회 창립 총회를 개최하고, 그 임시사무소를 김탁원병원에 설치하였다. 아울러 5년제 여자의학전문학교 설립을 목표로 우선은 의사시험을 대비하여 여자의학강습소를 열어 의학교육을 실시하기로 결의하였다.[51] 여자의학전문학교가 된다는 것은 당국으로부터 의학교육 수준을 인정받아 졸업생이 무시험으로 의사면허를 취득할 수 있는 정식 의학교육기관이 된다는 뜻이다. 정식 의학교육으로 인정되기 전까지는 여자의학강습소에서 임시적으로 의사시험을 준비해서 의사면허를 취득하는 방안을 모색해야 했다.

1928년 8월 15일까지 신입생 원서접수를 마감하였는데, 모집 정원은 24명으로 입학 자격은 만 17세 이상 여자고등보통학교 졸업자 또는 동등 학력자였다.[52] 1928년 9월 4일, 경성부 창신동 131번지 엘라 루이스 선교사의 사택에서 조선여자의학강습소를 열고 로제타 홀이 소장, 길정희가 부소장을 맡았다. 신입생은 제1회 예과생 17명이 입학하였다. 입학 첫해는 예과 과정이었기 때문에, 예과 교실을 비롯하여 사무실, 강사실, 화학실험실 등을 우선 설치하였다.[53]

조선여자의학강습소의 설립은 한국 여성 의학교육사에서 새로운 전환점이었다. 이전에 실시되었던 과도기적이고 단속적인 의학교육에서 벗어나 예과와 본과 교육, 교수진과 정규 학생의 확보, 기초 및 임상실습을 위한 강의실과 병원 구비 등 체계적인 여성 의학교육을 위한 시스템을 구축해 나갔기 때문이다.

교수진은 경성제대 의학부, 경성의전, 연희전문학교(이하 연희전문)에 재직 중인 한국인 교수들로 구성되었다. 교수진 대부분은 여성 의학교육의 필요성에 공감하여 무료로 의학교육에 참여하였다. 1학년 예과 교육은 영어, 독일어, 생물학, 물리, 화학 등 외국어와 기초과학 위주로 편성되었고, 2학년에서 5학년까지 본과 교육은 기초의학과 임상의학 위주로 편성되었다. 기초의학은 경성제국대학 및 경성의전, 세브란스의전 소속 교수진들이 담당하였고, 임상의학은 개원가에 활동 중인 임상의사들이 많은 도움을 주었다. 반면 로제타 홀이나 길정희를 제외하면, 의료선교사나 여의사들의 출강은 극히 제한적이었다.[54]

1929년 3월, 제2회 예과생을 모집하였고, 전년도 예과생 중 11명이 본과 1학년에 진급하였다.[55] 이후 재학생들은 매년 본과 상급반으로 진급하였다. 1930년 3월, 제3회 예과생을 모집하였고, 전년도 본과 1학년이 본과 2학년으로 진급하였다. 1932년 3월, 제4회 예과생을 모집하였고, 전년도 본과 3학년이 본과 4학년으로 진급하면서 예과 1학년, 본과 4학년 체제가 완성되었다. 1933년 3월, 제5회 예과생을 모집하였다.[56] 이론적으로 1933년 상반기에 첫 졸업생이 배출되어야 하지만, 그 때까지는 정식 졸업생이 없었다. 의사시험 합격자가 한 명도 배출되지 못했다. 조선총독부 비지정학교 의학강습소 출신들은 의사시험에 합격해야 의사자격뿐만 아니라 졸업생의 자격도 갖출 수 있었다.[57]

1933년 7월, 로제타 홀이 은퇴하기로 함에 따라, 조선여자의학강습소는 김탁원·길정희 부부에게 인계되었다. 두 부부는 조선여자의학강습소를 경성여자의학강습소로 개칭하였다. 로제타 홀이 은퇴하면서 감리회에서 루이스 사택의 반환을 요구하였기 때문에, 경성여자의학강습소가 출범하면서 교사와 실습실도 관철동의 김탁원 개인의원인 한성의원(漢城醫院)으로 변경되었다. 교수진과 학생들은 그대로 유지되었다. 가장 큰 변화는 경성여자의학강습소 시기에 비로소 한국인들의 힘으로 양성한 첫 여의사들이 배출된 것이었다. 경성여자의학강습소는 1933년 11월 첫 의사시험 합격자를 배출한 이래로 1940년까지 총 20명의 의사시험 합격자를 배출하였다.[58]

김탁원·길정희 부부는 이러한 성과에 만족하지 않고, 여자의학전문학교로 승격하기 위한 본격적인 준비에 들어갔다. 바로 여자의학전문학교를 출범시키는 일이었다. 여자의학전문학교가 설립되기 위해서는 기금 마련이 가장 긴요한 과제였다. 1934년 4월, 박영효를 위원장으로 하는 재단법인 여자의자전문학교 발기준비회가 등장하였다. 김탁원은 여자의학전문학교 설립에 필요한 기성회를 조직하고, 사회 유지들을 이사진으로 끌어들이기 위해 노력했다. 1936년에는 김성수(金性洙, 1891-1955)의 소개로 김종익(金鍾翊, 1886-1937)이 여자의학전문학교 기성회 이사로 참여했다. 김종익은 호남의 대표적인 부호이자 교육사업가이기도 했다.[59] 1937년 5월, 김종익은 여자의학전문학교 설립을 위한 65만 원을 기부하겠다는 유언을 남기고 세상을 떠났다. 이 기부금을 종잣돈으로 1938년 5월, 경성여자의학전문학교가 출범하게 되었다.[60]

마치며

근대 한국에서 여성 의학교육은 서양식 근대병원이 등장하면서 파편화된 형태로 전개되었다. 제중원과 보구녀관 등 근대 서양의학의 도입과 함께 여성 의학교육을 시도했다고 말해지지만, 여의사 양성을 위한 의학교육이라기보다는 당장에 필요한 의료조수를 양성하기 위한 목적이 더 컸다. 선교본부에서 파송할 수 있는 의료인력은 제한적이었기 때문에, 의료선교사들은 현지에서 즉시 활용이 가능한 인력을 훈련시켜야 했다. 장기적인 관점에서 보자면, 여의사 양성을 위해 여성 의학교육은 반드시 필요했다. 그러나 식민지 조선에서는 여의사 양성에 필요한 인적·물적·제도적 지원이 총체적으로 결여되어 있었다. 로제타 홀은 이러한 난관을 극복하기 위해 미북감리회와 미북장로회 등 선교기관에 지원을 요청했으나 대부분 거절당했다. 이에 굴하지 않고 여의사 양성을 위해 식민당국, 한국인 의사 및 유지층, 선교기관 등 자신이 알고 있는 모든 인맥과 네트워크를 총동원하였다. 한말 일제하 여의사 양성을 위한 로제타 홀의 노력과 성과는 거의 전적으로 개인의 의지와 인적 네트워크에 기반한 것이었다.

로제타 홀이 한국 여성 의학교육사에서 이룬 성과는 다음 몇 단계로 나누어 평가할 수 있다. 첫째, 준비기(1890-1900년대 보구녀관 시기)에 로제타 홀은 보구녀관과 평양을 오가고 있었기 때문에, 여성 의학교육을 통해 여의사를 양성하는 것은 사실상 불가능했고, 의료조수 양성이라는 현실적인 목표를 세웠다. 국내에서는 여의사를 양성할 수 없었기 때문에 미국 유학이라는 새로운 방안을 모색했다. 그 결과 박에스더가 미국에 유학하여 한국 최초의 여의사가 될 수 있었다. 그러나 미국 유학은 시간과 비용이 많이 드는 방안이었기 때문에, 여의사를 지속적으로 양성하는 유력한 방안이 될 수 없었다.

둘째, 태동기(1910년대 광혜녀원 시기)에는 메리 커틀러가 평양 광혜녀원에 새롭게 합류하면서 로제타 홀은 식민지 조선에서 여성 의학교육을 위한 새로운 장을 열 수 있었다. 말하자면 태동기에 의사시험을 통한 면허의사 배출을 위해 의학교육을 실시하기 시작했다. 이전까지만 해도 의학교육의 목표가 의료조수 양성이 목표였다면, 이 시기부터는 여의사를 양성하는 방안을 모색했다. 광혜녀원의 여성 의학반이 이를 말해준다. 여성 의학반에는 조선총독부가 주관하는 의사시험이라는 현실적 목표에 도달하기 위해 일본인 강사도 특별 초빙되었다. 그러나 이 시기에 여의사를 배출하지는 못했다.

셋째, 과도기(1914－1926년 청강생 시기)에는 후지타 원장의 도움을 받아 조선총독부의원 부속의학강습소의 청강생 제도가 시작되었다. 그 결과, 안수경, 김영흥, 김해지 등 국내 최초의 여성 면허의사가 탄생하였다. 그러나 과도기의 여성 의학교육은 지속성을 확보하지 못했고, 여의사 배출은 중단될 수밖에 없었다. 여의사 양성을 위해 로제타 홀은 새로운 방안을 모색해야 했다.

넷째, 전환기(1928년 이후)에 로제타 홀은 여자의학전문학교 설립을 통해 여성 의학교육을 정상화하는 방안을 모색하였다. 조선여자의학강습소의 설립은 그 출발점이었다. 이전과 달리, 여성 의학교육은 의학전문학교 설립을 목표로 순차적으로 진행되었다. 우선은 여자의학강습소로 시작하지만, 기성회를 통해 자금이 확보되면 여자의학전문학교로 발돈움시킬 예정이었다. 로제타 홀이 한국에 있는 동안은 조선여자의학강습소는 졸업생 배출이나 의전 승격 등 이렇다 할 결실을 맺지는 못했다. 그녀가 남긴 과제는 김탁원과 길정희 등 한국인 의사들에게 승계되었고, 그들은 1933년 경성여자의학강습소와 1938년 경성여의전 등의 설립을 통해 로제타 홀이 남긴 미완의 작업을 완수하게 되었다. 경성여자의학강습소는 예과 1년과 본과 4년의 의학전문학교 체제를 구축하고 매년 면허의사를 배출하는 성과를 냈다. 경성여의전은 문부성 지정학교로 졸업생은 무시험으로 글로벌 의사면허를 취득함으로써 로제타 홀이 꿈꿨던 여성 의학교육의 제도화가 완성되었다고 평가할 수 있다. 로제타 홀은 일제시기 의전체제하의 최고 단계인 여자의학전문학교 설립을 위한 준비과정에서 조선여자의학강습소를 설치하였고, 조선여자의학강습소는 한국 여성 의학교육사에서 여자의학전문학교 설립으로 가는 전환점을 제공했다는 점에서 역사적 의의를 지닌다.

한국 여성 의학교육사에서 로제타 홀은 독보적인 위상을 갖고 있다. 평생에 걸쳐 여성 의학교육을 위해 헌신했기 때문이다. 그녀의 여성 의학교육을 위한 여정은 여의사 양성이라는 단일하고 연속적인 것처럼 보이지만 시기별로 의학교육의 구체적 내용을 살펴보면, 오히려 그 목표, 성과, 한계 등이 각기 달라 단절적이고 불연속적인 성격이 강했다는 것을 알 수 있다. 준비기는 조수교육의 시기였으며, 태동기는 의사시험 준비기였으며, 과도기는 최초 면허의사 배출의 성과에도 불구하고 일시적인 성과를 내는 데 그쳤을 뿐이었다. 전환기에 들어서 여성 의학교육은 비로소 연속성을 가지고 본격적인 제도화의 길을 걷기 시작했으며, 조선여자의학강습소와 경성여자의학강습소를 거쳐 경성여의전의 성립과 발전으로 제도화가 안착되었다고 말할 수 있다. 그 과정에서 한국인 의사들과 유지들의 지원과 지지는 절대적인 것이었다.

미주

1 신규환, 「일제시기 '의전체제'로의 전환과 의학교육: 세브란스의전과 경성의전을 중심으로」, 『연세의사학』 20(1), 2017. 6.

2 기창덕, 『한국근대의학교육사』, 아카데미아, 1995; 박형우, 『한국 근대 서양의학교육사』, 청년의사, 2008; 이충호, 『일제암흑기 의사교육사』, 국학자료원, 2011; 신규환, 「일제시기 '의전체제'로의 전환과 의학교육」.

3 경성제대 의학부와 경성의전에 대해서는 정준영, 「식민지 의학교육과 헤게모니 경쟁: 경성제대 의학부의 설립과정과 제도적 특징을 중심으로」, 『사회와역사』제85집, 2010; 李賢一, 「京城帝國大學醫學部の硏究活動: その學術誌の分析を中心に」, 『アジア太平洋硏究科論集』17, 2009. 4; 李賢一, 「植民地朝鮮における醫學硏究の軌跡: 京城醫學專門學校を中心に」, 『アジア太平洋硏究科論集』19, 2010. 5. 세브란스의전에 대해서는 연세대학교 의과대학, 『의학백년, 1885-1985』, 연세대학교 출판부, 1986; 박형우, 『세브란스와 한국의료의 여명』, 청년의사, 2006; 박형우, 『한국 근대 서양의학교육사』; 여인석, 「세브란스의전 연구부의 의학연구 활동」, 『의사학』 13(2), 2004. 12; 여인석, 「한말과 일제시기 선교의사들의 전통의학 인식과 연구」, 『의사학』 15(1), 2006. 8; 여인석, 「제중원과 세브란스의전의 기초의학교육과 연구」, 『연세의사학』 12(1), 2009. 6 등이 있다. 대구의학전문학교 및 평양의학전문학교에 대해서는 이현일, 「일제하 공립 의학전문학교의 설립과 운영」, 『한국독립운동사연구』 42, 2012. 8.

4 김성은, 「로제타 홀의 조선 여의사 양성」, 『한국기독교와 역사』 27, 2007. 9; 박정희, 『닥터 로제타 홀: 조선에 하나님의 빛을 들고 나타난 여성』 다산북스, 2019; 백옥경, 「한국 근대 초 의료선교사 메리 커틀러(Mary M. Cutler, 1865-1948)의 진료활동과 여성 의학교육」, 『여성과역사』 35, 2021. 12; 최은경, 「일제강점기 조선 여자 의사들의 활동: 도쿄여자의학전문학교 졸업 4인을 중심으로」, 『코기토』 80, 2016. 8; 이영아, 「최초의 '국내파' 여성 의사 안수경(安壽敬), 김영흥(金英興), 김해지(金海志) 연구」, 『의사학』 30-1, 2021. 4; 공혜정, 「한국 최초의 여성 의학전문교육기관 탄생의 산파 역할을 한 산부인과 의사, 길정희」,

『대한의사협회지』 64(10), 2021; 신은정, 「근대시기 한국의 여의사 양성과정 성립 연구」, 『한국의사학회지』 36(1), 2023. 5.

5 이근환, 「1930-1940년대 의학교육과 병원설립에 관한 연구: 경성여자의학전문학교를 중심으로」, 고려대학교 역사교육학과 석사학위논문, 2008; 백운기·김상덕, 「경성여자의학전문학교 창립의 주체였던 김탁원·길정희 부부는 왜 실제 설립과정에서 제외되었는가?」, 『연세의사학』 13(1), 2010. 6; 백운기·김상덕, 「김종익의 유언과 경성여자의학전문학교 설립과정」, 『연세의사학』 14(1), 2011. 6; 김영·송지청, 「경성여자의학전문학교에 대한 연구: 『京城女子醫學專門學校一覽』을 중심으로」, 『한국의사학회지』 36(1), 2023. 5.

6 대표적으로 김상덕·이헌정 편, 『자료로 살펴본 여자의학강습소: 한국 여자의학교육기관의 효시』, 한림원, 2003; 김성은, 「로제타 홀의 조선 여의사 양성」; 이화의료원 역사편찬위원회 지음, 『이화 의료 이야기: 보구녀관에서 이화의료원까지』, 이화여자대학교출판문화원, 2022 등을 들 수 있다. 최근까지의 동향에 대해서는 박지영, 「한국 근현대 여성 의학사의 동향과 전망: 여성 의료인의 성장에서 여성의 의료 경험으로」, 『이화사학연구』 69, 2024. 12.

7 김성은, 「구한말 일제시기 미북감리회의 여성 의료기관」, 『이화사학연구』 35, 2007. 12, 13-14쪽.

8 보구녀관과 광혜녀원의 명칭에 대해서는 보구여관 등으로 칭할 것인지 논란이 있다. 이 글에서는 Po Ku Nyo Koan(House for Many Sick Women 또는 Salvation for all Women Hospital) 및 Koang Hyoe Nyo Won(Woman's Hospital of Extended Grace) 등 영어식 발음 표기와 선교보고서의 한글 표기에 입각하여 보구녀관과 광혜녀원으로 통일하고자 한다. 보구녀관의 명칭에 대해서는 이희재·강문석·권복규, 「보구녀관(普救女館)의 명칭과 표기에 관한 재고찰」, 『의사학』 28(3), 2019. 12.

9 김성은, 「로제타 홀의 조선여의사 양성」; 백옥경, 「한국 근대 초 의료선교사 메리 커틀러(Mary M. Cutler, 1865-1948)의 진료활동과 여성 의학교육」; 이화의료원 역사편찬위원회 지음, 『이화 의료 이야기』.

10 신규환, 「한말 일제 전반기 여성 의학교육의 계보와 특징: 로제타 홀(1865-1951)의 의학교육을 중심으로」, 『연세의사학』 26(2), 2023. 12; 신규환, 「로제타 홀(1865-1951)과 한말 일제하의 여성 의학교육」, 『의학사연구』 1(1), 2024. 2; 정다혜, 「"여성을 위한 의료사업은 여성의 힘으로"(Medical work for women

by women): 로제타 홀의 여성병원운영론과 여성 의학교육」, 『의료사회사연구』 14권, 2024. 10; 고려대학교 여성 의학사연구소, 『고려의대 백년의 여정』, 역사공간, 2024.

11 H. N. Allen and J. W. Heron, *First Annual Report of the Korean Government Hospital Seoul,* Yokohama R Meiklejohn & Co., 1886, p.30; 「제중원 일차년도 보고서」, 『연세의사학』 3(1), 1999. 3, 41쪽.

12 박형우, 『제중원』, 21세기북스, 2010, 137-141쪽.

13 박형우, 『한국 근대 서양의학교육사』, 66쪽.

14 「녀인셩심」, 『제국신문』, 1899. 5. 19.

15 「부인의학지원」, 『황성신문』, 1909. 6. 6.

16 滄海子, 「女學生의게 醫學硏究를 勸告홈」, 『대한흥학보』 6, 1909. 10. 20.

17 「제중원 일차년도 보고서」, 『연세의사학』 3(1), 1999. 3.

18 박형우, 『제중원』, 108-109쪽.

19 이만열 지음, 『한국기독교의료사』, 아카넷, 2003, 152쪽.

20 신규환·박윤재, 『제중원 세브란스 이야기』, 역사공간, 2015, 76-82쪽.

21 *Annual Report of the Woman's Foreign Missionary Society of the Methodist Episcopal Church(*이하 WFMS Report로 약칭), 1891. p.56.

22 셔우드 홀 지음, 김동열 옮김, 『닥터 홀의 조선회상』, 좋은 씨앗, 2014, 80쪽.

23 이방원, 「보구여관의 설립과 활동」, 『의사학』 17(1), 2008. 6, 50쪽; 이화의료원 역사편찬위원회 지음, 『이화 의료 이야기』, 76-81쪽.

24 셔우드 홀, 『닥터 홀의 조선회상』, 80-81쪽, 115쪽; 김성은, 「로제타 홀의 조선 여의사 양성」, 14-15쪽.

25 WFMS Report, 1891. p.65-67; 셔우드 홀, 『닥터 홀의 조선회상』, 87-88쪽.

26 Rosetta Sherwood Hall, "Medcial-Evangelistic Work for Women and Children, Pyeng Yang," *KWC Annual Report*, 1906, p.53.

27 Rosetta Sherwood Hall, "Medical Evangelistic Work for Women, Pyeng Yang," *WFMS Report*, 1905, pp.45-50.

28 "Quarter Centennial of Miss Ella A. Lewis' Service in Korea," *Korea Mission Field(*이하 *KMF*로 표기), 1917. 3.

29 볼드윈 진료소의 개원 과정에 대해서는 김영수, 「해외여선교회(WFMS)의 서울지역 의료사업: 동대문 부인병원을 중심으로」, 『이화사학연구』 62, 2021. 7,

205-212쪽.

30 *WFMS Report*, 1900, p.84.

31 백옥경, 「한국 근대 초 의료선교사 메리 커틀러(Mary M. Cutler, 1865-1948)의 진료활동과 여성 의학교육」, 280-282쪽.

32 GCHA 소장 자료 1461-3-3:06 Methodist Medical Work General, PO KYU NYO KOAN Report with Addenda Seoul 1906.

33 Mary M. Cutler M.D., "Po Ku Nyo Koan," *The Ninth Annual Report of the Korea Woman's Conference of the Methodist Episcopal Church*(이하 *KWC Annual Report*), 1907, p.18.

34 Mary M. Cutler M.D., "Po Ku Nyo Kwan," *KWC Annual Report*, 1908.

35 Mary M. Cutler M.D., "Po Ku Nyo Kwan," *KWC Annual Report*, 1911.

36 연세의료원 120년사 편찬위원회 편, 『인술, 봉사 그리고 개척과 도전의 120년』(연세의료원, 2005), 334쪽; 박형우, 『세브란스와 한국의료의 여명』, 183-184쪽; 박형우, 『한국근대서양의학교육사』, 236-237쪽.

37 "Baldwin Dispensary and Evangelist Work," *KWC Annual Report*, 1907, p.23; "Baldwin Dispensary and Evangelist Work," *KWC Annual Report*, 1908, p.17.

38 Mrs. Rosetta Hall, M.D. Mrs. Esther K. Pak, M.D., "Woman's Medical Work, Pyong Yang," *KMF*, 1909. 7.

39 릴리언 해리스 기념병원이 1912년 부분 개원하면서 보구녀관의 기능은 점차 이전되고 있었다. 릴리언 해리스 기념병원의 정식 개원일은 1913년 6월이다. 김영수, 「해외여선교회(WFMS)의 서울지역 의료사업: 동대문 부인병원을 중심으로」, 『이화사학연구』 62, 2021. 7, 211-212쪽.

40 KMF 8-5,(May 1912), p.130.

41 김성은은 여성 의학반의 개설 시기를 1913년 9월로 특정하였다. 김성은, 「로제타 홀의 조선여의사 양성」, 24쪽.

42 Mary M. Cutler M.D. and Rosetta S. Hall, M.D., "Koang Hyoe Nyo Won(Woman's Hospital of Extended Grace)," *KWC Annual Report*, 1913, p.97-100.

43 김성은, 「로제타 홀의 조선여의사 양성」, 24-25쪽.

44 Mary M. Cutler M.D. and Rosetta S. Hall, M.D., "Koang Hyoe Nyo

Won(Woman's Hospital of Extended Grace) and Woman's Medical Class, Pyeng Yang," *KWC Annual Report*, 1914, p.5.

45 백옥경, 「평양의 여성병원: 광혜여원의 설립과 운영」, 『의료사회사연구』 제12집, 2023. 10, 186-188쪽.

46 박정희, 『로제타 셔우드 홀: 한국 근대 여성의 길을 놓다』, 키아츠, 2018, 169쪽.

47 『朝鮮總督府官報』, 1926. 8. 27.

48 「의전청강생」, 『조선일보』, 1926. 3. 26.

49 『朝鮮總督府官報』, 1930. 1. 27; 「의사합격자」, 『동아일보』, 1929. 11. 27, 2면.

50 「조선민족의 은인 홀부인의 화연」, 『동아일보』, 1926년 10월 24일, 3면.

51 「경성여의회」, 『동아일보』, 1928. 4. 5, 3면; 「초기사업으로 구월부터 강습회」, 『동아일보』, 1928. 5. 21, 3면.

52 「여자의강개강, 九月부터 강습소를 열어」, 『동아일보』, 1928. 7. 11, 2면.

53 「경성여자의학강습소 연혁」, 京城女子醫學講習所編, 『京城女子醫學講習所 校友會誌』, 第1號, 京城女子醫學講習所, 1934, 2쪽.

54 길정희, 『나의 자서전: 한국여자의학교육 회고』, 삼호출판사, 1981, 24-26쪽; 京城女子醫學講習所編, 『京城女子醫學講習所 校友會誌』, 第1號, 京城女子醫學講習所, 1934, 84-86쪽.

55 Rosetta Sherwood Hall, "Medical Education and Rural Medical Work," *KWC Annual Report*, Pyeongyang, June 1929, p.56.

56 「경성여자의학강습소 연혁」, 京城女子醫學講習所編, 『京城女子醫學講習所 校友會誌』, 第1號, 京城女子醫學講習所, 1934, 2쪽.

57 의학강습소 출신들은 조선총독부 지정학교인 조선총독부의원 부속의학강습소를 제외하면, 1920년대까지 의사시험에 합격해야만 의사면허를 취득할 수 있었고, 수료자에게는 별도의 수업증서가 교부되었다(「道立醫學講習所規程」, 『朝鮮總督府官報』, 1923. 3. 31). 1930년 3월 19일, 조선총독부고시 113호 및 114호 공포와 〈의사규칙〉 제1조 1항 2호에 의거, 도립대구의학강습소와 도립평양의학강습소가 조선총독부 지정학교가 되어 무시험으로 의사면허를 취득하게 되었, 졸업자 명단은 〈조선총독부관보〉에 게재되었다.

58 최근까지 경성여자의학강습소 졸업생은 11명(박순정, 임용화, 신무선, 이점학, 강성자, 김금선, 송경애, 이경신, 오옥섬, 허봉조, 김동숙)으로 알려져 있었다(고려대학교 의과대학, 『고려대학교 의과대학 90년사(1928-2018)』, 고려대학교 의과

대학, 2018, 31쪽). 『조선총독부관보』에 의하면, 경성여자의학강습소 출신 의사시험 합격자는 1933년 11월 박순정, 임용화(이상 1933년 11월) 이래로, 신무선, 이점학, 강성자(이상 1934년 6월), 김금선, 송경애(이상 1935년 5월), 이경신, 오옥섬(이상 1936년 6월), 허봉조(1936년 11월), 김동숙(1937년 5월), 신금자, 김기저(이상 1938년 5월), 이인숙, 현명주(이상 1938년 11월), 채덕삼(1939년 10월), 김순희, 서병희(이상 1940년 5월) 등 총 18명이다.

59 김종익에 관한 일대기는 沈英燮, 『友石先生小傳』, 1967, 고려대 소장본.

60 고려대학교 의과대학, 『고려대학교 의과대학 90년사(1928-2018)』, 2018, 31-34쪽.

제2장

로제타 홀, 여성 의학교육과 여성병원 운영의 길

정다혜

시작하며

한말에서 일제시기 내한 선교사들이 실시한 의료사업과 의학교육은 한국의 서양 근대의학 수용과 의료시설 확대, 의료인 양성에 중요한 역할을 했다. 특히 여성 의료선교사들은 내외법 관습으로 인해 남성 선교사와의 접촉이 어려웠던 조선 여성들과 소통하면서 여성들을 위한 의료활동에 힘썼다. 1880년대부터 1950년대까지 한국에 파견된 여성 의료선교사의 수는 총 89명으로, 남성 의료선교사 106명에 비해 결코 적지 않았다.[1] 의사로 명시한 선교사로만 한정할 경우에도 남성은 83명, 여성은 23명이었다. 1920년 미국 의사 중 여성 의사의 비율이 5% 미만이였다는 것을 감안하면 여성 의사선교사는 한국 의료선교에 큰 비중을 차지하고 있었다.[2]

그 중에서도 로제타 홀은 여성과 아동을 위한 의료사업과 여성 의학교육에 앞장선 대표적인 인물이다. 1890년 미국 북감리회 여성 해외

선교회(WFMS; Woman's Foreign Missionary Society of the Methodist Episcopal Church) 소속으로 한국에 온 그녀는 여성병원의 중요성을 강조하면서 초기부터 여성 의학교육기관의 필요성을 주장했다. 1928년 조선여자의학강습소의 설립은 그 결실이었다.

최근 로제타 홀, 메리 커틀러와 같은 여성 의사선교사들이 주도한 여성 의료인 양성에 대한 연구가 축적되고 있다.[3] 그간의 여성 의학교육에 관한 연구는 주로 여성 의사 양성 과정을 계보적·단계적으로 밝히고 그 의미를 부여하는 방식으로 이루어졌다. 이러한 연구들은 근대 한국의 여성 의학교육의 시기별 특징을 한말~일제시기 의학교육 환경의 변화 속에서 규명했다는 점에서 중요하다.

그러나 기존 연구들은 여성 의학교육이 단계적으로 발전하는 모습에 초점을 두고 있다. 이로 인해 한국의 의료선교 환경이 일제시기 동안 갈수록 열악해졌으며 여성 의학교육을 둘러싼 선교계 내외부의 부침이 계속되었다는 사실이 간과되는 경향이 있다. 그러다보니 선교계가 1880년대 한국 선교 초기부터 의료사업과 의사 양성에 주력했음에도 불구하고 왜 여성을 위한 의학교육기관은 1920년대 후반에서야 설립되었는지 설명하지 못하였다. 또한 선교사로서 로제타 홀이 주도한 조선여자의학강습소가 선교계에서 운영하는 의학교로 설립되지 않고, 선교계와의 관계도 제한적이었던 이유를 명확히 해명하지 못하였다. 이를 이해하기 위해서는 의료선교 환경의 변화와 선교본부와 한국 선교계와의 입장차이, 그리고 한국 선교계 내부의 의료선교와 의학교육을 둘러싼 논의를 살펴볼 필요가 있다.

특히 이 글은 로제타 홀이 여성 의료사업의 측면에서 한국 의료선교의 의의를 설명하고 여성병원의 독자성을 강조하였다는 점, 그리고 여성 의학교육을 여성병원과의 관계 속에서 이해했다는 점에 주목한다. “여성을 위한 여성의 일(women's work for women)”은 당시 미국 여성 선교사들의 선교 슬로건이었다. 로제타 홀은 이를 구체화하여 여성을 위한 의료사업을 여성이 실시하고, 여성을 위한 병원을 여성이 운영할 것을 주장하였다. 여성병원의 필요성과 조선에서의 여성 의학교육 가능성에 대해서는 시기와 선교병원 운영론에 따라 선교계 내에서 입장차이가 있었다. 이때 로제타 홀은 선교기간 내내 일관되게 여성이 주도하는 독자적인 여성병원과 여성 의학교육기관이 모두 필요하다는 입장을 고수하였다. 이와 같은 로제타 홀의 여성 의학교육을 위한 실천과 그가 선교계와 조선 사회에 역설한 논리는 한말~일제시기 여성병원의 변화 속에서 탐구될 필요가 있다.

한말~일제시기 의료선교에 대해서는 방대한 선교자료를 바탕으로 정리·개괄해 낸 이만열의 연구를 필두로 인물별·의료기관별·선교회(교단)별·지역별로 연구가 축적되었고, 선교의료와 일제 관립의료간의 관계에 대한 고찰도 이루어졌다.[4] 여성을 대상으로 한 의료선교에 관한 연구들 또한 이러한 흐름에서 규명되었고, 그 중에서도 독자적으로 여성사업을 전개한 WFMS에 대한 연구가 두드러진다.[5] 인물 연구는 여성 의료선교사와 이들을 통해 양성된 조선인 여성 의료인의 활동에 주목하면서 한국 여성 의료사업의 특징을 규명했다.[6] 이들 연구를 통해 선교회별, 시기별 여성 의료사업의 특징을 이해하고 개별 여성 의료인들이 추구하고 주목했던 의료사업의 방향성을 파악할 수 있다.

한국 의료선교를 세계사적 맥락에서 이해하려는 시도들도 진행되었다. 동아시아 국가 중 가장 앞서 의료선교가 이루어진 중국과 비교하여 한국 의료선교의 특징을 규명하였고, 여성 의사선교사들의 내한 배경을 이해할 수 있는 미국의 여성 해외의료선교와 여성 의학교육에 관한 연구들도 이루어졌다.[7] 이 연구들은 여성 의료선교를 선교본부의 해외선교 전략과 미국 내 여성 의사 양성의 흐름 속에서 이해하고 다른 동아시아 국가들의 의료선교와 한국을 비교할 수 있는 토대를 제공한다. 중국과 일본에 비해 식민지 조선의 여성 고등교육은 제한되어 있었고, 선교계 또한 여성 의학교육기관 설립에 소극적이었다.[8] 그런 의미에서 여성 의학교육은 한국 의료선교의 특징을 살펴보는 하나의 창이 될 수 있다.

이 글에서는 로제타 홀이 조선 여성을 위한 의학교육을 주장한 맥락을 의료선교 지형과 여성병원 운영과의 관계에 주목해 살펴볼 것이다. 먼저 의료선교 초기부터 1910년대까지 의료선교의 전개과정에서 나타난 여성병원 운영과 여성 의료인 양성 논의를 검토할 것이다. 특히 1900년대 중반 보구녀관 신축부지 선정과정에서 나타난 WFMS 내의 입장차이를 분석하고, 여성병원 운영과 여성 의학교육에 관한 홀의 입장을 확인할 것이다. 또한 1910년대 선교본부의 한국 의료선교 방침과 총독부 의료정책으로 인한 의료선교의 제약 속에서 홀이 여성 의학교육을 위해 취한 전략을 살펴보고자 한다.

다음으로는 1920년대 선교계 여성병원의 존폐 위기와 이에 대한 로제타 홀의 대응을 통해 1928년 설립된 조선여자의학강습소 설립의 의미를 설명할 것이다. 여성병원의 독자성을 둘러싼 논쟁 속에서 홀이 내세운 종교적, 현실적 논리가 조선여자의학강습소 설립으로 어떻게 이어지는지를 분석하고 조선여자의학강습소와 선교계의 관계를 재검토할 것이다. 선교계와 총독부, 의료선교사와 비(非)의료선교사, 여성 의료선교사와 남성 의료선교사 등 집단간 입장 차이에 유념하면서 로제타 홀이 실천한 의료사업과 의학교육론이 지니는 독특성을 도출해고자 한다.

분석을 위한 사료로는 신문자료와 함께 한국의 여성 의료선교의 흐름을 파악할 수 있는 선교자료를 광범위하게 활용하였다. 기존 연구에서 주로 활용된 주한 WFMS 선교사 연례회의 보고서(Annual Report of the Korea Woman's Conference of the Methodist Episcopal Church)와 주한 선교사들의 초교파적 선교보고 잡지 Korea Mission Field 외에 WFMS 본부의 연례보고서(Annual Report of the Woman's Foreign Missionary Society)를 참고하여 선교본부와 한국 선교회의 입장 차이를 살펴볼 것이다. 또한 로제타 홀의 후손들이 양화진문화원에 기증한 자료 중 로제타 홀이 작성한 것으로 추정되는 문서 및 메모 자료들을 통해 기존 자료에서 정확히 확인되지 않거나 누락된 정보들을 확인하였다.

이외에 미국 감리교총회역사보존위원회(General Commission on Archives and History, The United Methodist Church), 미국 장로교역사자료관(Presbyterian Historical Society)에서 소장한 한국 선교와 관련한 선교사 회람문서, 주한(住韓) 선교사들과 선교본부 간의 서신자료를 활용하였다. 이 글에서는 선교계 내부의 WFMS와 같은 여선교회와 남선교회의 입장차이, 개별 의료선교사들의 의견, 정책 결정 이전에 실시된 선교회 간의 논의와 협상 등을 드러내기 위해 활용하였다.

한말–1910년대 선교계의 여성 의료사업

여성진료소의 설립과 선교연합 여성 의학교육의 구상

한국에 대한 개신교 선교는 1880년대 중반에 시작되었다. 초기 선교사들은 개신교를 개화의 수단으로 주목한 조선 지식인층의 관심을 고려해 교육과 의료 사업을 통해 한국 선교의 토대를 구축하고자 했다. 1884년 미국 감리교 선교사 매클레이(Robert S. Maclay)가 공식적으로 고종에게 교육 및 의료사업 실시를 청원했고, 고종이 이를 허락하면서 선교사들의 내한이 시작되었다. 첫 한국 정주 선교사인 미국 북장로교 선교사 알렌(Horace N. Allen)이 의사였다는 사실이 보여주듯이 의료사업은 초기 개신교 선교의 중요한 통로였다.

1885년 제중원 설립을 시작으로 의료선교사들은 서양 근대의학으로 조선인들을 치료하며 호응을 얻었지만, 조선의 남녀유별 관습으로 인해 여성 환자 진료에 어려움을 겪었다. 알렌은 제중원 운영 초기에 다섯 명의 기녀(dancing girls)를 고용하여 보조 의료인력으로 훈련시키고자 시도했고, 선교본부에 여성을 위한 별도의 병동이 필요하다고 보고하였다.[9] 이에 미국 북장로회 선교본부는 1886년 간호사 출신으로 의과대학에 재학중인 애니 엘러스(Annie J. Ellers)를 파견하였다. 최초의 내한 여성 의료선교사인 엘러스는 왕비를 비롯한 상류층 여성들을 치료하였고, 구리개로 이전한 제중원 부녀과(여성병동)에서 여성과 아동 환자를 진료하였다.[10] 이후 북장로회는 릴리어스 호턴(Lilias H. Underwood, 릴리어스 언더우드), 앨리스 피쉬(Mary Alice Fish Moffett, 앨리스 마펫), 에바 필드(Eva H. Field) 등의 여성 의사선교사들을 파견하여 여성진료 사

업을 이어갔다.[11]

다른 교파 선교회에서도 선교 초기에 공통적으로 여성들을 치료하기 위한 크고 작은 여성진료소를 운영하였다. 미국 북감리회는 특별히 WFMS를 통해 여선교사들이 독자적으로 선교활동을 펼치며 여성들을 위한 의료와 교육에 관심을 기울였다. 1884년 10월 메리 스크랜턴(Mary F. Scranton)이 WFMS의 첫 한국 선교사로 임명되었고, 이듬해 그의 아들인 의사선교사 윌리엄 스크랜턴(William B. Scranton)이 교육 사업을 맡은 아펜젤러(Henry G. Appenzeller)와 함께 내한하였다. 윌리엄 스크랜턴은 제중원에서 알렌을 도와 일하다 1886년 9월 북감리회병원[시병원(施病院)]을 개원해 운영했다. 그 또한 여성환자 진료를 위해 선교본부에 여러 차례 여성 의료선교사 파송을 요청했고, 메리 스크랜턴은 WFMS에 여성병원 설립기금을 신청했다. 이에 따라 1887년 WFMS는 의사선교사 메타 하워드(Meta Howard)를 파견했다. 하워드는 시병원에서 여성 환자 치료와 왕진 사업을 맡았고, 이는 여성병원 보구녀관(普求女館)의 설립으로 이어졌다.[12] 이외에도 1890년대부터 1900년대에 걸쳐 남장로회에서는 마티 잉골드(Mattie B. Ingold)가 전주에서 부녀진료소를 운영했고 캐나다 장로회는 케이트 맥밀란(Kate McMillan)의 주도로 원산에서, 영국성공회는 서울 정동과 인천 제물포에서 여성전문병동을 운영하였다.[13]

WFMS 의사선교사 로제타 셔우드(Rosetta Sherwood Hall, 로제타 홀)는 건강 악화로 귀국한 메타 하워드의 후임으로 1890년 보구녀관에 부임했다.[14] 그녀는 부임 직후부터 조선여성들에 대한 의학교육을 강조하였다. 그녀는 이화학당에서 영어를 배운 학생 중 몇몇을 선발하여 통역을 하면서 약처방과 간호를 도울 수 있도록 훈련했다. 의료보조훈련반(Medical Assistant Training Class)을 개설해 기초과학과 생리학, 약물학 등을 가르쳤고, 훈련반원들은 약제실과 진료실에서 조수로 성장했다. 로제타 홀은 젊은 여성들을 양성하는 것이 다음 세대에도 영향력을 발휘할 것으로 기대했다.[15]

홀이 평양으로 선교지를 옮긴 이후에도 메리 커틀러를 비롯한 선교사들은 훈련반을 이어갔다. 대표적으로 여메례(결혼 후 황메리)는 이 과정을 통해 수년간 훈련받았고, 보구녀관과 1893년 설치된 동대문 볼드윈 진료소(Baldwin Dispensary)에서 약제업무, 수술보조를 담당하면서 진단과 치료에도 능하게 되었다.[16] 하지만 의료보조훈련반은 1912년 평양 광혜녀원(廣惠女院)에 여성 의학반이 개설되기 전까지 체계화된 심화교육으로 이어지지는 못했다. 대신, 의사선교사를 도울 한국인 의료인력이 시급하다는 주한 선교사들의 요청으로 WFMS가 마거릿 에드먼즈(Margaret J. Edmunds)를 파견해 간호사를 양성하기 시작했다. 에드먼즈는 1903년 12월 간호원 양성소를 개소하고 보구녀관과 연계해 간호교육을 실시하였다.[17]

한편 한국의 WFMS 의료선교사들은 보구녀관을 운영한 지 10년째인 1898년부터 낡은 보구녀관을 대체할 시설을 선교본부에 요청했고, WFMS 본부는 새로운 여성병원을 짓기로 결정하였다. 1900년대 들어 북감리회가 전반적으로 의료사업을 축소하고 있었지만 여성선교회는 오히려 과감히 여성병원을 신축하기로 결정함으로써 여성 의료선교에 대한 여성선교회의 의지를 드러냈다.[18] 선교사들은 의학교육과 간호교육을 모두 실시할 수 있는 큰 규모와 시설을 갖춘 병원을 기대했다.[19] 볼드윈 진료소를 담당하던 의사 언즈버거(Emma Ernsberger)가 1904년 8월부터 안식년으로 1년간 미국에 머물면서 신축자금 모금에 적극적으로 나섰고 코웬 부인(Mrs. Cowen)이 상당액을 기부하면서 건설 자금이 마련되었다.

하지만 새 여성병원 부지에 대한 WFMS 선교사들의 의견은 더 많은 환자를 진료할 수 있는 동대문에 병원을 세워야 한다는 주장과 진료와 의료인력 양성의 효율성을 위해 세브란스병원과 협력이 용이한 남대문 부근에 세워야 한다는 주장으로 나뉘었다. 로제타 홀과 메리 커틀러는 새 여성병원이 세브란스병원 부근에 세워지기를 바랐다. WFMS의 병원들은 병원당 의사 1명 정도의 인력으로만 운영되고 있어 의사선교사들의 건강, 안식년 등에 크게 좌우되었다. 때문에 커틀러와 홀은 세브란스병원을 통해 새 여성병원에 안정적으로 환자를 치료할 수 있는 의료인력을 확보하고자 했다. 1905년 6월 감리교와 장로교 교단이 교육, 전도, 의료사업 등 "모든 선교 사업에서 긴밀하게 협력"하기로 한 결정은 새 여성병원에서 교단 간의 유기적 연합 하에 간호교육과 의학교육을 실시할 수 있을 것이라는 기대감을 불어넣었다.[20]

메리 커틀러는 간호원 양성소뿐만 아니라 여자의학교도 설립될 때가 되었다고 보고, 이를 위해 진료와 강의, 간호지침과 응급조치 등 모든 방면에서 감리교단과 장로교단의 의사와 간호사들이 협력할 것을 세브란스병원에 제안하였다. 북장로교회는 이를 긍정적으로 수용하면서 우선 간호교육을 중심으로 1년간 인력을 합쳐 운영하면서 연합사업의 가능성을 판단해보자고 제안하였다. 커틀러는 선교본부에 이 제안을 승인해줄 것을 요청했다.[21] 하지만 WFMS의 심의·조정위원회(Reference

Committee)는 다른 교단과의 유기적 연합이 실현가능하지 않다고 판단해 승인을 거부했고, 동대문 부지에 새로운 여성병원인 릴리언 해리스 기념병원(Lillian Harris Memorial Hospital, 동대문(부인)병원)을 짓기로 했다.[22]

보구녀관의 메리 커틀러와 에드먼즈는 이러한 결정에 유감을 표하면서도, 간호원 및 의학생들에 대한 교육과정을 구체적으로 계획하였다.[23] 그들은 위원회에서 유기적 연합은 거부했지만 "서울지역 의료사업에서의 모든 실행가능한 협력"은 인정했으므로, 새 여성병원에서 세브란스병원과 협력할 가능성이 여전히 남아있다고 믿었다.[24] 그들은 조선 여성들이 조선 여성들을 돌볼 수 있도록 간호사와 의사로 훈련하는 것이 고통받는 조선 여성과 아이들을 돌볼 수 있는 가장 경제적이고 좋은 방법이라고 주장했다. 세브란스병원과 협력한다면 정규적·규칙적인 교육이 가능하며 교육의 양과 질 또한 보장될 수 있었다. 이를 위해서는 동대문이 아니라 세브란스병원와 가까운 남대문에 병원이 세워져야 했다.

평양에서 광혜녀원을 운영하던 로제타 홀도 위원회 결정에 실망을 표하면서 집행위원회 차원에서 병원 부지를 재고해줄 것을 촉구하였다. 홀도 커틀러와 마찬가지로 선교본부에서 말하는 협력이 동대문에서는 불가능하다는 입장이었다. 그녀는 세브란스병원과 협력하지 않고 간호사들이 양성된다면 그들이 졸업 전에 받아야 하는 일정 수준의 교육을 실시하기도 어려울 것이라고 보았다.[25]

하지만 기금 마련에 공헌을 한 언즈버거는 새 여성병원이 동대문 부근에 세워져야 한다고 보았다. 그녀는 이미 볼드윈진료소를 통해 동대문 지역이 여성과 아이들을 위한 최고의 장소라는 것이 증명되었다고 주장했다.[26] 언즈버거는 커틀러와 홀의 병원부지 재고 요구로 새 병원 건립이 중단된 것을 유감스럽게 여겼다. 그는 당장의 조선인들의 필요에 입각한 운영 전략이 필요하다는 입장이었다. 더 많은 조선인 환자들을 치료하려면 외래 환자들을 효과적으로 관리해야 하고, 이를 위해서는 어린 간호사보다 오히려 나이가 많고 환자를 돌보는 데 익숙한 전도부인들을 훈련해 활용하는 것이 효과적이라고 주장했다.[27] 결과적으로 건립위원회는 릴리언 해리스 기념병원을 동대문에 짓기로 확정했다. 선교부는 불확실한 장로교와의 연합보다는 당장의 환자 치료수요에 더 초점을 두면서 충분한 부지 확보와 환자들의 접근성을 고려한 현실적인 선택을 내렸다.[28]

새 여성병원은 동대문에 설립하기로 결정되었지만 홀과 커틀러는 이후에도 지속적으로 여자의학교 설립을 주장했다. 커틀러는 1907년, 1908년 보구녀관 운영 보고서에서 고통받는 여성들과 아이들을 치료할 수 있도록 조선인 여의사를 양성할 수 있는 교육, 이를 위한 의학교의 설립이 가장 필요하다고 호소했다.[29] 홀 또한 1909년 보고서를 통해 선교본부에 여자의학교를 설립해 한국 여의사들이 제대로 된 교육을 받고 자격을 갖춰 여성 의료사업에 대한 요구에 부응할 수 있도록 모든 힘을 다해달라고 요청했다.[30]

1910년대 의료선교 축소와 로제타 홀의 여성 의학교육

1907년 9월 한국에 있는 의료선교사들은 교단을 초월해 모여 한국의료선교사협회(KMMA; Korea Medical Missionary Association)를 창립했다. KMMA는 인력과 인프라 부족으로 인한 개별 교단별 의료선교의 한계를 극복하기 위해 조직되었다. 협회는 8개 위원회로 구성되어 있었고, 그

중에는 의학교육위원회와 간호교육위원회가 포함되어 있었다.[31] KMMA 의학교육위원회는 KMMA의 감독 하에 운영되는 선교계 의학 전문학교 설립 가능성을 논의했다. 그 결과는 세브란스병원의학교를 교파 연합으로 운영하는 것이었다.[32] KMMA에서 학사관리, 인력파견 등 협력 운영안을 논의하였고, 세브란스의학교는 1913년 세브란스연합의학교(Severance Union Medical College)가 되었다.[33]

로제타 홀은 WFMS에 지속적으로 여자의학교 설립과 여성 의학교육을 담당할 의료선교사 파견을 요구하는 한편, KMMA를 통해 여자의학교육을 실현할 가능성을 타진했다.[34] KMMA에서 독자적인 선교계 의학 전문학교 설립을 논의했던 만큼 선교연합으로 여자의학교를 설립하거나 세브란스연합의학교에서 여성 입학을 허용할 수 있을 것으로 기대했다. 이를 준비하는 동안에는 자체적으로나마 의학교육을 실시해 정규 의학교육 과정에 대비시키고자 했다.

1912년 3월 메리 커틀러가 건강상태가 좋지 않은 홀을 돕기 위해 평양 광혜녀원에 합류하자, 둘은 지체하지 않고 여성 의학반 개설을 준비하여 학습계획을 수립하고 학생들을 모집했다. 그리고 그해 9월 1일 여성 의학반이 시작되었다. 홀과 커틀러는 학생들이 의사시험을 준비할 수 있도록 자혜의원과 육군병원의 일본인 의사를 통해 일본어 수업과 몇몇 의학 수업을 제공했다.[35] 그러나 홀이 기대한 독자적인 여자의학교 설립이나 세브란스의학교의 여성 입학은 쉽게 이루어지지 않았다. 세브란스에서의 연합의학교육은 분명 선교연합 의료사업의 핵심적인 결과물이었다. 그런 의미에서 연합 의학교육은 여성 의학교육으로도 확대될 수 있었다. 홀은 광혜녀원 여성 의학반 수료생들을 체계적으로 교육시키길 원했고,

세브란스연합의학교에서 여성을 받아줄 것을 요청하였다. 하지만 세브란스의학교는 여성 입학을 허용하지 않기로 하고 제안을 거절하였다.[36]

세브란스의학교가 여학생을 받지 않기로 한 이유는 분명히 알 수 없으나, 1910년대 초 학교가 처해있던 위기 상황에서 남녀공학을 고려할 여력이 없었던 것으로 보인다. 세브란스의학교를 선교연합으로 운영하게 된 것은 한국 내 의료선교 역량의 한계 때문이기도 했다. 미국 북장로교를 중심으로 운영되던 세브란스병원의학교는 한국의 유일한 선교 의학교였으나 선교본부의 의료선교 축소 분위기 속에서 한 교단만의 힘으로 운영하기에는 재정과 인력 모두 역부족이었다. 총독부의 교육정책과 의료정책도 선교계 의학교 운영을 제약했다. 1911년 실시된 사립학교규칙에 따라 세브란스의학교는 학교 운영 전반에서 총독부의 인가를 받아야 했고, 일본어로 수업할 것을 요구받았다. 또한 1913년 11월 의사규칙이 제정되면서 총독부 지정 의학교 졸업생에게만 의사자격을 부여하였는데, 세브란스연합의학교는 지정 의학교가 되지 못해 학생들이 졸업과 별개로 의사시험에 통과해야 의사면허를 받을 수 있게 되었다. 결정적으로 총독부가 영국과 캐나다 의사자격은 인정하였지만 내한 의료선교사의 높은 비율을 차지하는 미국과 호주 의사자격은 인정하지 않았고, 병원 책임자로 일하기 위해서는 일본 의사자격시험을 통과해야 했다. 이는 의료선교사들의 활동을 크게 제약했고, 한국에 의료선교사를 파송하는 데에도 부정적인 영향을 미쳤다.[37] 이런 상황에서 세브란스연합의학교의 우선과제는 남녀공학 전환보다는 지정의학교가 되고 의료인력을 안정적으로 확보하는 것이었다.

1910년대 초 내한 의료선교사들의 위기의식과 이에 대한 대응은

1913년 KMMA 연례회의에서 채택한 결의문에 잘 드러난다. KMMA 회원들은 총독부의 의료사업에도 불구하고 한국에서 의료선교는 여전히 필요하며, 계속되어야 한다고 주장했다. 이는 선교본부와 조선 선교계 내에서 제기되고 있던 의료선교의 효용성에 대한 회의적인 시각에 대응한 것이었다.[38] 일제 식민통치가 본격화되면서 식민당국은 자혜의원을 비롯해 시설과 인력을 갖춘 관립병원을 공격적으로 설치하였다. 그리고 관립병원에 무료 환자 비중을 크게 늘려 선교계 병원이 가진 자선과 서양 근대의학의 입지를 흡수하고자 했다.[39] 하지만 KMMA 회원들은 총독부의 의료사업이 의료선교의 양을 감소시키지 않으며 오히려 의료수요를 창출하여 더 많은 사람이 병원을 찾을 것이므로 인력과 설비를 개선한 의료선교기관이 있어야 한다고 반박했다.[40]

비슷한 시기 기독교 여러 교파의 내한 선교사들이 모여 한국 선교를 진단하고 대안을 모색하는 회담에서도 의료선교사들은 여전히 의료선교가 중요하다고 역설했다. 에비슨(Oliver R. Avison)은 한국의 선교환경이 어느 정도 자리잡은 이때에 오히려 의료선교가 확대되어야 한다고 주장했다.[41] 로제타 홀은 여성 의료사업의 중요성을 강조했다. 한국에서 매년 최소 18,000명이 출산하며 목숨을 잃고 있으며, 그로 인해 여성과 아이, 그리고 이후에 태어날 아이까지 잃는 것이 바로 한국이 발전하지 못하고 멈춰있는 이유라고 보았다. 따라서 여성을 위한 의료사업이 상류층 여성들뿐만 아니라 모든 계층으로 확대되어야 하며 이를 위해 더 많은 여성 의료인이 필요하다고 주장했다.[42]

선교계 안팎에서 의료선교의 입지가 좁아지자, 홀은 단시간에 선교계에서 여성 의학교육을 실시하기 힘들다고 판단한 것으로 보인다. 그래서 그녀는 조선총독부의원 부속의학강습소(1916년 이후 경성의학전문학교)의 소장 후지타 쓰구아키라(藤田嗣章)를 찾아가 의학강습소에 여학생을 받아줄 것을 요청하였다. 후지타는 의학교육에서 조선인을 차별했던 대표적인 인물이었다.[43] 그러나 홀이 지속적으로 여학생 입학을 요구하자, 외국인 선교사의 열의를 수용하여 조선인 여성을 1회에 3명씩 청강생으로 받기로 하였다.[44] 이로써 1914년 김영흥·김해지·안수경을 시작으로 1926년까지 소수의 여학생들이 청강으로나마 국내에서 의학교육을 받을 수 있게 되었다.[45] 광혜녀원 여성 의학반에서 공부한 학생 중 총 4명이 청강생이 되었다.[46] 이후 광혜녀원 여성 의학반은 문을 닫았으나, 홀과 WMFS는 서울과 외국의 여성 의학생들을 위한 장학금을 마련하였고, 전도부인들을 통해 학생들의 학교생활을 도왔다.[47]

로제타 홀이 한국 여성들의 의학교육 통로를 만들고자 열의를 보인 또 다른 이유는 갈수록 여성병원을 운영하기 어려워졌기 때문이다. 우선 한국에 올 여성 의료선교사를 찾기 어려웠다. 홀이 한국에 온 19세기 말부터 1900년대의 미국은 다른 서구 국가에 비해 비교적 여성 의학교육의 문이 열려있어, 여러 여자의과대학과 남녀공학 의과대학들에서 여성 의사들이 양성되었다.[48] 또한 이 시기에는 복음주의적인 해외선교 운동, 특히 학생자원운동(Student Volunteer Movement)에 힘입어 해외의료선교에 참여하는 이들이 상당했다.[49] 그러나 1910년 의과대학 등급체제 도입과 플렉스너(Abraham Flexner)의 『미국과 캐나다의 의학교육』(플렉스너 보고서) 발표 이후 의과대학 체제가 개편되면서 대부분의 여자의과대학들은 폐교하거나 남녀공학으로 전환하였고 의과대학 입학조건이 강화되면서 여학생의 의대 진학률이 낮아졌다.

선교회 차원에서도 의료선교사를 자원하는 여자의과대학생에게 제공하던 장학금의 규모는 점차 감소한 반면, 의료선교사 선발 기준은 강화되었다.[50] 1910년대 중반 미국 해외선교 감독관위원회(ABCFM: American Board of Commissioners for Foreign Missions)의 선교사 지침서에서는 선교회가 의료선교사들에게 최고의 훈련을 요구한다는 것을 명시하였다. 가능하면 대학 정규 과정을 이수하고 미국의사협회에서 A등급을 받은 의과대학을 졸업한 후에 대학병원 인턴 혹은 이에 상응하는 수련과정을 거칠 것을 요구하였다. 그리고 일반외과, 산부인과, 안과, 열대성 질환 치료 등 전공과정 이수도 강력히 권고했다.[51] 이러한 상황에서 의료선교 유효성 논쟁이 벌어지고 추가적인 의사시험까지 치러야 하는 한국에 여성 의료선교사를 파견하는 것은 쉽지 않았다.

여성병원의 위기는 재정적인 측면에서도 나타났다. 1914년 6월 감리교 총회에서는 광혜녀원에 대한 보조금을 없애기로 결정했다. 전반적으로 한국 선교사업을 축소하면서 정진여학교와 광혜녀원 중 광혜녀원의 보조금을 폐지하기로 한 것이었다. 광혜녀원은 매해 1,500원의 보조금을 받아 운영하고 있었는데, 경비는 해마다 늘어나는 데 반해 환자 수는 정체되어 있었다. 광혜녀원 대신 기홀병원이나 자혜의원으로 향하는 여성 환자도 상당했다.[52] 평양 주민 1,000여 명이 광혜녀원 폐원을 반대한다는 의사를 미국 선교본부에 전달하고, 한국 여선교회에서 병원 운영경비 마련을 위해 모금 활동을 벌이면서 폐원 위기는 일단락 되는 듯했다.[53]

하지만 1915년 4월에 열린 한국감리회여성선교연회(이하 선교연회)에서 감리회 감독 해리스(Merriman Colbert Harris)는 여선교회의 대학사업과 여성 의료사업 중단에 관한 논의를 요청했다.[54] 여선교회장 스웨어러(Lillian M. Swearer)의 주도로 행해진 회원들의 논의와 표결 끝에, 회원들은 만장일치로 조선에서 대학사업과 의료사업을 지속하기로 했다. 적어도 주한 WFMS 선교사들은 여성들을 위한 교육 및 의료사업에 여전히 큰 의미를 두고 있었던 것으로 보인다. 하지만 미국 선교본부 차원에서 경제성이나 효율성을 이유로 사업 중단을 고려한 것은 WFMS가 약 30년간 추진했던 선교 방향성에 제동이 걸렸음을 의미했다.

그럴수록 로제타 홀은 조선인 여의사 양성을 강조했다. 6년간 조수 교육을 받은 이그레이스가 의생면허를 취득해 의료선교사들의 일을 나눠 하는 든든한 의료인력이 된 것처럼, 선교회 차원에서 양성한 한인 여성 의료인들이 가장 큰 자산이 될 것이라고 보았다.[55] 이 시기 한국을 방문한 인도 감리교 감독 완(Francis Wesley Warne)이 소개한 인도의 여자의과대학 사례는 홀에게 더 큰 확신을 주었다. 인도에서는 1903년에 여자의과대학을 세워 여의사를 양성하기 시작했고, 1912년에 76명이 재학중이었다. 완은 홀에게 인도에서 양성한 여성 의사들을 미국 여성 의사선교사를 대신해 한국에 보내면 어떻겠냐는 제안을 할 정도였다.[56]

이 시기 홀의 여자의학교 설립에 관한 절실함은 중국 『박의회보(The China Medical Missionary Journal)』 편집부에 보낸 편지에서도 드러난다. 그녀는 조선여성들이 산과적으로 고통받고 있고 위험에 처해있음에도 불구하고 관습상 남성 의사에게 진료를 받기 어려운 현실을 전했다. 그리고 중국이나 인도 등에서도 유사한 관습이 있지만 이들과 달리 조선에는 여자의과대학이 없어 여성 의료인이 턱없이 부족하다고 지적했다. 그는 조선이야말로 여성 의사와 산파 등 여성 의료인 양성과 교육이 가장 필요한 곳이며, 조선에 시급히 여자의학교가 설립되기를 바란다는 희망을 피력했다.[57] 하지만 로제타 홀의 바람과 달리 선교회 주도의 여성병원 운영과 이를 뒷받침할 여자의학교 설립 모두 갈수록 어려워졌다.

1920-1930년대 여성 의학교육기관의 설립

로제타 홀의 여성병원

1913년 KMMA 총회 결의 이후 주한 의료선교사들은 선교병원 시설을 현대화하는 한편, 선교회 간 연합사업으로 의료선교의 위기를 극복하고자 했다.[58] 우선 지역별로 선교병원 통폐합이 추진되었다. 대표적으로 1915년 원산에서는 미남감리회 구세병원과 캐나다장로회의 원산진료소를 원산연합기독병원으로 통합하였고 1920년에는 평양의 북감리회 기홀병원과 북장로회 캐롤라인 래드 기념병원(제중병원 후신)이 통합해 홀기념연합병원이 되었다.

평양의 선교병원 통폐합은 광혜녀원에도 영향을 미쳤다. 통합 경험이 있는 남성 의료선교사들은 광혜녀원도 통합하여 하나의 기관으로 운영할 것을 제안했다. 그러나 광혜녀원 통합은 기홀병원과 제중병원 통합 때와 달리 진통을 겪었다. 1921년 6월 한국 감리교 총회본부와 WFMS는 합동회의를 개최하고 광혜녀원 통합문제를 논의하였다.[59] 몇몇 사람이 연합에 부정적인 의견을 표출했으나, 실제 표결에서는 모두 통합에 찬성했고, WFMS 본부에 광혜녀원 통합안이 회부되었다.[60] 한국 WFMS 선교사들은 원칙적으로 통합에 합의하되 몇 가지 조건을 제시했다.[61] 특별히

'여성을 위한 여성의 일'이라는 WFMS의 기조가 모든 세부사항에서 지켜지기를 요구했다.[62]

감리교 본부는 광혜녀원이 통합절차에 들어갔다는 소식을 환영하며, WFMS 본부에서도 통합에 호의적일 것으로 기대했다.[63] 그러나 예상과 달리 WFMS 대외부(Foreign Department)는 광혜녀원 통합에 반대했다. 광혜녀원이 WFMS 관리 하에 있는 것이 여성사업 지속에 더 낫다고 판단했기 때문이었다.[64] 기홀연합병원의 의료선교사 앤더슨(Albin G. Anderson)은 연합 지연을 우려하면서 연합을 해야 인력과 재정 부족을 극복하고 WFMS가 지향하는 여성을 위한 사업들을 더 효과적으로 실현하고 강화할 수 있다고 주장했다.[65] 진통은 한국 WFMS 측에서 연합 의지를 피력하면서 일단락되었다. 한국 WFMS 선교사들은 연합사업을 위한 의사선교사 파견을 요청하였고, 1922년 WFMS 본부는 여성병동에서 여성사업을 유지하고 교단간 소유관계 및 설비에 관해서는 합의한다는 조건 하에 연합하기로 결정하였다.[66] 그 결과 1923년 광혜녀원과 기홀연합병원은 '평양기독연합병원'으로 새롭게 개원하였다.

광혜녀원을 설립하고 운영했던 로제타 홀은 통합에 반대하는 입장이었던 것으로 보이지만, 1921년 6월 회의에서 강하게 입장을 드러내지는 않았다. 그 이유는 첫째, 1921년 시점에 광혜녀원은 메리 커틀러와 간호사 버츠(Ethel H. Butts)가 운영하고 있었고, 홀은 미국에서 안식년을 보내고 돌아와 제물포 여성진료소 사업을 준비하고 있었기 때문이다. 커틀러는 연합화에 찬성하며 연합 성사를 위해 노력하고 있었다.[67]

둘째, 광혜녀원의 독자적인 운영을 담보할 수 있는 대안을 제시하기 어려웠을 것이다. 광혜녀원은 1912년 이후 WFMS에서 새로운 여의사를 파송하지 않아 의료진들이 무리한 진료를 이어가고 있었다. 물론 병원 리모델링과 격리병동 신설 등으로 시설을 보강하고 유료 진료로 수입을 확보하면서 병원운영의 위기를 타개하고 있었다.[68] 커틀러는 광혜녀원의 환자 증가와 평안남도 이외 지역까지 미치는 영향력을 높이 평가했다.[69] 그럼에도 불구하고 광혜녀원은 인력과 시설, 환자 수 등에서 부근에 있는 자혜의원과 비교해 경쟁력과 효율성이 낮다는 비판을 받고 있었다.

주한 의료선교사들은 여러 선교병원을 통폐합하며 의료선교를 지속할 방도를 모색했지만, 1920년대 들어 다시 의료선교 존폐를 둘러싸고 미국 선교본부와 논쟁해야 했다. 가장 많은 수의 의료선교사를 파견한 미국 북장로회 선교본부는 1923년 회람문서에서 의료선교 예산규모를 다른 사업과 균형을 맞추도록 축소하고, 불가능할 경우 효율성 차원에서 의료기관을 폐쇄하라고 권고하였다. 선교본부는 식민지배 이전의 조선은 근대적인 의료와 교육을 전적으로 선교사에게 의존해야 했지만, 이제는 일본인들이 선교기관이 감당할 수 없는 규모로 병원과 학교를 세워 지원하고 있으므로 한국인들이 더 이상 선교사에게 의존하지 않아도 된다고 평가했다. 또한 조선인들이 일본인에 대한 반감 때문에 선교병원을 선호하는 경향이 있지만, 민족주의적이고 정치적인 정서를 지원하여 일본과의 관계를 복잡하게 만들 수 있는 사업에 선교자금을 사용하는 것이 적절하지 않다고 보았다.[70] 감리교에서도 의료선교사를 증원하지 않았고, 기존 선교사의 공백을 채울 인력 파견에도 소홀했다.[71]

1920년대 선교본부들의 의료선교 축소는 제1차 세계대전과 선교운동의 변화 속에서 해외선교 동력이 축소되면서 나타난 선교 전반의 위기에서 비롯된 것이었다. 우선 해외선교 열풍이 잦아들면서 선교사 수 자체가 줄어들었다. 1890년 이후 북미에서 배출된 선교사들의 약 70% 가량이 학생자원운동을 계기로 해외선교에 나섰으나 운동의 영향력이 감소하면서 미국 선교사의 수는 1920년을 정점으로 크게 감소하였다. 제1차 세계대전을 전후로는 해외 대신 미국 내의 노동자, 도시빈민, 인종문제에 대처하는 사회선교·사회복음주의가 강조되었다.[72]

여성 해외선교회도 위기에 처했다. 제1차 세계대전 이후 미국 각 교단 선교회는 효율성을 추구하면서 독자적인 여성선교 조직에 대한 회의적인 시각이 형성되었다. 여기에 미국교회 내 근본주의자-현대주의자 논쟁 속에서 기독교인들은 보수주의와 자유주의의 이분법적인 선택을 요구받았다. 이러한 분위기에서 개인의 영혼구원이라는 복음주의적 목표와 의료와 교육을 통한 여성해방이라는 가치를 동시에 강조하며 개인과 사회의 균형을 추구해 온 여성선교회의 활동은 축소될 수밖에 없었다.[73]

한국 의료선교의 위기를 반영하듯, 1924년 2월에 열린 KMMA 총회에는 전국 24개 선교병원에 있는 거의 모든 의료선교사들이 참석했다. 총회에서는 의료사업의 포기와 확장을 둘러싼 토론이 진행되었다. 참석자들은 선교본부에서 의료선교를 중단하라며 내세운 근거들을 반박하고 1913년 총회 때와 마찬가지로 의료선교가 지속되어야 한다고 주장했다. 대표적으로 캐나다장로회 소속으로 원산·함흥 지역에서 활동한 그리어슨(Robert G. Grierson)은 일본이 세운 관립병원이 기독교 치유기관을 대체하지 못한다고 주장했다. 그는 관립병원 의료진들이 실력은 뛰어나다 할지라도 비기독교적이거나 반기독교적 성향을 지니고 있다고 지적했다.[74] 재정적으로도 선교병원들이 이미 자립하는 방향으로 나아가고 있어 병원 폐쇄의 이득이 거의 없고 오히려 의료선교를 유지하는 것이 경제적이고 효율적이라고 보았다.[75] 더구나 관립병원 일부에서 무료 자선진료는 부주의하게 대충 처리하고 유료진료에는 높은 요금을 부과하고 있어 의료혜택 측면에서도 한국인들에게 여전히 선교병원이 필요하다고 역설했다.[76]

이러한 의료선교사들의 주장에도 불구하고 선교본부들의 한국에 대한 의료선교 축소 자체를 막기는 어려웠다. 1924년 12월 미북장로회 선교본부는 한국 선교부에 서울과 평양, 대구 등 큰 규모의 병원 몇 개와 세브란스와 같은 연합교육기관에만 지원할 것이며 추가적인 의료선교사 파견은 힘들다고 전했다.[77] 감리교회도 한국선교 예산을 약 77,800달러에서 1925년 45,250달러로 대폭 줄였고, 의료선교 예산은 44% 삭감되었다.[78]

의료선교의 위기는 남성 진료를 포함하는 종합병원에 비해 규모와 인력, 재정이 부족한 여성병원에 직접적으로 닥쳤다. 광혜녀원 폐원 후 유일하게 남은 여성병원인 릴리언 해리스 기념병원에 대한 연합병원화 움직임이 감지된 것이다. 릴리언 해리스 기념병원은 1916년 산부인과 병동과 아동병동을 설치하면서 여성병원으로서의 전문성을 강화하고 있었고 조선인들 사이에서는 '동대문부인병원'으로 불리고 있었다. 그런데 1925년 5월에 열린 미국감리회 회의에서 동대문부인병원을 세브란스병원으로 통합하고 세브란스병원에 산부인과를 두는 방안이 논의된다는 소식이 전해졌다.[79] 사실 1923년 광혜녀원의 연합기독병원으로의 전환은 WFMS와 남성 선교회의 첫 연합사업이어서 연합의 성공여부에 대해 한국과 미국뿐만 아니라 중국이나 인도 선교사들도 관심을 기울이고 있었다.[80] 그러나 1925년 5월은 연합기독병원으로 운영된 지 2년도 되지 않은 때여서 연합화의 결과를 평가하기엔 이른 시점이었다.[81]

소식을 들은 로제타 홀은 "의학계의 추세를 모르는 이는 그저 합하는 것만 좋은 줄로 알기 때문에 그리된 듯하다"면서, 여성 의학계가 더 확장하려는 시기에 연합화 문제가 불거진 것은 큰 불상사라고 비판했다. 그리고 필사의 노력을 다해 연합화를 반대할 것이라는 입장을 밝혔다.[82] 조선여성계와 여의사들도 '동대문부인병원 폐지반대연맹회'를 조직하고 강하게 반발했다.[83] 그들은 결의문을 통해 동대문부인병원을 폐지하거나 남성선교회에 경영권을 이전하는 것은 시대에 역행하는 것이며 여성계에 막대한 손실을 초래하는 것이라고 주장하고, "조선여자의 기독교적 사업의 진보향상을 위해 철저하게 반대한다"며 목소리를 높였다.[84]

폐지반대연맹회는 세 명의 교섭위원을 선출해 WFMS 선교회 담당자 토마스(Mrs. R. L. Thomas)와 교섭에 나섰다.[85] 토마스는 몇 해 전에 에비슨의 보고로 병합 논의가 있었으나 결정된 것은 없었고, 이번에도 의논한 것에 불과하다고 해명했다. 오히려 자신은 조선여성을 위한 기관을 돕기 위해 폐지에 반대한다고 입장을 밝혔다.[86] 결과적으로 동대문부인병원의 연합화는 헤프닝으로 끝났다. 그 해 미감리회와 WFMS 선교연회 모두에서 공식 논의로 발전하지는 않았다.

그러나 이 사건은 로제타 홀에게 여성병원과 여성 의료사업의 존속 가능성에 대한 위기감을 크게 고조시킨 것으로 보인다. 동대문부인병원 폐지를 둘러싼 일련의 일들이 발생한 지 얼마되지 않은 시점에 선교연회가 개최되었다. 여기서 로제타 홀은 의료위원회 회원들에게 동대문병원의 여성 의료사업을 연합사업으로 하자고 제안했다.[87] 광혜녀원처럼 여성병동이나 산부인과 등 일반병원의 일부로 축소하여 연합병원화 하는 것이 아니라, 온전히 여성병원에서 여성 의료진이 주도하여 여성에게 의료사업을 할 수 있도록 동대문부인병원을 유지하여 운영하되, 그 운영을 연합으로 하자는 제안이었다. 이는 여성이 여성을 위한 사업을 한다는 여성선교회의 정신이 여성병원을 통해 유지될 필요성이 여전하다는 것을 강조한 것이었다. 선교연회의 여성선교사들은 홀의 제안에 찬성했다. 연합화의 흐름을 거스를 수 없으며 더 이상 여성병원이 필요하지 않다는 일각의 목소리에도 불구하고 홀은 여성병원의 독자성을 인정하면서 여성병원을 폐원하지 않는 방향으로 합의를 이끌어냈다.

이처럼 홀은 여성병원의 상징이 된 동대문부인병원 유지에 상당한 노력을 기울였다. WFMS 본부 측에서도 이같은 흐름을 의식한 것으로 보인다. 여성 의사선교사 파견이 오랫동안 이루어지지 않다가 1926년 회의에서 로제타 홀 후임으로 버니타 블록(Bernita Block)을 동대문부인병원 담당자로 파견하기로 하였다.[88] 감리교 감독 웰치(Herbert Welch) 또한 동대문병원이 '여성이 여성과 아동을 위한 사업'을 수행하는 데 얼마나 중요한 역할을 하고 있고 유지되어야 하는지를 강조하였다.[89]

한편 1920년대 여성과 아동을 위한 의료사업은 크게 두 방향의 전환이 이루어졌다. 첫째는, 도시·병원 중심 사업에서 농촌·지역 중심으로 더 많은 여성들을 포괄할 수 있는 사업으로 전환하는 것이었다. 대표적으로 로제타 홀은 서울 외곽지역에 새로운 거점을 만들었다. 1921년 동대문부인병원으로 온 직후 제물포에 '인천부인병원'으로 불린 여성진료소를 설치하여 지방의 여성과 어린이들을 치료할 수 있는 거점을 마련하였다. 1926년에는 수원에서 의료복지사업을 시작해 의생이 된 이그레이스가 이끌어갈 수 있도록 했다.[90] 평양의 메리 커틀러는 1925년부터 병원에서 포괄하지 못하는 빈민이나 병원에서 멀리 떨어진 무의촌에 관심을 두고, 평양 외곽 농촌 지역을 순회하며 이동진료소를 운영하고 공중보건교육을 실시했다.[91]

둘째는, 병원 진료에 한정하지 않고 공중보건과 유아복지의 맥락에서 여성과 어린이의 건강관리를 강조하는 방향으로 전환되었다.[92] 사회복지시설을 매개로 한 사업을 실시하고, 여성 의사선교사 부족으로 인한 의료활동의 한계를 간호사 주도의 보건교육과 아동건강관리사업으로 보완하고자 했다. 1923년 선교연회에서 의료위원회는 영유아 사망률을 낮추기 위한 모자보건사업의 중요성을 강조하고, 각 병원마다 최소한 명의 한국인 간호사를 고용해 공중보건사업을 맡기기로 했다. 또한 모든 외국인 간호사들이 한국인 가정에 친숙해질 수 있도록 2주에서 1달가량 복음 전도 사역자들을 보조하면서 위생교육을 실시할 것을 권고하였다.[93] 한국인 간호사 양성과정에는 사회서비스(사회복지)에 관한 특별훈련을 포함시키기로 하였다.[94]

대표적으로 태화여자관에서는 1924년 초부터 동대문부인병원의 간호선교사 로젠버거(Elma Rosenberger)와 한국인 간호사 한신광 등을 필두로 이동진료소를 운영하고 위생강좌, 우유급식 등을 실시하였다.[95] 이 사업이 자리잡으면서 1929년에는 선교회 연합으로 세브란스병원, 동대문부인병원, 태화여자관이 합동으로 경성연합아동보건회를 조직하고 서울건아클리닉을 운영하면서 산전진료, 학교보건사업, 우유급식사업을 실시했다.[96] 1920년대 공주, 평양, 개성, 해주, 원주, 진주 등에서도 여러 교단 선교지부를 통해 이와 유사한 사업들이 진행되었다.

여성과 영유아를 대상으로 한 공중보건 및 사회사업이 확대되면서 1927년 선교연회에서 열린 의료위원회 회의에서는 의료선교의 새로운 영역으로서 공중보건사업과 아동복지사업을 더욱 강조할 것을 결의하였다.[97] 이를 위해 의사가 없는 마을에서 간호사가 보건간호사업을 수행하도록 결정했다. 간호사들은 가정방문을 실시하고 건강습관 및 위생, 아동복지와 응급처치 등을 어머니들에게 가르칠 수 있도록 3개월간 보건간호 교육을 받기로 했다. 이를 통해 불필요하게 지역 내 병원간 경쟁구도가 형성되는 것을 지양하고, 양성소를 통해 배출되고 있는 간호사들이 활동할 수 있는 새로운 영역을 적극적으로 만들고자 했다.

조선여자의학강습소와 선교계

1920년대 한국 의료선교 중단 논의가 전개되고 의료선교사 충원이 현실적으로 어려워지면서 의료선교사들은 조선인 의료인 양성으로 위기를 극복하고자 했다. 세브란스의학전문학교(이하 세브란스의전)의 러들로(Alfred I. Ludlow)는 외국인 의사가 없는 선교병원들이 많은 상황에서 관립병원들과 경쟁하기 위해서는 조선인 의사와 간호사를 훈련하는 것이 가장 중요하다고 주장했다.[98] 의사와 간호사 10명을 훈련시키면 그 효과는 10배 이상이라는 것이었다.

다행히 세브란스의전은 1923년부터 새로운 교육령에 따라 총독부 지정을 받아 학생들이 다시 졸업과 동시에 의사자격을 얻을 수 있게 되었다. 선교계의 조선인 남성 의사 양성은 비교적 안정화된 것이다. 그러나 여성 의사는 여전히 유학과 경성의전 청강생 교육으로 소수만 양성되고 있었다. 그동안 홀은 선교회 장학기금과 뉴욕주 여의사회·지인 등 개인적 네트워크를 통해 의학공부를 하려는 여성들을 지원해왔다.[99] 장학생들은 졸업 후 제물포와 동대문부인병원, 광혜녀원 및 연합기독병원 등 WFMS 병원에서 일하고 수련을 받았다.[100]

1920년대 로제타 홀은 선교계 내외부를 막론하고 여성 의학교육기관 설립을 실현하기 위한 구체적인 준비작업에 착수했다. 선교회에 대해서는 WFMS가 여성 의학교육을 위해 해야 할 역할을 제시하고, 이를 실천해나갈 것을 호소하였다. 1921년에 선교연회의 의료위원회 회의에서 로제타 홀이 여자 의학생 사업을 담당하기로 하였다. 학생들이 일본이나 중국의 의과대학 입학할 수 있도록 이화학당 대학과에 의예과를 설치하자고 제안했다.[101] 홀은 WFMS 외에 다른 교파에서도 여성 의학생 장학사업에 참여할 것을 요청했다. 이 사업이야말로 진정한 연합사업에 해당하며, 장로교인 학생들도 상당한만큼 장로교 자원으로도 지원을 해야 한다는 논리였다.[102]

하지만 선교계는 여성 의학교육기관 설립에 소극적이었고, 조선 내에서 여성 의사를 양성할 수 있는 토대는 갈수록 약화되었다. 1900년대 중반 릴리언 해리스 기념병원 부지 선정 논쟁 당시부터 WFMS는 형식적으로나마 언젠가는 조선에 여성 의학교육기관을 설립할 것이라는 희망을 주었지만, 10여 년간 구체적인 논의는 전혀 진행되지 않았다.[103] 세브란스의전은 여전히 여성 입학을 허용하지 않았다. 홀은 여성 의학교육에 대한 선교계의 무관심한 태도를 보며 "베들레헴에서 남자들을 위한 편안한 방이 분명히 많았겠지만 마리아에게 줄 방은 없었다"는 성경 해석에 빗대어 "세브란스의전에도 경성의전에도 여성을 위한 공간이 없다"며 개탄했다.[104] 여기에 1920년 시가 기요시(志賀潔)가 경성의학전문학교 교장으로 부임하면서 1921년에 입학한 청강생들부터는 무시험 의사 면허 부여를 하지 않기로 했다.[105]

로제타 홀은 이러한 현실을 비판하면서 예방의학과 복지사업 등 여성들이 해야 할 일이 늘어나고 있는 때에 여성 의사가 더욱 필요하며 조선인 여성 의사의 양성이 절실하다고 주장했다. 그는 1924년 선교연회에서 그동안 양성한 조선인 여성 의사들을 소개하며 조선인 여성 의사 양성이 지니는 역사적·기독교적 의미를 어느 때보다 강조했다.[106] 홀은 한국에서 처음으로 서양의학을 배워 의사가 된 사람이 여성이었으며 한국에서 기독교는 시작부터 여성이 지닌 천부적인 과학적 능력을 물려주어야 한다는 입장을 견지해왔다고 보았다. 그리고 서양에서 여성이 주도하던 과학이 남성에게 주도권이 넘어갔다가 그 권리를 되찾는 데 수많은 세월이 흘렀던 역사를 한국에서 반복하지 않기 위해서는 WMFS가 나서서 조선여성들을 지키기 위해 노력해야 한다고 주장했다.[107]

홀은 동대문부인병원만이 유일한 여성병원으로 존재할 것이 아니라 더 많은 여성병원과 여성 의사가 필요하다고 보았다. 그는 만주의 스코틀랜드-아일랜드 선교회가 남성병원보다 여성병원을 많이 세운 것을 언급하며, 이것이 가장 소외된 여성과 아동을 위하는 진정한 기독교적인 선견지명이라고 칭찬했다. 또한 그는 조선에 관립병원과 의사 수가 충분한 것이 여성 의료선교 축소의 근거가 되지 못한다고 주장했다. 홀은 조선에 관립병원과 조선인 남성 의사 수준은 상당하지만 여전히 관립병원이나 민간 의사들이 충족시키지 못하는 "여성에 의한, 여성을 위한" 의료가 있다고 보았다.[108]

그 운영 방식은 인도에서 찾았다. 인도에서는 관립병원과 정부 의학교육이 잘 구축되어 있지만 9개의 WFMS 여성병원가 운영되고 있었다. 이는 관립병원과 선교병원이 공존할 수 있는 사례로, 조선총독부 또한 영국정부가 인도에서 한 것처럼 여성의 의학교육을 인정하고 여성이 병원을 운영하고 의료활동을 하는 것을 장려할 것이라고 보았다.[109] 홀은 영국과 일본의 식민통치 방식의 차이보다는 일본의 영국의료를 대하는 방식을 고려한 것으로 보인다. 즉 의사면허 인정제도에서 미국 의학 대신 영국 의학을 인정했던 태도를 여성 의학교육에도 적용할 수 있을 것이라 본 것이다.

그녀는 일각에서 제기된 성별분리에 대한 회의적 시각에 대해서도 반박하였다. 여성들이 의사의 성별을 따지지 않고 실력과 효율성, 병원규모에 따라 선택하고 있다는 분석이 있었고, 이는 여성병원 폐원과 연합병원화의 주요 근거이기도 하였다.[110] 그러나 로제타 홀은 성별혼합은 병원보다는 성경학교, 고등학교, 매일학교 등에서 먼저 시작되어야 한다는 입장이었다.[111]

이러한 호소에도 불구하고 1920년대 중반까지 여성 의학교육의 공간은 쉽게 만들어지지 않았다. 1921년에 선교연회에서 제안했던 이화학당 대학과에 의예과를 설치하려던 시도는 실현되지 않았다. 대학과와 대학예과 모두에 의학 과정은 개설되지 않았고 1925년 전문학교로 출범할 때에도 기존 교양교육의 연장선에서 문과와 음악과만을 설치하였다.[112] 1929년에 가사과가 추가되었지만 의학 과정은 개설되지 않았다. 이화여자전문학교는 여성의 전문직을 통한 사회진출 중에서도 졸업생에게 교사 자격을 부여해 중등교사를 양성하는 것을 핵심 목표로 했다.[113] 로제타 홀은 의학교육에 대한 이화여전의 소극성에 오랫동안 서운해한 것으

로 보인다.[114]

미국의 경제적 불황으로 선교회의 재정적 지원도 기대하기 어려웠다. 추가적인 선교사를 파견하는 것은 물론 안식년을 맞아 미국에 돌아온 선교사들을 한국에 다시 보내는 것도 어려워졌다. 로제타 홀의 아들 내외인 셔우드 홀(Sherwood Hall)과 메리언 홀(Marian Hall)도 로제타 홀 지인의 개인적 후원을 통해서 겨우 한국에 올 수 있는 정도였다.[115] 동대문부인병원의 폐원 논란은 수습되었지만, 경성의전에서 1926년부터 여성 청강생 제도를 중단하고 여성입학생을 받지 않기로 하면서 국내에서의 여성 의사 양성이 사실상 불가능해졌다.[116]

조선 내에서의 여성 의학교육이 불가능해지자 로제타 홀은 여성 의학교육 기관 설립에 속도를 냈다. 유학밖에 길이 없다면, 여자 의학생의 수는 더 줄어들 수밖에 없었기 때문이다.[117] 이때의 전략은 기존 의학교육기관을 남녀공학으로 만들거나 선교회에서 재정 지원을 할 때까지 기다리기는 것이 아니라 독자적으로 기관을 설립하는 것이었다. 로제타 홀이 강조했던 "여성에 의한, 여성을 위한" 의료라는 구호가 선교계에서 점차 약화되자, 그녀는 선교계에만 의존하지 않고 여자의학전문학교(이하 여의전) 설립에 의지가 있는 조선인들과 뉴욕여의사회 등 자신의 네트워크를 동원해 후원자들을 모아 교육기관을 개설하기로 했다.

홀은 일찍이 조선인 여성 의사들과 함께 여자의학교육을 전개할 방도를 모색하고 있었다. 특히 도쿄여자의학전문학교(이하 도쿄여의전) 출신 유영준, 현덕신, 정자영, 길정희 등은 로제타 홀과 인연을 맺고 졸업 후 동대문여성병원에서 일하였다. 길정희는 도쿄여의전 재학시절에 로제타 홀이 찾아와 여성 의학교육에 관해 함께 구상하고 실천할 것을 제안하였고, 1923년 가을에 졸업 후 수련을 마치고 동대문부인병원에서 일할 때에도 홀과 이에 대해 자주 논의했다고 회고했다.[118]

하지만 선교회와 별도로 독자적으로 여성 의학교육기관을 세울 구상은 1920년대 중반 시점에 이르러 구체화되었다고 보는 것이 적절하다.[119] 적어도 1925년 시점까지는 선교계를 설득하여 선교계 자원을 중심으로 여성 의학교육을 실시하는 것에 무게를 두고 있었던 것으로 보인다. 하지만 선교회 내부에서 의학교육기관을 설립할 수 있는 동력이 보이지 않자, 기독교 여자의학교를 세우되, 선교회 외부 자원을 적극 활용하는 방향으로 설립을 추진하게 된다.

여의전 설립을 위한 역량을 조선인 사회를 통해 마련할 수 있을 것이라는 기대감도 있었을 것이다. 이미 1920년대 초부터 민립대학 설립운동과 전문학교의 대학승격 운동 등 조선 내에서 고등교육에 대한 요구가 계속해서 표출되고 있었고, 총독부는 문화통치의 기조 속에서 경성제국대학을 설립하고 신설 전문학교 설립을 승인하는 등의 조치를 취했다.[120] 이러한 분위기 속에서 이화여자전문학교 출범을 비롯해 여성 고등교육을 위한 여자대학 설립 움직임이 여성계 안팎에서 나타나고 있었다.[121] 따라서 자연스럽게 여의전 설립에 대한 조선인들의 호응도 이끌어낼 수 있었다.

1926년 10월, 본래 회갑보다 1년 늦게 열린 홀의 회갑연은 조선인들이 여의전 설립에 참여해줄 것을 공개적으로 촉구한 날이었다. 회갑 기념식은 신문을 통해 미리 알려질 정도였고, 조선인 유지들을 비롯해 33명의 인사들이 참석하였다.[122] 홀은 회갑연에 모인 많은 조선인 인사들에게 여성 의사의 필요성을 역설하며 여의전 설립에 참여해줄 것을 호소했다.

> 내가 여기서 한 가지 제의할 건이 있음은 조선의 여자계에 여러분이 협력할 수 있을런지요? 여러분은 여러분의 가정에서 보건에 관하여 항상 주의함으로 맹아를 예방하여야 할 것은 물론이오 특히 여자학교와 공장에 다니는 여자를 위하여 공중위생기관과 여병원을 더 설립하는 것이 오늘날 조선의 가장 긴절한 급무입니다. 그럴 것이면 현재 조선에 있어서 여의가 얼마나 필요한 것입니까? 그런즉 오늘날 우리 조선 안에 여자의학전문학교가 당연히 있어야 할 것이 아닙니까? 이 제의에 대하여 여러분은 어떻게 생각하나이까.[123]

이전까지의 여자의학교 설립 논의가 선교계 내부에 그쳤다면, 회갑연 이후에는 조선인들을 향해 여의전 설립의 필요성을 역설했다. 우선 조선인 여성 의사들이 적극적으로 나섰다. 현덕신, 유영준은 개신교 신문 『긔독신보』에 조선 여성의 지위향상과 여성의 사회진출의 관점에서, 나아가 민족의 생존의 관점에서 여성병원과 여자의학교의 필요성을 주장하는 글을 실었다.[124] 현덕신은 남성 의사에게 치료받기를 꺼려하는 여성들의 생명을 구하고 가정에 위생의식을 보급하기 위해 여성 의사가 운영하는 여성병원이 필요하다고 주장했다.[125] 또한 여성이 의학지식을 갖추고 병원을 운영하는 것은 여성의 지식계발과 경제적 독립 가능성을 보여준다고 보았다. 유영준은 인종의 멸망을 우려하는 사람이라면 여의학교의 필요성에 공감해야 한다고 주장했다. 재생산을 담당하는 여성의 생명과 직결된 산부인과적 의술을 행하고 어린이의 질병을 치료하고 헤아리는 것에는 남성보다 여성 의사가 적합하다는 것이었다. 따라서 "현재 조선에서 무엇보다 급한 것이 여의사 양성이며 무엇보다 위대한 사업이 여의학교 설립"이라고 역설했다.[126]

로제타 홀은 회갑연 이후 안식년으로 미국에 체류하는 동안 뉴욕주 여의사회 모임, 전국여의사협회를 통해 조선에서의 여자의학전문학교 설립 문제를 제기하고 지지를 이끌어냈다.[127] 그리고 조선에 돌아오는 길에 인도, 중국, 일본 등 아시아의 여자의과대학 8곳을 둘러보고 조선에 설립할 여의전의 운영방안을 구상하였다.[128]

1928년 1월 조선에 돌아온 로제타 홀은 선교회로부터 여의전 설립에 전념하도록 승인받고 본격적인 준비에 돌입했다.[129] 학교 설립 승인을 위해 총독부 학무국과 논의하고, 윤치호, 언더우드 등과 협력하여 재단법인 조직을 준비하였다.[130] 3월 31일에는 홀과 서울에 있는 14명의 조선인 여성 의사, 약사들이 모여 여의전 설립에 뜻을 모았다. 사실상 첫 번째 여의전 설립회의였다. 그들은 모두 발기인이 되어 여의전 설립에 함께할 사람들을 찾고, 장차 생겨날 학교에서 무료로 강의와 임상교육을 실시하기로 했다.[131] 홀은 여의전 설립이 조선인 스스로의 사업이 되기를 원했다. 그래서 발기인과 재단법인, 이사회, 위원회에서 조선인 비율을 최소 3분의 2로 하고 그 중에서도 과반을 여성들로 구성하고자 했다.[132]

4월 14일에는 조선인 60여 명을 발기인으로 하여 여의전 창립을 결의하였다. 그리고 5월 19일, 세 번째 회합으로서 조선여자의학전문학교창립총회가 열렸다.[133] 총회에서 참석자들은 만장일치로 조선여자의학전문학교기성회를 조직하기로 하고, 10명의 이사를 설립준비위원으로 선임하였다. 로제타 홀 환갑을 계기로 전문학교 설립기금이 모이고 있었으나, 재단설립에 필요한 자금에는 미치지 못했다.[134] 부족분은 조선인들의 모금과 로제타 홀이 미국에서 모으는 기부금으로 충당하기로 했다.[135] 그동안 우선적으로 강습소 형태로 학생들의 의사시험을 준비시키기로 하고 창립발기인 중 의사들은 무료로 강의를 하기로 했다. 홀의 오랜 동료인 고(故) 엘라 루이스(Ella Lewis)의 사택을 강습소 공간으로 사용하기로 했다.[136] 곧이어 6월에는 당국으로부터 강습소 운영 허가를 받았다.[137]

1928년 9월 4일, 17명의 예과 신입생과 함께 조선여자의학강습소(이하 조선여의강)가 개소했다. 조선여의강의 강의는 강사들의 무료강의로 이루어졌는데, 로제타 홀의 보고에 따르면 1929년에 총 25명(여자 9명, 남자 16명)의 교직원이 있었고, 그 중 17명이 한국인이었다. 1932년에 30명까지 늘어난 강사진의 상당수는 경성의전과 세브란스 의전 출신이었고, 미국이나 일본 대학 출신들도 일부 있었다.[138] 애초에는 여의사들이 강의를 대부분 전담하게 될 것으로 예상했으나, 실제로는 남자 강사가 더 많았다.[139] 예과 1년, 본과 4년 체제로 운영된 여의강의 학생들은 매해 시험을 치러 상급반으로 진급했다. 학생들은 의사자격을 얻어야 졸업생의 자격을 갖출 수 있었다. 여의강 학생 중에는 일본에서 의학공부를 하다가 자금 문제로 유학을 중단하고 조선여의강에서 학업을 이어가는 경우도 있었다.[140]

그렇다면 조선여의강과 WFMS를 비롯한 선교계는 어떤 관계를 맺고 있었는가? 로제타 홀은 WFMS 선교사로서 한국 WFMS 내에서 여성 의학교육에 관한 업무를 담당하였다. 그러나 강습소의 설립과 운영 전반은 WFMS나 선교회간 연합 사업으로 실시되지 않았다. 웰치 감독은 로제타 홀이 여의전 설립에 전념하되, WFMS가 재정적 책임을 지지 않는 것을

사진 1 **조선여자의학강습소 개강 전 마지막 이사회 후 강습소에서 홀과 한국인 이사진** (1928년 8월 25일)

출처: GCAH 아카이브 소장자료(Contained in Records of the Women's Division of the General Board of Global Ministries, Folder "Seoul, Korea, Photographs and Postcards, Child Welfare Center, Day School, Lillian Harris Memorial Hospital."

전제로, 사업을 후원해 줄 사람들을 찾기를 바랐다.[141] WFMS도 홀이 선교회 도움 없이 혼자 힘으로 조선여의강을 설립할 수 있었던 능력을 높이샀다.[142]

물론 로제타 홀은 기독교의 후원하에 조선 여성들에게 의학훈련을 제공하기 위해 조선여의강을 설립한다는 점을 분명히 했다.[143] 다만, 제도적 차원의 기독교계 후원을 의미하는 것은 아니었다. 그녀는 학생들에게 그리스도 정신을 강조하며 의사라면 마땅히 위대한 의사였던 그리스도 예수를 닮아야 한다고 주장했다. 그녀는 학생들이 조선여의강에서 공부하고 수련하면서 예수와 같은 의사가 되기 위해 힘쓰기를 바랐다.[144]

홀은 조선여의강 사업에 회의적인 선교계 일각의 시선을 의식하고 있었다. 그들은 조선여의강보다 더 작게 시작한 인도나 중국의 여자의학교들은 분명한 '하나님의 뜻'임을 의심하지 않으면서, 조선여의강에 대해서는 하나님의 뜻에 따른 것인지를 의심했다.[145] 홀은 그들이 미국에서 충분한 자금을 보내주어야만 하나님의 '승인'을 받은 것처럼 생각한다고 비판했다. 그리고 선교계와 총독부 모두 여성 의학교육에 나서지 않는 상황에서 조선여의강이 신실한 강사들의 무료 봉사로 운영되고 있는 것이 미국의 큰 지원만큼이나 충분히 의미있다고 주장했다.[146] 홀은 30명까지 늘어난 강사진이 일주일에 2시간, 많게는 6시간씩 거의 무보수로 강의를 하는 것이 매해 6-7천 원 씩 보조받고 있는 셈이라며 강사들의 공로를 강조했다.[147]

한편, 조선여의강 설립 이후에 선교계에서도 여성 의학교육 논의가 이루어진 바 있다. 1929년 세브란스의전을 운영하는 연합선교회측에서 세브란스 의전의 남녀공학 전환을 검토하면서 WFMS에 참여를 제안한 것이다. 1929년 3월 18일 베이커(Baker) 감독과 세브란스의전의 에비슨, WFMS 소속 의사선교사인 블록과 리드비터(A. Evelyn Leadbeater)가 모여 여성 의학교육의 단계에 관해 논의하였다. 회의에서 WFMS 선교사들은 선교회 내에서 여성 의학교육을 실시하기는 현실적으로 어렵다고 말했다. 평양연합기독병원의 리드비터는 현재 제도적으로 여성을 남성과 같은 기준으로 교육하기 위해서는 2년의 추가 교육이 필요하다고 설명했고, 블록은 동대문병원에서 여성 의사를 적절하게 훈련할 가망이 없다고 말했다.[148] 이에 에비슨은 30년 간의 연합운동을 언급하면서 선교의학교를 비연합기관으로 운영하는 것은 가망없는 이상에 불과하다고 주장하고, 세브란스의전을 운영하는 6개 선교회가 남녀공학 교육에 동의했

으니 WFMS가 의학교육 연합에 동참할 것을 제안했다.[149]

세브란스의전에서 남녀공학 교육을 실시하는 것은 로제타 홀이 오랫동안 기다려온 일이었다. 오랫동안 세브란스의전에서 여성 입학을 허용하지 않으면서 독자적인 여성 의학교육 기관을 설립한 것이었다. 그렇다면, 조선여의강이 운영된 지 얼마 되지 않아 세브란스의전에서 WFMS에 세브란스의전 남녀공학화 문제를 제안하며 연합에 참여할 것을 제안한 이유는 무엇일까?

1929년 초 세브란스의전 이사회에서는 연희전문 및 동대문부인병원과의 연합문제를 논의했다. 그 중에서도 동대문부인병원과의 연합 문제는 1925년 소동을 겪었음에도 지속적으로 제기되었다. 동대문부인병원의 일부를 정부 보조를 받아 정신병동으로 운영하는 방안, 동대문병원을 세브란스 산과병동으로 운영하는 방안 등이 제안되었다.[150] 세브란스의전에서 WFMS에 이사회 참여를 제안한 것은 남녀공학 운영과 동대문부인병원 연합화를 함께 실현하려는 의도였다. 선교회에서 여성 의학교육을 담당하고 있던 로제타 홀 대신 WFMS 소속 병원의 담당 의사들과 연합 논의를 한 것 또한 이러한 맥락이 작용했다는 방증이었다.

결과적으로 WFMS는 세브란스의전 이사회에 참여하지 않았고, 여성병원으로서 동대문병원을 유지했다. 그 해 6월 로제타 홀은 조선여의강 운영에 관한 보고를 하면서 자신이 사고로 동대문병원에 입원했던 때를 상기하면서 여성 의사들과 간호사들에 감사를 표하고 이 여성병원이 계속되기를 기원했다.[151] 동대문부인병원에 대한 합병안은 이후로도 지속적으로 제기되었고, 보조금 중단 논의도 계속되었다. 그럼에도 불구하고 동대문부인병원은 1936년 경성탁아소 운영 등으로 병원 자립방안을 모색하며 합병 없이 독자적인 운영을 지속하였다.

이와 같이 선교계는 조선여의강의 운영이나 재정에 직접 개입하거나 참여하지 않았다. 대신 선교계는 로제타 홀을 매개하여 일부 학생들의 장학금을 지원하거나 임상실습 병원을 제공하는 등 간접적으로 지원하였다. 조선여의강 학생들은 동대문병원과 제물포 여성진료소(인천부인병원), 홀의 아들과 며느리가 있는 해주병원, 평양의 연합기독병원, 이그레이스가 있는 수원진료소 등에서 임상경험을 쌓을 수 있었다.[152] 전국의 기독 여의사들이 운영하고 진료하는 병원들은 조선여의강 학생들에게 중요한 훈련의 장이 되었다.

로제타 홀은 선교활동 내내 여성 의학교육을 위한 독자적인 기관이 조선에 만들어져야 하며, 이것이 여성병원 운영과 순환구조를 이룰 때 여성을 위한 의료사업을 지속할 수 있다고 주장하였다. 실제로 인력 부족으로 어려움을 겪는 여성병원과 선교병원의 여성병동은 여러 조선인 여성 의사들을 통해 기관 운영을 지속하고 있었다. 그 주장의 타당성은 조선여의강 졸업생들의 행보를 통해서도 드러났다. 대표적으로 조선여의강 1회 졸업생 박순정은 졸업 이후 경성제대 부속병원에서 수련을 마친 후 WFMS 기관인 인천부인병원(인천기독병원)에서 일하다가 산부인과를 개업하였다.[153] 조선여의강 졸업생들은 대체로 강사진과 연계된 병원이나 임상실습을 하였던 연계 병원들, 특히 여성병동이 있는 병원이나 여성진료소에서 일하다가 개원하였다. 개원한 뒤에는 주로 소아과나 산부인과에 주력했다. 여성병원은 조선여의강 출신 의사들을 훈련하는 곳이자, 훈련받은 여성 의사들의 일터가 되었고, 여성 의사들은 여성들과 아이들의 질병을 치료하며 여성을 위한, 여성에 의한 의료사업을 실천하였다.

로제타 홀은 귀국을 앞두고 조선인의 힘으로 조선여의강을 설립하고 운영했다는 것을 높게 평가하며 여의강 운영을 김탁원·길정희 부부에게 인계하였다. 그는 한국선교 40주년을 기념해 연회를 개최하는 대신 여의전 설립 비용을 모았고, 영국과 미국, 중국, 아프리카 등 선교계 네트워크를 통해서도 기금을 꾸준히 모았다.[154] 660엔으로 시작한 기금은 1933년 말 4,300엔까지 늘었다. 홀은 이 기금을 토대로 조선여의강을 전문학교로 성장시킬 조선인 재력가가 나타나 선교계와 총독부가 하지 못한 여의전 설립을 완성해 줄 것을 고대하였다.[155] 그러한 바람은 이듬해 김탁원·길정희의 주도로 재단법인 여자의학전문학교 발기준비회와 기성회를 조직하는 것으로 이어졌다.

그리고 1937년 기성회원이었던 김종익이 65만 원을 기부하면서 1938년 5월 경성여자의학전문학교(이하 경성여의전)가 출범하였다. 경성여의전은 로제타 홀이 목표로 하던 조선인 주도의 여자의학전문학교 설립이 실현된 것이자, 여성 의사 양성의 제도화를 달성한 것으로서 의미가 있었다. 이처럼 의료적 약자였던 조선 여성과 아동들을 위한 의료인 양성과 의료기관 운영을 주장한 로제타 홀의 일관된 입장과 실천은 식민지기 여성교육의 차별적 환경과 의료선교의 어려움 속에서도 여성 의사 양성과 여성을 위한 의료를 지속할 수 있는 중요한 토대가 되었으며, 그 유산은 해방 이후 여성 의학교육으로 이어졌다.

마치며

로제타 홀은 한국에 부임한 1890년부터 40여 년 간의 선교활동을 마치고 미국으로 돌아간 1933년까지 여성과 아동을 위한 의료사업과 여성 의사 양성에 집중하면서 한국 여성 의료전문가를 통해 한국 여성들을 위한 의료를 확대해나갈 수 있는 토대를 구축하고자 했다. 한국 초기 의료선교는 서양에 서양 근대의학과 기독교를 전파하는 핵심 통로가 되었고, 여성들을 위한 의료시설 또한 교단마다 다양한 형태로 운영되었다. 그러나 1910년 조선이 식민지화 되고 미국 내 해외 선교 열기가 차츰 잦아듦에 따라, 그리고 미국 내 여성 의학교육의 부침 속에 여성 의료선교와 여성병원 운영은 점차 어려운 환경에 놓였다.

로제타 홀은 여성병원이 독자성을 유지하고 여성 의료인 양성을 확대하는 방향에서 운영되어야 한다고 보았고, 이를 위해서는 각 선교회의 독자성보다 교파 간 연합 등을 통한 유연한 전략이 필요하다고 보았다. 그녀는 여성들만을 위한 의료기관이 더 이상 필요하지 않다는 일각의 주장에 동의하지 않았다. 여전히 조선 여성들에게는 여성 의사들이 필요하고 이를 위해서는 남성이 아닌 여성들이 운영하는 여성전문병원이 있어야 하며, 여성병원을 유지하기 위해서는 조선에 여성 의사를 양성할 수 있는 기관이 있어야 한다는 논리였다. 1900년대 릴리언 해리스 기념병원 신축 위치 선정과 1910년대 의료선교 위기에 대한 대응 역시 여성 의료인을 통한 여성 의료를 확대하기 위한 전략을 내세운 것이었다. 1920년대 들어 병원간 연합이 대세로 자리잡은 상황에서도 홀은 광혜녀원, 동대문부인병원과 같은 여성병원이 기존 병원에 선불리 흡수되는 것을 크게 경계했다. 병원통합으로 인해 여성병원의 독자적 가치와 위상이 사라질 것이라고 판단했기 때문이다. 오히려 연합은 병원통합이 아니라 여성병원의 독자성을 지키기 위한 방향으로 이루어져야 한다고 보았다.

홀은 여성 의학교육을 위해 선교계에서 독자적인 교육기관을 설립하거나 세브란스의전에서 남녀공학 교육을 실시하는 것을 우선적으로 고려하되, 여의치 않다면 관립 교육기관에서의 여성 의학교육도 환영했다. 선교계냐 아니냐보다는 조선 여성들이 조선에서 의학교육을 받을 수 있는 환경을 조성하는 것이 우선이었다. 1926년 이후 홀이 선교계 외부에서 여성 의학전문학교 설립에 나선 것은 선교계와 총독부 모두에서 여성 의학교육의 가능성이 없어 조선 내 여성 의사 양성 전망이 보이지 않는다고 판단된 때였다. 이에 홀은 선교계나 총독부 대신 조선인들의 의지에 기대는 것을 선택했다.

"여성에 의한, 여성을 위한 일"은 WFMS를 비롯한 여성 선교사들이 내세운 공통적인 지향이었지만 로제타 홀이 주장한 여성에 의해 이루어지는 여성을 위한 의료사업, 그리고 여성이 운영하는 여성병원에 대해서는 선교사들마다 의견이 달랐다. 조선인들이 요구하는 당장의 필요, 여성 의학교육의 효율성, 교파 간 선교연합 가능성, 재정과 인력의 한계 등에서 우선순위의 차이를 보였다. 홀은 여성병원과 여성 의료인을 통한 여성과 아동을 위한 의료사업에 초점을 두는 것이 기독교적 가치를 실현하는 핵심적인 수단이라고 보았다. 조선 여성들의 고통에 귀 기울이려면 여성병원이 지속되고 조선인 여성 의사가 많아져야 했다.

홀은 한국의 의료선교 환경 변화 속에서 주한 선교사들과 동아시아의 의료선교사, 그리고 미국 선교 본부에 자신의 주장을 관철시키기 위해 여러 노력을 기울였다. 그리고 자신이 은퇴 전 조선인 여성을 위한 의학교육 토대를 마련하기 위해 선교계에 국한하지 않고 뉴욕여의사회와 총독부, 조선인 의료인과 유지 집단까지 여러 네트워크를 활용해나갔다. 조선여자의학강습소 설립 이후 여성병원과 조선인 여성 의료인이 운영하는 의료기관은 학생들의 주요 실습장소가 되었고, 학생들은 졸업 후 다시 이들 기관의 의료인력으로 참여하는 순환구조를 이루었다. 김탁원의 병원이 여의강 부속병원으로 운영되고, 1938년 경성여자의학전문학교 설립과 부속병원 체제로 전환되면서 여성 의사 양성과 그들의 의학실천 공간으로서 여성병원의 역할은 이전보다 줄어들었을 것이다. 하지만 로제타 홀이 씨를 뿌리고 유지하고자 힘쓴 여성병원과 여성 의학교육기관은 의료 약자였던 여성들이 의료를 경험하고 사회 진출의 경로를 만드는 핵심적인 역할을 하였다. 그리고 그 영향은 해방 이후까지 이어져 현대 의학교육 발전의 토대를 이루었다.

미주

1 이현주, 「여성 의사와 해외선교–19세기 말에서 20세기 초 내한 미국인 선교사를 중심으로–」, 『이화사학연구』 63, 2021, 460-461쪽 표 1 참고.

2 Karen E. Campbell and Holly J. McCammon, "Elizabeth Blackwell's Heirs: Women as Physicians in the United States, 1880-1920," *Work and Occupations* 22(3), 2005, p.291; 이현주, 「여성 의사와 해외선교」, 437쪽.

3 김성은, 「로제타 홀의 조선여의사 양성」, 『한국 기독교와 역사』 27, 2007a; 박정희, 『닥터 로제타 홀: 조선에 하나님의 빛을 들고 나타난 여성』, 다산북스, 2015, 2015; 신규환, 「한말 일제 전반기 여성 의학교육의 계보와 특징: 로제타 홀(1865-1951)의 의학교육을 중심으로」, 『연세의사학』 26(2), 2023; 김진혁, 「여성 의학교육기관의 설립과 운영(1928-1945): 한국 '여성 의학' 교육제도의 출발과 현대 의학교육의 모태(母胎) 형성」, 『의료사회사연구』 13, 2024; 백옥경, 「한국 근대 초 의료선교사 메리 커틀러(Mary M. Cutler, 1865-1948)의 진료활동과 여성 의학교육」, 『여성과 역사』 35, 2021.

4 이만열, 『한국기독교의료사』, 아카넷, 2003; 김성은, 「구한말 일제시기 미북감리회의 여성 의료기관」, 『이화사학연구』 35, 2007b; 송현강, 「미국 남장로교의 전북지역 의료선교(1896-1840)」, 『한국기독교와 역사』 35, 2011; 허윤정·조영수, 「일제 하 캐나다 장로회의 선교의료와 조선인 의사」. 『의사학』 24(3), 2015; 이가연, 「호주장로교의 부산지역 의료선교: 맥켄지의 부산나병원 운영과 부산부의 나환자 대책을 중심으로」, 『역사와 경계』 121, 2021; 조형근, 「일제의 공식의료와 개신교 선교의료간 헤게모니 경쟁과 그 사회적 효과」, 『사회와 역사』 82, 2009.

5 이방원, 「보구여관의 설립과 활동」, 『의사학』 17(1), 2008; 황미숙, 「1920년대 내한 여선교사들의 공중보건위생과 유아복지사업」, 『한국기독교신학논총』 103, 2017; 김영수, 「해외여선교회(WFMS)의 서울지역 의료사업–동대문 부인병원을 중심으로–」, 『이화사학연구』 62, 2021; 백옥경, 「평양의 여성병원: 광혜여원의 설립과 운영」, 『의료사회사연구』 12, 2023.

6 이방원, 「박 에스더(1877-1910)의 생애와 의료선교활동」, 『의사학』 16(2), 2007; 황미숙, 「선교사 마렌 보딩(Maren Bording)의 공주 대전지역 유아복지와 우유급식소 사업」, 『한국기독교와 역사』 34, 2011; 윤매옥, 「한국인을 위한 간호선교사 엘리자베스 쉐핑(Elizabeth J. Shepping, R. N.)의 교육과 전인적 간호」, 『지역사회간호학회지』 27(1), 2016; 이꽃메, 「한국 최초의 간호사 김마르다와 이그레이스 연구」, 『여성과 역사』 30, 2019; 김혜경·이희천 엮음, 『애니 엘러스』; 이은혜, 「여성 의료선교사 프로렌스 제시 머레이(Florence J. Murray, 慕禮理)의 한국사역」, 『신학과 목회』 58, 2023.

7 조정은, 「근대 동아시아 프로테스탄트 의료선교의 보편성과 특수성: 한·중 비교를 중심으로」, 『의료사회사연구』 4, 2019; 이현주, 「여성 의사와 해외선교」; 신지혜, 「19세기 말-20세기 초 미국의 여성 의학교육: 펜실베이니아 여자의과대학(WMCP)을 중심으로」, 『의학사연구』 1(1), 2024.

8 대표적으로 중국에는 일찍이 선교계를 중심으로 쑤저우(蘇州)여자의학교, 광둥여의학당[해킷(Hackett)여의학당], 베이핑(北平)여자의학교[화북협화여자의학교(North China Union Medical College for Women)]와 같은 여성 의학교육 기관이 설립되었다.

9 H. N. Allen, "Medical Work in Korea," October, 1886; 제중원 1차년도 보고서 "최근 나는 내 집의 개인 사무실에서 꽤 많은 귀부인(상궁 등)들을 치료했다. 여성을 위한 병원은 필요하며, 조만간 설치되어야 할 것이다."「제중원 일차년도 보고서」, 여인석 옮김·해제, 『알렌의 의료보고서』, 역사공간, 2016, 14쪽.

10 김혜경·이희천 엮음, 『애니 엘러스』, 57-60쪽.

11 1901년 북장로교 의료위원회는 여자병동의 필요성을 인정하면서도 신축될 세브란스병원에는 부인과를 두지 않기로 했다. 서울에 다른 여성 진료소와 병원이 존재하고, 보구녀관이 확장·건축되기로 예정되어 있기 때문이었다. 제중원 부녀과를 담당했던 에바 필드는 부녀과가 폐지됨에 따라 의료사역 대신 전도사역을 맡았다. *Minutes and Reports of the Nineteenth Annual Meeting of the Korea Mission of the Presbyterian Church in the U.S.A,* 1903, p.19. 제중원에서의 여성병동 운영과 부녀과 폐지와 관련해서는 에바 필드가 해외선교부 교신총무 엘린우드(Frank F. Ellinwood)에게 보낸 1901년 11월 1일 서신 참고[The Correspondence and Reports of the Board of Foreign Missions of the Presbyterian Church of the USA, 1833-1911, Korea Missions(Philadelphia:

Presbyterian Historical Society), 1957. 옥성득, 『한국간호역사자료집』, 대한간호협회, 2011, 543-545쪽 번역 수록].

12 보구녀관의 설립과 활동에 대해서는 이방원, 「보구여관의 설립과 활동」.

13 이만열, 앞의 책, 2003, 74-147쪽. 로제타 홀은 훗날 1928년에 이르러서야 조선여자의학강습소가 개설되는 것을 보며 1890년대 후반 시기를 회고했다. 이 시기는 여러 교파의 여성 의사선교사가 서울에만 8명이 있었던 시기였다. 그는 당시에 이들과 함께 여성 의사 양성에 더 힘썼어야 했다며 아쉬움을 토로했다. Zola Payne, "Medical Education Work for Women," *Fifty Years of Light*, 1938, p.98.

14 로제타 셔우드는 로제타 홀(Rosetta Sherwood Hall)의 결혼 전 이름이다.

15 Rosetta Sherwood Hall, "Woman's Medical Work, Seoul, Korea," *The Chinese Recorder and Missionary Journal* 24(9), 1893, p.404; 408. 김점동(박에스더) 또한 이 훈련반 출신으로, 이후 로제타 홀의 후원으로 미국 볼티모어 여자의과대학을 졸업했다. 그리고 최초로 미국의사 자격을 취득한 한국인 여의사가 되어 WFMS의 첫 한국인 선교사 신분으로 한국에 돌아왔다.

16 Emma Ernsberger, "Baldwin Dispensary and Chapel, East Gate," *Fourth Annual Report of the Korea Woman's Missionary Conference of Methodist Episcopal Church*(이하 *AR of KWC*), 1902, pp.17-18; 박정희, 「여메레, 하나님의 소명을 듣다」, 『닥터 로제타 홀』, 191-205쪽. 동대문 볼드윈진료소의 설립과 의료사업에 대해서는 김영수, 「해외여선교회(WFMS)의 서울지역 의료사업」.

17 보구녀관 간호원양성소에 대해서는 이방원, 「보구여관 간호원양성소(1903-1933)의 설립과 운영」, 『의사학』 20(2), 2011.

18 1900년대 북감리회의 의료사업 축소에 대해서는 이만열, 『한국기독교의료사』, 106쪽.

19 Emma Ernsberger, "Baldwin Dispensary and Chapel, East Gate," 1902, p.18; Mary M. Cutler and Margaret J. Edmunds, "Po Ku Nyo Koan Report with Addenda," 1906, 기독교대한감리회 역사정보자료실 소장.

20 1905년 6월의 장로교-감리회 간의 연합사업 결의에 이어 1905년 9월에는 재한복음주의선교부 통합공의회(General Council of Evangelical Missions in Korea)가 조직되었다. 1907년에 결성된 한국의료선교사협회(Korea Medical Missionary Association) 창립 또한 이러한 연합사업의 연장으로 볼 수 있다.

21 북장로교단은 이를 위해 세브란스에서 간호교육을 담당하고 있던 에스더 실즈(Esther L. Shields)를 담당자로 임명하였다. *Minutes and reports of the annual meeting of the Korea Mission* 22, 1906, p.47.

22 *AR of WFMS 1905-1906*, 1906, p.24, 31.

23 Mary M. Cutler and Margaret J. Edmunds, "Po Ku Nyo Koan Report with Addenda," 1906.

24 Ibid., pp.5-6.

25 Rosetta Hall, "Medical-Evangelistic Work for Women and Children, Pyeng Yang," *Reports read at the Eighth annual sesseion of the Korea Woman's Conference of the Methodist Episcopal Church*, 1906, pp.56-57.

26 *AR of WFMS 1905-1906*, 1906, p.174; Emma Ernsberger, "Baldwin Dispensary and Evangelistic Work," *AR of KWC*, 1907, p.25.

27 Emma Ernsberger, "Baldwin Dispensary and Evangelistic Work," 1907, p.26.

28 김성은은 이 시기 릴리언해리스기념병원의 부지선정을 둘러싼 갈등이 조선 현지 여성 의사선교사와 미국 WFMS 본부와의 이견으로 파악했다. 김성은, 「구한말 일제시기 미북감리회의 여성 의료기관」, 121-122쪽. 그러나 언즈버거의 입장을 고려할 때 부지를 둘러싼 의견차이는 한국 WFMS 의료선교사 내부에도 존재했다고 보는 것이 보다 타당하다고 사료된다.

29 Mary M. Cutler, "Po Ku Nyo Koan," *AR of KWC*, 1907, p.18; "Po Ku Nyo Koan: Doctor's Report," 1908, p.11.

30 Zola Payne, "Medical Education Work for Women," 1938, p.100. *The Korean Mission Field* 1909년 7월호에 로제타 홀과 박에스더가 쓴 유사한 내용의 보고서가 실려있는데, 졸라 페인이 인용한 해당 문장 부분에서는 '여자의학교 설립'에 대한 문구가 생략되어 있다. Rosetta Hall and Esther K. Pak, "Woman's Medical Work, Pyong Yang," *The Korean Mission Field*(이하 *KMF*) 5(7), 1909, p.109.

31 "Korea Medical Missionary Association," *China Medical Journal* 21(6), 1907, p.354.

32 E. W. Anderson, "Early Days of the Korea Medical Missionary Association," *KMF* 35(5), 1939, p.96.

33 세브란스연합의학교는 1913년 6월 13일 미북장로회, 북감리회, 남장로회, 남감리회, 호주장로회 5개 기관 연합으로 운영하도록 개편되었고 1916년부터 캐나다장로회의 합류로 6개 선교부 연합기관이 되었다. 1915년 「전문학교규칙」 및 「개정 사립학교규칙」에 따라 1917년 3월 재단법인을 설립하였고, 같은 해 5월 14일 '세브란스연합의학전문학교'로 개명하고 체계를 개편하였다.

34 로제타 홀은 1911년 4월 20일 뉴욕 WFMS의 로드와일러에게 보낸 편지에서 "당신은 아마도 일리언 해리스 박사가 세상을 뜬 후부터 내가 계속 똑같은 노래, '우리에게 여성 의료인을 더 보내주십시오. 현 세대를 치료하기 위해서 뿐만 아니라, 미래를 위해 한국 여성들을 가르치고 훈련시키기 위해서입니다'를 읊어댄다고 생각할 것입니다"라고 적었다. 박정희, 『닥터 로제타 홀』, 454쪽에서 재인용.

35 Rosetta S. Hall and Mary M. Cutler, "Koang Hyoe Nyo Won(Woman's Hospital of Extended Grace)," 1913, pp.99-100; "Koang Hyoe Nyo Won(Woman's Hospital of Extended Grace) and Woman's Medical Class," 1914, p.5.

36 Rosetta S. Hall, *History of the Korean Medical Institute*. 양화진문화원기록관 소장자료(유물번호 00000110, 홀 Box 5).

37 이와 같이 외국인 의사에 대해 일본 내무성 시험 실시 후 의료사업증을 교부하는 제도는 1919년 사이토 총독이 부임하면서 폐지되어 무시험으로 의료사업증을 교부하는 것으로 변하였다. 그러나 1930년대에 접어들면서 신임선교사에 대해 허가제로 의사자격증으로 부여하는 것으로 다시 변하였다.

38 이만열, 『한국기독교의료사』, 238-251쪽.

39 일제시기 관립병원의 설치와 운영에 관한 자세한 내용은 박윤재, 「조선총독부의 지방 의료정책과 의료 소비」, 『역사문제연구』 21, 2009; 이방원, 「일제강점기 도립의원의 변화와 한계(1925-1945): 질병 치료 기능을 중심으로」, 『의료사회사연구』 12, 2023 참고.

40 W. E. Reid, "The Annual Meeting of the Korea Medical Missionary Association," *KMF* 9(12), 1913, pp.317-318.

41 "Seoul Conference Occupation for the Field," p.3. Containted in Missionary Research Library Korea General Papers, 1904-1964, Folder "Seoul Conference, [1913?]: Occupation in the Field, Medical Missions".

국사편찬위원회 사료참조코드: AUS292_01_00C0007.

42 Ibid., pp.5-6.

43 대표적으로 후지타는 대한의원 부속의학교를 강습소로 강등시키고, 조선인교수를 모두 해임했다. 후지타의 식민지 의료정책과 조선총독부의원 및 의학강습소 운영에 관해서는 최규진, 「후지타 쓰구아키라의 생애를 통해 본 식민지 조선의 의학/의료/위생」, 『의사학』 25(1), 2016.

44 사토고조, 이충호 역, 『조선의육사』, 형설문화사, 1993, 90-91쪽.

45 첫 청강생 김영흥·김해지·안수경의 생애와 활동에 대해서는 이영아, 「최초의 '국내파' 여성 의사 안수경(安壽敬), 김영흥(金英興), 김해지(金海志) 연구」, 『의사학』 30(1), 2021. 청강생들에 대한 의사면허 부여를 둘러싼 총독부 내 의견 충돌이 있었으나 초기 청강생들은 교육과정 이수 후 졸업생으로 인정받고 무시험으로 의사면허를 교부받았다. 사토고조, 『조선의육사』, 92쪽.

46 "Mrs. Rosetta Sherwood Hall, M.D. Liberty, N.Y," 1935. 양화진문화원기록관 소장자료. 유물번호 00000215, 홀 Box 7.

47 Rosetta S. Hall and Mary M. Cutler, "Koang Hyoe Nyo Won(Woman's Hospital of Extended Grace) and Woman's Medical Class," 1914, pp.5-6.

48 이현주, 「여성 의사와 해외선교」, 449쪽; 공혜정, 「비가시성에서 가시성으로: 포스트 플렉스너(Post-Flexner) 이후 미국 여성 의학교육과 여성 의사 고찰」, 『의학사연구』 1(2), 2024, 216-218쪽.

49 19세기 미국의 개신교 부흥운동과 여성 해외선교의 발전, 그리고 여성 의사들의 의료선교활동에 대해서는 캐서린 안, 김성웅 옮김, 『조선의 어둠을 밝힌 여성들』, 포이에마, 2012, 2장; 이현주, 「여성 의사와 해외선교」.

50 신지혜, 「19세기 말-20세기 초 미국의 여성 의학교육」, 4장.

51 American Board of Commissioners for Foreign Missions, *Manual for Missionary Condidates*, Boston: Congregational House, 1916, p.10.

52 1910년대 초 광혜녀원의 운영상황에 관해서는 백옥경, 「평양의 여성병원」, 4장.

53 「女病院은 廢止乎」, 『每日申報』, 1914. 7. 2; 「병원폐지」, 『신한민보』, 1914. 7. 16; 「病院設立(平壤)」, 『每日申報』, 1914. 8. 31.

54 "Minutes of the Korea Woman's Conference" *AR of KWC*, 1915, p.5.

55 Rosetta S. Hall, "Methodist Episcopal Mission, Pyeong Yang" *The Christian Movement in the Japanese Empire*, 1915, p.503.

56 Rosetta S. Hall and Mary M. Cutler, "Medical Report of Pyeng Yang Hospital," *AR of KWC*, 1915, p.44. 인도 의사들은 영국 인정 학위와 면허를 취득해 별도의 총독부 의사시험을 치르지 않아도 됐다. 훗날 로제타 홀은 미국 의료선교사들이 총독부의 시험을 보기 꺼려하며 중국으로 가길 선호해 한국에 오는 의료선교사를 확보하기 어렵다고 토로하면서 영국에서라도 의사들을 보내줄 것을 요구하면서 이때 인도 여성 의사들을 받지 못했던 것을 후회했다. Rosetta S. Hall, "One Phase of Your Work," *AR of KWC*, 1924, p.50.

57 Rosetta S. Hall, "Urgent Medical Needs of Korean Women," *The China Medical Journal* 29(5), 1915, pp.364-365.

58 1910년대 기독교 병원의 신·증축과 병원 운영 상황에 관해서는 이만열, 『한국기독교의료사』, 372-383쪽.

59 "Recommendations for Union Mission of Medical Work in Pyeng Yang, Korea." Contained in Files Methodist Church, 1912-1949, China, Japan, and Korea, Box Korea, Folder "Anderson A. Garfield(Dr. & Mrs) 1913-1927." 미국 감리교총회역사보존위원회(General Commission on Archives and History Missionary) 소장자료, 국사편찬위원회 사료참조코드: AUS294_01_00C0036.

60 Correspondence "from A. G. Anderson to Dr. North, Sept. 19th, 1922," Contained in Files Methodist Church, 1912-1949, China, Japan, and Korea, Box Korea, Folder "Anderson A. Garfield(Dr. & Mrs) 1913-1927."

61 AR of KWC, 1921, p.9.

62 "Comments on Proposed Plan of Hospital Union at Pyeong Yang," Folder "Anderson A. Garfield(Dr. & Mrs) 1913-1927."

63 Correspondence "to Dr. A. Garfield Anderson, Oct. 26th 1921," Folder "Anderson A. Garfield(Dr. & Mrs) 1913-1927."

64 *Year Book(AR of WFMS)*, 1921, pp.32, 130.

65 Correspondence "from A. G. Anderson to Dr. North, Sept. 15th, 1921," Folder "Anderson A. Garfield(Dr. & Mrs) 1913-1927."

66 *Year Book(AR of WFMS)*, 1922, pp.76, 135.

67 Ethel H. Butts, "Is the Pyengyang Union Hospital a success?," *AR of KWC*, 1925, p.45.

68 백옥경, 「평양의 여성병원」, 5장.

69 R. L. Thomas, "Korea," *Year Book(AR of WFMS)*, 1921, p.76.

70 "No. 629, June 26, 1923." Contained in Presbyterian Church in the U.S.A. Board of Foreign Missions, Korea Mission Record 1903-1957, Series 2 - Korea Mission Field Correspondence and Board Circular Letter, 1910-1953, Folder "Board Circular Letters to Mission, 1923." 미국 장로교역사연구소(Presbyterian Historical Society) 소장자료. 국사편찬위원회 사료참조코드: AUS293_02_00C0010.

71 감리교 선교사들은 웰치(Herbert Welch) 감독과의 대화에서 폴웰(E. Douglas Follwell)박사가 선교사직을 그만둔 이후 2년이 넘도록 후임이 파견되지 않고 있고, 그동안 노튼 박사가 불가피하게 세브란스 의대로 전출을 가야했으며 해주병원의 문제도 해결되지 못하고 있다고 지적했다. "Memorandum for File, January 26, 1923." Contained in Files Methodist Church, 1912-1949, China, Japan, and Korea, Box Korea, Folder "Korea Conference, 1912-1940." 미국 감리교총회역사보존위원회 소장자료. 국사편찬위원회 사료참조코드: AUS294_01_00C0021.

72 데이빗 하워드, 『학생운동과 세계복음화』, 생명의 말씀사, 1980, 113-114쪽.

73 Dana L. Robert, *American Women in Mission: A Social History of Their Thought and Practice*(Macon, Georgia: Mercer University Press, 1998), p.307.

74 Ibid., p.384.

75 Robert Grierson, "The Medical Situation," *The Christian Movement in Japan, Korea and Formosa*, 1924, p.383.

76 Ibid., pp.391-392.

77 "No. 655. December 16, 1924." Contained in Presbyterian Church in the U.S.A. Board of Foreign Missions, Korea Mission Record 1903-1957, Series 2 - Korea Mission Field Correspondence and Board Circular Letter, 1910-1953, Folder "Board Circular Letters to Mission, 1924." 미국 장로교역사연구소 소장자료. 국사편찬위원회 사료참조코드: AUS293_02_00C0011.

78 "Foreign Missions Report - Korea," *Annual Report of the Board of Foreign Missions of the Methodist Episcopal Church*, 1925, p.119.

79 「合同은 形式으로 廢止되는 婦人病院」, 『朝鮮日報』, 1925. 5. 20(석간).

80 Ethel H. Butts, "Is the Pyengyang Union Hospital a success?," 1925, p.42.

81 1925년 5-6월 시점에 광혜녀원의 연합화에 대해서는 상반된 평가가 나오고 있었다. 로제타 홀은 여성병동으로 축소되면서 되면서 독자적인 여성병원이 문을 닫고 여성병동으로 축소되면서 여성병원이 따로 있는것보다 성적이 좋지 않다며 부정적으로 평가하고 있었다.「세부란스 病院에 婦人病院을 合併」,『동아일보』, 1925년 5월 19일. 반면 6월에 열린 한국감리회여성선교연회에 제출된 버츠의 평양연합기독병원 관련 보고서에서는 연합화 이후 여성 의료사업을 포함한 의료사업의 전반적인 개선을 높이 평가했다. 재정과 효율성 측면에서 크게 개선되었으며 병원의 자립도가 높아졌는 것이었다. 그는 WFMS의 관점에서 연합이 성공적이었는가에 대한 질문에 대하여 5-10년 전에는 연합이 적절하지 않았을지 모르나 지금의 연합화는 여성 의료사업을 확대시켰고 연합화는 성공적이라고 평가했다. Ethel H. Butts, "Is the Pyengyang Union Hospital a success?", 1925, pp.42-45.

82 「세부란스 病院에 婦人病院을 合併」,『東亞日報』, 1925. 5. 19.

83 동대문부인병원 폐지반대연맹회에는 조선여자기독교청년회·조선여자청년회·동대문의약간(醫藥看)청년회·조선간호부회·조선신피회·조선여자기독교청년회연합회(YWCA) 등 여성단체와 유영준·정자영·윤보명·안수경·현덕신 등 여의사들이 참여하였다.「東大門婦人病院 廢止反對聯盟會」,『朝鮮日報』, 1925. 5. 22.

84 「東大門婦人病院 廢止反對聯盟會」,『朝鮮日報』, 1925. 5. 22.

85 신문에서는 담당자가 '미세스하마스'라고 하였으나, 당시 WFMS에서 공식 교신업무(Official Correspondent)를 담당한 사람은 토마스인 것으로 보아, 오기(誤記)로 추정된다.

86 「責任者도 廢止反對」,『東亞日報』, 1925. 5. 23.

87 "Minutes of Korea Woman's Conference, 1925," *AR of KWC*, 1925, p.94.

88 블록은 1927년 12월에 한국에 도착해 병원에 합류했고, 1년 간의 어학공부를 마친 후 본격적으로 병원업무에 참여하였다. 1926년 로제타 홀이 안식년으로 떠나고 블록이 맡기 전까지는 간호사 로버츠(Elizabath S. Roberts)가 병원 운영을 담당하였다.

89 "Korea," *Year Book*(*AR of WFMS*), 1926, p.88.

90 인천 율목동에 로제타 홀이 사비로 구입한 부지에서 1921년 7월부터 진료를 시

작했다. 광혜녀원 여성 의학반 출신으로 경성의학전문학교 청강생으로 의사 면허를 획득해 개업하고 있던 김영흥과 함께 운영하였고, 1923년에는 간호선교사 코스트럽(Bertha A. Kostrup)이 합류하였다. '인천부인병원'으로도 불린 진료소는 해방 이후 1952년 인천기독병원으로 발전하였다. 인천기독병원 원목실, 『인천기독병원: 교회가 시작한 100년 사료집-Ⅰ』, 인천기독병원 원목실, 2020; *Mrs. Rosetta Sherwood Hall, M.D. Liberty, N.Y.* 1935.

91 메리 커틀러의 순회진료활동에 대해서는 백옥경, 「한국 근대 초 의료선교사 메리 커틀러의 진료활동과 여성 의학교육」, 5장.

92 1920년대 선교계의 공중보건사업과 유아복지사업에 관해서는 이꽃메·김화중, 「일제시대 선교회의 보건간호사업에 대한 역사적 연구」, 『지역사회간호학회지』 10(2), 1999; 황미숙, 「1920년대 내한 여선교사들의 공중보건위생과 유아복지사업」; 이만열, 『한국기독교의료사』, 733-757쪽.

93 "Minutes," *AR of KWC*, 1923, pp.14-15.

94 Ibid.; "Minutes," *AR of KWC*, 1924, p.72.

95 태화여자관은 1910년대 이래 미북감리회와 남감리회, 북장로회 3개 선교부 연합으로 여성교육기관인 협성여자성경학원을 운영한 것을 계기로, 1921년 여성교육과 사회선교사업을 위한 공간으로 만들어져 운영되었다. 남감리회의 마이어스(Mamie D. Myers) 주도로 시작되어 1923년 북감리회, 1924년 북장로회가 참여하며 연합기관으로 운영되었다. 1920년대 말에는 사회부, 아동보건부, 교육부, 가사부를 갖추고 여성과 아동을 대상으로 한 여러 형태의 사회사업을 실시하였다. 이덕주, 『한국감리교 여선교회의 역사』, 기독교대한감리회 여선교회 전국연합회, 1991, 308-314쪽.

96 Elma T. Rosenberger, "The New "Seoul Child-Welfare Union"," *KMF* 26(5), 1930. 세브란스 산파간호부양성소를 졸업하고 캐나다 토론토대학에서 보건간호학을 전공하고 돌아온 이금전이 함께 활동하였다. 이금전의 태화여자관 및 경성연합아동보건회 활동과 관련해서는 이금전, 「한국 지역사회간호의 선구자 이금전에 관한 역사적 고찰」, 『지역사회간호학회지』 24(1), 2013.

97 "Report of Medical Committee," *Minutes of the Korea Woman's Conference*, 1927, pp.9-10.

98 A. I. Ludlow, "The Crisis in Medical Missions," *The Christian Movement in Japan, Korea and Formosa*, 1921, pp.419-421.

99 홀은 미국의 친지들에게 경성의학전문학교 청강생들의 사진이 실려있는 엽서를 보내 기부를 호소하고 소책자를 만들어 기부를 요청하기도 하였다. 박정희, 『닥터 로제타 홀』, 455-456쪽.

100 "Dr. Hall's Report for the Year 1922," *AR of KWC*, 1923, pp.74-75.

101 "Report of the Medical Committee," *AR of KWC*, 1921, pp.14-15.

102 "Dr. Hall's Report for the Year 1922," 1923, p.75.

103 Rosetta S. Hall and Mary M. Cutler, "Koang Hyoe Nyo Won(Woman's Hospital of Extended Grace)," *AR of KWC*, 1913, p.99.

104 "Dr. Hall's Report for the Year 1922," 1923, p.74. 그는 여성 의학교육이 제대로 이루어지지 못하는 현실을 비판하면서도 미래에 세브란스연합의전이 확대되면 여성을 받을 것이라는 약속이 있으며, 경성의전의 남성 의료인들의 결정 또한 총독부가 여성 의사를 싫어한다고 해석되어서는 안 된다고 덧붙였다. "Dr. Hall's Report for the Year 1922," 1923, pp.74-75.

105 조선총독부의원 부속의학강습소(경성의학전문학교)의 청강생 제도와 그 변화에 관해서는 신규환, 앞의 글, 2023, 134-135쪽.

106 Rosetta S. Hall, "One Phase of Your Work," *AR of KWC*, 1924.

107 Rosetta Sherwood Hall, "Women Physicians in the Orient," *KMF* 21(2), 1925, p.42. 해당 글은 1924년 선교연회에서 보고된 글을 약간 보강하여 실은 것으로 선교회의 역할과 성별 분리에 관한 입장을 좀 더 강조하고 있다.

108 홀은 이 주장을 뒷받침하기 위해 자신과 동일한 의견을 피력한 감리교총회본부의 의료선교사 켄트(Dr. Kent)의 한국 의료선교에 대한 평가를 인용하였다. Rosetta Sherwood Hall, "Women Physicians in the Orient," 1925, p.43.

109 Ibid.

110 Ethel H. Butts, "Is the Pyengyang Union Hospital a success?," 1925, p.43.

111 Rosetta Sherwood Hall, "Women Physicians in the Orient," 1925, p.43.

112 김정인, 「식민지기 여성 고등교육의 지향점으로서 교사 양성-이화여자전문학교를 중심으로-」, 『강원사학』 37, 2021, 198쪽.

113 1940년에 기존 이화보육학교가 문을 닫고 이화여전 보육과로 설치되는데, 보육학교 또한 유치원 교사를 양성하는 것을 주요한 목표로 했다는 점에서 공통적으로 교사 양성에 주안점을 두고 있었다. 김정인, 앞의 글, 2021.

114 1950년 김로다(첫 한국인 감리교 목사이자 윌리엄 홀의 조력자였던 김창식의 딸

로, 이화학당과 상하이의대를 졸업하고 동대문부인병원에서 일하였음)는 미국 여의사협회지의 "여의사의 지위" 특집 세션에 한국의 여성 의사에 관한 글을 게재했다. Rohda Kim Pak, "Status of Women Physicians," *Journal of the American Medical Women's Association* 5(3), 1950. 로제타 홀의 소장품을 수집하여 연구한 박정희는 홀이 소장하고 있던 이 글의 여백에서 홀이 남긴 메모를 발견하였는데, 메모에 이화여전이 가사과와 함께 의예과를 신설할 수 있었음에도 하지 않았다고 기록되어 있다고 설명하였다. 박정희, 『닥터 로제타 홀』, 496쪽, 134번 각주.

115 셔우드 홀, 김동열 역, 『닥터 홀의 조선회상』, 좋은씨앗, 2009, 284쪽.

116 신규환은 이와 같은 경성의전의 청강생제도에 대해 국내 최초로 여의사를 배출하는 성과를 냈지만 제도의 변화와 단절로 여의사 양성의 지속성을 확보할 수 없었다는 점에서 '절반의 성공'이며 여성 의학교육의 '과도기'라고 평가하였다. 신규환, 앞의 글, 2023, 135쪽; 「로제타 홀(1865-1951)과 한말 일제하의 여성 의학교육」, 『의학사연구』 1(1), 2024, 13-15쪽.

117 Rosetta Sherwood Hall, "Backward Glances at Women's Medical Work," *The Korea Mission Year Book*, Seoul, Korea: The Christian Literature Society of Korea, 1928, p.226.

118 길정희, 『나의 자서전』, 삼호출판사, 1981, 21-23쪽.

119 박정희는 1920년대 초부터 독자적으로 여자의학전문학교 설립에 착수했다고 보고 있다. 박정희, 『닥터 로제타 홀』, 2015, 456-458쪽.

120 김태웅·장세웅, 『일제강점기 고등교육 정책』, 동북아역사재단, 2022, 151-262쪽.

121 김정인, 「식민지기 여성 고등교육의 지향점으로서 교사 양성」.

122 「조선에 몸을밧친 홀부인의 륙십평생」, 『東亞日報』, 1926. 10. 27.

123 「홀의ᄉᆞ의 답ᄉᆞ」, 『긔독신보』, 1926. 11. 3.

124 『긔독신보』에 실린 그들의 글은 *The Korea Mission Field*에 영문으로도 게재되어 외국인 선교사들과 공유되었다. Y. C. You, "Does Korea Need a Women's Medical School?"; D. S. Hyun, "The Necessity of Women's Hospitals," *KMF* 23(2), 1927. 이들은 여성의 위생과 의료에 대한 계몽적 성격의 글을 꾸준히 신문지상에 발표하였다. 이들의 활동에 대해서는 최은경, 「일제강점기 조선 여자 의사들의 활동 -도쿄여자의학전문학교 졸업 4인을 중심으로-」, 『코기토』

80, 2016.

125 현덕신, 「조선에 女病院이 필요한 이유」, 『긔독신보』 1926. 12. 1. 이후 동아일보에서도 여성의 전문 직업교육의 측면에서 여의전 설립을 지지하는 글이 게재되었다. 「여자의 직업교육에 대하야」, 『東亞日報』, 1928. 3. 26.

126 유영준, 「조선의 여의학교」, 『긔독신보』, 1926. 12. 8.

127 Rosetta Sherwood Hall, "The Woman's Medical Training Institute," *KMF* 24(9), 1928, p.182.

128 박정희, 앞의 책, 2015, 460쪽. 인도는 벨로르(Vellore), 마드레스(Madres), 아그라(Agra), 델리(Dalhi), 루디아나(Ludhiane), 중국은 광둥과 상하이에 소재한 여자의과대학을 방문했다. *Mrs. Rosetta Sherwood Hall, M.D. Liberty, N.Y.* 1935.

129 Rosetta Sherwood Hall, "The Woman's Medical Training Institute," 1928, p.182.

130 「朝鮮最初 女醫專實現」, 『東亞日報』, 1928. 3. 25.

131 Rosetta Sherwood Hall, "The Woman's Medical Training Institute," 1928, p.182; 「京城女醫會」, 『東亞日報』, 1928. 4. 5.

132 Rosetta Sherwood Hall, "The Woman's Medical Training Institute," 1928, pp.182-183.

133 「초기사업으로 구월부터 강습회」, 『東亞日報』, 1928. 5. 21.

134 *To the Third Regular Meeting of the W.M.T.I.* May 19, 1928. 양화진문화원기록관 소장자료. 유물번호 00000197, 홀 Box 7.

135 「여자의전창립발기」, 『每日申報』, 1928. 5. 21.

136 자료에 따르면 여의전 설립과 운영을 위해 루이스 사택 외에, 이전부터 의학생들과 약학생들이 사용하던 덴만 호스텔(Denman Hostel)도 소유하고 있었다. *To the Third Regular Meeting of the W.M.T. I.* May 19, 1928; Rosetta Sherwood Hall, "The Woman's Medical Training Institute," 1928, p.182.

137 *Mrs. Rosetta Sherwood Hall, M.D. Liberty, N.Y.* 1935.

138 Rosetta Sherwood Hall, "Medical Education and Rural Medical Work," AR of KWC, 1929, p.57.

139 「朝鮮最初 女醫專實現」, 『東亞日報』, 1928. 3. 25.

140 1930년부터는 조선총독부에서 일본 유학생들에 대한 장학사업을 중단하자, 선

교회에서도 의학생 장학사업을 비용이 많이 드는 유학 대신 조선여의강을 활용하기로 하였다. Rosetta Sherwood Hall, "Medical Education," *AR of KWC*, 1930, p.44; "Woman's Medical Institute," *AR of KWC*, 1931, pp.55-56.

141 Rosetta Sherwood Hall, "The Woman's Medical Training Institute," 1928, p.182.

142 R. L. Thomas, "Korea," *Year Book(AR of WFMS)*, 1931, p.81.

143 *To the Third Regular Meeting of the W.M.T.I.* May 19, 1928. p.1.

144 Ibid., p.3.

145 Rosetta Sherwood Hall, "Medical Education," 1930, pp.44-45.

146 Ibid., p.45.

147 「조선녀의교완성시킬 새인물을 기대」, 『東亞日報』, 1932. 2. 25.

148 "Correspondence from Dr. Found to Dr. Cartwright, March 19-25, 1929." Contained in Files Methodist Church, 1912-1949, China, Japan, and Korea, Box Korea, Folder "Found, Norman(Dr, & Mrs.) 1921-1936, Folder 1: October 1921-1929." GCAH 소장자료. 국사편찬위원회 사료참조코드: AUS294_01_00C0156.

149 Ibid., pp.3-4.

150 "Correspondence from Dr. Found to Dr. Cartwright, March 19-25, 1929," pp.3-4.

151 Rosetta Sherwood Hall, "Medical Education and Rural Medical Work," 1929, p.58.

152 Rosetta Sherwood Hall, "Medical Education and Rural Medical Work," 1929, p.57.

153 고려대학교 여성 의학사연구소, 「한국 최초의 정식 여성 의학교육 기관이 배출한 첫 번째 여의사, 박순정」, 『의학사연구』 1(1), 2024, 215쪽.

154 Rosetta Sherwood Hall, "Woman's Medical Institute," 1931, p.55.

155 「조선녀의교완성시킬 새인물을 기대」, 『東亞日報』, 1932. 2. 25.; Rosetta Sherwood Hall, "Woman's Medical Institute," *KMF* 30(1), 1934, pp.15-16.

제3장

식민지시기 여성 의학교육기관의 설립과 성장

김진혁

시작하며

근대의학은 조선인 사회와 여성의 의료환경을 변화시키는 중요한 기제였지만, 여의사를 안정적으로 양성하기 위한 조선 내 여성 의학교육기관의 설립은 상대적으로 지체되었다. 1886년 제중원의학교와 1899년 관립 의학교 설치로 조선에서 의학교육이 시작된 이후 1928년에야 로제타 홀의 헌신과 노력으로 한국 최초의 여성 의학교육기관인 조선여자의학강습소(이하 조선여의강)가 설치되었다. 하지만 조선여의강의 수료생들은 검정의사자격시험에 합격해야 졸업생으로 인정받을 수 있었고,[1] 교육기관을 통한 조선인 여의사 양성의 경로는 조선총독부로부터 승인받지 못하였다.

1938년에는 경성여자의학전문학교(이하 경성여의전)가 설립되었다. 이것은 조선총독부가 한국 여성 의학교육의 역량을 인정한 것이었고, 학교 졸업생이 의사 자격을 취득할 수 있도록 하는 기본 조건을 만들었다.

이뿐 아니라 여성 의학도의 규모도 크게 늘어났다. 조선여의강의 설치가 조선에 소재한 의학교육기관에서 양성한 조선인 여의사가 조선인 여성 환자를 진료할 수 있도록 하였다는 점에서 한국 여성 의학의 출발이었다면, 경성여의전의 설립은 양과 질적 차원에서 여의사 육성의 수준을 끌어올렸고 1941년 경성여의전 부속병원의 설치로 진료·연구가 결합된 여성 임상의학교육기관이 공식적으로 탄생하였다는 점에서 경성여의전은 한국 여성 의학의 본격적 도약 기점이라고 평가할 수 있다.

그간 경성여의전의 설립에 관한 연구는 기원론과 결과론의 경향으로 양분되었다. 기원론은 조선여의강을 만들기까지 로제타 홀의 노력과 그녀의 후원을 받은 조선인 여의사의 기여를 강조하였다. 이것이 경성여의전 설립의 기초가 되었다는 것이었다. 이러한 맥락에서 여의사 양성을 위해 노력한 의료선교계와 관련 여의사들을 보다 조명할 필요가 있다는 지적[2]에 대해 동감할 수 있다. 하지만 로제타 홀과 여의사의 역할이 조선여의강 이후 경성여의전 설립 운동에서 지속되었는지는 짚어볼 필요가 있다.

결과론은 경성여의전 설립이 일제 식민정책의 일환이었다고 평가하는 것이다.[3] 식민지시기 의학전문학교 설치는 조선총독부의 인가가 필요하였으며, 여의전 설립과 운영에 필요한 자금을 동원해야 했다. 식민권력이 그간 여성 의학교육에 대해 우호적이지 않은 상황에서 1938년 학교 인가에 대한 행정적 조력을 제공한 것은 사실이지만, 결과론적 설명은 경성여의전 설립에 이르는 과정까지의 조선인 사회의 노력을 충분히 조명하지 못하였다. 나아가 이는 관공립교육기관과 사립교육기관 간 질적 차이를 구분하지 못하게 한다.

1928년부터 1938년까지 여자의학강습소가 운영되었던 시기, 여자의학전문학교 설립 운동은 조선인 사회가 여성 의학교육의 필요성을 자각하고 여성 의학교육기관을 설립하기 위해 총의를 모으는 시간이었다. 여의전 설립을 위한 학교 재원 확보와 조선총독부의 허가는 필수적이었지만, 동시에 조선인 의사와 명망가들이 교육기관 설치를 위한 행동에 나서는 등 여성 의학교육기관의 필요성에 대해 사회적 공감을 얻는 분위기가 무르익어야 하였다는 점을 언급하지 않을 수 없다.[4] 이런 측면에서 기원론과 결과론의 연구들은 경성여의전의 설립과정을 단순화시키는 경향이 있다.

아울러 조선인 명망가들과 함께 의사들은 설립과정의 역할뿐 아니라 여성 의학교육에 직접 참여하며 여의사를 양성하였다. 하지만 여성 의학교육에 관해 여의사의 활동에 관한 선행연구[5]가 축적되는 것에 반해 여의사를 교육하였던 이들이 누구였고, 이들이 여의사를 어떻게 교육하였는지에 대해 주목하지 못하였다.[6]

이 글에서는 경성여의전 설치과정과 운영을 살피기 위해 조선인 의사와 명망가들을 조선여의강에서 경성여의전 설립에 이르는 경로의 연속적인 동력원으로 위치 지워, 조선인 사회의 염원과 노력의 결실로서 경성여의전 설립을 조명하고자 한다. 조선여의강 설치 이후 김탁원·길정희 부부와 김종익을 비롯한 조선인 명망가와 의사의 활동, 보다 직접적으로는 교수와 강사진을 집중적으로 살핌으로써 여성 의학교육기관의 설립과 운영을 종합적으로 살펴보고자 한다.

이 연구는 여의전 교수진에 대해 정리한 자료와 연구들을 교차하여 다시 정리하고, 회고록을 통해 조선인 의사들의 활동을 추적하였다.[7]

경성여자의학전문학교 설립과 조선인의 참여

조선여자의학강습소 설치와 조선인 의사

1928년 최초의 여성 의학교육기관 조선여자의학강습소가 설립되었다. 한국 여성 진료와 의학교육에 헌신했던 로제타 홀 내한 이후 30여 년 만에 이룬 성과였다. 1926년 로제타 홀의 회갑연에서 그녀는 조선에서 마지막 남은 자신의 꿈이 여성 의학교육기관 설립이라고 연설하였다. 그녀는 회갑 연회에서 많은 선물을 받은 가운데서도, 조선여성의 건강을 보호하기 위해 "부인병원이 생겨야 하고, 여의(女醫)도 만들어야 한다"고 주장하였고, "여자의학전문학교를 꼭 세워야 하겠는데 어떻게 해야 하겠습니까"라며 도움을 구하였다.[8]

1914년 이후 로제타 홀은 총독부에 양해를 구하고 총독부의원 부속강습소에 여학생을 청강생으로 보냈지만, 감리교선교회와 조선총독부는 여자의학전문학교 설립에 대한 협력을 거절하였다.[9] 로제타 홀은 그녀의 후원을 통해 배출된 여의사들이 적극적으로 사회를 주도하여 여성 의학교육기관을 설립하도록 이끌지 못하였다는 것을 아쉬워하였다. 특히 로제타 홀의 첫 제자이자 한국 최초의 여의사였던 박에스더가 요절하지 않고 근대의학을 수용한 첫 번째 조선 여성으로서 활발히 역할을 하였더라면 여성 의학교육기관의 역사는 좀 더 빠르게 시작했을지도 모른다. 로제타 홀이 마지막으로 도움을 구하며 의지할 수 있는 이들은 조선인 의사를 비롯한 사회 명망가들이었다.

조선 명망가들은 로제타 홀의 회갑연 2년 뒤인 1928년 여성 의학교육기관을 설립하기 위한 모임을 시작하였다. 정구충(鄭求忠)[10]은 이날 모임에 대한 김탁원(金鐸遠)[11]의 기억이 다음과 같았다고 기록을 남겼다.

로제타 홀이 병원을 운영하는 동안 여학생이 많이 와서 의학 공부를 하겠다고 말하는데 정작 자신이 병원 일로 바빠서 여자의학전문학교의 설립을 도와줄 사람이 있으면 같이 하고 싶다고 의향을 전하였다. 그 뜻은 1928년 4월 14일 여의전 기성회를 준비하기 위한 모임의 개최로 이어졌다. 출석자는 아펜젤러(Alice R. Appenzeller), 박창훈, 김영섭 목사 등을 비롯해서 이날 이사진으로 선출된 이들이었는데, 이사진은 정자영, 허영숙, 최동, 김순복, 이은라, 김탁원, 길정희, 백인제, 안목사(성명 불명), 김영섭 등 10여 명이었다.[12]

기성회 이사진은 크게 네 부류로 분류할 수 있다. 첫째, 명망 있는 조선인 의사들이었다. 세브란스의학전문학교(이하 의전으로 줄임)의 최동, 경성의전 교수였던 박창훈과 백인제, 한성의사회 회장 김탁원이었다. 둘째, 로제타 홀의 직간접적 후원을 받아 여의사가 된 이들이었다. 도쿄여의전 출신의 길정희, 정자영, 허영숙이 해당했다. 셋째, 여성운동과 여류계 인사였다. 근우회에서 활동하였던 김순복과 이화학당 음악교사 이은라가 있었다. 넷째, 기독교계 인사였다. 이화학당의 아펜젤러, 김영섭 목사, 안목사였다.

기성회 이사진의 특징은 첫째, 여러 부문의 명망가들이 함께 하였다는 것이다. 여성운동을 비롯한 여류계 인사와 기독교계 인사도 포괄하였다. 이전까지 로제타 홀이 그녀 혼자 혹은 그녀의 제자, 여의사 동료들과 함께 감리교단과 조선총독부에 대한 청원으로 여의전을 만들려고 하였다면, 기성회는 여성 의학교육에 대한 뜻을 함께 하는 인적 범위를 넓혔다는 점에서 차이가 있었다.

둘째, 로제타 홀의 직접적인 영향을 받았던 인물 중 국내파 경성의전 청강생의 참여는 찾아보기 어려웠다. 청강생 출신인 김영흥, 김해지, 안수경은 1918년 검정의사자격시험을 통해 면허를 취득하여 일본에서 수학하였던 이들보다 로제타 홀의 영향을 직접적으로 많이 받았을 것이나, 기성회에 참가하지 않았다. 김영흥과 김해지는 인천과 평양에서 활동하였고, 안수경은 줄곧 동대문부인병원에서 근무하였던 인물이었다.[13] 이 시점에 이들이 기성회에 참가하지 않은 이유는 이들이 다른 이들에 비해 사회활동을 전개하기에 다소 어린 연령대라는 것 외에 특정하기 어렵다.

셋째, 조선여의강의 설립부터 김탁원, 길정희 부부는 여성 의학교육에 깊숙이 개입하였다. 길정희는 도쿄여의전을 졸업한 이후 조선총독부 부속의원에서 1년간 수련을 거쳐 동대문부인병원에 근무하였는데, 로제타 홀이 길정희의 유학기간에 찾아와서 조선인 여성 의학교육에 헌신해줄 것을 요청받았던 적이 있었다.[14] 이런 배경 속에서 길정희는 여의강 업무·강의에 나설 수 있었다.

김탁원의 경우, 그는 조선여의강의 설립 이전까지 여성 의학교육에 대해 관심을 내보이지 않았으나, 조선인 의사로서 김탁원이 가진 민족적 책임감은 일정하게 확인할 수 있다. 김탁원은 3·1운동에 참여하여 수감생활로 2년 늦게 1921년 경성의전을 졸업하였고, 유학생활 이후 개업생활을 하면서 신간회를 비롯하여 사회주의자들과 교류하며 '[민족]해방운동'에 합류하였다. 1927년에는 한성의사회의 일원으로 영홍 에메틴 중독사건을 조사하여 총독부의 책임을 촉구하는 강연회도 개최하였다.[15] 민족운동에 뛰어들었던 김탁원이 조선인 여성의 치료와 건강 증진을 위한 여성 의학교육의 필요성에 공감하는 것은 어렵지 않은 것이었고, 자신의 병원을 여의전 기성회 개최 장소로 기꺼이 내어줄 수 있었다. 그리고 이것이 나중에 김탁원, 길정희 부부가 조선여의강을 책임지게 되는 발단이 되었다.

1928년 5월 19일 여자의학기성회의 조직과 함께 조선여의강의 설립이 결정되었다. 기성회는 사회 다방면의 명사들 60명이 참석하여 서소문 41번지 김탁원 병원에서 개최되었다. 로제타 홀은 여의전 재단법인을 계획하고 있다고 말하며 그 취지에 대해 다음과 같이 말했다. "조선의 부녀들이 재래관습상 남자의사의 진찰치료를 꺼리는 점을 고려하여 여의전이 여성의 의학 지식과 기술을 가진 여의사 양성을 해야 한다"는 것이었다. 그리고 우선 여성 의학교육을 강습소로 시작하겠다고 의지를 다졌다. 로제타 홀은 "장미에 어떤 이름을 붙여도 향은 언제나 장미이듯이" 조선여성에게 기술과 학술을 가르치고자 하는 목적이 '강습'이라는 명칭을 붙인다고 변하지 않는다고 생각하였다.[16] 이처럼 로제타 홀은 강습소가 여의전을 만들기 위한 기관임을 강조하였다.

1928년 9월 4일 조선여자의학강습소가 개소하였다. 장소, 재원, 강사 등 많은 준비가 필요하였다. 장소로는 동대문 창신동 131번지에 소재한 루이스(Ella A. Lewis) 부인의 저택을 섭외하였는데, 루이스 부인은 로제타 홀과 개인적으로 친분이 있었던 인물이었다. 여의강 설치와 운영에 필요한 경비는 로제타 홀의 개인재산으로 충당하였다. 무보수 강사도 수소문하였다. 조선여의강 생도 모집도 광고하였는데 만 17세 이상의 여자고등보통학교 또는 동등한 정도의 교육을 마친 자를 대상으로 24명을 정원으로 규정하였다.[17]

강습소 설치를 선택하게 된 것은 조선총독부의 전문학교 인가 기준을 우회할 수 있었기 때문이었다. 전문학교 설치는 학교의 안정적인 운영을 위해 건물과 재정, 교원을 확보해야 했고, 특히 의학전문학교는 임상실습용 병원이 기본적으로 확보되어야 하였다.[18] 이러한 기본 요건을 충족한 이후 의학교육기관으로 인가 신청을 하는 기관은 적절한 교육과 운영 능력을 갖췄는지에 관해 조선총독부 학무국로부터 심사를 받아야 하였다. 반면, 강습소는 도지사의 인가로 매년 운영을 갱신하는 것이었다. 그리고 강습소에 대한 감독은 경찰의 업무였다.[19] 경찰이 교육기관의 내용을 평가하기는 어려웠을 것이므로 심사 기준이 높지 않았을 것이고, 총독부와의 교섭에서 실패한 로제타 홀은 강습소를 여성 의학교육을 시작하는 방법으로 선택할 수 있었다.

하지만 조선여의강은 이후 여의전으로의 재편을 염두에 두었던 까닭에, 강습소의 교육 연한은 의학전문학교 이상으로 철저하였다. 1911년 조선교육령 제정 이후 여자고등보통학교는 고등보통학교에 비해 교육과정이 1년 단축된 상태로 유지되었다.[20] 1년 교육 연한이 부족한 상태로 여학생을 그대로 받아들여 기존의 4년제 의학전문학교 설립을 추진할 경우, 이후 당국에서 여의전 설립 인가를 거부할 수 있는 근거가 될 수 있었다. 이에 조선여의강은 미리 부족한 수업연한을 채워 예과과정 1년을 추가하였고, 이후에 조선여의강을 5년제로 운영하는 여자의학전문학교로 승격시키고자 하였다. 그 결과 5년제 조선여의강을 수료한 학생은 의학전문학교를 졸업한 남자 학생과 동일한 기간의 교육을 받게 되었다.[21] 이는 조선여의강의 수료자가 의학전문학교와 동등한 정도의 교육을 이수하여 검정의사자격시험의 자격조건을 증명할 수 있도록 하며, 추후 조선여의강을 승격시켜 여의전을 만들 때 조선총독의 승인을 수월하게 하

표 1 **경성여자의학강습소 강사진**(1934)

구분		현직 강사	퇴임 강사	합계
출신	조선인	22	45	67
	일본인	2	9	11
	해외(의료선교계)	0	3	3
	미상	0	1	1
	합계	24	58	82
성별	남성	22	51	73
	여성	2	6	8
	미상	0	1	1
	합계	24	58	82

출처: 京城女子醫學講習所, 『校友會誌』, 1934, 84-86쪽.
주 1. 일본인은 1934년 시점 미국에 거주 중인 출신·성별 불명의 田川孝技라는 인물 외 남성으로 추정.

는 사전 조치가 되었다.

조선인 의사들은 조선여의강 설립뿐 아니라 운영에도 적극적으로 협력하였다. 조선여의강의 설립 직후 강사진 명단은 확인하기 어렵다.[22] 하지만 1934년 여의강 강습소 교우회보에 기재된 전현직 강사 명단 82명(조선인 67명)은 1934년 이전 시기와 1934년 시점 사이의 강사진 변화 추이를 살펴볼 수 있는 자료로 활용할 수 있다.[23]

1934년 현직 강사와 퇴임 강사를 비교하여 강사진의 특징을 표 1을 통해 살피면 다음과 같다.

첫째, 조선인 강사는 처음부터 비교적 다수를 차지하였다가 점차 압도적인 다수를 점하였다. 1934년 강사진 24명 중 22명이 조선인이었다.

강사 대부분을 차지하게 되는 조선인 의사 중에서도 경성제대 의학부와 경성의전 출신들이 다수였다. 1934년 현직 강사 24명 중 교양을 맡은 4명 외 경성제대 의학부와 경성의전 출신은 각각 8명이었고, 이들의 비중은 전체 강사진에서 약 67%에 달하였다. 1934년 퇴임 강사는 58명으로 기재되었다. 이들 가운데 조선인은 45명이었고, 일본인은 9명, 선교사[아들 셔우드 홀(賀藥), 노블(Noble, Mattie Wilcox), '魏喆怡' 여사]는 3명이었다. 퇴임 강사 중 남성은 51명이었고, 여성은 6명(조선인 4명, 선교사 2명)이었다. 의료선교와 관계된 선교사들과 로제타 홀의 직접적인 영향을 받았던 황애시덕, 정자영이 퇴직 강사로 이름을 올렸다. 즉, 여의강 강사진은 더욱 조선인을 중심으로 채워지며 로제타 홀의 영향을 받은 여의사들이 강습소를 떠났다.

둘째, 조선여의강이 최초의 여성 의학교육기관이었지만 강사진의 여성 비율은 점차 줄어들었다. 퇴직 강사 중 여성의 비중은 전체 58명 중 6명으로 약 10%였으나, 1934년 강사 24명 중 여성은 2명으로 전체 대비 약 8%에 해당하였다. 1934년에는 일본 유학파였던 길정희(도쿄여의전), 장문향(데이코쿠여자의약전)만 강사로 남아 있었다.

이는 당시 여의사에 대한 평가와 관련지어 볼 수 있다. 조선여의강이 탄생한 이후 여의사와 여성 직업에 관한 사회적 평가는 교육기관 운영에서 고려되었을 것이다. 1926년 졸업한 여학생의 진로에 관한 한 연재기사는 여성의 사회 진출이 필요하다고 보는 가운데 의학을 배우는 것에 대해 여성의 생물학적 특징을 근거로 만류하였다. 의사라는 직업이 출산과 양육에 이롭지 못하다는 것이었는데, 여성이 월경과 출산으로 의사 직무를 수행하기 어렵다는 것, 산부인과가 여의사에게 적절하나 대수술의 특성상 여성에게 맞지 않는다는 것, 무서운 질병과 시체 해부가 어머니 역할에 부정적인 것 등을 까닭으로 들었다. 다만 특별한 재능과 포부가 있다면 진로로 의사를 고려할 수 있다고 하였다.[24] 여의강 교수진에서 여성 비중의 축소는 이 같은 사회 담론의 영향 아래 놓였던 것일 수 있었다.

셋째, 강사진 운영이 불안정하였다. 1928년부터 1934년 7년간 퇴직 강사의 숫자는 매년 약 8명(58명/7년)이었다. 무보수 강사진을 운영해야 하는 재정 상황에서 비롯하는 것으로 여의강은 강의의 지속성을 확보하기 어려운 조건에 있었다. 가령, 1934년 교우회지 소식란에 명예회원이었던 강사들에 대한 설명이 성명과 함께 "금년도 계속하여 외과학을 강의" 같은 방식으로 소개되었다.[25] 일 년마다 강사들은 강의를 계속할지 여부를 결정해야 했고, 이를 소식으로 알렸던 것이었다. 이같이 불안정한 상황은 교수·강사진을 채용하게 되는 여의전 설립 시점까지 계속되었던 것으로 보인다.

이상을 종합하면, 조선여자의학강습소는 로제타 홀과 조선인 의사, 명망가들이 합심하여 여의전 설립을 최종목표로 두고 설치되었다. 조선인 의사와 명망가들은 조선여의강 개소과정에서 역할을 한 것뿐 아니라 여의강의 운영에 깊숙이 개입되었다. 초기 강사진은 조선인 의사들이 다수를 차지하였고, 의료선교 관계 인물들과 일본인도 포함한 복합적인 성격을 가졌다. 여의강은 로제타 홀이 양성하였던 여의사도 강사로 포괄하였고, 의료선교의 영향 또한 받고 있었다. 하지만 1933년 로제타 홀이 미국으로 떠나면서 강사진 구성의 복합성은 경성제대 의학부·경성의전 출신 조선인 남성 의사를 중심으로 하여 점차 단순화되었다.

경성여자의학강습소로의 재편과 사회의 후원

1933년 8월 조선여자의학강습소는 경성여자의학강습소(이하 경성여의강)로 재편되었다. 강습소 소장이었던 로제타 홀이 68세가 되었고 이제 미국으로 돌아가야 하는 차에 강습소 운영은 김탁원과 길정희 부부에게 맡겨졌다.[26] 김탁원은 기왕에 여의강의 '건립총회'도 그의 병원에서 하게 되었으니, 강습소를 인수하여 여성 의학교육에 헌신할 것을 결정하였다고 말했다.[27] 다만 조선여의강의 기관 명칭을 경성여의강으로 바꾼 이유는 특별히 알 수 없다.

로제타 홀의 귀국에 따라 여의강에 여러 변화가 뒤따랐다. 우선 교사(校舍)에 문제가 발생했다. 창신동 루이스 부인의 집이 감리교 선교사업에 사용되면서 교사를 비워줘야 했다. 길정희는 홀 여사가 한국에 있었다면 이런 일이 없었을 것이라 회고하기도 하였다. 김탁원, 길정희는 새로운 장소를 수소문하다가, 마침 김탁원이 병원을 도심으로 이동하여 확장하려던 계획이었던 바 병원과 함께 강습소를 같은 장소로 이전하기로 결정하였다. 이전할 장소는 관철동으로 태화관이라는 중식당이 자리한 곳이었다. 감리교단의 여의강 지원은 많지 않았지만, 학교 건물에 이어 재원 문제도 발생하였다.[28] 자구책을 찾아야 했다.

마침 조선인 사회에서 여성 의학교육기관 필요하다는 주장이 제기되었다. 1932년 보성전문학교 강사 고영환(高永煥)[29]은 조선에서 여성 의학교육의 유용성을 설파하였다. 그는 그간 여성 교육이 문학이나 음악 등에 집중되었고 여성이 결혼한 이후 교육 받은 것과 무관한 삶을 살아가는 경우가 많으나, 여성 의학교육은 남성에 대한 의학교육보다 사회적으로 유익한 측면이 있다고 주장하였다. 그 근거는 여성 환자가 남자의사에게 치료를 꺼려하여 중병이 될 때까지 가족에게 알리지 않은 경우가 많은데 여자 환자를 치료할 별도의 존재가 여의사라는 것이었다.[30] 이는 한말부터 여의사의 필요성을 강조할 때 활용되는 논리였는데, 남자의사는 여자 환자를 관습상 치료하기 어려우나 여의사는 남녀 모두 볼 수 있기에 여의사의 효용성을 강조하기에 적절하였다.

더불어 그는 남자의사가 할 수 없는 여의사의 역할도 지적하였다. 여의사는 가정생활을 함께 하여 자연스럽게 주변 이웃에게도 위생 상식을 전달하여 사회적으로 기여할 수 있다는 것이었다. 이런 이유에서 고영환은 여자의학전문학교가 절대 필요하며, '유약무(有若無)'한 하나의 강습소에 의존하는 것은 '민족적 치욕'과 다름없다고 주장하였다.[31] 여의사의 필요성이 조선인 사회에서 한층 더 강조되었다.

김탁원의 병원과 여의강이 결합되면서 여의강은 의학실습병원을 활용할 수 있게 되었다. 1933년 9월 여의강 부속병원이 운영됨과 함께 여의강 운영진은 무료조산, 아동과 부인에 대한 건강상담을 하겠다고 밝히고,[32] 여성을 대상으로 통속의학강습회와 같은 대중 강연회를 개최하기도 하였다.[33] 여의강 재편이 점차 완료됨에 따라 조선인 의사가 여의강을 책임지게 된 것을 기회로 삼아 여의전을 준비해야 한다는 주장도 제기되었다.[34]

여의전 기성운동이 다시 전개되었다. 김탁원은 경성여의강이 "여자의전의 기초공사(基礎工事)라는 커다른 사명을 지고 있다"며 1928년 조선여의강을 설치할 당시의 취지를 이어나가고 있음을 다시 한번 강조하였다.[35] 김탁원은 이때 "강습소를 근근히 유지하는 것"에서 나아가 "일반 사회의 인식을 두터히" 하여 여의전의 필요성을 자각할 수 있도록 여론을 환기시키는 데 집중하였다고 훗날 밝혔다.[36] 그리고 그러한 노력의 일환에서 1934년 4월 3일 여의전 창립을 위한 발기준비회가 개최되었다. 명월관에 모인 조선인 명망가 20여 명은 '재단법인 여자의학전문학교 창립발기준비회'를 개최하기로 하고 위원 49인을 선정하였다.[37] 이후 4월 14일 발기준비위원을 72명으로 확대하여 상무위원회를 개최하였다. 이 자리에서 여의전 발기취지서를 발표하였다. 취지서의 골자는 '민족보건과 인종 개우(改優)'에 밀접한 의학을 가정위생과 아동양육에 '공효(功效)'가 있는 여자에게 기회를 제공하자는 것으로 여성 의학교육이 '민족적 사업'으로써 요구된다는 것이었다.[38]

발기준비위원 72인의 특징은 다음과 같았다.

첫째, 1920년대 민립대학설립운동의 발기인들이 다수였다. 민립대학설립운동의 주축이었던 윤치호, 조만식, 송진우, 김성수 등 20여 명이 여의전 발기인의 명단과 일치하였다.[39] 둘째, 1928년 여의전 기성회 위원에 비해 교육·언론·문화계 인물들의 숫자가 크게 늘어났다. 민립대학설립운동 발기인은 대체로 교육 관련한 인사들로 안재홍, 이광수, 주요한과 같은 인물도 참여하였다. 셋째, 상대적으로 여성 의료인의 비중은 전체에 비해 적은 편이었다. 여의사 5명(길정희, 한소제, 유영준, 안수경, 정자영)이 명단에 이름을 올렸다. 길정희와 여의강 강사로 근무 경험이 있던 정자영 외 다른 여의사들은 그간 여의전 설립과정에 참여하는 뚜렷한 모습을 찾을 수 없었으나 1934년 여의전 발기인으로 동참하였다. 정리하면, 1934년 여의전 발기준비위원은 여성 의학교육기관 설치의 취지에 동감하는 조선인 명망가들을 다시 한번 전반으로 폭넓게 확대시켰고, 또한 이들을 여의전 발기인으로 포괄하였다는 점에서 의의가 있었다.

그런데 여의전 기성회의 활동은 여론의 기대를 받으면서도 1920년대 민립대학설립운동의 실패를 반면교사로 삼아야 한다는 주장이 있었다. 이는 이후 여의전 설립 재원의 조달과 관련하여 주목된다. 민립대학설립운동은 1919년 3·1운동의 여파 속에서 문화운동이 전개되며 조선인의 고등교육기관을 설치해야 한다는 취지로 전국적으로 전개되었으나, 조선총독부의 법령 변경 등의 방해와 함께 자금 관리의 문제로 실패하였다. 민립대학설립운동은 천여 명이 넘는 발기인이 있었지만 자금 관리가 불투명하였다.[40] 이런 영향에서 여론은 여의전 기성회를 반기면서도 발기인 중 전반적인 재원을 책임질 유력한 기부자를 찾을 것을 제안하였다.[41] 여의전 발기준비위원회가 민립대학설립운동과 같이 후원하는 범위를 넓히다가 뜻을 하나로 세우지 못하고 추진력을 상실할 수 있다는 것을 우려했기 때문이었다.

발기인 중 재력가들은 전문학교 설립에 필요한 재원을 확보할 수 있는 대상으로 우선 추천될 수 있었다. 특히 대농장을 기반으로 언론·교육 사업을 하는 김성수, 광산업으로 언론계에 진출한 방응모, 그리고 화신백화점의 박흥식 등은 전문학교 설립을 위한 재원을 조달할 수 있는 대표적인 인물이었다. 김탁원은 이들 중에서도 김성수를 만나 여의전 설립의 주역이 되어달라고 제안하였으나, 그는 이미 중앙고보와 보성전문을 운영하는 것 외에 여력이 없다며 순천의 재력가 김종익(金鍾翊)[42]을 추천했다.[43]

1936년 6월 1일 여의전 발기준비회가 다시 한번 개최되었다. 1935년만 하더라도 김탁원은 50만 원의 재원으로 여의전으로의 승격을 준비하며 동대문부인병원의 매수·증축 확장 계획과 여의전의 첫 기수로 300명을 받겠다는 포부를 밝힌 바 있었다.[44] 하지만 이듬해 여의전 설립을 위한 재원을 확보하지 못하며 시간이 지체되는 상황에서, 김탁원을 포함한 이사 30여 명으로 구성된 준비회는 김탁원이 개인 경영하였던 경성여의강을 인수하기로 결정하였다.[45] 그리고 재단법인 여의전 발기준비위원회가 경성여의강 인수를 결정하였던 시점에 경성여의강 이사진 7인 가운데 김종익이 인선되었다.[46]

1936년 여의전 발기준비위원회는 1938년까지 3단계에 걸친 여의전 설립을 위한 연차별 계획을 수립하였다. 이는 1936년 8만 원, 1937년 7만 1천 원, 1938년 5만 3천 4백 원으로 전체 약 20만 원을 3년에 걸쳐 투자하여 학교 교지 매입과 교사, 각 교실, 부속병원 설립을 완료하고, 설립 이후 운영에 대해서는 전체 14만 5천여 원 규모의 학교 경상비 세입과 세출의 세목을 밝힌 계획이었다. 그런데 여의전 설치에 금액이 충분한지는 차치하더라도 제시한 자금을 어떻게 충당할지에 대한 계획은 분명하지 않았다. 이에 대해서는 김탁원이 강습소 승격을 통한 전문학교 설립을 전제로 여의강 운영을 재단법인 여의전 발기준비위원회에 인계하고, 강습소 운영을 이사진에게 위임[47]하였기에 이사직을 맡은 이들을 다시 주목하게 한다.

이사진 7인에는 경영 일선에서 물러난 김탁원 외 법조계, 문화계 등의 인물이 있었다.[48] 이 중 자금 기탁을 할 수 있는 유력한 인물은 김종익이었다. 김종익은 1920년대 중반부터 교육사업에 발을 들여놓은 인물로, 1936년 중반 여의전 설립 재단법인화와 경성여의강 인수는 그의 후원을 염두에 두었을 가능성이 높다. 관련하여 김종익이 이사가 된 이후, 김종익의 고문변호사였던 이인(李仁)이 정구충을 만나서, 김종익씨가 자신을 여의전 설립위원회의 재정부장으로 선임한 것이 여의전 설립에 필요한 자금을 자신에게 요구하기 위한 게 아니냐고 물었다고 하였다.[49] 여의전 발기준비위원회는 김종익과의 접촉에 상당한 공을 들여왔던 것으로 보인다. 1934년 여의전 기성회 위원으로 김성수가 선임된 이후 김종익은 김성수의 소개로 여의전을 추진하는 이들과 만남은 계속되었고, 김종익과 친분이 있는 송진우, 이인, 정구충도 그를 설득하는 데 함께하였다고 전하였다.[50]

결국 여의전 설립의 결정적인 자금은 김종익의 유언을 통해 마련되었다. 1937년 5월 6일 그는 임종 직전에 175만 원을 교육·사회사업을 위해 사용하기로 하고 이 가운데 여의전 승격 기성회에 30만 원, 결핵요양원 신설에 35만 원을 기탁한다고 하였다.[51] 여의전 설립을 위한 재원이 1936년 기준 60만 원 정도로 추산되었기 때문에 설립에 무리 없는 금액이었는데, 추후 교육과정에서 발생할 지출은 병원 수입을 통해 보충할 수 있을 것으로 전망할 수 있었다.[52]

여의전 설치가 구체화됨에 따라 추가적인 재원 확보와 이를 위한 조정이 필요하였다. 김탁원, 변호사 이인, 보성전문학교 교수 옥선진(玉璿珍) 등이 김종익의 부인 박춘자 여사와 협의하였다.[53] 김종익의 사무장이자 여의전 설립의 실무를 맡은 심영섭(沈英燮)이 결핵요양원 설치를 위한 35만 원을 여의전 설립비로 전환할 것을 제안하여 65만 원을 확보할 수 있었다.[54] 아울러 이미 다른 재단에 기부한 금액인 10만 원을 여의전 자금으로 돌려 재원을 추가하였다.[55] 조선총독부 학무국에 제출한 여의전 설립인가원에 기재된 김종익의 기부금은 총 78만 8,781원이었다. 이에 더하여 총독부에서 8만 5,000원을 보조금으로 지원하기로 함으로써 전체 90만 원에 달하는 재단 자금을 확보하였다. 이상의 재정으로 계획한 지출은 여의전 기본금(10만 원)+교지 · 교사 매수비(35만 원)+부속병원 설치비(32만 원)+각종 설비비(13만 원)를 더하여 합계 90만 원이었다.[56]

이상을 정리하면, 경성여자의학전문학교의 설립은 사회적 공감을 끌어냄으로써 가능하였다. 여의전 설립 준비회·발기회 등에 함께한 조선인 의사와 명망가들은 여성 의학교육의 필요성을 조선인 사회에 환기시켰다. 여성 의학교육이라는 요구에 공감하여 그 요구에 대해 적극적으로 동조하는 이들을 만들어 냈고, 적극적으로 협력하지 못하더라도 문제 해결이 필요하다는 데 사회적 공감을 이끌어낸 상태에서 여성 의학교육 제도의 완성에 다가갈 수 있었다. 여의전 설립에 결정적인 재원을 기부한 김종익도 경성여의강의 이사진으로 활동하며 사회에서 조선 사회에서 여성 의학교육이 가지는 중요성을 인식하고 있었던 상태였다. 이런 맥락에서 정규 여성 의학교육기관의 설립은 이른바 조선에서 여의사가 절실히 필요하다는 것에 공감하였던 식민지 조선 사회의 시대정신을 반영하였다.

경성여자의학전문학교 설립과 의미

경성여자의학전문학교의 교장은 사토 고조(佐藤剛藏)[57]가 맡았다. 경성의학전문학교 교장이었던 사토 고조는 김종익의 부인 박춘자 여사의 여의전 설립에 관한 의뢰를 받고 적지 않게 당황하였다. 하지만 사토 고조는 이내 여성 의학교육의 필요성을 공감했고, 조선총독부와 협의한 후 여의전 설립 관계 사무 및 부지 알선에 나섰다. 1937년 12월에 조선총독부 학무국에 여의전 설립 인가 서류가 제출되었다. 그런데 학무국은 여의전의 재정이 충분치 못하여 자립할 동안 사토 고조가 교장을 맡는 것을 조건으로 학교 인가를 하겠다고 알렸다.[58] 사토 고조가 초대 교장이 되었던 이유는 박춘자 여사의 의뢰와 조선총독부 학무국의 제안에서 비롯하였다.

본래 교장으로 물망에 올랐던 이들은 김탁원과 정구충이었다. 앞서 보았듯이 김탁원은 여의강 운영과 여의전 설립을 위해 계속해서 노력했던 인물이었다. 정구충은 오사카의과대학을 졸업하고, 여러 도립병원에서 근무하였으며 1935년 한성의사회 회장을 역임하였다. 일찍이 정구충의 개업의 시절, 김탁원이 여의전 설립 기금 조성을 요청한 바도 있었다.[59] 사토 고조가 훗날 교장이 되고자 둘 사이 암투가 상당하였다고 기록하였지만, 길정희는 남편 김탁원이 본래 교장이 되고자 하는 욕심이 없었고 김탁원이 3·1운동 등으로 요시찰 인물이었기에 김탁원 교장인 여의전을 총독부가 승인하지 않았을 것이라고 하였다.[60] 비록 교장은 못 되었지만, 김탁원은 여의전 설립에 성공할 수 있도록 자신의 은사였던 사토 고조를 통해 조선총독부 학무국과 중재하는 역할을 하였다. 여의전 설립 인가에 대한 협의가 시작되자 조선총독부 학무국이 여의전 설립 허가에 필요한 금액을 과도하게 책정하여 2백만 원의 자금 증명을 요구하였는데, 학교 부지 알선 등을 통해서 당시 확보한 자금만으로 경성여의전을 설립할 수 있도록 조력하였다.[61]

여의전 교수·강사진의 특징을 표 2를 통해 살피면 다음과 같다.

첫째, 경성여의전 설립 이후 여자 의학교육을 담당할 교수진의 안정

표 2 **경성여자의학강습소 교수 · 강사진**(1941)

	명단
교수	富永浩造(金浩植, 생리학), 大元鍾綸(李鍾綸, 생리학), 西木世振(羅世振, 해부학), 山崎良辛(일본어), 李甲秀(내과학, 제1내과장), 呉鎮燮(약리학), 松山済九(李済九, 병리학, 법의학), 星野逵夫(許逵, 미생물학), 鄭求忠(외과학, 제1외과장), 清原茂樹(韓基澤, 이비인후과, 이비인후과장), 崔相彩(외과학, 제2외과장), 金林星煥(金星煥, 피부비뇨기과학, 피부비뇨기과장), 牧田勳篤(李正馥, 내과학, 제2내과장), 高田希俊(金希俊, 안과학, 안과장), 植田浩雄(申雄浩, 산부인과학, 산부인과장, 제2대 교장 다카쿠스 사카에(高楠榮)의 제자)
조교수	牧山明義(李明複, 해부학), 松原鍾暉(全鍾暉, 병리학), 静森徳性(金徳性, 소아과학, 소아과장), 南宮均(산부인과학), 足立中(피부비뇨기과학), 金萬達(외과학), 三井世憲(吳世憲, 내과학), 康原弼模(康弼模, 외과학), 安泉潔(내과)
강사	御山東玉(金東玉, 가정), 金岡秀明(체조), 成田不二生(수학), 廣川幸三郎(의화학), 山野上牧夫(생물학), 飯島滋次郎(독일어), 高山仁植(申仁植, 라틴어), 鈴木清(해부학) 大澤勝(약리학), 横山俊久(위생학, 예방의학), 柏葉緊太郎(교련), 沖波實(기생충학), 渡邊信治(수신), 成田夫介(내과학, 부속병원장), 生田信保(치과학), 大原重三(趙重參, 렌트겐학, 렌트겐과장), 宮本勳(李軫鐘, 이비인후과)
조수	井上鎮泳(朴鎮泳, 중앙검사실 겸 미생물학교실), 洪承敏(안과학), 張山炳弼(張炳弼, 소아과학), 柳鳳植(외과학), 李仁順(안과학), 金原弘(金鳳漢, 내과학), 徐洪錫(외과학), 西原潔子(산부인과학), 富山祐吉(외과학), 大山智暎(산부인과학), 青木英銀(1940년 검정의사자격시험 합격자 尹英銀으로 추정, 약리학)

출처: 京城女子醫學專門學校, 『京城女子醫學專門學校 一覽』, 1941, 68-76쪽; 「韓國의 醫療半世紀: 學生들의 學校生活」, 『厚生日報』, 1973.09.05.; 京城帝国大学衛生調査部 編, 『土幕民の生活 · 衛生』, 岩波書店, 1942, 315쪽; 미즈노 나오키, 「식민지의 가난한 여성이 의사가 된다」, 경북대학교 강연자료, 2019; 「醫師試驗에 合格한 세 女性」, 『조선일보』, 1940.06.13.

주 1. 일본인 성명 아래 밑줄 표시(일부 추정).

주 2. 여의강 강사 출신은 굵은 글씨로 표시.

성과 연속성을 가질 수 있게 되었다. 경성여의전 교수진의 주축은 조선인이었다. 사토 고조는 설립에 도움을 주면서도 자신이 교장을 맡을 생각이 없었다고 밝혔지만, 그가 교장이 된 경성여의전의 교수, 강사진이 조선인 중심으로 이뤄져야 생각하였다. 경성여의전은 교수와 조교수

24명 중 22명을 조선인 의사로 구성하여 조선인 의사가 전체 교수진의 약 92%를 차지하였다. 강사진은 교수진과 비교하면 조선인 비중이 떨어졌는데, 주로 경성의전의 현직자가 강사를 겸임하였다.[62]

그런데 교수·강사진들이 대부분 일본인이라고 오해할 정도로 일본인 이름과 같이 기재되었다. 이는 조선총독부의 창씨개명 요구에 의한 결과로 여의전 일람의 직원록에서도 마찬가지의 영향을 받아 이름을 바꿔 기재한 탓이었다. 1939년 조선총독부가 내선일체를 강조하면서 조선인에게 창씨개명을 요구하였고, 개정 조선민사령이라는 법령 반포로 성과 이름을 바꿔 신고하도록 하였다. 그 결과 1940년 2월부터 8월까지 조선인 전체인구에서 창씨는 약 80%, 개명은 약 10%가 이뤄졌다.[63]

둘째, 경성여의전의 교수진으로 뛰어난 조선인 의사들이 모였다. 1930년대 이후 졸업한 경성제대 의학부·경성의전 출신들은 의학교육에 종사하는 방법으로 경성여의전을 선택하였다. 그리고 여의전은 의학교육과 연구활동을 하고자 하는 젊고 유능한 조선인 의사들에게 학술과 교육 공간을 제공하였다. 이종륜, 나세진, 이갑수, 이제구, 정구충, 최상채, 신웅호, 이명복, 전종휘 등을 비롯한 여의전 교수진은 모두 의학 분과 학문에서 전도유망한 학자들이었다.

셋째, 여의강에서 강사로 근무하며 여성 의학교육의 필요성에 공감하는 이들이 주축이었다. 이갑수, 이종륜, 정구충, 허규, 김희준, 한기택 등이 해당하였다. 교수, 강사의 월급을 높게 줄 수 없는 여의전의 형편에서 여성 의학교육의 취지에 맞지 않은 이들이 같이 일하기는 어려운 것이었다. 아울러 사토 고조가 여성 의학교육이 장래 유망한 사업이라고 홍보하며, 여성 의학교육에 종사하고자 희망하는 자를 모집하였던 것[64]을 고려하면, 새롭게 합류한 교수, 강사진도 기본적으로 여성 의학교육에 뜻을 함께하는 이들이었다고 볼 수 있다.

넷째, 경성여의전 교수진에 여의사는 없었다. 길정희를 제외하면 여의강에서도 장기간 강사로 근무하였던 여성은 거의 없었는데, 경성여의전의 교수진에도 여성은 없었다. 여성을 위한 의학교육기관이었지만 교수자로서 여의사의 공간이 마련되지 않았다는 점에서 한계가 있었다. 다만, 교양 강사와 조수 일부에 여성이 있었다.

이러한 한계에도 경성여의전은 한국 여성 의학교육 제도의 완성으로서 의미가 있었다. 교수들은 여의전을 최고의 의사들을 배출하는 학교로 만들자며 열과 성의를 다하여 동분서주하였다. 일본인에게 편향된 교육기조를 가진 경성제대 의학부·경성의전에서 교수진으로 자리를 잡지 못하였던 조선인 의사들이 경성여의전의 교수진으로 임용되었는데, 이들이 학생 교육에 매우 열성이었다.[65] 그 이유는 기본적으로 교수진이 30-40대로 젊은 연령대였고, 조선인 학생이 주된 교육 대상이라는 것이었다.[66]

대표적으로 해부학 교수 나세진(羅世振)[67]은 이와 관련한 여러 일화를 만들었던 인물이었다. 그가 경성여의전에서 재직하게 되면서 계획했던 몇 가지 방침을 소개하면 다음과 같았다. 그는 "V. 학생들에게 최초의 여자의전학교이고 졸업시험에는 학무국의 감시를 요청할 것이므로 한 사람의 낙제도 있을 수 없으므로 전력을 다할 것"을 당부하였고, "VI. 일본 학생들에게도 낙제가 있을 수 없으나 한국인 학생은 절대로 낙제가 있을 수 없다"고 강조하였다. "VII. 각 교수들에게는 최초 학년 학생들에 대한 더 정열적인 교수를 요구"하였다. 그는 경성제대 의학부, 경성의

전, 세브란스의전 보다 우수한 의사를 만드는 것을 목표로 경성여의전의 학생을 가르쳤다.[68]

나세진은 학생들에게 모두 열심히 공부할 것을 요청하면서 특히 조선인 학생들에게 학업에 매진할 것을 요구하였다. 학교 전반적으로 면학 분위기를 끌어올리며 성적 기준을 높인 탓에 특별 입학하였던 일본인 학생이 2년 연속 낙제로 퇴학한 일도 발생하기도 하였다. 나세진이 교육에 진력하였던 이유는 그의 연구 이력을 통해 살필 수 있다. 그는 한민족이 인류학적으로 일본인보다 뒤떨어졌다는 구보 교수의 논문을 반박하며 조선인이 민족적으로 우수하다는 연구논문을 발표하였던 인물이었다.[69] 나세진에게 경성여의전의 학생들은 현실에서 조선인의 우수성을 입증해야 할 이들이었다.

다행히 학생들은 교수들의 기대에 부응하여 우수한 성적을 거두어 주었다. 1941년 여의전 학생들은 문부성 시험을 치르게 되었는데, 이 시험에 통과하면 일제의 영향 아래 있는 만주, 중국, 대만 등을 비롯하여 일본에서 의사자격을 인정받게 되는 것이었다. 학생들은 시험을 우수한 성적으로 통과하였고, 이후 여의전을 졸업하는 학생은 별도의 시험 없이 문부성 인증 의사자격을 획득하게 되었다.[70] 1945년 9월까지 여의전은 157명의 여의사를 배출하였다.[71]

해방 이후 여의전의 가치는 더 빛나게 되었다. 그것은 여의전의 우수한 교수진이 한국 국립의과대학의 교수진으로 다수 진출하게 되면서 한국 의학교육의 모태(母胎)로 역할하였기 때문이다. 특히 서울의대의 경우 일본인 교수들이 떠나면서 경성제대 의학부와 경성의전 출신 교수들이 모교로 자리를 옮기면서 한국 의학 발전의 중심에서 핵심적인 역할을 하였다. 나세진, 허규, 오진섭, 이제구, 이명복 등이 서울대 기초의학교실에서 자리 잡게 되었고, 여의강 강사였던 김성진, 이세규, 이선근, 이정복, 서울대 임상의학교실의 김동익, 신성우, 조중삼도 여성 의학교육기관과 인연을 맺었던 이들이었다.[72]

광주의대(전남대 의대의 전신)의 경우, 1943년 최상채가 광주의전 교장으로 부임하였는데, 해방 이후 이종륜을 부학장으로 초빙하였다. 수완가였던 이종륜은 김덕성, 이달호, 남궁균, 이주걸 등을 함께 광주의대 교수로 초청하였다.[73] 부산의대는 여의강 강사 출신의 정일천, 김상태를 주축으로 만들어졌고, 대구의대(경북대 의대의 전신)는 경성여의전의 교원이었던 나세진, 김만달, 김희준을 초빙하였다.

훗날 가톨릭대 의대 초대학장을 역임하는 전종휘는 경성여의전의 역할을 다음과 같이 평가하였다.

> 경성여의전이 없었던들 그 희귀하고 존대받아야 할, 기초의학을 전공한 특별한 인재들이 갈 곳이 없어 모두 흩어졌을 것이며, 실력을 계속 배양할 터전이 없어 광복 이후 우리나라 의육(醫育) 계승에 공백이 생기지 않았을까 생각하면 아찔해지기도 한다.[74]

한국 여성 의학교육을 제도적으로 완성시켰던 경성여자의학전문학교는 여성 의학교육의 본격적인 도약을 마련하는 동시에 현대 한국 의학교육 발전의 토대가 되어주었다.

마치며

경성여자의학전문학교 설립은 식민지 아래 의료 약자였던 여성에게 근대의학의 수혜를 확대하고, 여성의 사회적 지위를 향상시키는 기반이 되었다. 식민지시기 양성된 의사 2,600여 명의 가운데, 여의사는 300여 명이었고 이 가운데 조선여자의학강습소·경성여자의학강습소와 경성여자의학전문학교를 통해 양성한 의사가 180명에 달하였다. 세상의 절반이 여성이었지만 여성 환자를 위한 여의사는 턱없이 부족하였던 상황에서 경성여자의학전문학교의 설치 이후 많은 여의사가 배출되어 양적인 차원에서 여성 의료환경을 변화시켰다.

이 글은 위와 같이 중요성이 있는 여성 의학교육기관에 대하여 1945년 해방 이전에 이르기까지 여의강과 여의전 사이에서 무엇이 연속되는지에 초점을 두어 살폈다. 이를 통해 여성 의학교육기관을 만들었던 동력이 무엇인지 규명하였다. 아울러 조선인 의사들이 여성 의학교육 분야에서 어떻게 활동하였고, 경성여의전에서 근무하였던 조선인 의사들이 한국 현대 의학교육의 발전에 어떠한 영향을 주었는지 파악하였다.

로제타 홀이 갈구하였던 여자의학전문학교의 꿈을 현실화하고 오늘의 역사로 만나게 하는 동력은 조선인 사회를 통해서 만들어졌다. 로제타 홀은 여성 의학교육의 상징과 같은 인물이었지만 조선여의강 설치와 초창기 운영에서부터 조선인 의사와 명망가들은 한국 여성 의학교육의 열망을 응집시켰다. 특히 1933년 경성여의강으로 재편된 이후 조선인 의사와 명망가들의 역할은 크게 확대되어 여의전 발기회 및 준비위원회 활동을 통해 조선인 사회에 경성여의전 설치의 필요성을 널리 알려 나갔다. 이상과 같은 노력 속에서 조선인 사회가 여성 의학교육의 이상을 공유하면서 1938년 한국 최초의 정규 여성 의학교육기관인 경성여자의학전문학교가 만들어질 수 있었다.

하지만 경성여자의학전문학교 설립운동과 운영에서의 한계를 짚지 않을 수 없다. 여성 환자를 위한 여의사 양성이라는 분명한 목표 아래 여의전 설립운동이 전개되어 학교를 설립하였지만 여성은 설립운동의 핵심 주체로 역할하지 못하였고 교수진으로도 임용되지 않았다. 여성 의학교육을 제도적으로 완성한 경성여자의학전문학교였음에도 여자 의학도를 가르칠 교수는 한쪽 성으로만 편향되었다. 이는 초창기 한국 여성 의학교육뿐 아니라 당대 한국 의학계의 한계로 볼 수 있다. 그리고 의과대학 여자 교수에 의해 여의사를 양성하는 것은 해방 이후 여성 의학교육의 과제로 남겨졌다.

이 글은 여의강 설치 이후 여의전 설립에 이르는 시기까지 여성 의학교육을 유지하고 떠받쳐온 이들, 조선인 의사들의 역할을 새롭게 조명하였다. 조선여자의학강습소에서 경성여자의학전문학교까지 여성 의학교육을 담당한 조선인 의사들은 연속성을 가지고 있으며, 여성 의학교육에 대한 열망이 있는 교수들도 확인할 수 있었다. 조선인 교수와 강사가 부족한 상황에서 경성여자의학전문학교는 우수한 조선인 의사들을 포괄하였다.

이들은 초창기 한국 여의사 양성에 기여하였을 뿐 아니라 이들 자신이 한국 현대 의학교육을 담당하는 주축이 되었다. 여의전은 해방 이후 식민지시기 여성 의학교육기관을 거친 국립 의과대학 교수를 다수 배출하였다. 이런 측면에서 경성여자의학전문학교는 정규 여성 의학교육기관의 시작이라는 정체성과 함께 한국 현대 의학교육의 요람으로서 젊고 유능한 의사들을 품어서 교육자로 성장시킨, 한국 현대 의학교육의 모태로 한국의학사에서 재평가될 수 있을 것이다.

미주

1 신규환, 「한말 일제 전반기 여성 의학교육의 계보와 특징: 로제타 홀(1865-1951)의 의학교육을 중심으로」, 『연세의사학』 26(2), 2023; 「女子醫講 一回卒業式」, 『조선일보』, 1934. 6. 8.

2 김성은, 「로제타 홀의 조선여의사 양성」, 『한국기독교와 역사』 27, 2007; 이방원, 「보구여관(保救女館)의 설립과 활동」, 『의사학』 17(1), 2008; 이화의료원 역사편찬위원회, 『이화의료이야기』, 이화여자대학교 출판문화원, 2022, 166쪽.

3 기창덕, 『한국근대의학교육사』, 아카데미아, 1995, 317-326쪽.

4 다음의 연구들은 여성 의학교육기관 설립운동 주체의 변화를 주목케 한다. 그것은 의료선교사 로제타 홀에서 조선인 의사 부부 김탁원·길정희, 그리고 민족자산가 김종익과 그의 유지를 이은 박춘자 여사, 마지막으로 조선총독부의 학교 인가를 받기 위해 협력하였던 경성의학전문학교 교장 사토 고조(佐藤剛藏)까지 이어졌다. 기창덕, 「사립여자의학교육」, 『의사학』 2(1), 1993; 이헌정, 「자료로 살펴보는 여자의학강습소와 경성여자의학전문학교의 연계성」, 김상덕·백운기 편, 『자료로 살펴본 여자의학강습소』, 한림원, 2003; 백운기·김상덕, 「경성여자의학전문학교 창립의 주체였던 김탁원·길정희 부부는 왜 실제 설립과정에서 제외되었는가?」, 『연세의사학』 13(1), 2010; 백운기·김상덕, 「김종익의 유언과 경성여자의학전문학교 설립과정」, 『연세의사학』 14(1), 2011; 이근환, 「1930-1940년대 의학교육과 병원설립에 관한 연구」, 고려대학교 석사학위논문, 2008; 佐藤剛藏, 이충호 역, 『조선의육사』, 형설, 1993.

5 의료정책연구소, 『우리나라 근·현대여성사에서 여의사의 활동과 사회적 위상』, 2012; 신동원, 「일제강점기 여의사 허영숙의 삶과 의학」, 『의사학』 21(1), 2012; 이방원, 「박 에스더(1877-1910)의 생애와 의료선교활동」, 『의사학』 16(2), 2007; 최은경, 「일제강점기 조선 여자 의사들의 활동」, 『코기토』 80, 2016; 이영아, 「최초의 '국내파' 여성 의사 안수경(安壽敬), 김영흥(金英興), 김해지(金海志) 연구」, 『의사학』 30(1), 2021; 공혜정, 「한국 최초의 여성 의학전문교육기관 탄생의 산파 역할을 한 산부인과 의사, 길정희」, 『대한의사협회지』 64(10),

2021; 이희재, 「유영준(劉英俊)의 생애와 활동」, 『한국문화연구』 42, 2022.

6 최근 한 연구는 여의전에서 활동하였던 많은 교수가 일본인이었다고 서술하기까지 하였다. 김영·송지청, 「경성여자의학전문학교에 대한 연구」, 『한국의사학회지』 36(1), 2023.

7 京城女子醫學講習所, 『校友會誌』, 1934; 京城女子醫學講習所, 『記念誌(校友會誌第二號代刊)』, 1936; 京城女子醫學專門學校, 『京城女子醫學專門學校 一覽』, 1941; 기창덕, 『한국근대의학교육사』, 아카데미아, 1995; 水野直樹, 「식민지의 가난한 여성이 의사가 된다」, 경북대학교 강연자료, 2019; 고려대학교 의과대학교우회, 『명륜반세기』, 1988; 佐藤剛藏, 이충호 역, 『조선의육사』, 형설, 1993; 정구충, 『한국의학의 개척자』, 동방도서주식회사, 1985.

8 「朝鮮民族의 恩人 『홀』 夫人의 華宴」, 『동아일보』, 1926. 10. 24.

9 김성은, 「로제타 홀의 조선여의사 양성」, 『한국기독교와 역사』 27, 2007, 25-26쪽.

10 정구충(1895~1986)은 1895년 충북 옥천에서 출생하였다. 1913년에 한성고등보통학교를 졸업한 이후 관비유학생 자격으로 일본 오사카의대를 1921년에 졸업한 정구충은 1932년 동대학 박사학위를 취득하였다. 그 사이 그는 1923년 경상북도 안동도립병원·1925년 황해도 해주도립병원·1927년 평안북도 초산도립병원에서 외과과장을 역임하였다. 1935년 한성의사회 회장을 지냈고, 1939년 경성여자의학전문학교 외과교수로 근무하였다. 유승흠 편, 『우리나라 의학의 선구자 1』, 한국의학원, 2007, 67-70쪽.

11 김탁원(1898-1940)은 대구에서 출생하였다. 1915년 경성의전에 입학하였는데, 1919년 3·1운동에 참여하여 옥고를 치르며 1921년 졸업하였다. 1929년 조선소년총연맹 특별위원, 신간회 집행위원으로 활동하였고, 1931년 조선물산장려회 이사를 역임하였다.

정구충, 「김탁원」, 『한국의학의 개척자』, 동방도서주식회사, 1985, 424-436쪽; 「대구역사문화대전」, http://www.grandculture.net/daegu/toc/GC40002601.

12 「初期事業으로 九月부터 講習會」, 『동아일보』, 1928.05.21.; 정구충, 「김탁원」, 『한국의학의 개척자』, 동방도서주식회사, 1985, 427-428쪽.

13 이영아, 「최초의 '국내파' 여성 의사 안수경(安壽敬), 김영흥(金英興), 김해지(金海志) 연구」, 『의사학』 30(1), 2021, 120-123쪽; 『우리나라 근·현대여성사에서

여의사의 활동과 사회적 위상』, 2012, 132쪽.

14 길정희, 『나의 自敍傳』, 三護出版社, 1981, 21쪽.

15 정구충, 「김탁원」, 『한국의학의 개척자』, 동방도서주식회사, 1985, 424-427쪽.

16 「初期事業으로 九月부터 講習會」, 『동아일보』, 1928. 5. 21.

17 「女子醫專開講 구월부터 강습회를 열어」, 『동아일보』, 1928. 7. 11.; 길정희, 『나의 自敍傳』, 三護出版社, 1981, 23쪽; 16번 각주의 기사.

18 조선총독부, 「朝鮮總督府令 第26號 專門學校規則左ノ通定ム」, 『관보』 제0789호, 1915. 3. 24, 314쪽.

19 「三百餘個講習所의 善導와 保護를 考慮」, 『조선일보』, 1936. 7. 17.; 길정희, 『나의 自敍傳』, 三護出版社, 1981, 31쪽. 여의강도 매년 설립허가 인가를 받았다.

20 1911년 제1차 조선교육령은 고등보통학교 4년, 여자고등보통학교 3년으로 졸업연한을 규정하였다. 1922년 제2차 조선교육령은 졸업연한을 1년 연장하여 고등보통학교를 5년으로 하였으나, 여자고등보통학교는 4-5년으로 할 수 있으되 상황에 맞춰 3년도 가능하게 하였다. 다만, 여자고등보통학교는 1922년 이후 대체로 4년제로 운영된 것으로 보인다. 조선총독부, 「朝鮮教育令」, 『관보』 제0304호, 1911. 9. 1.; 조선총독부, 「朝鮮教育令ハ大正11年4月1日ヨリ之ヲ施行ス」, 『관보』 호외 1, 1922. 2. 6.

21 「女子醫學講習의 첫 번 수업식」, 『동아일보』, 1929. 3. 19.

22 길정희가 여의강 강사진으로 제시한 이들은 이후 1933년 경성여의강으로 재편된 이후의 강사들도 포함하여 여의강 설립 당시 최초 강사진을 파악할 수 없다. 기창덕은 길정희의 명단으로 기준으로 하여 1930년대 졸업한 이들을 제외하여 최초 강사진을 추정하였다. 하지만 1928년 이전에 의학교육기관을 졸업한 강사가 중간에 합류할 수 있기에 여의강 설립 최초 구성원을 추정할 근거가 충분치 않다. 길정희, 『나의 自敍傳』, 三護出版社, 1981, 25쪽; 기창덕, 『한국근대의학교육사』, 아카데미아, 1995, 314-315쪽.

23 강사진 등록은 1년마다 이뤄졌기에 퇴직 명단이 강습소 최초 명단일 수 없다. 가령, 퇴직 명단이 1928년도 강사 명단을 의미하지 않고, 1934년 현직 강사에도 1928년부터 근무한 이들이 포함될 수 있었다. 京城女子醫學講習所, 『校友會誌』, 1934, 82쪽.

24 「졸업을 압헤 둔 녀학생 여러분께(三)」, 『동아일보』, 1926. 2. 20.

25 京城女子醫學講習所, 『校友會誌』, 1934, 82쪽.

26 「女子醫講刷新」, 『조선일보』, 1933.08.10.; 「『홀』부인 송별회」, 『조선일보』, 1933. 9. 30.

27 정구충, 「김탁원」, 『한국의학의 개척자』, 동방도서주식회사, 1985, 428쪽.

28 길정희, 『나의 自敍傳』, 三護出版社, 1981, 29, 31쪽.

29 고영환(1895-1950)은 1925년 와세다대학을 졸업하고 보성전문 강사로 재직하였다. 1933년 이후 동아일보 기자로 근무하였다. 고영환에 대해서는 다음의 자료를 참조. http://dongne.donga.com/2018/10/17/11154/

30 「女性과 醫學(二)」, 『동아일보』, 1932.08.02.; 「女性과 醫學(三)」, 『동아일보』, 1932. 8. 3.

31 31번의 각주. 덧붙여 고영환은 여의전 설립을 위한 독지가의 후원도 촉구하였다.

32 경성여의강 부속병원 의료진은 원장(내과) 김탁원, 외과·피부과 조한성, 박건원, 산부인과 김달환, 길정희, 안과 조병영, 이비인후과 심상천, 윤희식, 검사부 이인규, 간호부장 박자혜로 구성되었다. 「女子醫講附屬病院 來一日부터 開院」, 『조선일보』, 1933. 8. 30.

33 「女子醫學講習所主催 第二回 通俗醫學講習會」, 『동아일보』, 1933. 12. 6.

34 「女子醫學講習」, 『조선일보』, 1933. 8. 31.

35 金鐸遠, 「創刊辭」, 『校友會誌』, 1934, 82쪽.

36 金鐸遠, 「□□와 期待」, 『記念誌(校友會誌第二號代刊)』, 1936, 3쪽.

37 「市內各界의 有志會合 女醫專創立을 討議」, 『동아일보』, 1934. 4. 5.

38 「女子醫學專門 趣旨書發表」, 『조선일보』, 1934. 4. 22.

39 민립대학설립운동 발기인 명단은 우윤중, 「민립대학 설립운동의 주체와 성격 : 민립대학기성준비회를 중심으로」, 성균관대학교 석사학위논문, 2016.

40 우윤중의 석사학위논문 53-54쪽 참조.

41 「躍進하는 教育界」, 『동아일보』, 1934. 4. 13.; 「女子醫專의 期成運動」, 『조선일보』, 1934. 4. 23.

42 김종익(1886-1937)은 전남 순천에서 출생하였다. 1911년 황성기독교청년회관에서 상과(商科)를 수학하였고 1914년 메이지대 전문부 법과에 입학하여 김성수, 송진우, 안재홍 등과 교류하였다. 1916년 졸업 후 경제·교육사업에 뛰어들어 조선제지주식회사를 운영하고, 대평농장을 설립하였다. 1926년 전남육영회를 설립하고 교육사업을 후원하였는데, 그의 지원으로 1935년 순천농업학교

(현 순천대학교)가 개교하였다. 1936년 여의강의 이사를 역임하였다. 順天大學校 地域開發硏究所, 『자료로 본 友石 金鍾翊』, 1994, 239-240쪽.

43 길정희, 『나의 自敍傳』, 三護出版社, 1981, 32쪽. 1934년 발기회는 고계(高啓) 재단과 접촉하여 여의전 설립에 대해 논의하기도 하였다. 고계재단은 불교계에서 운영하였던 보성고등보통학교를 1936년에 인수하였는데, 같은 시기 방응모가 재단 이사장으로 취임하였다. 「女醫專發起會에서 高啓財團을 交涉」, 『동아일보』, 1934. 12. 21.

44 「"메쓰"를 들 娘子軍 五十萬圓財團女子醫專創立」, 『조선일보』, 1935. 1. 1.

45 「女子醫專設立運動 本格的活動開始」, 『동아일보』, 1936. 6. 3.

46 여의전 발기준비회가 새로 구성된 이후 발기준비회 이사진의 기부금 모금 소식도 있었다. 「女子醫講에 千圓喜捨 - 이순정」, 『조선일보』, 1936. 6. 6.; 「女子醫講에 千圓을 喜捨 - 김상한」, 『동아일보』, 1936. 6. 17.

47 「財團法人 女子醫學專門學校發起準備會」, 『記念誌(校友會誌第二號代刊)』, 1936, 6-9쪽.

48 1936년 6월 새롭게 구성된 경성여자의학강습소 이사진은 이인, 김종익, 원봉수, 김사정, 김용제, 김상한, 김탁원이었다. 47번 각주의 7쪽.

49 「京城女醫專의 設立」, 『厚生日報』, 1973. 8. 1.

50 길정희, 『나의 自敍傳』, 三護出版社, 1981, 33쪽.

51 정구충, 「김탁원」, 『한국의학의 개척자』, 동방도서주식회사, 1985, 431쪽; 「百七十五萬圓巨金을 社會, 敎育事業에 獻財」, 『조선일보』, 1937. 5. 8.

52 「時題小議 女子醫專期成論 人命弘濟의 黃金塔(九)」, 『조선일보』, 1936. 4. 5.

53 「朝鮮最初의 女醫專 難産中에 今日認可」, 『조선일보』, 1938. 4. 10.

54 길정희, 『나의 自敍傳』, 三護出版社, 1981, 36쪽. 김종익이 유언으로 약조한 금액인 65만 원은 오늘날 금액으로 계산하면, 약 325-650억에 해당하였다. 朴賢洙, 「소설에 나타난 식민지 조선의 물가」, 『大東文化硏究』 121, 267쪽.

55 「京城女子醫學專門 百萬圓財團計劃」, 『동아일보』, 1937. 6. 23.

56 「"女醫專" 設立認可願 昨日, 府에 再提出」, 『동아일보』, 1937. 12. 19.

57 사토 고조(1880-?)는 1906년 교토제대 의학과를 졸업한 후, 1906년 조선에 와서 1907년 동인회 평양의원장 겸 의학교장이 되었다. 1916년 경성의전 교수로 재직하면서 1926년부터 경성제대 교수를 겸임하였다. 1927년 경성의전 교장, 1938년 경성여의전 교장을 역임하였고 1945년 12월 일본으로 귀환하였다.

서기재, 「엘리트 의사집단의 식민지 진출과 근대한국 의학교육」, 『일본어교육』 103, 2023, 226쪽.

58 佐藤剛藏, 이충호 역, 『조선의육사』, 형설, 1993, 142-147쪽.

59 정구충, 「김탁원」, 『한국의학의 개척자』, 동방도서주식회사, 1985, 431쪽.

60 佐藤剛藏, 이충호 역, 『조선의육사』, 형설, 1993, 146쪽; 길정희, 『나의 自敍傳』, 三護出版社, 1981, 36쪽.

61 「京城女醫專의 設立」, 『厚生日報』, 1973. 8. 1.

62 佐藤剛藏, 이충호 역, 『조선의육사』, 형설, 1993, 146쪽.

63 미즈노 나오키, 정선태 역, 『창씨개명』, 산처럼, 2002, 27쪽.

64 佐藤剛藏, 이충호 역, 『조선의육사』, 형설, 1993, 147쪽.

65 고려대학교 의과대학교우회, 『명륜반세기』, 1988, 27-44쪽.

66 「韓國의 醫療半世紀: 學生들의 學校生活」, 『厚生日報』, 1973. 9. 12.

67 나세진(1908-1984)은 여주에서 출생하였다. 1932년 경성제대 의학부를 졸업하고 1942년 동대학에서 해부학 전공으로 의학박사학위를 받았다. 1939년 경성의전 해부학 교수를 시작으로 이후 서울대 의과대학 교수로 1974년 정년 퇴임까지 의학교육에 헌신하였다. 정구충, 「나세진」, 『한국의학의 개척자』, 동방도서주식회사, 1985, 677-689쪽; 『한국민족문화대백사과사전』, https://encykorea.aks.ac.kr/Article/E0011389.

68 정구충, 「나세진」, 『한국의학의 개척자』, 동방도서주식회사, 1985, 682쪽.

69 정구충, 「나세진」, 『한국의학의 개척자』, 동방도서주식회사, 1985, 683쪽.

70 고려대학교 의과대학교우회, 『명륜반세기』, 1988, 41-42쪽.

71 경성여의전의 한국인 졸업생은 제1회(1942.9) 43명, 제2회(1943.9) 36명, 제3회(1944.9) 41명, 제4회(1945.9) 37명으로 총 157명이었다. 友石大學校, 『友石大學校 醫科大學 同窓會員 名簿』, 1970, 16-24쪽.

72 정구충, 「이종륜」, 『한국의학의 개척자』, 동방도서주식회사, 1985, 156쪽.

73 정구충, 「최상채」, 『한국의학의 개척자』, 동방도서주식회사, 1985, 86-87쪽.

74 전종휘, 『醫窓夜話』, 의학출판사, 1994, 71-72쪽.

제4장

여의사 길정희, 그 삶과 발자취

선민경

시작하며

19세기 후반부터 조선사회에 서양 의료시설로서 병원과 관립·사립의학교육기관들이 등장하였다.[1] 이를 통해 조선 사회는 서양의학을 적극적으로 수용하고 자체적인 인력을 양성하고자 하였다. 이때 의학교육기관은 남학생만을 교육대상으로 하였으며, 여학생의 입학은 전혀 고려되지 않았다.[2] 남자의사가 양성되었으나 그들이 여성과 아이를 진료하는 것은 어려움이 있었다. 남자 의사를 포함한 남성이 자기 가족 이외의 다른 여성에게 말을 걸거나 쳐다보는 것조차도 부적절한 행동으로 간주되는 조선의 내외법 관습 때문이다.[3] 선교활동을 위해 조선을 찾은 여선교사들과 여의사들이 여성과 아이를 진료하고자 하였으나 그 수는 상당히 부족하였다.[4] 여성과 아이의 원활한 치료를 위해서 여의사가 시급히 필요했지만 조선 내에서는 여성이 의학교육을 받을 수 있는 기회가 없었다.

그럼에도 여성들의 의학에 대한 관심과 의욕은 높았고 사회적으로도 여의사의 필요성을 인식하고 있었다.[5] 국내 여자의학교육기관의 부재를 극복하고자 조선의 여성들은 일본 도쿄여자의학전문학교(이하 도쿄여의전)[6]을 비롯해 일본, 중국, 미국 등에 있는 여자의과대학으로 유학을 떠났다. 몇몇의 학생은 국내 경성의학전문학교 청강생 자격으로 의사가 될 수 있었다.[7] 그러나 이는 조선총독부의 도움과 양해 없이는 불가능한 일시적인 방법일 뿐이었다. 1925년부터는 여학생의 청강마저도 허락하지 않아 다시 국내에서의 여의사 양성이 요원해졌다.[8]

최초의 여의사 박에스더[9] 다음으로 유학생활을 통해 의사가 된 인물들은 '당대의 명사이자 여류인물'이라는 평가와 세간의 주목을 받았다.[10] 특히 국내 여성 의학교육기관이 부재한 상황에서 국내 여의사 양성을 위해 힘쓴 행동은 조선 여의사로서 운산(雲山) 길정희(吉貞姬, 1899–1990)가 유일하며 국내 여의사 양성을 위한 여성 의학교육에 발자취를 남겼다.

이 글에서는 일제 식민시기에 활동한 여의사 중 한국 여성 의학교육의 선구자로 불리는 길정희의 생애와 주요활동에 대해 고찰해보고자 한다. 그녀는 도쿄여의전의 초기 졸업생 중 한 명으로 로제타 셔우드 홀, 김탁원(金鐸遠, 1898–1940)[11]과 함께 국내 여성 의학교육기관의 효시 조선여자의학강습소(이하 조선여의강)를 설립·운영하고 직접 산부인과학을 가르치며 국내에서 여의사를 양성하였다. 이후 강습소로서의 한계를 극복하고 의학전문학교로의 승격·설립을 위해 힘쓴 인물이다. 아울러 길정희는 의료활동과 교육을 위한 행보 이전 일본 유학시절에 3.1운동, 재일본도쿄여자유학생친목회활동을 하였다. 유학을 마치고 귀국한 후에는 의료활동과 함께 근우회, 양명회 등 학생운동과 여성운동 등에 참여하고, 지식인으로서 당시 여성의 삶, 가정운영, 보건위생에 생각을 펼치며 대중에게 전하고자 하였다.

길정희를 비롯한 여의사에 대한 연구는 현재 활발히 진행되고 있다.[12] 10년 전까지만이라도 인물사 연구가 주를 이루는 의료사에서도 남성 의사에 비해 불과 8년의 차이를 두고 출현한 여성 의사에 대해서는 거의 연구가 이루어지지 않았었다.[13] 국내 여의사 비율이 점점 증가하면서[14] 여성 의사의 역사가 더욱 주목받고 있다. 여의사 연구는 '여의사'라는 직업공동체 자체로 이루어지거나, 여의사 개개인의 삶에 대해 이루어지고 있다.

길정희에 대해서는 도쿄여의전 출신이라는 명목으로 하나의 그룹이 형성되어 그 안에서 연구되거나, 개인의 삶이나, 여의사 양성을 주제로 할 때 양성기관의 설립자로 언급되는 정도이다. 연구경향이 이와 같이 이루어진 이유는 첫째, 길정희는 다른 여성인물들처럼 눈에 띄는 적극적인 활동을 보이지는 않았기 때문이다. 예를 들어 동교출신의 유영준의 경우 당시 여성엘리트로 의사, 사회운동가, 해방 후에는 좌익 정치인사가 되어 역사적으로 주목받은 바 있다.[15] 길정희 역시 의사로서 활동하고 사회활동에도 참여하며, 해방 후 정치활동도 보이지만 그 활동의 비중이 크지 않다. 둘째, 길정희의 행보 중 그나마 가장 주목할 만한 행보가 여성 의학교육기관 설립이다. 그래서 길정희 연구는 여성 의학교육 중심으로 진행되었다. 선행연구에서 길정희는 의학교육기관 설립·운영한 여의사로 언급되며 선구적인 역할로 평가된다.[16] 셋째, 그러다보니 여성 의학교육활동 외에 다른 활동은 주목받지 못하였다. 그래서 길정희에 대한 연구가 더 이루어지지 않던 실정이었다. 길정희는 여성 의학교육활동뿐만 아니라 사회운동에 참여하고 자신의 주장을 신문에 기고하였다. 그러나 이에 대해서 간략한 언급만 될 뿐이었다.

최은경은 도쿄여의전 출신 4인, 정자영, 현덕신, 유영준, 길정희에 대한 연구를 진행하였다.[17] 4인의 도쿄여의전 입학부터 유학시절 학생운동, 귀국 후 행보, 여성의 위생, 의료와 관련된 주장들을 비교하여 연구하였다. 이를 통해 비슷하면서도 사뭇 다른 도쿄여의전 출신 인물들의 모습을 밝혔다. 최은경의 연구에서 길정희는 도쿄여의전 입학과정과 일본에서의 3.1운동, 유학생친목회 활동, 근우회 발기, 숙명여고보 맹휴사건에서 한번씩 언급되었다. 위생과 의료에 관한 주장에서는 길정희의 주장이 있었음에도 다루지 않았다. 4인에 대한 연구이지만, 그 비중이 동일하지 않았다. 최은경은 도쿄여의전 출신 초기 여의사들의 궤적을 정리하면서 조선 여의사 활동상을 조망하였으나 개별운동에서 참여와 갈등의 세부적 내용이 어떠하였는지는 충분히 밝혀내지 못한 한계를 지적하였다.[18]

공혜정의 연구[19]는 길정희의 생애를 출생부터 별세까지 연표를 제시하며 시간의 흐름대로 서술되었다. 그리고 한국 최초의 여성 의학전문교육기관 설립을 도모한 길정희의 역할에 주목하여 길정희를 한국 여성 의사 양성기관 탄생의 산파 역할로 평가하였다. 그러나 이 연구는 길정희의 자서전에 기반한 생애 내용을 토대로 하여 사실확인, 생략된 생애에 대한 설명 등이 필요하다. 그리고 단편적으로 길정희의 의료, 교육과 연관된 모습에만 주목해서 길정희가 참여했던 사회활동에 대한 서술은 빈약하다.

이 글에서는 길정희의 전반적인 생애를 종합적으로 검토하여 이제껏 강조된 의학교육기관의 설립자로서의 측면 외에 여의사, 신여성로서의 연구를 더하여 길정희라는 인물을 보다 자세히 살펴보고자 한다. 길정희는 당시 일본의 식민지가 되면서 정치, 경제, 문화 등 사회 전반에서 민족적 차별을 받는 상황 속에서도 신여성으로 불리며 의사라는 극소수의 유학파 여성지식인으로 활동하였다. 길정희는 이제껏 연구되어온 의학교육기관 설립활동 외에 다른 여성지식인들의 활동에 비해 소극적으로 보인다. 그러나 그녀는 신여성 지식인으로서 책임감을 갖고 꾸준히 활동하였다. 이 연구를 통해 길정희의 주체적인 면모를 드러내어 인물을 다각적으로 이해하고자 한다.

길정희의 자서전을 기반으로 그가 의사를 선택하게 된 과정, 유학생활, 귀국 후 결혼과 의사로서의 의료활동, 산부인과학 강의, 여성 의학교육기관 설립의 노력을 서술하되, 당시 발간된 신문, 잡지 등의 기사를 통해 정확한 사실관계를 확인하겠다. 자서전의 특성상 기억이 왜곡되는 등 사실과의 관계에서 오류가 발생할 수 있다. 자서전이 작성된 시기가 길정희가 고령의 나이였다는 것을 유념하여 자서전에만 의존하지 않고자 한다. 다음으로 길정희가 참여한 사회운동, 길정희가 직접 기고한 신문기사의 내용까지 연구 대상으로 삼고자 한다. 이에 나타난 길정희의 의견을 통해 그녀가 가졌던 의식을 확인한다. 이로써 앞선 단편적인 선행연구를 극복하고 길정희를 보다 입체적인 인물로 보아 당시 여의사들의 활동 사이에서 길정희의 활동은 어떤 특성을 갖는지 살펴보고자 한다.

이를 위해 2절에서 길정희가 의사가 되는 과정, 도쿄여의전 졸업 후 길정희의 의료활동과 조선여자의학강습소부터 경성여자의학전문학교 설립까지의 과정을 살펴 여의사로서의 생애를 조명한다. 3절에서는 길정희가 참여한 사회운동과 그의 주장이 담긴 신문글의 내용을 바탕으로 여성 지식인으로서 길정희가 가졌던 의식을 분석해보겠다. 길정희의 『나의 自敍傳』[20]을 비롯하여 길정희가 직접 쓴 논설문, 길정희와 관련된 당시 신문자료들을 1차 자료로 삼아 고찰하겠다. 이 글을 통해 초기 여의사, 신여성으로 주목받았던 길정희의 생애와 활동을 보다 구체적으로 확립할 수 있기를 바란다.

의사의 길, 교육의 길

길정희는 1899년 서울에서 1남 2녀 중 둘째 딸로 태어나 한말 정3품 관직을 지냈던 조부 길인수(吉仁洙)의 손에서 성장하였다.[21] 그는 일찍 결혼하여 신식교육을 받지 못한 언니와 요절한 남동생 대신 조부의 기대를 받았던 것으로 보인다. 여자도 신학문을 익혀야 한다고 믿은 조부의 지원 덕분에 길정희는 양정소학교를 거쳐 1911년 진명여학교에 진학해 19세에 졸업했다.[22] 그의 조부는 일본 최초의 여자의과대학인 도쿄여자의학전문학교에 이미 몇 명의 한국 여성들이 수학하고 있음을 알고 진명여학교를 졸업한 길정희에게 그 학교에 들어가 여의사가 되기를 권한다.[23] 길정희는 자신의 자서전에서 "조부 역시 당시 내외법으로 여성들이 제대로 진료받지 못하고 의원들이 속임수 같은 짓을 하는 것이 못마땅하였으며, 특히 출산과정에서 남자의원에게 보일 수 없어서 모자 두 생명을 함께 잃게 되는 사례도 있어 반드시 여의사가 필요함을 통감해 손녀를 여의사로 만들고자 한 것이다."라고 말했다.[24] 이러한 언급은 당시 시대적으로 여의사에 대한 필요성을 느끼고 길정희의 조부가 그에 공감하였던 것이 길정희의 도쿄여의전 진학에 영향을 미쳤음을 알 수 있는 부분이다. 길정희는 도쿄여의전 진학으로 더 배울수 있다는 기쁨과 한편으로는 낯선 나라로 유학가는 것에 대한 두려움을 보였다.[25]

식민지시기 이루어진 여성교육은 제국주의 일본의 정치적 입장을 반영하였다. 조선인 교육과정의 최종 단계를 중등교육과정으로 삼아 조선인의 정도를 낮추고 실업 위주의 교육을 했다. 여기에 여성교육은 식민 지배에 앞장선 현모양처의 양성을 목표로 여학교에서는 지식 교육이 제한되었다. 이뿐만 아니라 여학교에서는 교육연한이 4년인 남학교에 비해 3년에 불과할 뿐이라서 여성들은 상급학교 진학에도 불이익을 받았다.[26] 이러한 상황에서 조선 내 여성 의학교육은 더더욱 이루어질 수 없었다.[27] 결국 일제식민지하 조선에서 의학교육은 물론 여성을 위한 고등교육마저 거의 막혀 있었기에, 길정희가 여의사가 되기 위해서 유학을 택한 것은 자연스러운 수순이었다. 또한, 길정희가 여성 유학의 길을 걷게된 데에는 당시 진명여학교, 숭의여학교, 이화학당 등의 여성교육기관을 졸업하고 선후배가 수학하는 일본의 학교에서 유학을 하는 것이 드물지 않았던 것 역시 한몫하였을 것으로 보인다.[28]

그렇게 1918년 3월, 길정희가 일본 동경으로의 유학길에 올랐다. 같은 해에 한소제(漢昭帝), 유영준(劉英俊)이 도쿄여의전에 동기로 함께 입학했고, 허영숙(許英肅), 정자영(鄭自英), 현덕신(玄德信), 황애시덕(黃愛施德)은 이미 입학한 선배로 재학중이었다. 여러 선배 중에서도 길정희는 일본 유학생활과 학교생활, 학업까지 허영숙에게 의지하며 많은 도움을 받았다.[29] 이는 아마 허영숙과 길정희가 둘 다 진명여학교 출신으로

전공도 같았기 때문이다.[30]

길정희가 도쿄여의전에서 공부하고 있던 중 조선에서 의료선교를 펼치고 있던 로제타 홀이 방문했다.[31] 로제타 홀은 세브란스의학전문학교 교수였던 최동(催棟)[32]의 안내로 길정희를 찾아와 조선에도 여자의학교육이 필요함을 역설하면서 졸업 후에 귀국하면 함께 일하며 조선여자의학교육에 관해 구상하고 실천할 것을 간곡히 권고했다.[33] 이 만남에 대해 정확한 연도는 기재되지 않았으나, 길정희 졸업 이전 시기로 1921-1922년쯤 접촉이 있었을 것으로 추측된다. 이때부터 길정희와 로제타 홀의 인연이 시작되었다. 홀은 당시 도쿄여의전에 재학 중이던 허영숙, 유영준[34], 현덕신[35], 정자영과도 연락을 주고 받았으며 이들이 졸업하면 여성환자들을 돌볼 수 있는 의사들로 활용할 계획을 갖고 있었다. 그래서 로제타 홀이 길정희 뿐만 아니라 다른 여의사들에게도 여성 의학교육을 위한 접촉을 시도했을 가능성이 있다. 그 중 길정희만 눈에 띄는 반응을 보인 것인지 길정희와 로제타 홀의 접촉에 관한 부분에 대해서는 더 연구해볼 필요가 있다. 일각에서는 길정희에게 연락을 취한 것이 길정희의 남편, 김탁원의 영향을 고려한 것이라고 본다.[36] 그러나 홀과 길정희의 만남은 길정희가 김탁원과 결혼하기 이전인 길정희의 유학시절이다. 길정희와 김탁원은 길정희가 졸업하고 국내 실습과정에서 만나게 된 것으로 이전에 로제타 홀이 김탁원의 역할을 기대하기 어렵다.

길정희는 유학시절 중 잊을 수 없는 사건으로 관동대지진을 꼽는다. 당시 지진으로 한 간호원이 어린 아이를 안고 나오다가 갑자기 담벼락이 무너지면서 간호원은 즉사하고 아이만 살아남았다. 이에 길정희는 간호원의 나이팅게일 정신에 감동하고, 의사로서의 소명의식을 더욱 굳혔다.

또 그는 지진으로 기숙사에 화재가 일어나자 참고서와 노트를 챙기기 위해 필사적으로 뛰어들었다. 길정희의 학업적 욕구가 얼마나 강했는지 알 수 있는 부분이다. 지진이 멈춘 후 일본 자경단(自警團)의 학살로 길정희 역시 불안과 두려움에 떨었다. 이후 길정희는 1923년 12월에 도쿄여의전을 졸업할 수 있었다.[37]

졸업 후 귀국하여 조선총독부의원 소아과에서 1년간 견학, 실습과정을 거쳤다. 그리고 1924년, 경성의학전문학교를 졸업한 의사 김탁원과 결혼했다.[38] 길정희는 결혼 이후에도 도쿄제국대학 의과대학 소아과에서 실습과 연구를 쌓기 위해 다시 도쿄로 돌아와 전문성을 높이는데 집중하였다.[39] 그렇게 도쿄제국대학 소아과에서 1년, 도쿄제생원에서 1년 경험을 쌓고 1926년, 완전히 귀국해 길정희는 동대문부인병원 산부인과와 소아과에서 6년간 근무하였다.[40] 동대문부인병원 근무 기간에 대해 재차 확인할 필요가 있다. 1938년 길정희의 인터뷰에서 동대문부인병원에서 6년 근무하였다고 소개했는데, 그의 자서전에서는 1927년 남편 김탁원의 병원 개업으로 동대문부인병원을 사직했다고 말한다.[41] 김탁원이 1927년 병원을 개업한 것은 사실이나[42] 각 자료에서 말하는 근무기간에 차이가 발생한다. 당시 여의사 수가 부족했기 때문에, 한 의사가 여러 병원에서 근무하였을 수 있는 가능성과 자서전에서 발생할 수 있는 기억의 오류를 추측해본다. 길정희는 동대문부인병원에서 로제타 홀의 지도를 받으며 일본식이 아닌 미국식 병원 경영과 의학 기술을 익힐 기회를 얻었다.[43] 길정희의 병원근무 및 의료활동에 대해서는 당시의 신문기사를 확인할 수 있다. 길정희는 동대문부인병원과 한성의원 등에서 아동에 대한 진료를 무료로 진행하며 아동의 보건위생관리에 주의를 기울였다. 또

한 여성들이 참여하는 운동경기의 의원으로 응급환자를 치료하는 모습도 볼 수 있었다.[44]

또한 길정희는 위독하지 않더라도 평소 예방하지 못하고 주의하지 못하여 병원에 찾아와 쩔쩔매거나 당황하는 환자들을 보고 안타까움을 보였다.[45]

> 시내인사동 태화녀자관 사회부사업으로 경영하는 택화진찰소건강후원회에서는 매년 일차식 그 진찰소에 다니는 아동을 모흐고 건강진찰을 시행한후 그성적을 딸아 일이삼등에 상품을 주든바 금년에도 역시 … 의사는 류영준, 구영숙, 길정희씨와 서양의사 두사람이요. 동대문병원과 세부란스병원에서 다수한 간호부가 와서 조력하게 되엇다.[46]

> 소년애호주간을 위하야 시내관텰통에 잇는 한성의원에서 의사김탁원 길정희량씨가 금팔일부터 십삼일까지 일주일동안 매일 오전열시부터 열두시까지 소년소녀에게 한하야 무료진찰을 한다는데 일반은 이 긔회에 만히 진찰하기를 바란다고[47]

의료활동으로 분주한 와중에도 길정희는 당시 동대문부인병원 소장이었던 로제타 홀과 여의사교육기관 설립의 뜻을 모았다. 로제타 홀은 1926년, 회갑연에서 자신의 꿈인 여성 의학교육기관 설립에 대해 연설하며 조선여성의 건강을 보호하기 위한 부인병원과 여의(女醫)의 필요성을 거듭 강조하며 조선인 명사들의 도움을 청하였다.[48] 회갑연 이후 2년 뒤인 1928년부터 여성 의학교육기관을 설립하기 위한 모임이 시작되었다. 1928년 3월 31일 14명의 여성 의료인들이 회합을 가져 조선에 여의학교를 시급히 건설하려는 의지를 모으게 된다.[49] 조선여자의학강습소 기성회는 1928년 4월 14일 홀의 주도로 조선인 유지 60여 명이 모여 발기인 대회를 갖고 5월 19일 창립총회를 개최하였다.[50]

> 조선여자의학전문학교의 창립총회는 작보와 같이 19일 오후 7시에 부내 서대문정 41번지 김병원에서 열리었다. … 두 번이나 회합을 거듭한 후 지난 14일에 시내 명월관에서 조선의 유지가 60여명으로 발기하야 마침내 여의전 창립을 발기하였든 것이라는데 이번 창립총회에서는 동교의 실현을 꾀하야 조선여자의학전문학교 기성회를 조직하고 그 준비적 초기사업으로 오는 9월 4일부터 우선 여자의학강습소를 열고 학생 20여 명을 모집하야 사계에 이름 높은 선생들이 무보수로 교수하기로 하였다더라.[51]

특히 길정희는 유영준, 허영숙, 정자영, 안수경(安壽敬)과 기성회원을 모집하는 역할을 맡았다. 이로써 1928년 9월 조선여자의학강습소가 개강했다.[52] 조선여의강은 이후 의학전문학교로의 재편을 염두에 두고 의학전문학교 이상으로 철저한 학년 구성을 이루었다. 조선여의강은 다른 의학전문학교가 4년제인 것과 달리 5년제로 운영되었다. 이는 여자 고등보통학교가 남자에 비해 교육연한이 1년 단축된 상황에서 부족한 1년을 벌충하기 위한 것이었다.[53] 결과적으로 여의강을 수료한 학생은 의학전문학교를 졸업한 남자 학생과 동일한 전체 교육연한을 이수하게 되었으며,[54] 여학생 역시 남학생과 동등한 교육과정을 거쳐 의사가 될 수 있었다. 조선여의강은 한국 최초의 본격적인 여자의학교육의 효시라고 할 수 있다.

물론 조선여의강은 정식 전문학교가 아니었기 때문에 매년 소관 총독부 학무국에 설립인가 신청을 해야 했고, 졸업생들은 총독부 주관 조선의사시험에 응시하여 자격을 따야 한다는 점에서 한계가 있었다.[55] 당시 여학생을 위한 국내 의학교육기관이 전무했다. 조선여의강은 유학을 가지 않고도 여의사 양성이 가능하도록 했다. 하여 여학생들이 의학공부에 들이는 비용을 절감시켰다.[56] 실제로 일본에서 의학교 진학을 위해 준비하거나 의학을 공부하던 여학생들 가운데는 엄청난 유학비용을 견디지 못하고 학비 부족으로 인해 다시 조선에 돌아와 조선여의강에서 의학공부를 계속하는 경우도 있었다.[57] 또한 조선여의강은 의사라는 전문직으로 여성이 진출할 수 있는 기회를 확대하는데 기여하였다. 이곳에서 길정희는 부소장으로서 조선여의강을 운영하였다. 조선여의강의 강사진 명단을 확인하기 어렵지만, 무보수 강사가 필요했던 강습소의 상황을 고려했을 때 길정희는 초기부터 산부인과학을 가르쳤을 것이다.

1933년 8월 조선여자의학강습소는 경성여자의학강습소(이하 경성여의강)로 재편되었다. 조선여의강 소장이었던 로제타 홀이 68세가 되었고 미국으로 돌아가야 하는 차에 조선여의강 운영은 김탁원과 길정희 부부에게 맡겨졌다.[58] 홀이 귀국하자 그동안 지급되어 오던 미국선교회에서의 보조금이 끊기게 되었고, 그동안 교사(校舍)로 쓰고 있던 시설도 선교회에 반납해야하는 상황에 처하게 되었다.[59] 또 조선여의강의 명칭[60]에 대하여 길정희, 김탁원 부부가 인계받을 때, 총독부에서 그 이름을 바꿀 것을 요구하였다.[61] 재정적, 정치적 운영의 어려움 속에서도 길정희와 김탁원은 서울 관철동에 있던 자택에서 자비로 학생들에게 의학 강습을 계속하였다. 1933년 9월에 개설된 경성여의강 부속병원은 무료조산, 아동과 부인에 대한 건강상담을 진행했다. 길정희는 부속병원 산부인과 담당으로, 김탁원은 내과와 소아과 담당 의사로 부속병원을 운영하였다.[62] 또한, 경성여의강에서 여성을 대상으로 통속의학강습회와 같은 대중강연회를 개최하기도 하였다.[63] 그리고 마침내 경성여의강에서 의사시험에 합격하여 여의사를 배출하였다. 1938년까지 강습소를 졸업하고 의료면허증을 획득한 조선여성은 11명이었다.[64]

> 조선안에 남자의학전문학교는 몇 개소가 있지마는 여자의학전문으로는 단 한 개소도 없다. 그런데 오즉 조선인의 손으로 경영하는 경성여자의학강습소에서 형성의 공을 쌓은 조선여자 2명이 금년도 의사시험 제3부에 합격이 되었다고 한다. … 그들은 모두 경성여자의학강습소 최초의 종업생이라고 하는데 금번 이와같은 영예스러운 성적을 나타낸 경성여자의학강습소에서는 일층 내용을 충실히 하야 여자의학전문학교에 손색이 없는 기관을 맨들겠다고 경영주 김탁원씨는 말하였다.[65]

길정희와 김탁원은 여자의학전문학교 승격을 위해 1934년 4월 3일 여의전 기성운동을 전개하였다. 우선 창립을 위한 발기준비회를 개최하여 위원 49인을 선정하였다.[66] 이후 4월 14일 발기준비위원을 72명으로 확대하여 상무위원회를 개최하였다.[67] 이후 두 부부는 전문학교 승격에 따르는 자금 조달을 위하여 동분서주 하면서 모금 운동을 하였다. 그 과정에서 순천 유지 우석(友石) 김종익(金鍾翊, 1886–1937)이 여자의학전문학교의 필요성에 공감하여 경성여자의학전문학교 설립 기성회의 이사로 참여하였다. 그런데 병환으로 갑자기 별세하면서 "65만 원을 경성 여자의학강습소에 기부하여 여자의학전문학교 설립 기금으로 하라"는 유언을 남겼다.[68] 아내 박춘자(朴春子)가 유언을 받들어 재단법인 우석학원(友石學院)을 설립하고, 조선총독부에 경성여자의학전문학교 인가를 신청하였다. 그리하여 1938년 4월 8일 설립 인가 후, 같은 해 5월에 경성여자의학전문학교(이하 경성여의전) 제1회 입학식이 거행되었다.[69]

경성여의전 설립 신청 과정에서 두 부부의 이름은 빠진 채 이루어졌다. 이는 독립운동 전과가 있는 김탁원의 이름이 포함되어 있으면 총독부에서 반대할 수도 있다는 박춘자 이사장의 판단 때문이라는 해석이 지배적이다.[70] 길정희 역시 자신의 회고록에서 "당시 남편 김탁원이 여의전의 교장이 될 것이라는 소문이 있었지만, 그는 기미독립운동으로 복역까지 치룬 전과자로서 교장은 물론 교수자리마저도 맡지 못하였다"고 밝힌 바 있다.[71] 길정희, 김탁원 역시 김탁원의 독립운동 전과로 경성여의전에서 활동하기 어려울 것임을 예상하고 있었다. 그렇지만 길정희와 김탁원은 마지막까지 경성여의강 운영을 책임지고, 경성여의전으로의 발전을 위해 경성여의강 학생들 전원을 경성여의전에 편입시켰다. 이로써 조선여자의학강습소–경성여자의학강습소–경성여자의학전문학교를 연결하여 여의사 양성의 흐름이 끊기지 않고 이어지게끔 하였다. 길정희는 경성여의전 설립에 대해 글을 써 신문에 기고하였다.

여러분이 다 아시는바와 같이 김종익씨 유지로 설립될 경성여자의학전문학교와 우리 의학강습소가 합류하게 되어 금춘 사월에는 의학강습소도 실질적으로는 승격이나 마찬가지로 되어 십 년 동안 싸워온 신뜻을 이루게 될듯합니다. 새로 탄생될 학교를 위해 이번에 우리 강습회가 전문학교에 편입이 되는데는 감개무량함을 마지안습니다. 오랫동안 악전고투하며 의사를 내놋튼 우리의 노력이 이제야 그 결과를 얻은 것이라 하겟습니다.[72]

길정희는 로제타 홀, 김탁원과 함께 여성 의학교육기관 설립하고 운영하는데 긴 시간 노력했을 뿐 아니라 직접 학생들을 교육하는 강사의 역할도 이어왔다. 강습소에서 5명이 산부인과 교육을 담당했는데 길정희도 그 중 한 명이었다.[73] 경성여의강으로 재편되었을 때도 부속의원과 강의에서 산부인과학을 맡음을 알 수 있다.[74] 무보수 강사진을 운영해야 하는 경성여의강의 재정상황에서 강의의 지속성을 확보하기에 어려움이 있었다. 이에 길정희가 기관의 원활한 운영을 도모할 수 있도록 직접 강사로 나섰다. 1934년 현직강사와 퇴임강사를 비교하여 강사진을 살폈을 때, 다수를 점하는 조선인 강사 속에서 여의사의 비율은 점차 줄어들었다. 퇴직강사 중 여성의 비중은 57명 중 8명이고 4명이 조선인이었다. 현직강사는 23명 중 여성 3명으로 길정희, 서정하, 장문향이 남았다. 길정희는 마지막까지 조선인 여의사로서 강사진 명단에 이름을 올린다.[75]

길정희는 동시대 다른 여의사들과 달리 여성 의학교육기관 설립에 주도적인 역할로 처음부터 그 기반을 마련하였으며, 설립된 여성 의학교육기관의 부소장을 맡아 기관과 학생들을 이끌어 운영해나갔다. 부속병원 산부인과 담당 의사로 환자들을 진료할 뿐 아니라 학생들이 실습을 통해 여의사로 나아갈 수 있게끔 하였다. 운영의 어려움을 겪는 과정에서 인원이 빠지고 재배치되었지만 길정희는 꿋꿋히 본인의 자리를 지켰다. 비록 염원하던 경성여자의학전문학교를 직접 설립하지 못했지만 조선여자의학강습소 시절부터 이어온 여성 의학교육 전문기관 설립의 숙명을 이루고 국내 여의사 양성을 달성하였다.

이후 길정희는 더 이상 경성여의전 운영의 직접적인 언급은 하지 않았으나, 지속적인 관심을 놓치지 않았다.[76] 1939년 김탁원이 별세한 후 길정희는 혼자 산부인과를 운영하면서 여성 의료에 기여하였다.[77] 광복 이후로도 의료활동을 이어갔던 길정희는 한국전쟁 때 부산으로 피난을 가 '길산부인과'를 열었다. 그 후 서울로 돌아와서는 수송동에서 개업하였다.[78] 길정희는 60세를 넘기면서 마침내 운영하더 병원을 정리하고, 미국에 있는 두 딸의 요청으로 1964년에 미국으로 떠났다. 이로써 산부인과의로서의 40년을 마치게 되었다.

신여성 길정희

길정희의 사회운동

1910년대 도쿄여의전 유학생들은 일본 내 조선인 유학생 독립운동의 주역이었다. 이미 3.1운동 이전에도 도쿄에 유학 온 한국인 학생들과 노동자들을 중심으로 도쿄조선유학생학우회·기독청년회·조선학회·도쿄노동동지회 등 다양한 협의회가 구성되어 있었다. 1919년 도쿄 유학생들의 2.8 독립선언은 본국에서의 3.1운동을 촉발시킨 첫 봉화가 되었다. 도쿄여의전을 졸업하거나 재학 중이었던 이들도 다양한 방법으로 독립운동에 관여하였다.[79] 길정희 역시 1919년 일어난 3.1 운동에 적극 참여하였으며, 동교에 재학하는 인물들과 함께 혈서를 쓸 정도로 조국 독립을 위한 의지가 강했음을 알 수 있다.[80]

독립운동에 참여했던 길정희, 유영준, 현덕신, 정자영 모두 재일본도쿄여자유학생친목회[81]와 직접적 관련을 맺고 있었다. 그중에서도 유영준, 현덕신, 송복신, 한소제, 길정희, 이덕요, 전혜덕 등 도쿄여의전 재학생들은 여성계를 중심으로 한 독자적 조직화를 꾀하는데 중요한 역할을 담당하였다. 도쿄여자유학생친목회는 1917년 10월 17일 임시 총회를 개최해 『여자계』 발간을 만장일치로 결정하고, 이미 창간된 『여자계』의 인가를 양도받았다.[82] 1921년 1월 발행된 『여자계』[83] 6호에는 여자학흥회 임원으로 회장 유영준, 서기 전혜덕, 편집부원 현덕신, 재무부원 길정희, 이덕요 등이 참여하고 있다고 전하고 있다. 여자학흥회는 1920년 1월에 도쿄에서 조직되었던 여자유학생 단체이다. 일본에서 몇 안 되는 조선 여자유학생들끼리 타지 유학생활을 동고동락하며 친목회를 주도적으로 결성하고 운동의 역할을 담당한 이들 사이에는 강한 유대의식이 있었을 것으로 추측된다.[84]

유학생들의 귀국 후 1927년 2월 길정희의 집에서 재경동경출신 여성간친회를 열었다.[85] 이어서 유영준, 길정희, 황신덕 3명을 중심으로 도쿄에서 유학생활을 한 여학생들을 모집하여 도쿄여자졸업생 친목회를 구성하였고 이 중 간사로 정자영, 진숙봉을 선출하였다.[86] 이는 근우회(勤友會) 창립의 일환이 되었다. 근우회는 3·1운동 후 일제의 탄압으로 해체된 항일여성단체들이 1927년 신간회의 탄생을 계기로 통합적인 여성운동을 전개하고자 조직된 단체이다.[87] 도쿄여자졸업생 친목회를 통해 유학경험을 공유하며 진영을 넘는 이들이 자연스럽게 모일 수 있는 계기가 생긴 것이다.[88] 도쿄여자유학생뿐만 아니라 미국, 중국 여자 유학생들까지 모여 여성권익운동의 의지를 모으게 되었다.[89] 1927년 4월 16일에는 조선일보사 상층에서 여성운동인사들이 모여 근우회를 발기하자는 뜻을 모았다.[90] 이 근우회 발기 40명의 인사 중 유영준, 길정희, 이덕요, 정자영, 현덕신 등 도쿄여의전 출신들이 대거 참여하고 있는 것을 확인할 수 있다.[91]

길정희는 도쿄여자유학생 간친회를 시작으로 도쿄여자졸업생 친목회, 근우회에 참여한다. 그의 행보는 친목의 성격에서 점차 사회운동의 성격을 띈다. 이는 학연으로 맺어진 동료들과의 결속을 위해서이기도 하며 여학생으로서 여성권익운동에 뜻을 가지고 활동을 이어온 것으로 보인다. 직간접적으로 근우회의 창립에 기여했던 길정희는 그 시작에 힘을 실어줌으로써 여성의 권익을 발휘할 수 있도록 도왔다. 이어서 그녀는 양명회(養明會) 활동 발기 및 창립활동을 보였다. 양명회는 부내 양정, 숙명, 진명의 세 자매학교 졸업생으로부터 발기한 단체로,[92] 숙명여고보 맹휴 사건을 위해 만들어졌다. 숙명여고보는 원래 순헌황귀비(純獻皇貴妃)가 설립하였음에도 중요 직원 전부를 일본인으로 채용하였다. 특히 재등(齋藤)이라는 교무주임의 조선인 교원에 대한 배척이 심하고 심지어 재봉선생까지 일본인으로 채용하여 문제가 되고 있었다. 숙명여고보 운영권을 장악한 일본인 교사들에 의한 비정상적인 학교운영과 현모양처교육은 학생들의 반발을 불러 일으켰다. 이에 학생들은 졸업 후 조선 가정에 적응하지 못하고, 더구나 사회에 나가 쓰지도 못할 학문을 배우는 이유를 알 수 없다고 하면서 1927년 5월 25일 정오를 기해 2-4학년 학생 전부가 다음 요구조건을 내걸고 목적을 달성할 때까지 26일부터 휴교를 결행하기로 하였다.[93] 학생들의 요구사항은 ① 재등문치 선생 퇴직, ② 중도(中島) 사감 퇴직, ③ 생도 대우개선, ④ 조선재봉선생 개임(改任), ⑤ 조선인선생 채용 증가, ⑥ 인격 선생 대우 정당 등었다.[94] 참여 학생이 400명으로 늘어난 총동맹휴학사태에 학교 당국은 학부형들을 긴급소집하여 해명하고자 했으나 학부형들은 학생들을 지지하였다. 학교 당국에 대한 사회적 압력이 가중되자 학생들의 요구조건을 모두 수용하겠다던 학교 당국은 총독부측의 요구로 강경대응 태도로 전환했다.[95] 숙명여고보 맹휴 사건은 점차 확대되어 사회적인 문제로 퍼져나갔고, 학교측의 강경한 태도와 총독부 당국의 압력으로 난관에 봉착하였다. 이에 숙명여고보와 함께 진명여자고등보통학교, 양정고등보통학교 등 자매학교의 졸업생들이 이 사건에 개입하게 되었다. 6월 27일 세 학교의 졸업생들이 양명회를 조직하여 숙명여고보의 재단평의회를 감시하는 동시에 맹휴문제 해결에 직접 개입하기로 하였다. 이때 진명여학교 위원으로 길정희가 나섰다.[96] 또한 길정희는 양명회 발기회 준비위원으로써 본인의 서소문병원에서 발기인 총회를 개최하였다.[97]

이렇게 창립된 양명회는 숙명여고보 맹휴문제뿐만 아니라 이후 3개 학교의 비교육적 처사가 발생할 때는 언제든지 공동협력하여 대처하기로 하여 학교 측에 압력을 가하였다.[98] 결국 여러 압력 속에서 재등은 더 이상 버티지 못하고 8월 31일 사표를 제출하였다. 맹휴가 끝난 후에도 학교 당국의 근본적인 태도변화는 기대하기 어려웠다. 식민지기 여성교육의 한계였다. 하지만 숙명여고보 학생들의 맹휴는 오래 지속되면서 학부모와 동창회, 양명회 등도 참여하면서 사회적 이목을 집중시켜 결국은 학생들의 요구조건을 수용하지 않을 수 없게 만든 것에 의의가 있다.[99]

숙명여고보 맹휴 사건 이후 길정희는 여성 의학교육기관 설립 활동에 몰두한다. 여성 의학교육기관 설립 전 여학생 교육의 문제로 일어난 사건을 경험한 길정희는 조선여성교육의 문제를 다시 한번 느끼지 않았을까? 특히 숙명여고보 맹휴 사건은 여학생들의 교육과 관련된 사건이었다. 이에 여성 의학교육기관을 설립하고 운영·교육하는 것 역시 여성 권익을 위한 행보로 볼 수 있겠다.

길정희의 여성운동은 해방 후에도 이어진다. 1945년 조선여성의 자질을 향상하여 여성의 정치, 경제, 사회적 지위를 확고히 하고자 조선여자국민당이 결성되었다.[100] 이 단체에서는 장차 수립될 정부를 지지하며 여성으로서 국가발전에 힘을 바치고 사업으로서 양로원, 맹아원을 경영하고 문화, 종교, 농촌, 위생 등 각방의 계몽과 사회시설을 여성의 손으로 수립하고자 했다. 길정희는 여자국민당의 위생부장을 맡았다.[101] 1947년 5월에는 민족의 보건을 향상시키고자 서울 보건부인회를 결성하였다.[102] 보건부인회는 보건위생사상 선전실시, 생활개선, 예방, 치료의학 등 부인들을 통해 가정의 보건을 지키고자 하였다. 또 여름철에는 가정위생을 위해 파리전멸운동을 실시하고[103], 1948년에는 올림픽 선수 환송 모성대회를 열어 올림픽에 선수를 보내는 어머니의 마음을 표현하며 응원의 의미를 전하였다.[104] 길정희는 보건부인회의 재정부장으로서 활동하였는데[105] 원로 여의사로써 단체의 재정을 지원하고 활동을 이어갈 수 있게끔 힘을 실은 것으로 보인다.

그녀가 참여한 식민지기 여성운동은 민족운동의 한 부분으로, 민족해방이 실현되면 여성해방도 함께 이루어질 것이라는 믿음을 가지고 여성들은 민족운동에 뛰어들었다. 독립운동은 물론 길정희가 참여한 단체활동 역시 식민지기 일제의 탄압을 극복하고 여성의 권익증진을 목표로 하였다. 또한 출신학교를 기반으로 근우회도 도쿄여의전 출신 학생들과 함께 도쿄여자유학생 친목회를 도모하고, 양명회 역시 진명여학교 졸업생으로서 위원활동을 했다. 길정희는 근대 학교교육을 받은 여학생으로 동무들과 자신의 고민을 토로하고 나누며, 여성으로서의 자아를 발견하는 과정을 겪었을 것이다. 당시 여학생들은 학교나 사회문제에 대해 함께 토론하면서 배운 여성으로서 사회적 역할을 찾아 나갔다. 이러한 경험을 통해 형성된 여성커뮤니티는 여성들이 사회적 공간에서 발언하거나 활동할 때 지지를 표하는 지원 공간이 되었다.[106] 길정희 역시 그러한 여성커뮤니티 안에서 당대 신여성으로서 여성운동을 지지하고 힘을 보태는 역할을 했음을 확인할 수 있다.

길정희의 계몽활동

길정희는 근대교육을 받은 신여성 지식인으로서 계몽활동을 펼쳤다. 당시 여학생 대부분이 자기가 배운 지식을 못 배운 여성들에게 전하는 것이 자신의 역할이라고 믿었다.[107] 1920년대 중반부터 신문, 잡지, 라디오 등에는 다양한 여성 지식인들이 교육, 의학, 여성, 정치 등에 관한 제반 분야의 지식을 전달하는 일들이 빈번하였다. 매체를 통한 정보의 유통과 함께 대중계몽활동의 일환이었다. 의학 분야에서는 위생, 육아정보, 건강 담론 등이 주로 제시되었다. 여의사들은 신문 인터뷰, 신문 칼럼, 잡지 기사 게재, 라디오 출연 등을 통해 의학지식을 전파하는데 힘썼다. 그 중에서도 임신부터 출산, 아동양육과 발달, 여성질환 등 주로 자신들의 진료분야와 연계된 지식들을 주로 소개하였다.[108] 길정희 역시 여성의 위생과 가정운영 등에 대해 신문지상 등에 자주 글을 발표하였다.

길정희의 글은 1927년부터 1942년까지 꾸준히 등장한다. 이 시기는 그녀가 완전히 귀국하여 본격적인 국내활동을 시작한 시기로 여성운동에 참여하고 강습소 설립과 운영, 전문학교로의 승격을 도모하던 때이다. 1938년 이후로는 의료활동에 집중하며 여의사로서 신여성으로서 글의 주요 주제는 가정, 절약, 결혼, 건강 등이었다.

길정희는 김탁원과의 결혼 이후 살림이라는 주제에 관심을 기울였다. 특히 당시 신여성으로 불리던 길정희는 '신여성은 살림을 잘하지 못한다.'라는 비평에 신여성들이 더욱 신경써야 한다는 생각을 가지고 있었다.[109] 이는 신여성에게 가정에서도 모범이 되기를 요구하는 사회적 시선으로부터 비롯된 것이다. 또한 가정운영에 있어서 절약과 저축을 강조하며 허례허식과 사치를 피하고 돈을 낭비하지 않도록 주의하게끔 하였다.[110] 길정희는 절약과 저축을 강조할 뿐만 아니라 스스로 그 실천을 해나가며 자신의 방법을 공유하였다.[111] 당시 생활개선 담론에서 나타나는 여성관은 가정내에서의 여성의 역할을 중요하게 여겼던 점에서 본래 가부장제의 가족제도에서와 마찬가지이다. 그러나 남성 중심의 전근대적인 여성관에서 벗어나 남성과 평등한 지위를 가진 여성이 가정의 구성원으로서 가정 운용에 충실했을 때 비로소 생활개선을 이룰 수 있다는 관념이 강하게 작용하고 있었다. 사회는 가정의 경제와 육아의 책임을 맡는 주부로서 자주적인 가정생활의 개조를 요구했다. 그러한 자주성이 소위 '구여성과 신여성'의 차이를 나타내는 기준이 되었다. 이러한 양분론적 여성관은 여성 평등과 같은 근대적 여성상을 수용함과 동시에, 현모양처식 교육이념을 바탕으로 했던 총독부의 동화정책으로부터 비롯된 것으로 해석하기도 한다. 길정희의 주장은 무엇보다 이상적인 가정을 만들기 위해서는 가정에 충실한 주부, 가정의 운용과 육아를 담당하는 어머니로서의 주부가 되기를 바라는 생활개선 담론으로 여겨진다. 이것은 여성 지식인들이 단지 총독부의 훈육적 교육 이념에 따르기 보다는, 주권 회복과 미래의 독립 국가 건설을 위한 차세대 양성, 그러한 인재를 길러내는 것이 가정의 의무이자 가정을 도맡는 주부의 막중한 책임으로 여겼기 때문이다.[112] 그러나 신여성에게 현모양처로서의 역할을 해치지 않는 범위에서 허용되었던 가정과 직업을 양립하는 일은 커다란 짐이었다. 이에 길정희는 "모든 주의가 여성이라면 내리누르고 짓밟고 하시(下視)하고 신용을 아니하고 있다"고 비판하였다. 여성의 가정생활도 중시하였지만, 여성의 직업생활 역시 존중받아야 함을 말하고자 했다.[113]

길정희는 위생과 건강에 대한 의식도 전하였다. 위생 관념은 당시 여성 담론에서 기본적으로 논의되는 것으로 가정 생활에 있어서 비위생적인 올바르지 못한 생활 습관과 원인을 지적하여 이를 바로 잡고, 비경제적인 생활 상태를 보다 경제적으로 운용할 수 있도록 개선하고자 하는 여성지식인들의 논제적 공감대가 형성되었다.[114] 그리고 길정희는 의사로서 여성들이 막연하게 알고 있던 여성 질병의 정확한 의학적 명칭을 소개하고, 그 증상과 치료법에 대해 설명하였다. 특히 여성 출산과 관련된 자궁병을 설명하는데 많은 비중을 할애하였다. 여성들이 냉병으로 알고 있던 것이 자궁내막염이라는 것과[115] 이러한 질병이 곧 부인병의 시초이기 때문에 결코 소홀히 해서는 안 된다고 강조했다. 그 외에도 후굴, 오줌소태 등 여성들이 쉽게 걸리는 질병 중심으로 의학적 지식들을 전하였다.[116] 여름이 되면 전염병과 급병이 생기기 쉬움을 말하며 의사를 찾아오기 어려울 시기를 대비할 가정상비약도 추천하였다.[117] 길정희가 다른 여의사들과 의견을 달리 주장한 것으로 눈에 띄는 주제는 바로 성교육의 필요성이었다.

> … 여학생뿐만이 아니라 일반여성들에게 성교육을 줄것인가 아닌가? 이 문제도 역시 오늘날 우리가 당면한 간절한 문제 중의 하나임이 틀림없습니다. … 이성에 관해서 민감하여지는데 그 위에 또 성적 방면에 관한 지식을 넣어주다니 그런 말이 될뻔이나 한 말인가 하는 것이 일반으로 성교육의 필요를 반대하는 사람 사이에 공동되는 론도입니다. 그러나 우리들은 말합니다. 이성에 관하여 민감해질수록 성교육은 절실히 필요하다고.[118]

길정희, 현덕신, 정종명(鄭鍾鳴), 성의경(成義敬) 4명의 여의사는 여학생뿐만 아니라 일반여성들에게도 성교육이 필요한가 필요치 않은가에 대한 대담을 나눈다. 성교육을 반대하는 입장은 이성에 대해 민감한 시기에 성교육을 한다면 그 관심이 자극되어 더 문제가 된다고 주장하고, 찬성하는 입장은 민감한 시기일수록 주의하고 올바르게 행할 수 있도록 성교육이 필요하다고 주장한다.

> 고등여학교시대는 생리상으로보아 춘기발동시대임으로 무엇보다 도성방면에 많은 호기심을 가지고 있습니다. 그러한 시대에 이 방면에 대한 이야기를 해주는 것은 도리어 풍기를 문란케할 염려가 있습니다. 남녀문제에 있어서 과도적 현상인 조선에서 이 시기에 성교육을 한다하면 반대까

지는 아니하겠으나 좀더 고려해볼 필요가 있는줄 압니다.[119]

길정희는 여학생들의 성교육 필요성을 인식하기는 하지만, 시기상조라 주장한다. 물론 가정에서 어머니들이 간혹 가르쳐주었다 하더라도 완전치 못하고, 그리하여 문제가 생기기도 하지만 고등여학교시대에 가르치는 것은 빠르다는 주장이다. 이어서 고등여학교시대에는 성교육보다는 부인위생에 더 치중해서 가르치는 것이 좋겠다는 생각이었다. 이때 함께 대담을 나눈 현덕신은 여학생의 성교육이 절대적으로 필요하고, 정종명은 학교와 가정 두 곳에서 함께 성교육을 진행해야할 것을, 성의경은 학생시대에 맞게 성교육역시 학교에서 선생님을 통해 배워야 한다고 말한다. 함께 대담을 나눈 인물들의 주장과 비교했을 때 길정희의 주장은 다소 보수적인 경향이 있다.

길정희의 보수적인 경향은 성교육 문제 주장에서만 나타나는 것이 아니다. 당시 여성지식인들은 여성운동, 여학생사상, 산아제한, 직업, 결혼 등 여성문제에 대한 원탁회의를 가진다.[120] 이때 길정희는 산아제한문제에 의견을 피력한다. 회의에 참여한 한신광(韓晨光)은 산아제한에 대해 찬성하며 특히 직업을 갖고 있거나 사회운동을 하는 이는 더욱 산아제한을 해야한다고 주장한다. 아이를 낳으면 사회활동의 어려움을 겪기 때문이다. 길정희는 식민지기에 산아제한까지 하면 조선의 국력이 약해진다는 주장이다. 또한 산부인과의로서 환자들 대부분이 아이를 낳기를 원한다는 경험을 언급했다. 이에 다른 여의사들은 아이를 낳더라도 양육의 어려움이 있다는 주장으로 대부분 산아제한을 찬성하지만, 길정희는 꾸준히 산아제한의 반대입장을 취한다.

길정희의 계몽의식은 여성 지식인으로서 여성의 본분에 관한 것과 여의사로서 의료관련 지식으로 나타난다. 여의사로서 전하는 의료지식은 다른 여의사들과 크게 다른 점이 나타나지 않지만 여성 지식인으로서는 다른 여의사들보다 보수적인 입장을 취했다. 이때 길정희의 차별점을 확인할 수 있다. 길정희는 신여성에 대한 사회적 시선을 의식하며 일반여성의 모범이 되고자 하는 생각이 강했다. 그러나 신여성이라고 해서 다른 여성지식인들처럼 봉건적인 가족제도와 결혼제도에 대한 비판과 도전을 통해 사회 전반에 걸친 개조와 개혁을 달성함으로써, 자유연애와 여성해방을 부르짖지 않았다. 길정희의 계몽의식은 근대 여성으로서의 자유의식과 시대적으로 강요받는 현모양처론의 갈등이 그대로 나타난다. 길정희는 그러한 의식의 갈등 속에서 비판과 수용을 거듭하며 본인의 의식을 구축하고 전달하였다.

마치며

한국 여성 의학교육의 선구자로 불리는 길정희는 조부의 영향으로 신학문을 배우고, 도쿄여의전으로 유학을 떠나 여의사의 길로 나아갔다. 그는 유학시절 의사가 되기 위한 공부뿐만 아니라 3.1운동에 참여하고, 로제타 홀과의 인연이 닿아 여성 의학교육에 대한 제의를 받았다. 졸업 후 조선총독부의원과 도쿄제대의과대학과 도쿄제생원에서 실습 경험을 쌓았다. 길정희는 여의사로서의 소명의식을 갖고 전문성을 높이고 많은 경험을 쌓고자 하였다.

완전히 귀국을 하고 나서는 동대문부인병원에서 산부인과, 소아과를 맡으며 의료활동을 이어나갔다. 그리고 당시 병원장이었던 로제타 홀과 여성 의학교육의 구체적인 방안을 함께 고민하고 나누었다. 이로써 만들어진 것이 국내 여성 의학교육기관의 효시, 조선여자의학강습소이다. 길정희는 강습소 부소장으로서 운영하며 산부인과학 강사로서 학생들을 가르쳤다. 소장 로제타 홀이 은퇴하면서 강습소의 운영은 길정희와 남편 김탁원에게 맡겨졌다. 운영자금의 문제, 명칭 변경의 요구 등 어려움이 닥쳤지만 그녀는 포기하지 않고 강습소 운영을 이어갔다. 부속병원을 운영하며 학생들의 실습기관도 마련하였다. 강습소의 한계를 극복하고자 의학전문학교로의 승격을 도모하였으나 결국 설립 인가에서는 배제되었다. 하지만 조선여자의학강습소에서부터 시작한 여성 의학교육을 위한 길정희의 노력은 경성여자의학전문학교라는 결실을 맺었다. 경성여자의학전문학교는 해방 이후 서울여자의과대학, 수도의과대학, 우석대학을 거쳐 오늘의 고려대학교 의과대학으로 성장한다. 1980년 고려대학교 의과대학에서 길정희의 업적을 기려 기초의학과 임상연구자를 대상으로 '길정희 장학금'을 제정하였다.[121]

길정희는 여의사로서 활동했을 뿐만 아니라 지식인으로서 사회운동, 계몽활동에 참여하였다. 특히 길정희는 사회운동과 계몽활동에서 일관적인 모습으로 그의 행보를 이어왔다. 길정희는 전면에 나서서 뚜렷한 모습을 보이지 않더라도 독립운동은 물론 출신학교를 기반으로 하는 운동에 꾸준히 참여하였다. 가장 두드러진 활동이었던 여성 의학교육기관 설립 이후 해방 때까지 의료활동에 집중하여 사회적으로 언급되는 경우가 줄어들지만 길정희는 당시 여성담론에 대해 계속해서 자신의 주장을 세우고 전하고자 하였다. 그리고 해방 이후 조선여자국민당과 서울 보건부인회 활동을 한 다른 여의사에 비해서 길정희의 활동이 미미해 보일 수 있다. 그러나 그녀는 변함없는 자신의 의식을 바탕으로 지속적인 활동을 해방 이후까지 이어갔다.

이처럼 길정희의 생애 전반을 다룸으로써 초기 여의사의 삶을 고찰하고, 특히 그동안 주목받지 못했던 다른 행보까지 살필 수 있었다. 유년시절부터 조부와 동교 출신의 인물, 시대적 상황 등 주변의 영향을 받으면서도 본인의 신념을 구축하였다. 당시 식민지기 여성지식인으로서 활동이 다른 인물들과 비교했을 때 일반적이고 미미하지만, 극소수의 여성지식인의 모습을 확인하기에 길정희의 활동 역시 가치가 있다. 단편적으로 주목되었던 길정희의 활동에 보다 구체적인 면모를 밝힘과 더불어 더 나아가 앞으로 한국의학사에서 여성 의사들의 삶이 연구주제로 다루어지고, 여의사의 생애와 활동에 더 주목할 수 있기를 바란다.

미주

1 1886년 최초의 의학교육기관이었던 제중원 학당의 개교 이래, 1899년 관립의학교가 설립되었고(식민지 시기 조선총독부의원 부속의학강습소), 1915년 전문학교령이 반포된 뒤에는 경성의학전문학교(1916), 세브란스연합의학전문학교(1917), 대구의학전문학교(1933), 평양의학전문학교(1933) 등이 연이어 설립되는 등 의학교육기관이 크게 증가되었다. 그리고 1926년 경성제국대학 의학부의 설치로 최고의 고등의학교육기관까지 갖추게 되었다. 백옥경, 「식민지시기 조선여학생의 東京女子醫學專門學校 유학과 귀국후 활동」, 『梨花史學研究』 66, 이화여자대학교 이화사학연구소, 2023, 4쪽.

2 백옥경, 앞의 논문, 4쪽.

3 김성은, 「로제타 홀의 조선 여의사 양성」, 『한국기독교와 역사』 27, 한국기독교역사연구소, 2007, 8쪽.

4 김성은, 앞의 논문, 8-11쪽.

5 예를 들어 1909년에 『대한흥학보』에 발표된 창해자(滄海子) 이상설이 쓴 "女學生에게 醫學研究를 勸告"이라는 글로부터 '우리 대한(大韓)의 일천만 동포를 대표'하여 여학생이 '의학을 연구하는 것이 혁신의 시대에 중요한 일'이라 하면서, 왜 그런지, 또 그렇게 함으로써 학생이얻는 장점이 무엇인지 설파했다. 창해자, 「女學生에게 醫學研究를 勸告」, 『대한흥학보』 6, 1909, pp.22-25. 특히 내외법의 폐해를 강조하며 창해자는 내외법을 깨버리는 것이 한가지고, 여학생이 서양의학을 공부해 여자 환자를 진료하는 것이 다른 한가지 방법이라고 했다. 그는 내외법 타파가 하루아침에 가능한 게 아니기 때문에 여의사 배출이 더 낫다는 견해를 제시했다. 신동원, 「일제강점기 여의사 허영숙의 삶과 의학」, 『의사학』 21, 2012, 28-30쪽.

6 도쿄여의전은 1925년 제국여자의학약학전문학교가 창설되기까지 일본 유일의 최고 수준의 여의양성 고등교육기관이었으며, 일찍부터 중국, 조선, 대만 등지의 학생들이 다수 입학하였다. 1936년까지 도쿄여의전 졸업생, 재학생들의 국적별 분포는 대만, 조선, 중국, 만주국 등의 순서로 나타난다. 대만 유학생 99명,

조선 58명, 중국 54명, 만주국 52명이었다. 백옥경, 앞의 논문, 12쪽.

7 「의학교를 졸업한 세 여사」, 『매일신보』, 1918. 3. 27., 「최초의 女醫 3명, 경성의학전문학교의 제2회 졸업식」, 『매일신보』, 1918. 3. 27.

8 김성은, 앞의 논문, 28쪽.

9 본명 김점동(金點童), 1876년 서울 태생으로 로제타 홀의 언청이 수술을 보고 의사가 될 결심을 하여 이후 닥터 홀의 권유로 박유산과 결혼하여 남편 성을 따라 박에스더가 되었다. 박에스더는 1886년 볼티모어 여자의과대학에 입학하고 4년 후 우등으로 졸업하면서 한국 최초의 여의사가 되었다. 한국여자의사회, 『한국여자의사회50년사 1956-2005』, 한국여자의사회, 2005, 22-24쪽.

10 고다음으로는 의학출신이 한 사오인 되는데 東京女子醫學專門學校을 맛친 허영숙, 현덕신, 이덕요, 유영준 사씨와 동경제대 연구실에서 일년 계시다가 온 길정희씨가 한패…. 「米國, 中國, 日本에 다녀온 女流人物評判記, 해외에서 무엇을 배웟스며 도라와서는 무엇을 하는가?」, 『別乾坤』 4, 1927.02.01.

11 김탁원은 1898년 대구 태생으로 경성의학전문학교에 입학하였다. 그가 졸업반 때 기미 독립운동이 일어나 적극 참여하였으며, 이로 인해 1년 6개월 옥고를 치루고, 1921년 졸업한다. 그는 졸업 후 동경의 국립정신병원에서 1년 근무하였고, 중국 북경의 협화병원 등에서도 근무하였다. 김탁원은 우리나라 최초의 정신과 의사로 1927년 '에메친 중독사건'을 밝혀내고, 한성의사회에 회장으로 당선되어 활약하기도 했다. 또한 신간회 간부로 활동하였으며 민족주의적 태도로 독립운동에 적극 나서기도 하였다. 김상덕, 이현정, 『자료로 살펴 본 여자의학강습소 :한국 여자의학교육기관의 효시』, 한림원, 2003, 185쪽.

12 기창덕, 「한국최초의 여의사 김점동(1876-1910)」, 『대한치과의사협회지』 31, 대한치과의사협회, 1993, 「의학계의 해외 유학생」, 『의사학』 3(2), 1994; 김성은, 앞의 논문, 2007; 신동원, 앞의 논문, 2012, 최은경, 앞의 논문, 2016; 정준호, 「소외된 여성과 아동을 위해 헌신한 한국 최초의 여성 의사 김점동(박에스더)」, 『대한의사협회지』 63, 대한의사협회, 2020; 이동순, 「여성운동가 현덕신 연구」, 『문화와 융합』 42, 한국문화융합학회, 2020; 공혜정, 앞의 논문, 2021; 「'버려진 돌'에서 '모퉁이 돌'로-한국의 박에스더(金點童, 1877-1910)와 중국의 캉청(康成, 1873-1930) 비교-」, 『이화사학연구』 62, 이화여자대학교 이화사학연구소, 2021; 이영아, 「최초의 '국내파' 여성 의사 안수경(安壽敬), 김영흥(金英興), 김해지(金海志) 연구」, 『醫史學』 30, 대한의사학회, 2021; 한금순, 「강평

국의 일본에서의 민족운동」, 『濟州島硏究』 58, 제주학회, 2022; 이희재, 「유영준(劉英俊)의 생애와 활동: 신여성 의사에서 좌익 여성운동 지도자까지」, 『한국문화연구』 42, 이화여자대학교 한국문화연구원, 2022; 백옥경, 앞의 논문, 2023 등의 논문이 있다. 도서로는 『한국여자의사회50년사 1956-2005』, 한국여자의사회, 2005; 박선미, 『근대 여성 제국을 거쳐 조선으로 회유하다』, 창비, 2007; 김경일·이상경·김성은, 『한국 근대 여성 63인의 초상』, 한국학중앙연구원출판부, 2015 등이 있다. 연구보고서로 주양자·남경애·류창욱·김신명숙·홍예원, 「우리나라 근·현대여성사에서 여의사의 활동과 사회적 위상」, 대한의사협회 의료정책연구소, 2012.

13 주양자 외, 앞의 논문, 4쪽.

14 「국내 여의사 비율 증가, 한의사>의사>치과의사」, 『데일리메디』, 2021. 1. 22. https://www.dailymedi.com/news/news_view.php?wr_id=865490.

15 이희재, 「유영준(劉英俊)의 생애와 활동: 신여성 의사에서 좌익 여성운동 지도자까지」, 『한국문화연구』 42, 이화여자대학교 한국문화연구원, 2022, 314-315쪽.

16 길정희는 드물게 본업에 충실한 의사였을 뿐 아니라 거시적인 안목을 가지고 한국 여성의 의학교육을 위해 헌신했던 의학계의 선구자였다. 김경일,이상경, 김성은, 『한국 근대 여성 63인의 초상』, 한국학중앙연구원출판부, 2015, 47쪽.

17 최은경, 「일제강점기 조선 여자 의사들의 활동: 도쿄여자의학전문학교 졸업 4인을 중심으로」, 『코키토』 80, 부산대학교 인문학연구소, 2016.

18 최은경, 앞의 논문, 313쪽.

19 공혜정, 「한국 최초의 여성 의학전문교육기관 탄생의 산파 역할을 한 산부인과 의사, 길정희」, 『대한의사협회지』 64, 대한의사협회, 2021.

20 길정희, 『나의 自敍傳:한국여자의학교육 회고』, 삼호출판사, 1981.

21 나의 조부님은 무관으로 정3품의 지위에 있었으며, 한일합방 후에는 경무관이란 직책을 맡으셨다. 나의 아버님은 신체가 허약하셔서 주사 벼슬을 지내시다 28세에 폐병으로 조세하시어, 나의 형제 2남매는 조부님의 슬하에서 자랐다. 길정희, 앞의 책, 9쪽.

22 나의 언니는 일찍 출가하여 신교육을 받지 못했다. 남동생은 해외로 돌아다니다가 요절하였다. 조부님은 오로지 나에게 희망을 걸으시고 앞으로는 여자도 신학문을 배워야 한다며 양정소학교에 입학시키셨다. 나는 소학교를 마친 뒤

여학교에 입학하게 되었는데 그 중 상류가정의 처녀들이 많아 '양반학교'라고 불리우던 진명여학교에 입학하게 되었다. 길정희, 앞의 책, 10-11쪽.

23 그때 東京女子醫學專門學校에는 이미 韓國 學生이 몇사람 在學중인 것을 아시고 나도 그 學校에 들어가 女醫師가 되라는 祖父님의 命令이었다. 길정희, 앞의 책, 12쪽.

24 길정희, 앞의 책, 12-13쪽.

25 길정희, 앞의 책, 13쪽.

26 주진오, 김선주, 권순형, 이순구, 박정애, 김은경, 『한국 여성사 깊이 읽기』, 푸른역사, 2013, 249쪽.

27 제중원이나 관립의학교 설립 당시에도 여성들의 입학은 전제되지 않았으며, 관립의학교에서 의학을 배우고자 하였던 한 여성의 시도는 남녀동학 불가 방침에 의해 불허되었던 형편이었다. 이후로도 각 의학교육기관에서는 여성들의 입학을 '공식적'으로 허용하지 않았으며, 그것은 경성제국대학 의학부에 이르기까지 유지되었다. 백옥경, 앞의 논문, 4-5쪽.

28 최은경, 앞의 논문, 293쪽.

29 길정희, 앞의 책, 16쪽, 길씨는 아직 재학 중이고, 나는 졸업하고 귀국할 때 길씨 떨어지는 것이 씩시 섭섭하며 긔차박휘가 구를 때마다 마음이 안조튼태요. 허영숙, 「女流名士의 同性戀愛記」, 『別乾坤』 34, 1930. 11. 1.

30 허영숙은 1911년 진명학교 중등과를 거쳐 1914년에 경성여자고등보통학교를 졸업하였다. 1914년 도쿄(東京)여자의학전문학교에 입학 1918년 7월 도쿄여자의학전문학교를 졸업한 후 같은 해 10월 조선총독부에서 시행한 의사검정시험에 합격하였다. 의사 자격을 얻은 후에는 조선총독부의원에서 임상 수련을 1년간 거치면서 산부인과와 소아과를 전문으로 하였고, 함흥에서도 실습을 진행하였다. 한국민족문화대백과사전, 허영숙.

31 김경일, 이상경, 김성은, 『한국 근대 여성 63인의 초상』, 한국학중앙연구원출판부, 2015, 49-50쪽.

32 서울 출신의 본관은 해주(海州). 호는 해산(海山)이다. 1917년에 세브란스의학전문학교에 입학했고 1921년에 졸업하였다. 졸업 후 모교 해부학교실 조교로 있다가 중국 북경협화(北京協和) 의과대학에서 기생충학을 1년간 연구하고, 캐나다 토론토대학(University of Toronto) 병리학교실에서 2년간 연구하였다. 1929년 세브란스의학전문학교 교수로 재직했으며, 1931~1934년 학교 재단이

사를 겸직하였다. 1925년부터 기생충학을, 1931년부터는 병리학을 강의하다가 다시 일본 도호쿠제국대학(東北帝國大學) 법의학교실에서 2년간 연구, 1936년 박사학위를 받고 귀국해 법의학을 강의하였다. 한국민족문화대백과사전, 최동.

33 길정희, 앞의 책, 21쪽.

34 유영준의 도쿄여의전 입학은 로제타 홀의 도움이 있었던 것으로 보인다. Alice R. Appenzeller, Changes at Ewha Haktang : Annual Report of the Korea Woman's Conference of the Methodist Episcopal Church 27, Seoul, Methodist Pub. House 1924~1925, 1925.

35 현덕신이 도쿄여의전에 입학하게 된 계기는 로제타홀의 도움과 조선여성을 위하여 봉사하는 삶을 살고자 한 개인적인 소명의식이다. 이동순, 「여성운동가 현덕신 연구」, 『문화와 융합』 42, 한국문화융합학회, 2020, 4쪽.

36 최은경, 앞의 논문, 304쪽.

37 길정희, 앞의 책, 18쪽, 「동경의전에 3여사졸업 금번졸업기에」, 『동아일보』, 1923. 11. 24.

38 「漸郎新婦」, 『조선일보』, 1924. 11. 19.; 「新郎新婦」, 『동아일보』, 1924. 11. 19.

39 처음에는 신혼여행을 겸하여 학술을 연구하는 참고로 북경에 동행하려하엿스나 나는 내필요로 북경을 가여야만 되겟으나 신부는 또 자기의 연구를 위하여 동경을 가지 않으면 안된게 되었습니다.… 양인이 합의하여 필판 나는 북경에 신부는 동경으로 서로 길 떠나게 되었답니다. 「결혼내용공개 장차 결혼할 분들을 위하여 여섯가지의 회답(김탁원, 길정희)」, 『매일신보』, 1928. 4. 18.

40 재작년에 동경여자의학전문학교를 졸업하고 총독부의원내과에서 연구하다가 다시 동경에 건너가 동경제국대학의과대학 소아과에서 잇해도안 실습과 연구를 쌓은 여의 길멱석여사는 금번에 경성에 돌아와 동대문부인병원에서 소아과를 담인하고 근무하게 되었다고 합니다. 「길멱석의사부인병원근무」, 『동아일보』, 1926. 9. 8, … 낙원동 한성의원의 길정희씨를 찾았습니다. 씨는 대정십이년에 동경여자의학전문을 마치고 성대내과에서 약 일년간 실제 연구를 하고 다시 동경제국대학 소아과에서 일년, 동경제생원에서 일년, 그다음 조선나와서 동대문 부인병원에 육년간 계시다가 현재 병원을 개업했습니다. 「이런수도 잇다는군요! 애기를나코보니 자궁병이씨슨 듯」, 『조선일보』, 1938. 10. 29.

41 길정희, 앞의 책, 23쪽.

42 金鐸遠氏が精神科病院開業」, 『경성일보』, 1927. 6. 7.

43 정구충, 『한국의학의 개척자』, 동방도서, 1985. 425쪽.

44 갑자기 별일이야 없을 줄 알앗찌만 만약을 염려하는 가운데서 여의 길정희 여사를 촉탁으로 동반하였었습니다. 운동경기를 앞두고 한분이 얼굴이 햇쓱해지며 속이 거북하시다는 바람에 본사사원은 자못 당황했으나 길정희 여사의 친절한 시료를 받자 알마안갔어 곧 화색이 돌고 원기가 회복되어 활발하게 운동경기에 참여하게 되었습니다. 「醫療班」, 『조선중앙일보』, 1936. 5. 19.

45 길정희, 「갈팔질팡하는 자들」, 『別乾坤』 14, 1927. 6. 1.

46 「태화건강후원회의 현상아동건강진단」, 『조선일보』, 1927. 6. 1.

47 「少年少女에게 無料診察 ◇貫鐵洞漢城醫院에서」, 『동아일보』, 1928. 12. 8.

48 「朝鮮民族의 恩人 『홀』 夫人의 華宴」, 『동아일보』, 1926. 10. 24.

49 Rosetta Sherwood Hall, "The Women's Medical Training Institute", Korea Mission Field 24(9), 1928.

50 「조선최초여의사 작일창립대회개최」, 『동아일보』, 1928. 5. 20.

51 「初期事業으로 九月부터 講習會」, 『동아일보』, 1928. 5. 21.

52 최은경, 앞의 논문, 306쪽.

53 「女子醫學講習의 첫 번 수업식」, 『동아일보』, 1929. 3. 19.

54 김진혁, 「여성 의학교육기관의 설립과 운영(1928-1945)」, 『동아시아 역사속의 여성 의학교육』, 고려대학교 여성 의학사연구소, 2023, 22-23쪽.

55 김상덕 · 이현정, 『자료로 살펴 본 여자의학강습소 :한국 여자의학교육기관의 효시』, 한림원, 2003, 155쪽.

56 김성은, 앞의 논문, 37쪽.

57 Rosetta Sherwood Hall, M.D., "Woman's Medical Institute," AR, 1931.

58 「新經營主를 마지한 女子醫學講習所 김택원씨부처가 인수이전코 內容擴充에 努力中」, 『매일신보』, 1933. 8. 9., 「金鐸遠氏(금탁원씨)가 女子醫講引繼(여자의강인계)」, 『동아일보』, 1933. 8. 9., 「女子醫講刷新」, 『조선일보』, 1933. 8. 10.; 「『홀』부인송별회」, 『조선일보』, 1933. 9. 30.

59 길정희, 앞의 책, 28-29쪽.

60 소화 8년 7월 루이스교사를 경성부 관철동14번지로 이전하고 소명을 경성여자의학강습소로 변경하였다. 京城女子醫學講習所, 『校友會誌』, 創刊號, 京城女子醫學講習所, 1934, 2쪽.

61 백운기 · 김상덕, 「경성여자의학전문학교 창립의 주체였던 김탁원,길정희부부

는 왜 실제 설립 과정에서 제외되었는가?」, 『연세의사학』 13(1), 연세대학교 의과대학 의사학과 의학사연구소, 2010, 42쪽.

62 이외 의료진으로 내과, 소아과 민영진, 외과, 피부과 조한성, 박건원, 산부인과 김달환, 안과 조병영, 이비인후과 윤희식, 심상천, 검사부 이인규, 간호부장 박자혜가 있었다. 「女子醫講에도 附屬醫院開設」, 『동아일보』, 1933. 8. 30.

63 「女子醫學講習所主催 第二回 通俗醫學講習會」, 『동아일보』, 1933. 12. 6.

64 Zolla Payne, "Medical educational work for women," FIFTY YEARS OF LIGHT, 1938, p.101.

65 「新女醫두名合格」, 『동아일보』, 1933. 11. 16.

66 「市內各界의有志會合 女醫專創立을討議」, 『동아일보』, 1934. 4. 5.

67 발기준비위원 72인의 특징은 첫째, 1920년대 민립대학설립운동의 발기인들이 다수였으며, 1928년 여의전 기성회 위원에 비해 교육·언론·문화계 인물들의 숫자가 크게 늘어났다. 셋째, 의료계 비중은 전체에 대비 적은 편이었으나, 그 중 여의사 5명(길정희, 한소제, 유영준, 안수경, 정자영)이 명단에 이름을 올렸다. 그간 길정희, 정자영 외 다른 여의사들은 여의전 설립과정에 참여하는 뚜렷한 모습을 찾을 수 없었으나 1934년 여의전 발기인으로 동참하였다. 김진혁, 앞의 논문, 26쪽.

68 順天大學校 地城開發硏究所, 『자료로 본 友石 金種翊』, 正文社, 1994, 53-57쪽.

69 「京城女子醫專認可」, 『조선일보』, 1938. 4. 11.; 「昨日女醫專開校」, 『동아일보』, 1938. 5. 3.

70 백운기·김상덕, 앞의 논문, 46쪽.

71 길정희, 앞의 책, 36-37쪽.

72 「여자의전으로 승격할 여자의학강습소」, 『동아일보』, 1938. 1. 4.

73 공혜정, 앞의 논문, 718쪽.

74 京城女子醫學講習所, 『校友會誌』, 創刊號, 京城女子醫學講習所, 1934, 84쪽.

75 퇴직강사 중에는 의료선교에 관계한 이들과 로제타 홀의 직접적인 영향을 받았던 황애시덕, 정자영이 퇴직강사로 이름을 올렸다. 김진혁, 앞의 논문, 23쪽.

76 길정희, 앞의 책, 38쪽.

77 개업 초 횡태위(transverse presentation)로 생사의 갈림길을 넘 나들던 산모를 살린 후 길정희는 여성 의사도 남성 의사만큼 유능하다는 입소문이 날 정도로 실력을 인정받았다. 공혜정, 앞의 논문, 719쪽.

78 길정희, 앞의 책, 40쪽.

79 최은경, 앞의 논문, 294쪽.

80 길정희, 앞의 책, 17쪽.

81 동경에 유학하고 있던 여학생 김정화(金貞和)·나혜석(羅蕙錫) 등이 동경의 여학생간의 친목과 지식의 계발 및 국내여성들을 계몽, 강화시키기 위한 목적으로 1915년 4월에 조직하였다. 처음에는 동경 조선유학생회 간부인 전영택(田榮澤)·이광수(李光洙)를 고문으로 추대하여 남자유학생들과의 유대를 강화하였으나, 1918년 9월 고문제도를 폐지하고 독자적으로 활동하였다. 중요활동으로는 여성들의 의식을 진작시키기 위하여 잡지 『여자계(女子界)』를 간행하였다. 또, 1년 3회의 정기총회 및 임시총회에서 임원개선과 사업방향을 논의하고, 시사에 관한 각종 사항과 여성들의 의식을 높이는 논의를 하였다. 사업활동을 위한 기금을 모금하였고, 2·8독립선언 당시에는 이를 지원하여 총 125원의 기부금을 내고 참여하였다. 1919년 10월 23일 동경 조선기독교청년회관에서 25명의 회원이 행한 임원개선에서 회장에 손정규(孫貞奎), 총무에 유영준(劉英俊), 서기에 황신덕(黃信德)·현덕신(玄德信), 회계에 성의경(成義敬) 등이 선출되었다. 한국민족문화대백과사전, 조선여자유학생친목회.

82 숭의여자중학교 동창회 잡지부의 『여자계』 창간 경위는 확인되지 않는다. 창간호 이후 잡지인가권을 동경여자유학생친목회에 양도한 것은 잡지의 영향력 확대를 기대한 것으로 보인다. 한국민족문화대백과사전, 여자계.

83 1917년 동경에서 유학 중인 조선인 여학생들이 한국의 여성들을 계몽하기 위하여 발행한 회보. 여성잡지·기관지. 도쿄에서 유학하고 있던 여학생들이 조선여자계를 깨워 여성의 자각과 사회개량을 도모하고자 하였다. 잡지 편집 및 발간은 동경여자유학생친목회의 회원들이 학업과 병행하면서 발간하였으므로 편집 겸 발행인의 교체가 많았다. 결국 재정적인 어려움을 극복하지 못하고 제7호를 끝으로 종간되었다. 한국민족문화대백과사전, 여자계.

84 최은경, 앞의 논문, 295-296쪽.

85 「재경동경출신 여성간친회 오는 십삼일 다수참석을 바란다고」, 『中外日報』, 1927. 2. 12.

86 「동경녀자졸업생친목회」, 『동아일보』, 1927. 2. 15.

87 근우회는 1927년에 조직되었던 독립운동 및 여성운동 단체이다. 여성의 공고한 단결과 지위향상을 강령으로 삼았고 운동 목표로는 봉건적 굴레에서 벗어

나는 여성 자신의 해방과 일제침략으로부터의 해방이라는 양대 방향이 제시되었다. 1930년에는 전국에 60여 개의 지회를 설치하고 일본·만주 등 해외에 지부를 두는 등 활발하게 여성운동을 전개했다. 그러나 내부의 분열과 자금난 등으로 정식 해산 발표도 없이 1931년 이후 해체되었다. 한국민족문화대백과사전, 근우회.

88 장원아, 「근우회와 조선여성해방통일전선」, 『역사문제연구』 42, 역사문제연구소, 2019, 398쪽.

89 「外國女子留學生을 網羅한親睦會」, 『조선일보』, 1927. 4. 14., 「朝鮮女子解放을 目標한 單一團」, 『中外日報』, 1927. 4. 27.

90 「근우회발긔회 조선녀셩의젼국뎍긔관으로」, 『동아일보』, 1927. 4. 27.

91 「근우회발기총회」, 『동아일보』, 1927.4.27. 근우회 발기인으로 참여한 여성 의사는 단일직종 중 교사 다음으로 많았으며 모두 도쿄여의전 출신들이었다. 주양자 외, 앞의 논문, 59쪽.

92 「숙명, 진명, 양정, 졸업생단결 양명회 조직」, 『中外日報』, 1927. 6. 30.

93 「淑明女高普生 總同盟休校斷行」, 『조선일보』, 1927. 5. 27.

94 강혜경, 「숙명여고보 맹휴사건으로 본 식민지 여성교육」, 『한국독립운동사연구』, 독립기념관 한국독립운동연구소, 2010, 279쪽.

95 총독부특에서 학생의 요구를 학교가 전면적으로 수용하는 사례가 발생하면 다른 학교로 파급될 것을 우려하여 강경대응을 주문하였던 것이다. 강혜경, 앞의 논문, 285쪽.

96 이때 참석한 각 학교 위원들은 다음과 같다. 오춘자, 김주옥, 남수희, 이상숙 이상 숙명여고보, 정자영, 서달순, 길정희, 이상 진명여고보, 이성용, 정수일, 조한벽, 홍의수, 백홍균, 이영구, 이강익, 임정호, 서범석, 이상 양정여고보. 「姊妹校卒業生養明會를組織」, 『조선일보』, 1927. 6. 29.

97 「박두한 학기시험과 빈발하는 동맹휴학 양명회발기회 준비위원선정」, 『매일신보』, 1927. 7. 3.

98 「學校內部의 廓淸을圖謀」, 『동아일보』, 1927. 6. 29.

99 강혜경, 앞의 논문, 298쪽.

100 8·15광복 후 신한국건설과 남녀평등권을 표방하고 발족하여, 1960년까지 존속하였다. 1945년 8월 17일 임영신(任永信)·이은혜(異恩惠)·김선(金善) 등과 각 도의 대표 1명씩이 모여 창당발기인대회를 열고 다음날 서울 안국동에서 강

령·정강정책을 결정하였다. 창립 당시 조선여자국민당이었으나, 정부 수립으로 국호가 대한민국으로 확정되자, 대한여자국민당으로 개칭하였다. 창당동기는 여운형 중심의 건국준비위원회의 독주에 대한 반대, 미국유학시절부터 친분이 깊었던 이승만에 대한 지지 및 신여성들의 정치참여에서 비롯되었다. 즉, 정치·경제·사회·외교·국방·문교·교통 등 여러 분야에서의 여성운동을 기초로, 민주적 방식에 의해서 새로운 사회건설을 실천하고자 하였다. 한국민족문화대백과사전, 대한여자국민당.

101 「조선여자국민당 결성」, 『매일신보』, 1945. 9. 14.

102 「서울보건부인회 결성」, 『경향신문』, 1947. 5. 28.

103 「여름衛生은파리撲滅로 卄一日부터全市에파리全滅運動」, 『경향신문』, 1947. 7. 20.

104 「保健婦人會主催 五輪選手歡迎會」, 『경향신문』, 1948. 6. 20.

105 「보건부인회 각부서등을 결정」, 『한성일보』, 1947. 6. 7.

106 주진오 외 5, 앞의 책, 252쪽.

107 주진오 외 5, 앞의 책, 252-255쪽.

108 백옥경, 앞의 논문, 37-38쪽.

109 「女子로서 한 살 더 먹는 感想」, 『別乾坤』 3, 1927. 1. 1.

110 「신여성의 가정생활, 이것이 불평이라면 남자들의 허탄한 것, 위생관념 업는 남자가 데일 미웁다」, 『동아일보』, 1929. 4. 20.

111 「사변 후 긴축덕으로 매삭 십원을 저축 무엇보다 결심 제일」, 『매일신보』, 1938. 1. 4.

112 김용범, 「일제강점기 여성지에 나타난 생활개선 담론의 경향 고찰-주생활 및 부엌개량의 내용을 중심으로」, 『한국주거학회 논문집』 22(4). 한국주거학회, 2011, 43쪽.

113 주진오 외 5, 앞의 책, 261쪽.

114 김용범, 앞의 논문, 34쪽.

115 「애기를 나코보니 자궁병이 씨슨 듯」, 『조선일보』, 1938. 10. 29.

116 백옥경, 앞의 논문, 40쪽.

117 「가정, 여름철에 더욱 필요한 가정상비약, 어떤 약을 사둘까?」, 『조선중앙일보』, 1934. 5. 29.

118 「가정부인 성교육가부문제 비판급대책기삼」, 『중외일보』, 1927. 1. 11.

119 길정희, 「시기상조, 돌이어 폐단이 생기지 않을까」, 「가정부인 성교육가부문제 비판급대책기삼」, 『중외일보』, 1927. 1. 11.

120 「圓卓會議【第三分科】女性問題」, 『조선일보』, 1930. 1. 1.

121 고려대학교 의료원, http://donation.kumc.or.kr/m/sub/sub11.php.

제2부

일본·중국의 여성 의학교육

제5장

메이지 시대, 여의사의 등장과 여성 의학교육의 시작

유지아

시작하며

일본에서 자유개업의 제도와 그 훈련제도는 가마쿠라 시대에 출발하여, 이미 에도 시대에는 확립되어 있었다. 그러나 서구와 같이 길드를 결성하는 등 조직적인 체계로 운영하지는 않았기 때문에 도제(徒弟)적인 형태의 양성과정을 거쳐 의사가 되는 자는 소수에 지나지 않았다.[1] 따라서 의사가 되고자 하는 사람은 지명도가 있는 의사의 문하생으로 들어가 『상한론(傷寒論)』 등을 배우면서 스승님의 진료보조, 제조 등의 일을 담당하다가 개업을 허가받았다.[2] 이처럼 의사라는 직업에는 번(藩)에 따라 다소의 차이는 있었지만, 개업을 하기 위한 별도의 자격을 요하지는 않았고, 신분상으로도 승려와 마찬가지로 신분제의 테두리 밖에 있었다. 즉, 근대 이전의 의사는 사회계층으로 정형화되어 있지 않았으며, 그 지위 또한 반드시 높다고는 할 수 없었다.

그러나 메이지유신 이후 일본에서는 서양의학을 익힌 의사를 서둘러

양성해야 했다. 그 이유는, 중앙에서는 부국강병책으로 인한 군대의 비약적인 확대와 대외전쟁으로 인해 군의관의 양성이 필요했고, 각 지역에서는 당시 자주 유행했던 콜레라와 이질 등의 전염병 대책을 추진해 나가기 위해 공중보건 지식을 가진 서양의가 불가결했기 때문이다. 그러나 1874년 의제가 공포되는 시점에서 문부성 직할 의학교는 도쿄대학 의학부의 전신인 도쿄의학교가 전부였다.[3] 이에 관공립 의학교를 졸업한 자에게 의사자격을 주었으나 이것으로도 충족되지 않자, 내무성이 실시하는 의술개업시험에 합격하면 의사가 될 수 있는 제도를 만들었다.[4] 이 제도는 정식 교육을 받기 어려웠던 평민층에게 신분상승의 기회였기 때문에 수험자는 매해 급증했다.

이처럼 메이지 초기부터 의사개업자격을 취득하는 제도가 형성되었지만, 여성에게는 적용되지 않았다. 당시 여성에게 인정되었던 전문교육은 교원 등을 양성하기 위한 교육에 한정된 직업뿐이었으며, 그중에서도 여의사의 필요성은 인정되지 않았기 때문이다. 그럼에도 일본 여성들은 끊임없이 의사가 되기 위해 도전하였고, 결국, 의사개업시험에 합격하여 의적등록을 한 여성은 메이지기에 239명이나 되었다.[5]

일본의 의료제도에 대한 통사로는 사카이 시즈(酒井シヅ)가 저술한 『일본의 의료사』[6]가 기본적인 문헌인데, 사카이 또한 『도쿄여자의과대학 80년사』[7]를 편집하여 일본에서 여성의 의술개업시험 응시과정과 개업자격 취득 및 상황에 대해 상세한 기술을 하고 있다. 또, 일본 여의사의 개척자라 할 수 있는 오기노 긴코(荻野吟子)나 요시오카 야요이(吉岡彌生)에 대해서는, 많은 전기가 있고 인물전으로도 다수의 책이 있다. 그 가운데 도쿄여자의과대학 창설자인 요시오카 야요이의 교육자로서의 측면

을 논한 와타나베 요코(渡邊洋子)의 저서[8]는 요시오카가 여의사의 육성을 위해 노력한 업적에 대해 논하고 있다. 이러한 논저들은 일본 여의사가 탄생하게 된 과정과 그 과정에서 활약한 인물들에 대해 주로 논하고 있다. 그리고 한국 의료사학계에서도 근대 일본의 의제 형성과 서양 의사의 형성뿐만 아니라 도쿄여자의학전문학교를 중심으로 여성 의학교육기관에 대한 연구가 진행되었다.[9]

이 글에서는 이러한 연구를 바탕으로 일본 근대 의학제도에서 여의사의 탄생과 교육기관의 형성과정에서 나타난 특징을 중심으로 살펴보고자 한다. 일본 근대 의학교육은 이후 식민지기 한국 의학교육제도 도입의 선행모델이 되었기 때문에, 한국 의학교육을 이해하는데 선행되어야 할 중요한 배경이라 할 수 있다. 특히 유교 문화를 배경으로 하는 동북아시아에서 여의사 양성의 방식이 어떤 경로를 통해 이뤄졌으며, 그 공통점과 차이점이 무엇인지를 이해하기 위해서는 우선 일본의 여의사 형성과 교육과정을 살펴보아야 할 것이다.

또한 일본에서 한방의가 서양의를 대신하면서 의사의 급진적인 양성을 위해 도입한 '의술개업시험'이라는 방식에 주목하여, 이 시험에 여성이 응시할 수 있게 된 과정을 살펴볼 것이다. 근대 아시아에서 여의사들의 탄생 배경에 서양 선교사의 역할이 부각되는 반면, 일본에서는 여성들이 자신들의 의지로 남성들에게만 허용되었던 의사자격면허를 취득하면서 전문직으로 나아갔다. 그리고 이후에도 여의사 양성을 위해 선구적인 여성들의 역할 또한 크다고 할 수 있다. 따라서 일본 여성들의 의사가 되기 위한 열망과 노력을 분석하고 그 과정에서 형성된 여의사 양성 교육기관에 대해 고찰하고자 한다.

메이지 초기 의술개업시험의 제정과 의학교육

메이지유신 이후 신정부는 근대 국가의 국민 위생상 필수적인 정책 과제를 의사의 자질 향상으로 삼았다. 즉, 어떠한 규제도 없고 신분상으로도 매우 낮은 '구의(舊醫) = 한방의' 체제에서 국가가 정한 규제하에 근대적인 의사제도(新醫)를 확립하는 것이다. 이에 메이지 정부는 1879년 12월에 「의사시험을 보고 면허를 위한 학술연구를 해야한다는 훈시(医師考試ノ上免許ニ付学術研究スベキ告諭)」를 발표하여, "이제까지 의업에 대한 어떠한 제도도 없이, 게다가 …… 소위 '무학무술(無學無術)'한 의사를 배출했던 것을 향후에 시험을 치르게 하여 의사 자격을 부여해야 한다"고 정했다.[10]

사실 메이지 정부는 이미 1874년에 의사위생제도를 정한 법령으로 「의제」를 공포하고, 제37조에 국가시험에 의한 의사개업허가제를 채택하였다. 「의제」는 정부의 근대의료체제의 기본 방침이라 할 수 있는 의학교육·의사제도·약포 영업 등을 정한 76조로 구성되어 있었으며, 도쿄·교토·오사카 3부(府)에 통지하였다. 특히, 제37조에 원칙적으로 '의사는 의학졸업증서 및 내과·안과·산과 등 전문과목 2년 이상의 실험증서를 소지한 자를 검사하여 면장을 주고 개업을 허락한다'고 명시하고 있다. 또, '(의제발행 후 대체로 10년 사이에) 개업을 청한 자는 아래의 시험을 거쳐 면장을 수여해야 한다'고 밝히고, 해부학대의·생리학대의 등 6종의 양방 시험과목을 정하고 있다. 이처럼 의제에서 의사는 의학교육과정을 이수하고 임상 경험을 조건으로 하였고, 종래 개업한 자에게는 실적을 고려해서 임시면허장을 교부하였으며, 또 시험을 통해 개업면허를 부여하기도 했다. 이는 의사에게 서양 근대 의학에 근거한 전문성을 요구하면서, 개업에 의한 영리 추구를 인정하는 이중의 성격을 가진 것이었다. 따라서 「의제」의 공포는 서양의학을 묻는 시험제도를 도입하여 의사의 자질 향상과 자격의 통일이라는 과제를 달성하기 위한 것이었다.[11]

의사개업시험은 1875년부터 도쿄, 오사카, 교토 3부에서 실시하였으며, 1876년부터는 내무성에서 각 부현에 관내의 의사, 학술의 현황을 감안하여 각 부현에서 실시하도록 통지하였다.[12] 시험과목은 물리, 화학, 해부학, 생리학, 병리학, 약제학, 내과학·외과학의 7과목이었다. 이처럼 의사개업시험은 당초에는 지방의 실상에 맞게 개별적으로 실시하였지만, 1879년 2월에 내무성이 「의사시험규칙(醫師試驗規則)」을 제정하여 전국에서 통일적인 시험을 시행하였다. 그 이유는, 첫째 현에서 시험제도를 관할하다 보니 현마다 시험문제가 달라 난이도의 차이가 발생하여 폐해가 뒤따랐기 때문이다. 둘째는 의사개업시험이 임시 규칙의 형태로 시작되었음에도 수험자가 증가하여 규칙을 정비할 필요가 있었기 때문이다.[13] 따라서 이즈음부터 의사개업시험 수험생을 위한 예비학교적인 의학교가 급격히 증가하였다.[14]

한편, 전국 통일시험의 절차는 내무성에서 밀봉한 문제를 각 부현에 송부하고, 답안지를 다시 내무성에 보내서 채점을 해야 한다는 복잡한 절차 때문에 다시 개정을 해야한다는 의견이 끊이지 않았다. 이에 내무성은 1883년에 의사의 면허 및 신분·업무의 감독에 관한 최초의 독립적인 법률인 「의사면허규칙」을 제정하였다. 그리고 제1조에 '의사는 의술개업시험을 보고 내무경으로부터 개업 면허장을 획득한 자'라고 규정하였다. 이는 1879년 규칙보다 '의사는 시험제도를 거친 자'라는 원칙을 더욱 명확하게 규정한 것이다. 이 규칙에 따라 종래의 「의사시험규칙」을 폐지하고, 같은 해에 시험내용이나 사무절차 등을 골자로 하는 「의술개업시험규칙」이 포달되어 이듬해인 1884년부터 시행되었다. 의술개업시험은 전기(물리학 등 4과목)·후기(외과학 등 학과시험 5과목과 임상실험)의 2단계 방식으로 실시하였다. 이로 인해 시험 내용은 합격할 때까지 전기 3년, 후기 7년이라고 할 만큼 어려워졌지만, 수험자격은 전기·후기 각각 1년 반 이상의 수학 이력이 필요할 뿐 실질적으로는 어떠한 학력이나 연령 제한의 규정은 없었다.[15]

1883년에 개정한 이 두 규칙은 1906년에 「의사법」이 제정되어 의술개업시험을 8년의 유예기간 후 철폐한다는 조항이 규정될 때까지, 20년 이상(실행 기간은 30년 이상) 국가에 의한 의사의 자격시험제도로 존속했다. 그 과정에서 수험자격에 대해 학력 제한이 없었기 때문에 정통적인 의학교육기관을 다닐 수 없는 사람들에게 의사의 길을 열어주어 일본 청년들의 입신출세를 위한 방안이 되기도 했다.[16] 물론 의사라는 직업분야만으로 본다면 당시에 의사직을 희망하는 사족층의 수는 소수에 지나지 않았다. 근대 이전부터 의사의 사회적 지위는 전문직으로서 높게 평가받지 못했기 때문에, 메이지 초기에는 지배층이 참가할 만큼 매력이 있는 직업은 아니었다. 하지만 평민층에게 의술개업시험을 통한 의사자격 획득은 신분상승의 기회였기 때문에 수험자는 매해 급증하고 있었다.

1874년 의제가 공포될 시점에서 문부성 직할 의학교는 도쿄대학 의학부의 전신인 도쿄의학교(이전 大學東校)[17]가 전부였다. 그리고 도쿄대학 의학부가 처음으로 졸업생을 배출한 것은 1879년이었으며, 그 수도 매해 손가락으로 꼽을 정도였다. 따라서 메이지 초기에 서양의의 양적인 생산을 담당한 것은 각지에 설립한 공·사립 병원이나 의학교였다. 일본에서는 이미 폐번치현(廃藩置県) 시점에서 전국 272개의 번 가운데 번교(藩校)에 의학과를 설치한 번이 36개, 번교와는 별개로 의학과를 설치한 번이 26개, 이러한 시설에 의하지 않고 의학교육을 실시한 번이 20개, 의학공부를 위해 다른 나라에 유학을 보내는 제도를 가지고 있던 번이 16개였다. 즉, 어떠한 형태로든 번내에 의사양성제도를 가지고 있었던 번은 98개나 존재했다.[18] 이를 바탕으로 지방 각지에서 교육기관 및 병원이나 의료에 대한 요구를 받아들여 일본어로 교육하는 단기속성 공·사립의학교가 설립되어, 1877년에는 그 수가 40개교에 이르렀다.

이처럼 의학교가 급증한 배경에는 의술개업시험이 있었다. 지역의료에 종사하는 의사를 양성하고 있던 각 지역의 의학교는 먼저 생도들을 이 시험에 합격시키는 것이 가장 큰 주안점이 되어, 현립병원 대부분이 의학교를 병설했기 때문이다. 여기에 정부도 다음과 같은 세 가지 의사양성 코스를 지정하여 서양의의 양적 확대를 도모했다.

첫 번째 코스는 도쿄제국대학 의학부의 본과교육(당초는 예과 3년·본과 5년의 8년이고, 외국인 교사가 직접 교육, 후에 구제 고등학교의 정비에 따라 구제 고등학교 2년 수료자가 제국대학교 의과대학에 입학하여 4년 과정 수료)으로 의사자격시험은 면제되었다. 이 시기의 본과 졸업생은 대부분이 외국인 대신, 대학 교원이나 관·공립 병원의 의학교장·병원장 등의 간부로 취임했다.

두 번째 코스는 도쿄대학 의학부 3년 과정의 별과(외국인 교사가 아닌 본과 졸업생 교육)라는 속성 코스였다. 이 별과는 1888년에 폐지되었지만, 1882년에 제정된 의학교 통칙에 의해 관·공립 의학교에 4년 과정의 갑종과 3년 과정의 을종을 설치하여 갑종 졸업생은 의사자격시험의 면제가 결정되었다. 따라서 이 과정은 관·공립 의학교 갑종으로 존속했다.

세 번째 코스는 관·공립 의학교를 졸업하지 않아도 내무성이 실시하는 의술개업시험에 합격하면 의사가 되는 길이었다. 이 코스로 의사가 되는 사람은 적지 않았으며, 1916년에 이 과정이 폐지될 때까지 의사면허 취득자의 약 40%를 차지하고 있었다.[19]

이러한 제도에 힘입어 공립의학교는 1880년에 30개교에 이르렀다. 앞의 첫 번째 코스처럼 의제 규정에 근거하여 도쿄의학교(1877년부터 도쿄대학 의학부) 졸업생은 무시험으로 의술개업 면허장을 받았다. 그리고 1882년 「태정관포달(太政官布達)」에 의해 일정한 조건을 갖춘 의학교의 졸업생에게는 이 개업시험을 요구하지 않고도 의사의 면허를 부여하였다. 이는 1879년부터 도쿄대학 의학부 학생에게만 수여했던 무시험면허 수여의 특권을 확대한 것이다.[20] 그리고 같은 해 의학교 통칙에 의해 의학교가 갑·을 두 종으로 나뉘었다. 갑종의학교는 도쿄대학 의학부 졸업생 3명 이상의 교사가 필요하다는 조건을 주고, 학생에게는 수업연한을 4년으로 하여 졸업생은 무시험으로 면허장을 받게 하였다. 1885년 당시 갑종의학교는 21개교였다.[21]

그런데, 1887년에 공립 갑종의학교의 존재 기반을 뒤흔드는 주요 제도의 변화가 있었다. 칙령으로 부현립 의학교의 비용을 1888년 이후부터 지방세에서 지불하는 것을 금지했던 것이다. 이에 갑종의학교 가운데 5개 학교(지바, 센다이, 오카야마, 가나자와, 나가사키)는 관립으로 이관되

표 1 **메이지 초기 갑종의학교**

학교	설립 년도	인가 년도	비고
오카야마(岡山)의학교	1880	1882	제삼고등중학교의학부
오사카(大阪)부립의학교	1880	1882	부립 오사카의학교
나가사키(長崎)의학교	1871	1882	제오고등중학교의학부
현립 치바(千葉)의학교	1882	1882	제일고등중학교의학부
교토(京都)부의학교	1872	1882	교토부립의학교
코베(神戸)병원부속의학소	1879	1882	1888.3 폐교
아이치현(愛知県)의학교	1878	1883	아이치현의학교
와카야마현(和歌山県)의학교	1882	1883	1887.3 폐교
미에현(三重県)의학교	1880	1883	1886.3 폐교
이시카와현(石川県) 가나자와의학교	1876	1884	제사고등중학교의학부
히로시마(広島)병원부속의학교	1872	1884	1886.3 폐교
후쿠오카(福岡)의학교	1880	1883	후쿠오카 현립 후쿠오카병원
미야기(宮城)의학교	1879	1883	제이고등중학교의학부
도쿠시마(徳島)의학교	1879	1883	1886.12 폐교
니가타(新潟)의학교	1873	1883	1888.3 폐교
아키타(秋田)의학교	1875	1883	1887 폐교
구마모토현(熊本県)의학교	1878	1883	1888.3 폐교
후쿠시마(福島)의학교	1881	1884	1887.3 폐교
오이타(大分)현립의학교	1880	1884	1888.3 폐교
이와테현(岩手県)의학교	1876	1884	1886.3 폐교
현립돗토리(鳥取)병원부속의학교	-	1885	1886.11 폐교

출처: 坂井建雄·澤井直·瀧澤利行·福島統·島田和幸, 「我が国の医学教育·医師資格付与制度の歴史的変遷と医学校の発展過程」, 340쪽.

어 고등중학교의 의학전문부서가 되었지만, 대부분은 폐교되었다. 공립의학교로 남은 것은 경영기반이 안정되어 있는 교토, 오사카, 아이치 세 학교뿐이었다. 따라서 졸업을 하면 무시험으로 의사가 될 수 있는 의학교는 1888년 시점에서 제국대학 의과대학이 1개(도쿄), 관립 고등중학교 의학부가 5개교(제1 지바, 제2 센다이, 제3 오카야마, 제4 가나자와, 제5 나가사키)이며, 공립의학교가 3개교(교토, 오사카, 아이치)로 총 9개교였다.[22] 그리고 1894년에 고등학교령에 의해 고등중학교는 고등학교가 되어 그 의학부는 1901년에 관립 의학전문학교로 승격되었다. 그리고 1899년에는 교토제국대학 의과대학이 설립되었다.

그러나 사립의학교는 1879년에 25개교가 된 이래 다음 해부터 갑자기 그 수가 축소되었다. 특히 사립의학교에는 무시험면허라는 특권을 부여하지 않아 1881년에 12개교였던 학교는 1883년에 3개 학교만이 남게 되었다. 사립의학교들은 작은 규모의 학교들이 많아 의사시험규칙에 의거한 어려운 시험에 대응할 수 없었기 때문이다. 사립학교 가운데 의술개업시험에 응시하기 위한 사립의학교로 도쿄지케이의원의학교(東京慈恵醫院醫學校, 현·도쿄지케이카이의과대학)와 제생학사(濟生學舍) 등이 있었다. 그리고 1896년에는 사립 구마모토의학교(현·態本大學 의학부)가 설립되었다.[23] 사립의학교가 이 무시험면허 특권을 받게 되는 것은 1905년으로 도쿄지케이의원의학전문학교가 최초였다.

그리고 이들 근대 의학교는 1903년에 발표한 전문학교령에 따라 아이치, 교토, 오사카 공립의학교 3개교와 사립인 도쿄지케이의원의학전문학교, 구마모토의학교 모두 공립·사립의학전문학교로 승격하였다. 이처럼 메이지기 일본의 의학교육기관은 관립-공립-사립, 갑종의학교-

을종의학교, 대학-의학전문학교-의학교 등 다중적인 구조를 띠고 있었는데, 그 근저에는 급속한 인재양성의 필요성과 그것을 보완하는 형태로 단기적인 속성교육이 있었기 때문이다.

여성의 의술개업시험 응시자격과 여의사 탄생

일본 관립대학의 의학부 졸업증서를 가진 자는 무시험으로 의사가 될 수 있는 특권이 있었다. 이에 1881년부터 현 또는 현립의학교의 졸업생에 대해 별과의 졸업생과 동일하게 무시험으로 면허를 주자는 진정이 계속되었다.[24] 그 결과, 태정관은 1882년에 무시험 면허를 주는 의학교의 원칙을 발표하였다.[25] 원칙은 의학사 또는 그에 상응하는 학력을 갖춘 자 3명 이상이 교수하고, 생도수에 상응하는 조교를 두고, 또 수업연한을 4년 이상으로 하여 학기를 정한다. 그리고 교칙 및 시험법을 완비해야 한다는 것이다. 문부성은 이 조건을 갖춘 학교를 갑종의학교라고 하고, 수업연한을 3년으로 한 의학교를 을종의학교라고 한다고 포고하였다.

그러나 1883년에는 시험규칙을 다시 개정하여 관립 및 부현립의학교의 졸업생은 모두 무시험으로 면허를 주게 되었다.[26] 그러나 이처럼 무시험으로 면허를 주는 의학교에는 여성의 입학을 허용하지 않았다. 당시에는 의술개업시험에 여성이 응시하는 것도 인정하지 않았다. 일본에서 여성에 대한 고등교육은 1872년 학제가 발포되면서부터 시작되었다. 이해에 도쿄 간다(神田)에 관립도쿄여학교를 설립하여 일반 교양에 중점을 둔 여성교육을 시작했다. 메이지유신 이후 일본은 서양의 과학기술 이식을 목표로 국가적으로 과학자·기술자 양성을 실시했지만, 그 중심이 된 것은 1877년에 설립한 도쿄대학을 필두로 하는 7개 제국대학이었다. 실제로 1876년에 공포된 제국대학령에 여성의 입학을 금지하고 있는 것은 아니었지만, 입학 자격을 고등학교 졸업생에 한정하고 있었기 때문에 현실적으로 여성이 제국대학에 입학할 길은 없었다. 더욱이 관립도쿄여학교도 1877년에 폐쇄되었으며, 1879년에 학제가 교육령으로 바뀌어 남녀별학을 원칙으로 하는 교육체제가 만들어졌다.

도쿄여학교에 이은 공립여성교육기관으로는 1874년에 설립한 도쿄여자사범학교가 있었다. 이 학교는 1885년에 도쿄사범학교에 흡수되어 그 여자부가 되었다. 또한 이듬해 공포된 사범학교령에 따라 도쿄사범이 고등사범이 됨에 따라 여자부도 고등사범 여자부가 되었다. 또한 각 현에는 여자사범학교 혹은 사범학교 여자부가 점차 정비되었다. 그리고 1890년에는 도쿄고등사범으로부터 여자부가 분리·독립하여 도쿄여자고등사범학교(현 오차노미즈여자대학)가 되었다. 이어서 1908년에는 나라에도 여자고등사범학교(현 나라여자대학)가 설립되어, 이 두 여자고등사범학교는 전후 새로운 대학제도가 출범할 때까지 여성교육을 위한 최고교육기관으로 역할을 했다.

한편, 도쿄여자고등사범학교에서는 창립 7년 후에 문과와 이과로 나누어 교육을 시작하고, 1905년부터는 4년간의 보통과 위에 2년간의 연구과(문과, 이과, 가사과)를 설치했다. 이는 전문성이 높은 교육을 목표로 한 제도개혁을 시도하고자 한 것이지만, 연구과의 정원은 1명에 불과했다. 특히 여자고등사범학교의 목적은 여교사 양성에 있었기 때문에 졸업생에게는 교직 의무가 부과되어 여성이 과학자로서 독자적인 연구를 하기 위해서는 남다른 노력이 필요했다. 이처럼 메이지 초기에 서양의 과학기술 도입에 열성적이었던 일본에서도 여성의 전문직 진출은 매우 어려운 문제였다.

일반적으로 아시아 국가들의 여의사 양성과정에서 서양 선교사들의 역할이 강조되는 경향이 강하다.[27] 미국에서 여성 의료선교사를 최초로 해외에 파견한 것은 미국 감리교 여성 해외선교회(WFMS; Woman's Foreign Missionary Society of the Methodist Episcopal Church)다. 1869년에 설립된 WFMS는 같은 해에 이제 막 펜실베이니아 여자의과대학을 졸업한 클라라 스웨인(Clara A. Swain)을 인도에 파견했다. 그녀는 1870년에 인도에 도착하여 20년 넘게 그곳에서 의료선교사로 활동하게 된다. 그 후 WFMS는 1873년에 역시 펜실베이니아 여자의과대학을 졸업한 콤스(Lucinda Combs)를 중국에 파견하고, 1887년에는 시카고 여자의과대학(Women's Medical College of Chicago)을 졸업한 하워드(Meta Howard)를 조선에 파견하였는데, 그들은 각 나라에서 최초의 여성 의료선교사가 되었다.

이 영향으로 많은 종파들이 해외파견을 위한 여성 의료선교사를 확보하기 위해 장학생 제도를 만드는 등의 시책을 행하였다. 일례를 들면 장로교회의 필라델피아 여성선도회는 1881년에 펜실베이니아 여자의과대학에 입학하는 학생들을 위한 장학생제도를 만들어 여성 의료선교사를 양성했다. 그 결과 1884년에 최초의 졸업자를 배출하였으며, 1895년까지 23명이 원조를 받았고, 그중 12명이 해외에서 의료선교사로 활약했다.[28]

이처럼 미국에서 여성 의학교육이 확산되고 여성 선교사들이 대두하자 1870년대부터 부인해외선교회를 비롯한 많은 여성선도회는 여성 의료선교사들을 해외로 보냈다. 그러나 미국의 여성 의료선교사들이 일본에 도착한 것은 다른 아시아 국가들보다 늦은 1880년경부터였다. 일본에 최초로 온 여성 의료선교사는 인디애나주 스파이스랜드(Spiceland) 출신의 커밍스였다. 그녀는 시카고 부인병원 의과대학(Chicago Women's Hospital Medical College)에서 의학사학위를 취득했다. 1883년 가을 장로교회의 시카고 여성선교회는 최초의 여성 의료선교사로 커밍스를 임명하여 일본으로 보냈다. 커밍스는 1883년 10월에 일본에 도착하여, 1884년부터 가나자와에서 의료선교를 실시했다.[29]

한편, 커밍스가 일본에 온 시기는 이미 일본에서 여성들에게 '의술개업시험'의 응시를 허가한 때이다. 이후 오기노 긴코(荻野吟子, 1851–1914)는 1884년에 전기시험에 합격하고 1885년에 후기시험에 합격하여 여성으로서는 일본 최초로 의적에 이름을 올렸다. 따라서 일본의 여의사 양성과정에서 서양 선교사의 역할은 다른 나라에 비해 크게 부각되지 않는다. 다만, 미국의 여성 의료선교사들은 일본에서의 의료선교를 원활히 하기 위하여 일본인 지원자를 얻으려 했다. 이때 그들이 생각한 것이 일본인 여성에게 의학지식·기술능력을 가르쳐 일본인 의학조수를 두는 것이었다. 당시 일본에서는 여성 의학교육이 아직 충분히 정비되어 있지 않았기 때문에, 여성 의료선교사들은 미션 스쿨에서 만난 여학생을 미국의 의학교로 유학을 보내는 일도 있었다.[30]

한편 메이지유신 이후 일본에서는 여성의 고등교육에 대한 관심과 여의사에 대한 열망이 높아져 의술개업시험에 원서를 제출하는 여성들이 등장하였으나, 정부는 이를 인정하지 않았다. 이에 1878년 11월에 도쿄부에서 내무성 앞으로 '부인에게 의술을 수양하게 한다는 것은 시험을 봐서 개업을 하게 한다는 것인가?'라는 질문을 했다. 내무성은 이에 대해 '당분간 어떠한 논의도 하기 어렵다'는 답변을 했다. 그리고 1881년 4월에 나가사키현으로부터 동일한 문의가 있었지만 이에 대해서도 같은 답변을 하고 있다.[31] 그러나 이러한 질문과 답변이 시발점이 되어 내무성 위생국의 자문기관인 중앙위생회에서 본격적인 논의가 시작되었다.

논의의 쟁점은 의학을 공부한 여성에게 의술개업시험을 치르게 할 것인가의 여부와 합격했을 경우 개업을 허가할 것인가에 관한 것이었다. 이 안건을 논의한 중앙위생회 임시회의에 참여한 메이지 정부의 의료위생정책 관계자들은 찬반 논쟁을 벌이기는 했으나, 일본 고대 율령인 양로령(養老令)에 여의박사(女醫博士)라는 칭호가 있어, 반대하기는 어렵다는 입장을 밝히며 여성이 의술개업시험을 치를 수 있다는 결론을 내렸다.[32] 다만 위생국은 바로 그 여성에게 수험자격을 부여하지는 않았다. 그러나 당시 군의본부차장 겸 위생국차장이었던 이시구로 타다노리(石黒忠悳) 자작이 '여성은 의사가 될 수 없다는 규칙이 쓰여있지 않는 한 신청이 있으면 허가해야 한다'고 당시 위생국장이었던 나가요 센사이(長與專齋)를 설득[33]하여 여성이 의술개업시험에 응시할 수 있게 되었다. 결국, 일본은 1884년 6월이 되어서야 여성에게 의술개업시험의 수험자격을 인정했고, 같은 해 8월에 또다시 내무성 앞으로 의학교에 여성이 입학하는 것과 교육을 받은 후에 의술개업시험의 수험가능 여부를 묻는 문의가 있자 이에 대해서도 허락했다.[34]

이러한 과정을 거쳐 여성에게 인정된 의술개업시험에 최초로 합격한 인물이 오기노 긴코였다. 그녀는 개인적으로 의술개업시험에 여성이 응시할 수 있도록 해달라는 의견서를 제출하면서 분투한 인물이다. 오기노 긴코는 사이타마 출신으로 남편으로부터 옮겨진 임질 치료를 받을 때 치료하는 의사가 모두 남성이라는 굴욕적인 경험을 통해 여의사에 뜻을 두기 시작했다. 당시 여성이 새롭게 의사자격을 받을 수 있는 방법이 없었기 때문에[35] 오기노는 처음에 도쿄여자사범학교에 입학했다. 그리고 1879년에 그곳을 수석으로 졸업했지만, 의사에 대한 뜻을 버리지 못하고 사립의학교 고주인(好寿院)에 입학해 3년간 의학을 공부했다. 그러나 의학교를 졸업해도 처음에는 의술개업시험을 응시하지 못했지만, 각고의 노력 끝에 1884년에 의술개업시험 응시자격을 얻어 전기시험에 합격하고, 이듬해 후기시험에도 합격하여 일본 최초의 여의사가 되었다.

오기노 긴코 이전에는 에도시대에 최초로 양의가 등장한 이후에 5,123명의 의사 중 여의사가 2명 존재했다. 그 한 명이 지볼트(Philipp Franz Balthasar von Siebold, 1796－1866)의 딸 구스모토 이네(楠本イネ, 1827－1903)였다. 구스모토는 다른 양의와 마찬가지로 19세에 지볼트의 제자로 들어가 사사받은 후 25세에 남편과 함께 나가사키에서 개업했는데, 이러한 사례는 매우 특별한 경우이다. 그리고 1880년대 초반에는 공립의학교뿐만 아니라 사립의학교에서도 여성을 대상으로 의학교육의 기회를 부여했다.[36] 의술개업시험에 여성이 응시하게 된 이후에 의사면허를 취득하여 의사등록을 한 여성들이 교육을 받은 기관은 표 2와 같다.

표 2의 오기노 긴코는 앞에서 언급한 바와 같이 사립의학교인 고주인(好壽院)에서 수학하였다. 오기노 다음으로 의사면허를 받은 이쿠사와 구노(生澤クノ)는 도쿄부병원에 견습생으로 들어가서 임상을 배우고, 야

표 2 **메이지기 여성의 의적 등록자와 교육기관**(빠른 순서대로 5명)

이름	출신교	등록연월	의사활동
오기노 긴코 (荻野吟子)	고주인(好壽院)	1885. 12	東京市本所区, 北海道瀬棚郡他
이쿠사와 쿠노 (生澤クノ)	동아의학교(東亜医学校), 제생(済生)	1887. 03	埼玉県入間郡(開), 1930년 栃木県足利市岩根病院(勤)
다카하시 미즈코 (高橋瑞子)	제생	1887. 12	東京市日本橋区(開), 1914년 폐업
혼다 센코 (本多銓子)	成医会	1889. 07	慈恵病院(勤), フェリス女学院講師, 1914년 폐업
오카미 게이 (岡見京)	ペンシルバニア女子医科大学	1890. 01	慈恵病院(勤), 衛生園設立, 1914년 폐업

출처: 三崎裕子,「明治女医の基礎資料」,『日本医史学雑誌』54(3), 2008, 282쪽.

마자키 산부인과(山崎産婦人科)[37]에서 실습하며 의사의 꿈을 키우다가, 1882년에 개교한 동아의학교에 특별입학하여 의학교육을 받았다. 이후 이쿠사와는 제생학사에서 여학생 입학을 허가하자 다시 제생학사에 입학하여 의학교육을 받았고, 임상실습은 도쿄지케이의과대학(東京慈恵會醫科大學)의 부속병원에서 배웠다.[38] 후술할 다카하시 미즈코 역시 사립 의학교인 제생학사에서 최초의 여성입학생으로 교육을 받았으며, 혼다 센코(本多銓子)는 세이이강습소(成醫會講習所, 후에 東京慈恵會醫科大學)에서 수학했다. 마지막으로 오카미 게이(岡見京)는 1884년에 미시간 농과대학으로 유학을 가는 남편 오카미 센키치로(岡見千吉郎)를 따라 미국으로 건너가 펜실베이니아 여자의과대학에서 공부하고, 4년 후에 박사 학위를 받았다.[39] 그리고 1889년 5월에 남편과 함께 귀국하여 8월에 여성등록자 5번째로 의적등록을 하고 의술개업면허장을 수여받았다.[40]

이처럼 의사에 뜻을 둔 여성들은 의술개업시험 이전에도 고주원이나, 세이이강습소 등 사립의학교에서 수학하기도 했다. 그러나 여성들이 사립의학교에 입학을 허가받는 일도 쉽지는 않았으며, 수학 과정에서도 남학생들의 여자 의학생에 대한 야유, 폭언 때문에 여의생들이 교실에 들어갈 수도 없는 상황이 전개되기도 했다. 따라서 여의생들이 졸업 후에 의술개업시험에 합격하는 경우는 많지 않았다. 이러한 상황에서 제생학사 졸업생이었던 요시오카 야요이(吉岡彌生, 1871-1959)는 여전히 여자 의학생에 대한 차별과 교육기회의 차별을 실감하여 여성 의사를 양성할 수 있는 기관을 설립하기 위해 노력하였고 그 결과가 도쿄여자의과대학의 창립이었다.

메이지기 여의사 교육과 양성

여성의 사립의학교 입학과 의학교육

메이지기 일본의 의학교육은 예부터 전해오는 전통적 도제제도를 잔존시키면서 시험자격제도, 속성으로 설립한 각종 의학교, 그리고 그 정점에 있는 도쿄제국대학이라는 다양한 교육제도를 발족시켰다. 이러한 다양한 교육제도는 같은 의사라는 전문직 안에서도 학력 차이뿐만 아니라 배워야 하는 전문적인 지식이나 기술에 관해서도 큰 차이를 발생하게 한다. 특히 계통이 서지 않은 교육, 장기연수 및 임상교육의 부재 등을 이유로 시험합격자에 대해서 의사사회 내부뿐만 아니라 일반인사회에서도 다양한 비판이 있었다.

실제로 1880년대 중반에는 "요행으로 시험에 합격하여 급제하면, 순식간에 개업의가 되지만 병자를 접하는 데에는 뭐가뭔지 분별하기를 어려워하는 자가 많다"는 비판이 나오기 시작했다.[41] 그리고 1890년대에는 "점차 면허를 받은 자의 학식이 불완전한 것은 당연하고, 실제로 경험이 거의 전무한 것은 말할 것도 없고, 면허를 취득한 후 연습하고, 의사가 된 후 의술을 배운다"는 말로 비꼬기도 했다.[42] 이처럼 시험합격자에 대해서 노골적으로 멸시와 비판을 표현한 것은 대부분 대학을 졸업한 의학사들로 특히 모리 린타로(森林太郎)[43] 등은 "내무성 시험을 거쳤다고 하더라도 우리처럼 20세기 의사가 아니다. 이렇게 많은 의사를 배출하여 세상의 수요에 제공하려고 하는 것은, 가라앉는 것을 구한다고 돌을 매달고 물을 기름에 부어서 불을 구한다고 하는 것과 같다"고 혹평하기도 했다.[44]

이러한 시험합격자에 대한 비판에서 나타나는 공통점은 그들이 의사로서 수준이 낮아 의사에 필요한 전문적인 지식이나 기술이 결여되어 있다는 점이다. 따라서 여의사를 지향하는 여성들도 정규적인 의학교에 입학하여 의학을 배우는 것이 당연하게 되었다. 이에 많은 여성들이 사립의학교의 문을 두드렸으나 쉽게 입학을 인정받지는 못했다. 이 가운데 일본에서 세 번째로 여의사가 된 다카하시 미즈코(高橋瑞子)는 여의사 교육의 어머니로 불리는 인물로 처음으로 제생학사에 입학한 여성이었다. 일본에서 여의사의 지위를 개척한 대표적인 인물은 최초의 여의사인 오기노 긴코이다. 그러나 다카하시가 제생학사에 정식으로 입학하여 수학함으로써 메이지기 의적에 등록한 여의사를 가장 많이 배출한 제생학사에서 여성들이 수학할 수 있는 길을 열었기 때문에 이 글에서는 다카하시에 주목하고자 한다.

여성의 의술개업시험 응시 허가 소식과 오기노 긴코의 합격 소식을 접한 다카하시는 여성도 의사가 될 수 있다는 기대에 벅찼다. 그러나 의술개업시험에 응시하기 위해서는 의학교에서의 공부가 조건이었다.[45] 당시 여자도 입학할 수 있는 의학교로는 세이이강습소가 있었지만, 월사금 반년분을 선납해야 한다는 조건이었기 때문에 학비 부족으로 단념할 수밖에 없었다. 이에 다카하시는 선납금이 필요없는 월사제 의학교로, 당시 유일한 사립의학교인 제생학사의 문을 두드렸다. 제생학사는 의술개업시험을 위한 예비학교로 월사금도 월별 분납이었기 때문에 가능성이 있다고 판단한 것이다. 그러나 제생학사는 여성의 입학을 불허했다. 다카하시는 교장에게 면회를 요구하고 3일 밤낮을 말없이 교문에 서서 식사도 수면도 취하지 않았다.[46] 이러한 다카하시의 끈질긴 요구로 제생학사는 1884년 12월부터 여학생의 입학을 인정했다. 그리고 1901년에 제생학사가 여성의 입학을 금지할 때까지 59명 정도의 여의사를 배출했다.

사실 다카하시는 남성스러운 성격에 용모에도 무관심하였으며, 초혼에도 실패한 상태였다. 그녀가 의사를 지원한 동기는 의사의 수입이 좋았기 때문이라고 한다.[47] 다카하시는 이혼 후 생계를 위해 산파(조산사)의 길을 걷기로 결심했다. 현모양처의 사상이 뿌리 깊어서 여성이 일자리를 얻기 어려웠던 당시에 산파는 예외적으로 여성만이 일할 수 있는 희귀한 직업이었고, 게다가 수입도 안정되어 정부나 지역사회에서 인정받는 직업이기도 했다[48] 이에 다카하시는 산파회 회장인 쓰쿠이 이소(津久井磯, 1829–1910)가 군마현의 마에바시(前橋)에서 개업하자 1879년에 마에바시로 옮겨 쓰쿠이의 조수로 근무했다.[49]

당시는 1876년에 도쿄부에 산파교수소가 설치된 이래 산파교육은 기존의 도제제도 대신 정식 교육기관에서 교육을 시작한 시기였다. 다카하시의 능력을 높이 산 쓰쿠이가 다카하시에게 정식으로 산파학을 배울 것을 권하자, 다카하시는 1881년에 산파개업자격을 취득하기 위해 상경하여 산파 양성소인 구안숙(紅杏塾, 훗날 도쿄산파학교)에서 공부했다. 학비는 쓰쿠이가 지원했기 때문에 다카하시는 쓰쿠이의 조수로 산파의 실천을 배우면서 구안숙에서 그 실천을 뒷받침하는 이론을 배웠다. 그 결과, 1882년에 구안숙을 졸업, 같은 해에 내무성 산파면허를 취득했다.[50] 이후 여성도 의사가 될 수 있다는 소식을 접하고 제생학사에 입학한 것이다.

다카하시는 제생학사에 여성 최초로 입학을 했기 때문에 학교에서 남자들의 야유나 괴롭힘도 적지 않았다. 그럼에도 입학 다음 해인 1885년에 의술개업시험 전기에 합격하고, 후기 시험에는 임상시험이 있기 때문에 준텐도의원(順天堂医院)에 실지 연수의 수락을 신청했다. 그러나, 여기서도 '여자는 받지 않는다'고 거부당하지만, 우연히 다카하시의 하숙집 옆에 준텐도의원 사토 스스무(佐藤進, 1845-1921) 원장의 조카가 살아서 그 사람의 배려로 신청이 받아들여졌다.[51] 이러한 과정을 거쳐 1887년 4월에 후기 시험을 통과하여 일본에서 세 번째 여의사가 되었다.[52]

이어 다카하시는 다음 해에 니혼바시의 구 오에쵸(大工町)에 '다카하시 미즈코 의원'을 개업했지만 만족하지 않고, 1890년에 일본 여의사 최초로 산부인과학을 배우기 위해 독일 유학에 나섰다. 이유는, 그녀 자신이 많은 환자를 진찰하는 중에 자신의 미숙함을 통감하여 더욱 의학을 배워야 한다고 생각했다는 설과, 남장 차림을 수상하게 여긴 경관이 '정말 의사인가', '면허를 보여라' 등 모멸감을 주었기 때문에 외국에서 공부하여 남자 이상의 실력을 기르고자 했다는 설이 있다.[53] 그러나 독일 의과대학 역시 여성의 입학이 허용된 것은 1897년이 되어서이기 때문에 다카하시를 받아주지 않았다. 결국, 다카하시는 하숙집 안주인의 도움으로 베를린 대학 부인과 교실의 청강생이 되었지만, 1년 뒤 갑자기 각혈로 인해 병세가 위중한 채 귀국길에 오른다.

귀국 후 기적적으로 회복되어 의원을 재개한 다카하시는 독일에서 익힌 솜씨라는 평판으로 의원의 명성이 높아졌다. 이처럼 활발한 활동을 하던 다카하시는 60세를 넘기자 노령으로 인해 만일의 실수가 있어서는 안 된다는 생각으로 1914년에 은퇴를 결의하고, 1927년 2월에 76세의 생애를 마감했다.[54] 다카하시는 생전에 도쿄여자의과대학의 창립자인 요시오카 야요이에게 헌체를 신청하였다. 요시오카는 "죽어서도 의학을 위해 노력하려는 이 대선배의 의기에 너무 걸맞습니다"라고 다카하시를 기렸다.[55] 이처럼 다카하시의 역할은 일본 최초의 제생학사 여성 의학생으로 여의사 교육의 길을 열었을 뿐만 아니라, 불굴의 의지로 자신의 운명을 개척하여 개업의가 된 이후에도 계속 공부에 매진한 여의사의 표본이 되었다.

여의사 양성기관의 설립

다카하시의 입학을 인정한 제생학사(현 일본의과대학의 전신)는 여성들에게 공식적으로 입학의 기회를 부여하여 근대 일본 여성이 의학교육을 받는 데에 큰 공헌을 한 의학교로 평가를 받고 있다. 제생학사는 정부의 방침에 따라 1876년 4월 7일에 일본 최고의 의술개업시험 예비교로 창설해, 개업의 속성과정을 교육했다. 교육의 건학이념은 독일의 19세기 자유교육(배우는 자의 자유, 가르치는 자의 자유)을 도입한 제생구민이었다. 제생학사가 개교한 초기에는 교원 5명, 의대생 28명으로, 의대생은 기숙생과 통학생으로 나뉘어 의술개업시험 강의 외에 영어, 독일어, 라틴어와 수학 강의도 수강했다. 입학에는 학력제한 없이 언제든 입학할 수 있었으며, 강의 기간은 원칙적으로 6기제 3년으로 의술개업시험에 합격하면 곧바로 졸업했다. 1883년에는 학생수도 484명으로 증가하여 제생학사는 순조로운 발전을 이루었고, 1884년 3월에는 '도쿄의학전문학교 제생학사'로 신고하여 승격했고, 같은 해 12월에 처음으로 여의생 입학을 허가했다.

제생학사는 다카하시의 입학에서 여성 입학을 금지한 1901년까지 17년여 동안 59명의 여의사를 배출했다. 이후 여의사가 되기 위해서는 사립의학교(예비학교)에서 공부하고 의술개업시험에 합격하는 방법이 주류가 되었다. 메이지기 여성의 의적등록 자료[56]를 살펴보면, 1885년에 제1호로 오기노 긴코가 의적에 등록한 이후 1912년까지 표 3과 같이 239명이다.

한편, 메이지기 여성의 의적등록 자료에서 여의사의 교육기관별 등록자 수를 보면 제생학사에서 수학한 인원이 가장 많다. 제생학사 이외에는 표 4와 같이 일본의학교, 도쿄여의학교, 오사카지케이의원의학교, 여자의학연습소 등이 있는데 이러한 교육기관은 메이지 후기에 설립되거나 인가를 받은 학교이고, 초기에 여의사를 배출한 기관은 주로 제생학사였다. 한편, 제생학사에 여의학생이 입학하게 되면서 여성들도 의학교

표 3 **메이지기 연도별 여의사 등록자 수**

연도	1885	1886	1887	1888	1889	1890	1891	1892	1893	1894
등록수	1	0	2	0	1	2	7	7	4	9
연도	1895	1896	1897	1898	1899	1900	1901	1902	1903	1904
등록수	4	2	7	7	7	9	12	0	12	17
연도	1905	1906	1907	1908	1909	1910	1911	1912	/	합계
등록수	7	13	10	14	12	16	41	16	/	239

출처: 三崎裕子, 「明治女医の基礎資料」, 282-288쪽.

육을 공식적으로 받게 되었지만, 그 이면은 현실과 괴리되어 있었다. 특히 다카하시가 제생학사에 입학했다고 해서 학교가 여학생 교육의 수용 체제나 학습 환경을 개선하는 데 적극적이었다고는 하기 어렵다. 오히려 다카하시의 열의와 의지가 성별을 초월하여 '개인'으로서 인정받고, 그것이 후계인 여자 지망자들에게 유용한 '전례'를 제공하게 된 이상도 이하도 아니었다고 보는 편이 타당할 것이다.

이처럼 메이지시기의 여의사 대부분은 사립의학교에서 공부해 개업시험을 치렀지만, 일부는 외국의 의학교를 졸업한 사람이 있었다. 그러나 메이지 후반부터 제국대학이나 의학전문학교의 의학교육기관으로부터 졸업생이 안정적으로 배출되자, 제국대학 졸업자를 중심으로 학력을 불문하고 시험 합격만으로 면허를 주는 의술개업시험은 근대 의학의 진보에 대응하지 못한다는 비판이 강해졌다. 이에 1906년에 제정한 의사법에 따라 의술개업시험은 10년 후 폐지가 결정되었다. 의술개업시험의 폐지로 인해 의사는 모두 의학교육기관에서만 배출할 수 있게 되어 정식

표 4 **메이지기 여의사의 교육기관별 등록자**

교육기관	재적인 수	최종 이수자 수
제생학사	73	62
일본의학교	59	58
도쿄여의학교	47	38
오사카지케이의원의학교	22	12
여자의학연수소	22	6
관서(関西)의학원	15	8
도쿄의학교	14	8
고주인(好寿院)	2	2
세이이카이(成医会)	1	1
동아(東亜)의학교	1	1
의학온습회		
도쿄의사구락부의학강습회		
중앙의학연수소		
국외의학교	7	7

출처: 三崎裕子, 「明治女医の基礎資料」, 290쪽.

의학교 졸업생이 아니면 의사가 될 수 없게 되었고 제생학사도 1903년에 폐교했다.[57]

이러한 상황에서 제생학사 졸업생 요시오카 야요이(吉岡彌生, 1871-1959)는 여전히 여자 의학생에 대한 차별과 교육기회의 차별을 실감하며 여의사를 양성할 수 있는 기관을 설립하고자 지세이의원(至誠醫院)의 방 하나를 사용하여 도쿄여의학교(현재 도쿄여자의과대학)를 설립했다. 요시오카는 1892년에 의술개업시험에 합격하고 이듬해인 1893년에 의사

등록을 하였다. 그리고 고향에 계신 아버지의 적극적인 설득으로 본가 의원의 분원에서 진료를 시작했다. 당시 지방에는 한방의가 많았기 때문에 의사면허를 취득한 요시오카의 평판은 좋았지만, 그녀는 독일에서 의학을 배우겠다는 뜻을 품고 도쿄로 돌아왔다. 의술개업시험에 응시하기 위해서 특별한 학력은 필요하지 않았기 때문에 요시오카 또한 중등교육 이후의 교육을 받지 않은 상태였다. 따라서 시험 합격 후에 그녀는 재차 교양교육 등 고등교육의 필요성을 느꼈다.[58] 따라서 도쿄에서 한문과 일본문화에 관한 학문을 습득하기 위해 아토미여학교(跡見女學校)에 다녔고, 후에 남편이 되는 요시오카 아라타(吉岡荒太)가 경영하는 도쿄지세이학원(東京至誠學院)에서 독일어를 공부했다.[59]

요시오카는 여러 학교에 다니면서 남편이 경영하던 도쿄지세이학원에 자신의 의원인 '도쿄지세이병원'을 병설하여 진료를 하고 있었지만, 고향의 시즈오카와 달리 도쿄에서는 여의사에 대한 평판이 좋지 않았기 때문에 환자도 적었다.[60] 그러던 중 요시오카가 졸업한 제생학사에서 여의생을 금지한다는 조치가 내려졌다. 제생학사에서는 조속히 의학전문학교로 인가를 얻기 위해 체제를 정비할 필요가 있었고, 남학생들의 여의생에 대한 야유, 폭언 등 차별로 인한 갈등이 심해지자 여성들의 입학을 금지하는 사태가 발생했던 것이다. 그 이면에는 제생학사가 1900년에 단과의과대학으로 재편하려고 했기 때문에 이같은 상황을 더욱 피하려고 했고, 그로 인해 1901년에 전후기 여학생 전원에게 퇴학을 명한 것이다.[61] 이에 요시오카는 배움의 장소를 잃은 여의생들을 위해서 1900년 12월에 도쿄여의학교를 도쿄지세이병원 내에 창설했다.

초기 도쿄여의학교는 입학하는 학생도 몇 명 되지 않았으며, 교실에는 책상과 의자를 늘어놓았을 뿐 아주 허름했다. 수업도 요시오카의 남편이 물리, 화학, 요시오카가 생리학, 제생학사의 기무라 타로(木村太郎)가 해부학을 가르치면서 시작한 정도였다.[62] 그러나 러일전쟁이 시작된 후 지세이의원이 많은 환자를 받게 되자, 여의사들도 적극적으로 치료에 나서게 되어 성에 관계없이 마을 의사로서의 신용이 생기게 되었다. 또한 여의사에 대한 평판이 좋아지자 여의사가 아니면 안된다는 부인이나 어린이 환자도 몰려들었다.[63] 또 젊은 부인들 사이에 여자라도 만일의 상황에서는 일을 할 수 있도록 스스로 직업을 가져야 한다는 자각이 생기기 시작하여 도쿄여의학교의 지원자는 놀랄만한 기세로 증가하였다. 당시 도쿄여의학교 지원자 수는 초기의 50-60명에서 200명 이상으로 증가했다.[64]

그러나 1897년 이후 의사의 권리 옹호 단체인 의사회가 결성되어 의사의 질적 향상을 목표로 하는 의학교육제도 개혁의 움직임이 생겨났다. 그 과정에서 1902년 3월에 발령한 전문학교령은 사립학교를 공립학교와 마찬가지로 문부성 감독하에 둘 것을 공포했다.[65] 따라서 이 법령에 따라 전문학교 졸업자가 아니면 의사가 되는 길은 막히게 되었다. 그리고 1906년 5월, 의사법개정에 의해 의술개업시험을 대신하는 새로운 의사시험이 시행되었다. 이 시험의 수험자격에는 고등여학교가 명기되어 있지만, 이 조건을 충족하기 위해서 사립학교였던 도쿄여의학교는 전문학교 승격이라는 새로운 과제가 남아있었다.[66]

요시오카는 학교 시설의 조건을 정비함과 동시에 문부성과 교섭에 임했으나 난항을 겪었다. 이에 1909년 6월, 의학전문학교 설립신청서를 문부성에 제출하였지만, 문부성 관계자도 만날 수가 없었다.[67] 당시 문부성은 사립에다가 여성 의학전문학교인 도쿄여의학교를 인정하지 않았던 것이다. 이후에도 문부성 당국과의 교섭은 셀 수 없이 이루어졌지만, 관리들은 여전히 여의사의 의의, 필요성을 전혀 무시하고 있었다. 결국 도쿄여자의학전문학교가 조건부로 인가를 받은 것은 1912년 3월이었다.[68]

도쿄여의학교는 도쿄여자의학전문학교로 인가를 받기 전에도 표 4에 나타난 것과 같이 사립의학교로서는 3번째로 여의사를 많이 배출하고 있다. 특히 「明治女医の基礎資料」[69]를 보면 도쿄여의학교 졸업생으로 의사등록을 한 인물은 1906년 7월에 다나카 후사(田中ふさ)가 최초였다. 이후에도 도쿄여의학교 학생은 1907년에 1명, 1908년에 다케우치 시게요(竹内茂代)[70]와 함께 3명이 의사등록을 하였으며, 1909년에는 3명, 1910년에 7명, 1911년에 17명이 의적에 등록하여 의학교로서의 이미지가 구축되었다. 특히 1912년에는 전체 여자 의적등록자 16명 중에 도쿄여의학교 학생이 12명을 차지하는 등 메이지 후기에는 여의사를 배출하는 가장 중요한 교육기관이었다. 그리고 도쿄여자의학전문학교로 승격된 후 설비 확충을 하여 1920년에는 문부성 지정교로 선정되어 의사국가고시 무시험 검정 자격을 부여받은 후 매년 100명 내외의 여의사를 배출하였다.

마치며

메이지유신 이후 일본에서는 서양의학을 익힌 의사를 급속히 양성해야 했다. 따라서 메이지 정부는 정규교육과정 이외에도 내무성이 실시하는 의술개업시험을 통해 서양의사가 될 수 있는 기회를 부여했다. 의술개업시험은 특별한 교육과정을 필요로 하지 않기 때문에 이 시험으로 의사가 되는 사람은 적지 않아 1916년에 시험이 완전히 폐지될 때까지 의사면허 취득자의 약 40%를 차지하고 있었다.

이러한 과정에서도 여성들도 의사에 대한 열망이 강해지면서 의술개업시험에 응시하기 시작했다. 따라서 일본 여의사의 형성과정에 나타난 특징은 다음과 같이 요약할 수 있다.

첫째, 메이지기 서양의 양성제도인 '의술개업시험'을 들 수 있다. 여성의 고등교육에 대한 관심이 높아지고 여성의 교육열이 높아지자, 이미 1878년부터 남성에게만 허용되었던 이 시험에 원서를 제출하는 여성이 등장했다. 결국, 1883년에 오기노 긴코가 시험응시자격을 얻었고, 이듬해 6월에 일본 최초의 여의사가 등장했다. 따라서 일본의 여의사 양성과정에서 서양 선교사의 역할은 다른 나라에 비해 크게 부각되지 않는다. 역설적으로 메이지 시기 의사양성을 위해 정비한 의술개업시험이라는 제도가 정규교육을 받지 않고도 의사가 될 수 있었기 때문에 여성도 시험응시자격만 얻으면 의사가 될 수 있었다.

두번째 특징은 여성이 의술개업시험에 응시할 자격을 얻자, 다카하시 미즈코를 필두로 하여 여의사가 되기 위한 정식교육 과정을 받는 여성들이 증가한 것이다. 여성들의 열의와 의지가 성별을 초월하여 개인으로서 인정받고, 그것이 후계인 여성들에게 유용한 전례를 제공하게 되어 여의사에 활성화에 영향을 미쳤다.

마지막으로 여의학교의 설립이다. 제생학사 졸업생 요시오카 야요이는 지세이의원의 한 방을 사용하여 도쿄여의학교를 설립했다. 목적은 여전히 여자 의학생에 대한 차별과 교육기회의 차별이 존재하기 때문에 여의사를 양성할 수 있는 기관을 만드는 것이었다. 그리고 1904년, 러일전쟁 발발 이후 여의사에 대한 신뢰가 상승하면서 근대 의학교로서의 면모를 갖추어 본격적인 여의사를 배출했다.

이처럼 일본에서는 메이지 시기 의사제도의 형성에 맞물려 선구적인 여성들의 헌신적인 노력 끝에 여의사가 다른 아시아 국가들보다 먼저 등장했다. 근대 아시아에서 여성들의 전문직 진출과 서양 선교사와의 관계에 대해서는 이 글에서 자세하게 논하지 않았지만, 이러한 특징은 아시아에서 여의의 탄생과정에 나타난 일본의 특징이라 할 수 있다. 그리고 일본에서 특수하게 의사가 될 수 있었던 외국박사학위 취득자에 대해서는 서양 선교사의 역할과 관련하여 이후 과제로 삼고자 한다.

미주

1 布施昌一,『医師の歴史—その日本的特長』, 中公新書, 1979, 25-29쪽.

2 橋本鉱市,「近代日本における医師社会の階層的構造 :『日本杏林要覧』(M42)による実証的分析」,『放送教育開発センター研究紀要』, 1992, 155쪽.

3 橋本鉱市, 앞의 논문, 1992, 156쪽.

4 메이지 초기 일본의 서양의 면허에 관해서는 김영수,「근대 일본의 의사면허의 변천:의제부터 의사법까지」,『연세의사학』 16, 2013, 46-47쪽에 자세하게 서술하고 있음.

5 三崎裕子,「明治女医の基礎資料」,『日本医史学雜誌』 54(3), 2008, 282-288쪽. 이 자료는 三崎裕子가 제97회 일본의사학회총회(1996년) 일반강연에서 배포한「明治女医名簿」 자료와 일본 메이지시기『官報』에 실린 여의사등록 상황을 대조하여 작성한 자료임. 본문 〈표-3〉에서 자세하게 서술.

6 酒井シヅ,『日本の医療史』, 東京書籍, 1982.

7 東京女子医科大学,『東京女子医科大学 80 年史』, 東京女子医科大学, 1980.

8 渡邊洋子,『近代日本の女性専門職教育』, 明石書店, 2014.

9 김영수,「근대 일본의 의사면허의 변천: 의제부터 의사법까지」,『연세의사학』 16(1) 2013:「근대 일본의 여성 의학교육: 도쿄여자의학전문학교를 중심으로」,『의학사연구』, 2024; 김옥주,「에도 말 메이지 초 일본 서양의사의 형성에 대하여」,『의사학』 20(2), 2011.

10 社会事業研究所,『近代 医療保護事業発達史』 上巻 総説編, 日本評論社, 1943, 18쪽.

11 橋本鉱市,「近代日本における専門職と資格試験制度一医術開業試験を中心として一」,『教育社会学研究』 第51集, 1992, 138-139쪽.

12 内務省衛生局,『醫制五拾年史』, 116-117쪽.

13 内務省衛生局,『醫制五拾年史』, 172-174쪽.

14 坂井建雄·澤井直·瀧澤利行·福島統·島田和幸,「我が国の医学教育·医師資格付与制度の歴史的変遷と医学校の発展過程」,『医学教育』 41(5), 2010, 339쪽.

15 中山茂,『野口英世』, 朝日新聞社, 1978, 54쪽.

16 天野郁夫,「職業と試験の制度化」,『教育と選抜』, 第一法規, 1982.

17 1868년 5월에 메이지 정부가 구 에도막부의 의학소를 접수하여 '의학교'로 개칭하고, 1869년 1월에 영국공사관 의사 윌리엄 윌리스(William Willis, 1837-1894)를 교수로 채용하여 수업을 개시했다. 다음 해 2월에 의학교는 관립 대병원과 통합되어 의학교겸 병원이 되었지만, 다시 같은 해 7월 18일에 대학교설립이 이루어지자 대학교 분국이 되어 대학동교(大學東校)로 개편하였고, 1874년에는 도쿄의학교로 개칭하였다. 1877년에 도쿄의학부는 도쿄개성학교와 통합되어 도쿄대학이 설립되었다.

18 長与専斎,『松香私志』, 長与称吉, 1902, 142쪽.

19 猪狩周平,「明治期日本における開業医集団の成立—専門医と一般医の身分分離構造を欠く日本医師集団の源流」,『大原社会問題研究所雑誌』511, 2001, 71-75쪽.

20 坂井建雄·澤井直·瀧澤利行·福島統·島田和幸,「我が国の医学教育·医師資格付与制度の歴史的変遷と医学校の発展過程」,『医学教育』41(5), 2010, 339쪽.

21 板垣英治,「石川県甲種医学校の医学教育:医学教科書と参考書から医学教育を見る」,『日本海域研究』40, 2009, 91-103쪽.

22 坂井建雄·澤井直·瀧澤利行·福島統·島田和幸,「我が国の医学教育·医師資格付与制度の歴史的変遷と医学校の発展過程」, 340쪽.

23 板垣英治,「石川県甲種医学校の医学教育:医学教科書と参考書から医学教育を見る」, 91-103쪽.

24 内務省衛生局,『醫制五拾年史』, 199-201쪽.

25 内務省衛生局,『醫制五拾年史』, 197-198쪽.

26 内務省衛生局,『醫制五拾年史』, 206-208쪽.

27 藤本大士,「1880-1890年代の日本におけるアメリカ女性医療宣教師の活動」,『日本医史学雑誌』第64巻 第3号, 2018.; Dana L. Robert,『American women in mission : a social history of their thought and practice』, Macon, Ga. : Mercer University Press, c1996, 4. "Woman's Work for Woman" and the Methodist Episcopal Church. Ch. 5. Women.

28 藤本大士,「1880-1890年代の日本におけるアメリカ女性医療宣教師の活動」, 225쪽.

29 藤本大士, 「1880 – 1890年代の日本におけるアメリカ女性医療宣教師の活動」, 225쪽.

30 藤本大士, 「1880 – 1890年代の日本におけるアメリカ女性医療宣教師の活動」, 233쪽.

31 酒井シヅ, 「明治初期の女医」, 『日本歯科医史学会会誌』 3(1), 1975, 40쪽.

32 각 참가자의 자세한 발언은 다음의 논문 참조. 三崎裕子, 「「近代的明治女醫」誕生の經緯と背景」, 「日本醫史學雜誌」 61(2), 2015, 149-151쪽; 김영수, 「근대 일본의 여성 의학교육: 도쿄여자의학전문학교를 중심으로」, 48쪽에서도 자세하게 설명하고 있음.

33 堀口文, 「歴史的背景から考察した日本の女子医学教育について」, 『医学教育』 第16巻·第1号, 1985, 14쪽.

34 三崎裕子, 「「近代的明治女醫」誕生の經緯と背景」, 153쪽.

35 1870년대 중반에 이미 활동하고 있던 여의가 있었지만 이들이 가업을 이어받기 위해 새롭게 면장을 받거나 시험을 치를 수는 없어서 제도권에서 여의가 탄생할 수 없었다. 김영수, 「근대 일본의 여성 의학교육: 도쿄여자의학전문학교를 중심으로」, 47쪽.

36 김영수, 위의 글, 2024, 48-49쪽.

37 http://www.maroon.dti.ne.jp/kwg1840/kuno.html '生沢クノ'

38 日本女醫會史編纂委員會編, 『日本女醫史』, 日本女醫會本部, 1962, 80-81쪽.

39 酒井シヅ, 「明治初期の女医」, 39-44쪽.

40 佐々木啓子, 「女性医師のパイオニア、岡見京と吉岡彌生-海外留学による医師資格取得と、機関養成としての女医学校設立-」, 『電気通信大学紀要』 第33巻第1号, 2021, 26-35쪽.

41 『中外醫事新報』 第256号, 1890, 52쪽.

42 京都府醫學校校友會, 『校友會雜誌』 第14号, 1899, 29쪽.

43 모리 오가이(森鷗外, 1862-1922) 메이지·다이쇼기 소설가, 평론가, 번역가, 교육자, 육군군의(軍医総監), 관료이다. 도쿄대학 의학부 졸업 후 육군군의가 되어 육군성 파견유학생으로 독일에서 군의를 역임하였다.

44 賀古鶴所, 「日本医育論」,(日本科学史学会, 『日本科学技術史大系』 24, 医学), 1965, 245쪽.

45 西条敏美, 『理系の扉を開いた日本の女性たち ゆかりの地を訪ねて』, 新泉, 2009,

73-75쪽.

46 楠戸義昭,『維新の女』, 毎日新聞出版, 1992, 215쪽.

47 酒井シヅ,「明治初期の女医」, 41쪽.

48 大竹沙織·城丸瑞恵·佐藤公美子,「産婆·女医高橋瑞の生涯」,『日本看護歴史学会誌』27, 2014, 87쪽.

49 西条敏美,『理系の扉を開いた日本の女性たち ゆかりの地を訪ねて』, 73-75쪽.

50 大竹沙織·城丸瑞恵·佐藤公美子,「産婆·女医高橋瑞の生涯」, 88-90쪽.

51 『教育·文学への黎明』, 集英社〈人物日本の女性史〉, 1978, 229쪽.

52 西条敏美,『理系の扉を開いた日本の女性たち ゆかりの地を訪ねて』, 73-74쪽.

53 石原あえか,『ドクトルたちの奮闘記 ゲーテが導〈日独医学交流〉』, 慶應義塾大学出版会, 2012, 150-152쪽.

54 石原あえか,『ドクトルたちの奮闘記 ゲーテが導〈日独医学交流〉』, 160-161쪽.

55 吉岡彌生,『吉岡弥生 吉岡弥生伝』, 日本図書センター〈人間の記録〉, 1998. 8. 25.(原著1941年), 133-136쪽.

56 三崎裕子,「明治女医の基礎資料」, 282-288쪽.

57 제생학사의 폐교 이유에 대해서는 일본 학계에서도 여러 가지 의견이 있다. 다만, 당시 학교장이었던 하세가와 타이(長谷川泰)가 '약율개정문제(薬律改正問題)'가 한창일 때 위생국장이 되었고, 이로 인해 제생학사는 전문학교 승격준비가 매우 늦어졌다는 설이 유력하다. 그럼에도 하세가와는 여러 방면으로 전문학교 승격운동을 전개하였으나 교사를 개선하는 문제 등에 부딪쳐 결국 폐교를 선언하게 되었다. 唐沢信安,「済生学舎廃校の歴史」,『日本医史学雑誌』41(3), 1994, 297-299쪽.

58 佐々木啓子,「女性医師のパイオニア、岡見京と吉岡彌生-海外留学による医師資格取得と、機関養成としての女医学校設立-」, 6쪽.

59 酒井シズ,『愛と至誠に生きる—女医吉岡彌生の手紙』, NTT出版, 2005, 31-33쪽.

60 酒井シズ,『愛と至誠に生きる—女医吉岡彌生の手紙』, 2005, 33-34쪽.

61 김영수,「근대 일본의 여성 의학교육: 도쿄여자의학전문학교를 중심으로」, 51쪽.

62 神崎清, 吉岡弥生女史伝記編纂委員会編,『吉岡弥生伝』. 柏書房, 1941, 226쪽.

63 神崎清,『吉岡弥生伝』, 1941, 248쪽.

64 渡邊洋子,「総論：日本の医療専門職の特徴—医師をめぐる多面的考察から—」,

『社会保障研究』3(4), 2019, 463쪽.

65 전문학교령에 의해, 「공립사립전문학교규정」과 「동입학자검정규정」이 정해졌다. 전자는 전문학교의 인가 신청에서 신청의 필요사항, 전문학교가 갖추어야 할 조건 등을 규정하는 것이고, 후자는 전문학교 본과에의 수험자격을 '남자는 만 17세 이상, 여자는 만 16세 이상, 신체 건전할 것, 품행 방정할 것, 중학교 혹은 고등학교 등 여학교에 재학중일 것'으로 정했다. 『学制五十年史』

66 酒井シヅ, 「通史」, 『東京女子医科大学百年史』, 東京女子医科大学, 2000, 3쪽.

67 吉岡弥生, 『来るものの為に』, 相模書房, 1927, 286-290쪽.

68 三上昭美, 『東京女子医科大学小史 : 六十五年の歩み』, 東京女子医科大学, 1966, 94쪽.

69 三崎裕子, 「明治女医の基礎資料」, 282-288쪽.

70 竹内茂代(1881-1975) 1908년 도쿄여의학교 1기생으로 졸업, 1916년에 의사인 다케우치 갓페이와 결혼하여 1919년에 신주쿠(新宿)에 이데의원(井出医院)을 개업했다. 이치가와 후사에(市川房枝) 등과 사회운동에 참가하여 부인참정권 운동의 재정이사를 역임했다. 1933녀 도쿄제국대학 의학박사를 취득하였으며, 1946년 도쿄도에서 제22회 중의원총선거에 출마하여 최초 여성의원에 당선되어 일본자유당에 소속하였다.

제6장

도쿄여자의학전문학교와 근대 일본 여성 의학교육

김영수

시작하며

일제강점기 적지 않은 수의 여성이 일본으로 새로운 학문을 배우기 위해 떠났다. 의학 분야에 한정해서 보면, 조선총독부의원 부속 의학강습소에는 청강생제도가 마련되어 있었다. 그러나 1928년 조선여자의학강습소가 개교하여 본격적인 여성 의학교육이 시작되기 전까지는, 여성들을 위한 정규의학교육기관은 별도로 존재하지 않았다.

식민지 조선의 여성은 돌파구로써 식민 본국인 일본으로 건너가 의학을 공부하고자 했다.[1] 식민지 조선에서 활약한 여성 의사의 상당수는 일본에서 유학하고 돌아온 인물들이었기에 일본의 여성 의학교육은 제국 본국과 식민지라는 관계성 속에서 식민지 조선의 여성 의학교육에도 상당히 영향을 끼쳤다. 식민지 조선보다는 상황이 나았지만, 일본에서도 여성 의학교육이 순조롭게 진행된 것은 아니었다. 근대 국가 및 사회의 전반적인 특징이기도 하나, 이른바 일본에서 추진한 근대화는 남성을 주체로 상정한 제도적 변화였기 때문이다. 따라서 근대화 추진 과정에서 여성의 위치는 애매했고, 곧바로 규정지어지지 않았다. 1946년 일본에서 여성에게 처음 참정권을 부여했다는 사실을 통해서도 일본 사회에서 여성의 지위가 어느 정도였는지를 알 수 있다. 따라서 여러 직업 중에서 전문직으로서 사회적 지위와 권위를 인정받은 의사라는 직업군에 여성이 참여한다는 것은 당연한 것이 아니었고, 그에 따른 반발도 적지 않았다.

메이지 정부는 근대적 위생행정을 추진하며 의학교육을 재편했다. 이 과정에서 메이지 정부는 기존의 한방의(漢方醫)의 인정과 배제, 근대서양의 교육과정 채택, 면허제도 도입 등 의료관련 분야에서 상당한 변혁을 시도했다. 이러한 변혁의 첫 시작점에서 여성은 본격적인 논의 대상에서 제외되었고, 근대화 과정에서 제도권 내에서 인정받고자 상당한 노력을 기울였다.

이 글에서는 근대 일본에서 이루어진 의료정책의 근대화 과정에서 여의(女醫)[2]와 여성 의학교육이 어떻게 제도권에서 인정받게 되었는지, 그리고 제도권 내에서 어떻게 변화하고 성장해 나아갔는지를 도쿄여자의학전문학교(현 도쿄여자의과대학, 이하 도쿄여의전)로 표상되는 여성 의학교육의 시작과 성장을 중심으로 살펴보고자 한다. 이 글에서 주목하고자 하는 점은 근대 일본에서 여의가 등장하고 여성 의학교육이 시작된 것이 근대라는 충격으로 생겨난 것이 아니라는 점이다. 오히려 이전 시기부터 이어져 온 내적 성장, 전통 등이 뒷받침된 것이었다. 이것을 확인하기 위하여 먼저 메이지기의 여의의 존재와 근대적 여의의 탄생을 살펴보면서, 여성 의학교육의 맹아에 대해 논의해 보고자 한다.

다음으로 근대적 여의이자 일본 여성 의학교육을 대표하는 교육가인 요시오카 야요이(吉岡彌生)에 주목하고자 한다. 그녀가 여성으로서, 여의로서, 그리고 교육자로서 여성 의학교육에 투신하게 된 배경을 살펴보며, 여학생만을 위한 첫 번째 의학교육기관인 도쿄여의학교(東京女醫學校)의 설립과 그것이 도쿄여의전으로 승격되는 과정을 함께 다루고자 한다. 이 과정을 통해, 근대 일본에서 여성 의학교육이 어떤 의미를 지니는지를 조명하도록 하겠다. 일본의 근대의학교육기관이 전문화되는 과정에서 여성은 의학교육의 주된 대상으로 상정되지 않았던 때가 있었는데, 이러한 배경을 바탕으로 도쿄여의전이 수행한 역할과 그 역사적 의미를 고찰해보고자 한다.

메이지기 정부인허 여의(女醫)의 탄생

종래 개업의의 인정과 여의(女醫)

1874년 메이지 정부가 반포한 「의제(醫制)」의 '제삼 의사(第三醫師)' 항목에서는 지금까지 명확하지 않았던 의사의 자격을 규정하였다. 의사는 새로운 의학교 교육을 통해 배출된 서양의학을 이수한 자로 규정되었고, 당시 의업을 행하는 자 중에 대다수를 차지하는 한방의를 흡수하기 위한 제도적 장치도 마련하였다.[3] 아울러 제37조에는 의사개업면장(醫師開業免狀) 제도를 신설하여 개업면장을 소지하지 않은 자의 의업을 금지하였다. 이 면장은 의학졸업증서와 내과, 안과, 산과 등 전문과목을 2년 이상 실습한 증명서를 소지한 자를 대상으로 시험을 치러 발급한 것이다.

단, 여기에는 단서 조항이 붙어 있었는데, "당분간 종래개업의사는 학술의 시업(試業)을 필요로 하지 않는다. 단 그 이력과 치적(治績)을 헤아려 일시적으로 이를 두 개의 등급으로 나누어 가면허를 준다"고 하였다. 즉, 의제 제정 이전부터 활동하던 개업의라면 이력과 치적으로 가면허를 받을 수 있었다.[4] 이후 1876년 전국 각 현(縣)의 종래개업의(從來開業醫)의 수학(修學)과 개업 이력 조사를 실시하였고, 개업가면장(開業假免狀)을 수여하기 시작했다.[5]

1879년에는 「의사시험규칙」이 새롭게 반포되면서 의사 자격은 시험을 통해 부여하는 제도가 마련되었다. 그러나 1882년 내무성은 종래개업의의 자제 중에 조수로 활동하며, 의업을 계승하고자 하는 자는 시험을 보지 않고도 개업을 허락한다는 포달(布達)을 내렸다. 즉, 25세 이상의 종래개업의의 자제 중에 조수로 활동하는 자는 종래개업의로 간주하고, 시험을 보지 않더라도 개업할 수 있도록 조치한 것이었다. 이는 종래개업의의 반발을 어느 정도 누그러뜨리고자 반포한 것으로 여겨진다. 왜냐하면 이 조치가 내려진 이듬해에 태정관은 「의사면허규칙」과 「의술개업시험규칙」을 반포하여 의술개업시험을 치르고, 내무경(內務卿)으로부터 개업면장을 받은 자만을 근대적 의미의 의사로 규정하고 있기 때문이다.[6]

근대적 의사면허제도는 종래 의업을 행하는 자를 포섭하면서 서양의학을 중심으로 재편되어 갔는데, 이에 해당하는 자는 종래개업의의 경우나, 의술개업시험을 치러 개업면허를 받은 경우나 모두 남성이었다. 단, 메이지 정부는 신정부를 만들고 운영해 나아가는 과정에서 지역별로 정부의 정책에 대해 이견이나 불합리한 점 등이 있을 것을 상정하였다. 이에 따라 메이지 정부는 1875년 위생에 관한 상황에 대해 문의[伺]하도록 내무성달(內務省達)을 포고하였다. 이에 내무성에는 의사제도에 대한 다양한 문의 및 건의가 제출되었고, 내무성은 지령(指令)의 형태로 대응하면서 관련 제도의 세세한 부분을 다듬어 나아갔다.[7] 그중에는 각지에서 제출한 여성의 의업에 관한 내용이 포함되어 있었다.

에히메현(愛媛縣), 나가사키현, 오사카부 등 각 부현(府縣)에서 문의한 내용은 종래개업의의 기준과 의술개업시험의 자격을 어떻게 규정할지에 관한 것으로, 실제로 제도를 어떻게 적용할 것인지에 관한 문의였다. 그 예로, 제도상으로는 여성이 공식적으로 의업을 행하는 것에 대한 근거가 마련되어 있지 않으나, 종래 개업한 자이므로 이대로 개업을 허가받는 것인지, 아니면 여성이기 때문에 별도의 시험을 치러야 하는지에 대한 문의, 여성이 새롭게 의술개업을 하고자 서류를 제출하려는데 시험을 봐야 허가해 주는지에 대한 문의, 종래개업의의 자제 중에 여성이 의술개업을 신청하면 허가를 해주는지, 여성으로 의술개업시험을 보고자 했을 때 이 서류가 받아들여지는지 등에 대한 문의였다. 이때 내려진 판단은 종래에 개업을 하고 있던 여의는 그대로 종래개업의로 허가하여 활동할 수 있게 해 주었으나 새로운 허가는 내주지 않았고, 시험을 봐서 개업을 희망하는 자에 대해서는 판단을 유보했다.[8]

여기에서 확인할 수 있는 사실은 1870년 중반에 이미 활동하고 있던 여의가 있었다는 사실과 이들이 가업을 이어받기 위해서 새롭게 면장을 받거나 시험을 치를 수는 없어서 제도권에서 새롭게 여의가 탄생할 수는 없었다는 점이다. 그러나 여성들 사이에서 의학을 배우고자 하는 열망이 있어 근대적인 의미의 여의가 탄생할 수 있는 배경은 마련되어 있었다고 할 수 있다.

근대적 여의의 탄생과 여성 의학교육

기존에 활동하던 여의는 법률 제정에 따라 면허를 받을 자격을 획득했지만, 이제부터 의업을 행하고자 하여 개업을 희망하는 여성은 의술개업시험을 치르지 않으면 의사로 활동할 수 없었다. 그러나 이에 대한 결론은 쉽게 지어지지 않았다. 1870년대 중반부터 1880년대 초까지 의술개업시험의 대상에 여성을 포함시킬 것인지에 대한 논의가 지속되었다. 내무성 위생국의 자문기관인 중앙위생회는 의학교육기관에서 일정한 정도의 의학교육을 받고 졸업한 여성에게 의술개업시험의 수험자격을 부여할 것인지와 개업을 허락할 것인지를 주요 논의대상으로 삼았다. 이 논의는 1881년 나가사키현의 위생과에서 내무성 위생국으로 문의한 내용인데, 위생국이 다시 중앙위생회에 의견을 구한 것이었다.[9]

논의의 쟁점은 의학을 공부한 여성에게 의술개업시험을 치르게 할 것인가의 여부와 합격했을 경우 개업을 허가할 것이냐에 관한 것이었다. 이 안건을 논의한 중앙위생회 임시회에 참여한 정부의 의료위생정책 관계자들은 찬반 논쟁을 벌이며 첨예하게 대립했다. 결과적으로 일본 고대 율령인 양로령(養老令)에 여의박사(女醫博士)라는 칭호가 있고, 반대하기는 어렵다는 입장을 밝히며 여성도 의술개업시험을 치를 수 있다는 결론을 내렸다.[10] 다만 위생국은 해당 여성에게 바로 수험자격을 부여하지는 않았다. 위생국은 몇 년의 시일이 흐른 1884년이 되어서야 여성의 시험 수험자격을 인정하기에 이르렀다.[11]

그 결과, 1884년에는 여성도 의술개업시험을 수험하여 의사면허를 발급받을 수 있었는데, 여기서 주목할 부분은 1880년대 초반에 각지에 세워진 병원 부속 교육기관이나 의학교에서 여성도 교육을 받거나 받을 기회를 부여받았다는 사실이다. 한 예로 에히메현에 세워진 을종(乙種)의학교를 들 수 있다. 이는 「의학교통칙(醫學校通則)」에 근거하여 속성의학교육을 목적으로 단기간 세워졌던 의학교육기관을 지칭한다.[12] 이 시기 각지에는 지방 재정으로 설치된 공립의학교가 상당히 많았다. 이는 전통의학을 근거로 하여 진료하는 한방의(漢方醫)에게 근대적 의학교육을 제공하여 위생행정을 담당할 구성원으로 키우려는 시도에서 만들어진 것이었다.[13] 향후 면밀한 연구가 필요하지만, 공립의학교는 더 많은 한방의에게 속성으로 근대서양의학을 교수하고자 세워진 측면이 있었기 때문에, 수료한 학생이 의술개업시험에 합격하지 못하면 의사의 자격은 취득하지 못하는 구조로 운영된 것으로 보인다.[14] 그렇다고 할지라도 기본적으로는 남성 한방의나 남성으로 의업을 행하고자 하는 자를 대상으로 세워진 의학교에서 여성에게도 의학교육을 제공했거나 하고자 했다는 점을 확인할 수 있다.

공립의학교뿐만 아니라 사립의학교에서도 여성에게 의학교육의 기회를 부여했다. 구체적인 사례는 의술개업시험으로 면허를 획득한 여의의 사례를 통해 확인할 수 있다. 1884년 처음으로 여성에게 의술개업시험의 수험이 허락된 이래, 이듬해 시험을 치러 근대적 의미의 국가 공인 제1호 여의가 된 오기노 긴코(荻野吟子)의 사례이다. 오기노는 1879년 도쿄여자사범학교(현 오차노미즈여자대학)를 졸업한 직후 군의감(軍醫監)인 이시구로 다다노리(石黑忠悳)의 소개로 같은 해 개원한 사립병원 겸 의학교인 고주인(好壽院)[15]에 들어가 의학교육을 받았다. 그녀는 이곳에서 교육을 받고 1882년에 의술개업시험 수험을 희망했으나, 이때는 아직 여성이 공식적으로 시험을 치를 자격을 부여받기 전이었기 때문에 단념할 수밖에 없었다. 이후 1884년에 전기 시험에, 1885년에 후기 시험에 합격하여 의적(醫籍)에 이름을 올렸다. 1884년에 오기노와 함께 시험을 치른 여성은 오기노를 포함하여 총 5명이었는데, 이들 중 2명은 나중에 해군 군의감이 된 다카기 가네히로(高木兼寬)가 게이오기주쿠의학소(慶應義塾醫學所) 초대 교장인 마쓰야마 도안(松山棟庵) 등과 함께 세운 세이이카이강습소(成醫會講習所, 현 도쿄지케이카이 의과대학의 전신)에서 수학하였다.[16] 오기노 긴코 다음으로 의사면허를 받은 이쿠사와 구노(生澤クノ)의 경우에는 도쿄부병원(東京府病院)에 견습생으로 들어가서 임상을 배우고, 산부인과(山崎産婦人科)[17]에서 실습하며 의사의 꿈을 키우다가, 1882년에 개교한 동아의학교(東亞醫學校)에 특별입학하여 의학교육을 받았다. 이후 1884년에는 의학교육전문기관이자, 도쿠가와 막부 말기의 의사이자 메이지 시기에 들어 내무성위생국장, 중의원 의원 등을 역임한 하세가와 다이(長谷川泰)가 세운 제생학사(濟生學舍, 현 일본의과대학 전신)에 입학하여 의학교육을 받는 한편, 임상실습은 다카기가 운영한 도쿄지케이카이의원의학교(東京慈惠會醫院醫學校)의 부속병원에서 배웠다.[18] 제3호로 의사면허를 받은 여성인 다카하시 미즈코(高橋瑞子) 역시 제생학사에서 교육을 받았다. 다카하시는 제생학사에 입학한 첫 여학생으로 유명하다.

그중에 제생학사는 근대 일본의 여성이 의학교육을 받는 데에 큰 공헌을 한 의학교로 알려져 있다. 제생학사는 1876년에 서양의술을 구사하는 의사가 부족하던 시절에 개업의를 양성하기 위한 목적으로 세워진

의학교이다. 당시에는 정규 의학교를 졸업한 자를 제외하고는 의술개업시험을 치러 개업면장을 받아야 했기에, 의술개업시험을 준비하는 사숙의 성격이 강했다. 그렇지만 의술개업시험을 위한 강의 외에도 영어, 독일어, 라틴어, 수학 등의 강의가 개설되었고, 강사는 도쿄대 교수 등으로 강의와 교수진의 수준은 상당했다. 또한 제생학사는 독일의 대학제도를 표방하여 입학 시기나 자격을 따지지 않는 자유취학제도를 도입한 것으로도 유명한데, 자유롭고 개방적인 교육이념에도 불구하고 처음부터 여학생을 받아들이지는 않았다. 여성으로서 제3호 의사면허를 받은 다카하시가 적극적으로 하세가와에게 여학생에게도 입학할 기회를 달라고 요청한 결과, 1884년 12월 공식적으로 여학생의 입학이 허가된 것이었다.[19]

공식적으로 근대의사면허를 받은 여의가 다녔던 의학교육기관을 살펴보면, 이들의 대부분은 원래는 여성의 입학은 불가하지만, 개인적인 인맥으로 여성에게도 의학교 입학을 허가한 경우가 대부분이다. 이는 앞서 살펴본 바와 같이 의술개업시험이 여성에게 허락되지 않았던 때에도 비슷하게 나타난다. 그러나 동시기 다른 의학교육기관과는 달리, 제생학사는 여성들에게 '공식적'으로 입학의 기회를 부여했다. 즉, 여성이 정규의학교육을 받을 수 있는 길이 마련되어 있지 않았던 때에, 제생학사는 공식적으로 여학생의 입학을 허가함으로써 의학을 공부하고자 하는 일본 여성들에게 의학교육의 기회를 제공했다. 따라서 1884년에 다카하시 미즈코가 제생학사에 입학한 것을 제생학사의 여성 의학교육의 시작이라고 평가하기도 한다.

다만, 다카하시의 입학은 개인적인 청원에 의한 것이었기 때문에 제생학사가 처음부터 여학생을 수용할 방침을 마련했다고는 볼 수 없다. 그러나 메이지 정부가 1884년 3월에 의사면허를 받은 남성을 의적(醫籍)에 제1호 의사로 등록하고, 같은 해 9월에 여의의 의적등록을 인가하는 등의 방침을 반포[20]한 것과 제생학사가 여학생의 입학을 허가한 것이 무관해 보이지는 않는다. 그 결과 제생학사는 상당한 수의 여의를 배출했다. 실제로 제생학사는 1884년부터 1901년까지 총 59명의 여의를 배출(후기시험합격자)했다.[21] 1902년 당시 전국의 여의를 대상으로 하여 일본여의회(日本女醫會)가 조직되었는데, 이때 회원 수가 200명이었다고 하니 제생학사가 배출한 여의의 규모가 상당했음을 짐작해 볼 수 있다.[22] 다만 1900년에 제생학사를 단과의과대학으로 재편하려는 움직임과 함께 1901년에는 남녀가 같이 공부하면서 벌어지는 풍기문란 등의 문제로 제생학사는 여학생 입학을 불허하게 되었고, 같은 해 전후기 여학생 전원에게 퇴학을 명했다. 가장 많은 여학생이 재학하고 있던 제생학사에서 전기 30명, 후기 14명의 여학생 전원이 퇴출되는 사건은 일본 여성 의학교육사에서 중대한 전환점을 가져왔다.[23]

이 사건을 계기로 많은 수의 여학생들이 의학교육의 기회를 잃었다. 그러나 이 사건은 동시에 새로운 여성 의학교육의 시작을 알리는 계기가 되기도 했다. 제생학사는 여학생을 퇴출한지 2년 후인 1903년 폐교[24] 수순을 밟으며 의학교육 전반에도 영향을 끼쳤다. 제생학사의 폐교 이후 도쿄의 여성 의학교육은 여자의학연수소(女子醫學研修所), 사립일본의학교(私立日本醫學校), 의학온습회(醫學溫習會) 등으로 분산되면서 안정적인 교육이 이루어지기는 어려운 상황이 이어졌다. 이 중에 여자의학연수소는 제생학사 전기(前期) 여학생들이 제생학사의 강사인 이시카와 기요타다(石川淸忠)에게 부탁하여 도쿄치과의학원 내에 설립한 의학교이다. 다만, 이 학교도 전문학교 승격을 두고 여성 의학교육을 배제했다.[25] 이 외에도 제생학사가 폐교된 이후 700여 명의 학생을 구제할 목적으로 사립도쿄의학교와 사립일본의학교가 개교하면서 여성 의학교육의 일부를 담당했으나, 1910년에 두 학교는 합병했고, 이듬해에는 의학전문학교로 승격시키기 위해 여성 의학교육을 단념했다.[26]

1880년대에 여성도 의술개업시험의 수험자격을 부여받고, 이에 따라 각지에서 여성을 받아들이는 의학교육기관이 생겨나는 움직임을 보였으나, 1900년초에 제생학사의 여학생 퇴출사건, 전문학교령에 따른 교육기관의 정비 과정에서 여성 의학교육은 제도적으로 보장되지 않았다. 결과적으로 개교한지 얼마 지나지 않은 도쿄여의학교가 공식적으로 여학생을 위한 의학교육기관으로서 역할을 부여받게 된 것이다.

요시오카 야요이와 도쿄여자의학전문학교

독립된 여성 의학교육에 대한 요시오카 야요이의 열망

도쿄여의학교의 설립자인 요시오카 야요이도 제생학사 출신이었다. 요시오카 야요이는 1871년에 한방의의 딸로 태어나 의학에 정진하여 근대적 여자의학교를 개교하면서 일본의 대표적인 의사이자 교육가로 이름을 널리 알린 인물이다. 그녀가 여성으로 여성을 위한 의학교육기관을 설립하게 된 데에는 그녀가 졸업한 교육기관에서의 경험이 큰 영향을 미쳤다.

그녀는 1889년에 제생학사에 입학했는데, 제생학사 진학 계기를 별도의 입학시험이 없고, 학력이 없는 자도 자유롭게 입학할 수 있었기 때문이라고 회고한다. 먼저 제생학사를 졸업하고 의사면허를 받은 다카하시 미즈코의 경우처럼 제생학사는 고학하면서 공부하는 사람들에게는 아주 좋은 조건을 제공해 주었다. 여학교 출신자, 소학교 졸업자, 기혼자, 독신자 등 학력이나 연령, 환경이 다른 여학생이 매년 20-30명 정도 재학하고 있었고, 단지 의사가 되고 싶다는 열정으로 서로 연결되어 좋은 의미의 경쟁이 가능한 공간이었다.

문제는 있었다. 남성 중심으로 운영되던 당시 의학교육의 구조 속에서 제생학사가 여학생의 입학을 허용하였음에도 불구하고, 여성 의학생들이 겪는 제약과 차별을 해소하려는 제도적 지원이나 보호는 거의 이루어지지 않았다. 그나마 제생학사측의 배려는 교단에 가까운 곳에 '여학생의 자리'를 마련해 준 것 정도에 그쳤다. 그러나 수강자가 많은 임상강의에서 여학생은 언제나 뒤로 밀려나 강사의 판서나 실연(實演)을 충분히 습득하는 데에 어려움이 많았다. 즉, 제생학사는 표면적으로는 '공학'을 표방했으나, 같은 학교에 다니는 남학생들은 여의망국론, 여자의 고등교육무용론 등의 차별적인 발언을 서슴없이 내뱉으며 '공학'이라는 단어를 무색하게 만들었다. 이 경험은 요시오카에게 '여성이 여성으로서 충분히 연구할 수 있는 학교를 설립해야 한다'고 느끼는 계기로 작용했다.[27]

요시오카는 1890년 의술개업시험 전기시험에 합격했으나, 후기시험은 떨어지는 바람에 다시 도전, 1892년 10월에 후기시험에 합격하여

1893년 4월에 27번째로 의술개업면허장을 부여받았다. 면허를 받은 후 지케이의대병원(慈惠醫大病院)에서 2년 정도 연수를 받았고, 아버지의 간청으로 아버지가 운영하던 와시야마병원(鷲山病院)의 분원을 요코스카(横須賀)에 개업하여 운영하기도 하였다. 이후 다시 도쿄로 돌아와 독일어를 배우는 한편, 여학교에 진학하여 국문학과 이케바나(生花), 다도 등을 배우며 어학 능력을 키우고 교양을 쌓았다.

그녀는 독일어를 수학하던 시세이학원(至誠學院)의 원장과 결혼했으나, 남편의 학원이 경영난을 맞자 도쿄시세이의원을 개업하여 운영하였다. 의학교 재학시절에 이어 이때에도 '여의'가 사회에서 제대로 인정받지 못하는 경험을 하게 되었다. 이에 여의가 남자 의사와 동등한 위치에서 인정받는 것이 요시오카 본인을 위해서도, 여의 전체를 위해서도 필요하다고 느끼게 되었다. 이러한 생각은 비단 요시오카만 했던 것은 아니고, 당대 활동했던 여의들이 가지고 있던 공통된 생각이었다. 공인 면허 여의 제1호로 잘 알려진 오기노 긴코는 1893년 11월 「여학잡지(女學雜誌)」에 그녀의 유일한 논문으로 알려진 글을 게재했는데, 여기에서 여자 의학생의 장래를 위해 사립여자대학을 세워 의학부를 설치해야 한다고 주장하기도 했기때문이다.[28]

이처럼 19세기 말은 공인된 의사면허제도로 여의가 탄생하기는 했어도 여학생이 제대로 배울 수 있는 의학교육기관은 안정적으로 운영되지 못했고, 여의는 의사로서 제대로 인정받지 못했다. 여의라는 존재를 두고 20세기 초까지도 논쟁이 지속될 정도였으니, 이러한 상황에 미루어 요시오카가 활동하던 시절은 여자 의학생에 대한 차별이 엄연히 존재했고, 실질적으로는 교육기회를 제한받았던 시기였다고 할 수 있다. 이에 요시오카는 아버지와 오빠로부터 영향을 받아 의사로서의 정체성을 형성해 나갔으며, 동시에 제생학사에서의 경험을 통해 남성과 구별되는 '여성'이라는 자신의 위치를 자각하게 되었다. 이러한 자각은 그녀로 하여금 여성 의학교육에 대한 비전을 구체화하는 계기가 되었다. 여성으로서 의사면허를 취득한 사람들이 증가하고는 있었지만, 아직 '여의'에 대한 제대로 된 인식이 형성되지 않은 시절에 요시오카는 '여의'로서의 아이덴티티를 확고히 하였고, 여자를 위한 의학교인 도쿄여의학교를 세우는 데에 이르게 되었다.[29]

여의의 전문직업인화

도쿄여의학교는 1900년 11월에 개교했다. 오직 여성의 의학교육을 위해 설립된 근대 일본의 첫 여성 의학교육기관이었다. 도쿄여의학교는 도쿄시 고지마치구 이다초 4초메(麴町区飯田町四丁目)의 도쿄시세이병원내에 세워졌다. 이 의학교는 개교 당시부터 여자고등교육을 목적으로 하면서도, 여의라는 전문직을 양성하고자 직업교육을 목적으로 하는 교육기관이었다는 점에서 일반교양을 가르치는 것을 목적으로 하는 학교와는 결을 달리했다.[30]

입학자격은 17세 이상의 여자로 고등소학교 졸업 이상의 학력을 가진 품행단정한 여자로 한정했고, 수업은 매일 정오부터 오후 5시까지 진행되었다. 교육과정은 총 4년으로, 전기는 1년 6개월, 후기는 2년 6개월로 구성되었다. 전기학과에서는 조직학, 해부학, 생리학, 화학, 물리학을, 후기학과에서는 병리총론, 내과각론, 외과통론, 외과각론, 진단학, 약물학, 안과학, 산과학, 부인과학, 위생학, 법의학, 내과·외과·부인과·

안과 임상강의를 배우는 상당히 강도 높은 커리큘럼으로 구성되어 있었다.[31] 개교 후 약 1년이 지난 시점을 기준으로 강사 4명(速水, 吉岡, 鷲山, 木村)이 교육을 진행하고 있었고, 재학생은 40여 명 규모였다.[32]

도쿄여의학교가 개교했을 당시에는 여학생을 수용하는 다른 의학교들도 존재하고 있었기 때문에 신설 학교로서 안정적으로 운영하는 데 어려움이 따랐다. 제생학사가 여학생 입학을 거부하면서 1901년에 세워진 여자의학연수소가 학생들을 빼가는 사태가 벌어지기도 했다. 이후 여자의학연수소가 도쿄의학교에 흡수되면서 도쿄여의학교–도쿄의학교–일본의학교가 경쟁하는 구도가 형성되었고, 경쟁 속에서 시설 확충과 지명도를 높이기 위한 작업을 진행했다. 이에 요시오카는 도쿄여의학교의 장소를 이전하여 교사를 확장하고, 기숙사를 설치하는 등의 노력을 기울였다.[33] 1903년에는 가와다초(河田町)의 육군수의학교(陸軍獸醫學校) 터로 이전했고, 1904년에는 사립학교령에 적용받는 교육기관이 되어 사립도쿄여의학교로 개칭했다.

도쿄여의학교의 성장동력을 마련해 준 사건은 러일전쟁이었다. 전후 여자 전문교육 및 직업교육에 대한 요청이 높아지면서, 도쿄여의학교에 입학을 희망하는 자도 50–60명에서 200명 이상으로 급증하는 모습을 보였기 때문이다.[34] 이는 전쟁으로 아버지와 남편을 잃은 여성이 가족을 먹여 살리고, 자식을 교육시키기 위해 경제적 자립을 실현하는 직업의 하나로 여의가 상정된 것을 의미했다. 그리고 1900년대 초 전후 중등교육진학자가 증가한 것을 배경으로 여자고등교육기관이 속속 등장했는데, 이 학교들은 1903년에 「전문학교령」이 반포되면서 전문학교로 인가받았다. 이러한 흐름 속에 1906년에 「의사법」의 개정으로 의술개업시험을 대신하는 의사시험이 마련되었고, 수험자격에 고등여학교 졸업이 명기되면서 여성이 의사가 될 수 있는 길이 법적으로 보장되었던 것도 영향을 미쳤다.

이를 계기로 요시오카는 도쿄여의학교를 전문학교로 승격시켜 정규 의학교육기관으로 인정받고자 하였고, 이에 「전문학교령」이 정하는 기준에 맞춰 시설 등을 정비해 나아가고자 하였다. 1908년 1월에는 도쿄여의학교 학생이 의사시험에 합격하면서 첫 번째 졸업생을 배출하는 쾌거를 올렸고, 같은 해에 2명, 이듬해에 2명, 1910년에 8명이 의사시험에 합격하며 의학교로서의 면모를 보이기 시작했다.[35] 전문학교 인가를 위한 본격적인 작업은 졸업생을 배출한 시기부터 진행되었고, 문부성의 시찰, 재단법인화 등의 부속작업이 뒤따랐다. 그 결과 1912년 전문학교 인가를 받게 되었다. 1912년 현재 의학, 약학 관련 전문학교는 관립이 6개교(치바, 센다이, 오카야마, 가나자와, 나가사키, 니가타)[36], 공립이 4개교(교토부립, 아이치현립, 도야마현립, 오사카부립고등), 사립 6개교[37]로 총 16개교가 전부였고, 여자의학전문학교로는 도쿄여의전이 유일했다.[38]

도쿄여의학교는 1912년 3월 14일에 전문학교령에 근거하여 문부대신으로부터 전문학교 개교 인가를 받아 도쿄여자의학전문학교가 되었다.[39] 전문학교로 인가를 받기는 했지만, 1915년까지 도쿄여의학교와 도쿄여의전이 병존하는 형태로 운영되었다. 도쿄여의학교로 입학한 학생의 경우 전문학교령에 적용되지 않아 그들이 졸업할 때까지 도쿄여의학교를 유지해야만 했던 것이다. 도쿄여의학교는 첫 졸업생을 1908년에 배출한 이래 1915년까지 106명의 졸업생, 2명의 외국인 청강생 배출했다.[40]

전문학교로 인가받을 당시의 도쿄여의전은 도쿄시 우시고메구 이치가야 가와다초(東京市牛込區市ヶ谷河田町)에 위치했다. 교장은 창립자인 요시오카 야요이가 맡았고, 부교장은 그녀의 남편의 막내동생이자 세균학박사인 요시오카 마사아키(吉岡正明)가 담당했다. 학교 개교의 목적은 여성에게 일반의학 및 의술을 교수하고, 문부성 의술개업시험에 응할 수 있는 자격을 가진 여성을 양성하는 데에 있었다. 학과는 전후기로 나뉘어져 있었고, 수업연한은 전기학과 2년, 후기학과 2년의 총 4년이었다. 입학자격은 16세 이상 35세 이하의 여성으로, 4년 정도의 고등여학교를 졸업한 자에게는 무시험 입학을 허락했고, 그 외의 지원자는 시험을 치러 입학하도록 하였다. 매년 4월에 입학하나, 임시입학도 허가하였다. 시험과목은 고등여학교를 졸업한 수준의 국어, 산술, 이과였다. 학비는 입학금이 5엔, 한 학년에 60엔, 실습은 6엔이었고, 졸업시험료 15엔이었다. 도쿄여의전은 별도로 부속병원 및 교풍회(校風會)가 마련되어 있는데, 부속병원은 임상실습을 위한 곳이었고, 교풍회는 모임의 이름으로, 부녀자의 덕을 양성하고, 지식을 교환하여 교풍을 고상하게 하기 위해서 만들어진 조직이었다.[41] 교풍회는 요시오카의 개인적인 경험과 성향과 관계된 모임이었다고 할 수 있다.

도쿄여의전의 수업연한은 1920년에 문부성 지정을 받으면서 변경되었다.[42] 문부성 지정학교 인가를 받으면서 졸업생은 졸업과 동시에 의사 자격을 취득[43]할 수 있었는데, 이때부터 총 4년의 교육과정에서 예과 1년에 본과 4년의 총 5년의 교육과정으로 재편되었다.[44] 입학자격은 만 16세 이상은 동일하나 연령의 상한선은 삭제되었고, 고등여학교 졸업자 외에도 전문학교 검정시험 합격자 및 동지정자(同指定者) 등도 입학할 수 있었다. 시험과목은 작문을 포함한 국어시험, 산술과 평면기하 등의 지식을 묻는 수학은 동일하나, 영어독해시험과 신체검사, 구두시험이 추가되었다. 문부성 인가를 받았기 때문에 졸업자는 무시험으로 의사가 될 수 있다는 점이 강조되었다. 또한 졸업생은 생리학, 위생학의 중등교원자격을 취득할 수 있었기 때문에 꼭 의사가 되지 않더라도 여성으로서 전문직업을 갖고자 하는 여성들에게 도쿄여의전은 매력적인 학교였을 것이다.[45]

교수진은 외과, 내과, 소아과 등 의학교육에 필요한 의학박사 및 의학사로 구성되어 있었다. 교원은 교수, 강사, 조교수, 조수로 구성되어 있었다. 교과과정은 본과 1, 2학년은 기초의학 수업을 하고, 3, 4학년은 임상의학강의에 중점을 둔 수업을 진행하였다.[46] 1928년의 동경여의전 교육과정을 살펴보면, 윤리, 독일어, 영어는 예과와 본과 총 5년간 지속되었고, 예과에서는 국한문, 수학, 물리학, 화학, 동물학, 식물학, 체조를 배웠다. 본과 1학년 때에도 체조는 포함되어 있었고, 해부학, 생리학, 의화학을, 본과 2학년 때에는 위생학, 세균학, 병리학, 약물학, 내과학, 외과학의 일부를 수학했다. 본과 3, 4학년 때에는 병리해부학, 내과 각론 및 임상강의, 소아과학 이론 및 임상강의, 외과학의 각론, 임상강의, 수술실습, 피부병학 및 매독학, 이비인후과학, 안과학, 산과학·부인과학, 정신병학, 법의학의 이론 및 임상강의, 실습 등이 이루어졌다. 비뇨기과는 따로 포함되지 않았다.[47]

전문학교로 졸업생을 배출하기 시작한 때는 1916년이었는데, 이때부터는 의술개업시험의 결과에 관계없이 졸업학년에 해당하는 자는 모두 졸업생으로 간주되었으나, 1920년 문부성 지정학교가 될 때까지 관습적으로 시험에 합격한 것을 졸업이라고 불렀다.[48] 따라서 이 시기의 졸업생이라는 것이 반드시 시험 합격을 담보한 것은 아님을 밝혀둔다.[49] 바꿔 말하면, 이때는 입학만 하면 수료 정도로 학업을 마칠 수 있었기 때문에, 이 기간에 전 시기보다 약 2배 가까이 많은 241명이 졸업했고, 14명의 외국인 청강 수료생도 배출하였다.[50] 이러한 상황은 조선이나 대만 등지에서 의학교육을 위해 도쿄여의전에 진학하는 비율을 늘리는 요인으로도 작용했을 것으로 보인다.

도쿄여의전이 문부성 지정학교가 되자 졸업생은 더 큰 폭으로 늘어났다. 문부성 지정학교가 된 이후 한두 해를 제외하고는 매년 100명 이상의 졸업생을 배출했기 때문이다. 많은 해는 181명을 배출하기도 하며, 1920년부터 1935년까지 총 2,045명의 여의를 양산해냈다. 여기에 도쿄여의학교 시기의 졸업생 106명, 전문학교 시기의 졸업생 241명[51]을 포함하면 총 2,391명이고, 외국인 16명을 포함하면 2,407명이다. 그중 재입학한 경우와 시험에 통과하지 못한 사례를 빼도 2,359명에 달한다.[52] 조선인의 경우 통계를 집계할 때 일본인과는 별도로 외국인으로 집계했을 것으로 보이는데, 그 수치로 볼 때 1935년까지 도쿄여의전을 졸업한 외국인의 대부분이 조선에서 유학한 여성이었을 것이라고 추측해 볼 수 있다.[53]

한편, 1925년에 도쿄에 제국여자의학전문학교(1930년에 제국여자의학약학전문학교로 개칭)가 개교했고, 1927년에 약학과가 증설되며 상당한 규모의 여자의학전문학교[54]가 들어서게 되었다. 이 시기부터는 도쿄여의전과 제국여자의학전문학교의 경쟁구도가 만들어지기는 했지만, 이러한 구도는 사회 전반의 분위기와 함께 오히려 여성 의학교육과 여의의 사회적 지위를 높이는 역할을 했다.

메이지기에는 지식과 기술을 바탕으로 한 여성의 새로운 직업의 예로 여교사, 산파, 간호부 등이 거론되었다. 메이지 초기 일본 사회는 기본적으로 여성의 독립을 자극하여 가정[家制度]이 약체화할 것을 우려하여 여성이 지식과 기술을 기반으로 하는 직업을 갖는 것을 거부하는 분위기가 형성되었다. 그러나 시간이 흐르며 여성의 직업은 나라와 공공사업에 필요하다고 인정되어 생겨난 직업이므로, 반대로 자격화하여 적극적으로 보호되어야 한다는 논리가 등장했다. 그 결과 여성의 직업은 다이쇼기(大正期)에 걸쳐 자본주의의 발달과 함께 확대되어, 이전에는 특수하다고 여겼던 직업이 증가하면서 사회적으로 상당한 영향력을 끼쳤다. 다만 의사의 경우에는 남성의 지위가 강하게 인정받았고, 여의는 단지 여성의 발상에 근거한 것이라는 취급을 받기도 했다.[55] 그러나 결과적으로는 다른 직업들과 함께 의사는 여성에게 적극적으로 권장되는 직업이 되었다.

1910년대 초 의사는 현대 여성이 선택할 수 있는 직업의 하나로 소개되었다.[56] 직업을 소개하는 이의 직업적 배경이나 소속에 따라 특정 직업이 보다 적극적으로 추천되는 경우도 있으나, 이미 1910년대에 의사, 치과의사, 약제사 등이 여성의 직업으로 다른 직종들과 함께 언급되었다는 점은 근대 일본 사회의 직업관 및 성별 역할에 대한 인식이 변화하고 있었음을 보여주는 사례로 해석할 수 있다.[57] 심지어 여성의 직업을 소개하는 한 책은 의사라는 직업을 책의 가장 첫 장에 소개하였다. 이것은 최근 의술개업시험의 합격자 중에 여성이 포함되어 있고, 게다가 도쿄여의학교 및 도쿄여의전에서 여의를 지속적으로 배출하며 의사가 새로운 여성의 직업으로 등장하고 있었던 것과 관련이 있는 현상이었다.[58] 실제로 다이쇼기에 들어서면 여의는 여성의 주요한 직업으로 인정받는다. 여의의 증가가 이러한 점을 잘 보여주고 있는데, 1884년부터 1912년까지는 28년 동안 평균 8.5명의 여의가 탄생했다고 한다면, 다이쇼 시대 약 15년간의 평균은 73.6명으로 비약적으로 증가했다.[59]

이러한 비약적인 성장에 도쿄여의전의 역할을 빼놓을 수 없다. 도쿄여의전은 1920년대 중반 다른 여자의학전문학교가 개교하기까지 약 25년간 일본의 여성 의학교육을 무에서 유로 이끌어 왔다. 또한 첫 번째 여의학교, 그리고 첫 번째 여자의학전문학교라는 타이틀이 갖는 상징적인 의미뿐만 아니라 자교 출신을 적극적으로 의학교육과 임상의 현장에서 활용하며 현장에서 여의들이 활약할 수 있는 기회를 제공했다. 도쿄여의전은 학교 안내에 교수진뿐만 아니라 조교수, 조수 등의 이름을 포함시켰는데, 교수명은 남성으로 보이는 반면, 조교수 및 조수의 이름은 여성으로 확인된다. 조교수 및 조수는 내과, 외과, 소아과, 산부인과, 이비인후과, 안과, 피부과, 병리학과, 세균학과, 의화학과, 렌트겐과 등 다양한 과에 속해 있었고, 교수를 도와 의학교육과 임상에 참여했다.[60] 도쿄여의전은 도쿄시세이병원(東京至誠病院)이라는 부속병원을 가지고 있고, 병원은 본원과 분원, 진료소 등으로 구성되어 있어, 졸업생들이 교육과 함께 산하기관에서 활동할 수 있는 구조가 마련되어 있었다. 아울러 전시기에는 영양연구소(1942)를 개소하여 국민의 영양문제에까지 관여[61]하는 등 활동의 범위가 확대되었다. 이처럼 도쿄여의전을 졸업한 여의들은 의료현장에서 활동할 수 있는 기회를 얻으며 의사로서의 사회적 지위를 획득해 나아갔다.

마치며

이 글에서는 근대 일본에서 근대적 의미의 여의가 탄생하기까지의 지난한 과정과 여성에 대한 의학교육이 시작되는 지점을 확인하였다. 아울러 20세기 초중반의 도쿄여의전으로 표상되는 근대 일본의 여성 의학교육이 걸어온 길을 살펴보았다. 19세기 후반 이후 여성 의학교육이 안정적으로 진행되기까지 여러 번의 고비가 존재했으나, 의사면허제도가 정비된지 얼마 지나지 않은 시기에 의사면허를 획득한 몇몇 여의들이 여성 의학교육을 확대하기 위해 역할을 담당했다. 그 중 요시오카 야요이가 도쿄여의학교를 설립하고, 이를 전문학교로 승격, 문부성 지정인가학교로 키워 나아가면서 근대일본의 여성 의학교육은 본격화되었다. 이와 같이 여자의학교육기관이 제도권에서 인정하는 의학교육기관으로 거듭나면서 여성 의학교육은 지속적·안정적으로 성장할 수 있었다. 그리고 이후 더 다양한 여성 의학교육기관의 설립을 가져왔다.

이 글에서 주목하고 있는 도쿄여의전의 성장과 발전의 사례는 근대 일본 초기의 여성 의학교육의 전개 과정을 그대로 담고 있어 여성 의학교육의 저변이 어떻게 확대될 수 있었는지를 잘 보여주고 있다고 하겠다. 여성 의학교육의 활성화는 여성이 사회적·경제적으로 자립할 수 있는 기반을 마련하는 계기가 되었으며, 이는 여성의 직업으로서 의사를 상정하는 담론으로 연결되었다. 사회 전반에서도 여의의 증가를 환영하는 분위기가 형성되었다. 일본에서의 이러한 흐름은 당시 식민지 조선 여학생의 일본 유학, 그리고 귀국 후의 여성 의학교육에의 참여, 여의로서의 활동 및 그 경향성과 연결되는 지점이라는 점에서 주목할 만하다.

미주

1 최은경, 「일제강점기 조선 여자 의사들의 활동-도쿄여자의학전문학교 졸업 4인을 중심으로」, 『코기토』 80, 2016; 백옥경, 「식민지시기 조선여학생의 東京女子醫學專門學校 유학과 귀국후 활동」, 『이화사학연구』 66, 2023.

2 의사라는 직업을 가진 여성을 부르는 용어는 여의사, 여성 의사, 여자의사 등으로 다양하나, 본 논문에서는 일본에서 칭하는 명칭 그대로 '여의(女醫)'로 표기하도록 한다.

3 김영수, 「근대일본의 의사면허 변천: 의제부터 의사법까지」, 『동아시아 역사 속의 의사들』, 역사공간, 2015, 364쪽.

4 의제 발행 후 약 10년간 개업을 청하는 자는 해부학·생리학·병리학·약제학·내외과 대의(大意)와 병상처방 및 수술의 시업(試業)을 거쳐 면장을 부여하도록 하였다. 단, 가면장을 받은 자라고 해도 30세 이하는 3년마다 신규로 의술개업을 청하는 자에게 부과되는 시험과 동일한 시업을 치르도록 했다. 厚生省醫務局編, 『醫制八十年史』, 印刷局朝陽會, 1955, 481쪽.

5 三崎裕子, 「從來開業女醫についての一考察」, 『日本醫史學雜誌』 65(3), 2019, 302쪽.

6 三崎裕子, 「從來開業女醫についての一考察」, 『日本醫史學雜誌』 65(3), 2019, 302쪽.

7 三崎裕子, 「從來開業女醫についての一考察」, 『日本醫史學雜誌』 65(3), 2019, 304쪽.

8 三崎裕子, 「從來開業女醫についての一考察」, 『日本醫史學雜誌』 65(3), 2019, 304-306쪽.

9 三崎裕子, 「「近代的明治女醫」 誕生の經緯と背景」, 『日本醫史學雜誌』 61(2), 2015, 148쪽.

10 각 참가자의 자세한 발언은 다음의 논문을 참조. 三崎裕子, 「「近代的明治女醫」 誕生の經緯と背景」, 『日本醫史學雜誌』 61(2), 2015, 149-151쪽.

11 三崎裕子, 「「近代的明治女醫」 誕生の經緯と背景」, 『日本醫史學雜誌』 61(2),

2015, 153쪽.

12 三崎裕子,「「近代的明治女醫」誕生の經緯と背景」,『日本醫史學雜誌』61(2), 2015, 148쪽; 153쪽.

13 김영수,「근대일본의 의사면허 변천: 의제부터 의사법까지」,『동아시아 역사 속의 의사들』, 2015, 372-373쪽.

14 1883년 반포된「의사면허규칙」.

15 또는 고주의원(好壽醫院).

16 三崎裕子,「「近代的明治女醫」誕生の經緯と背景」,『日本醫史學雜誌』61(2), 2015, 156쪽.

17 http://www.maroon.dti.ne.jp/kwg1840/kuno.html

18 日本女醫會史編纂委員會編,『日本女醫史』, 日本女醫會本部, 1962, 80-81쪽.

19 제생학사는 1876년 개교, 1884년 3월에 도쿄의학전문학교 제생학사로 인가받았고, 같은 해 12월부터 여자 의학생의 입학을 허가했다. 다카하시가 제생학사에 입학할 때에는 제생학사를 개교한 하세가와 다이(長谷川泰)에게 직접 교섭했다고 전해진다. 교섭내용에 대해서는 다양한 설이 있는데, 구체적인 내용은 다음을 참조할 것. 渡邊洋子,「日本の医療専門職の特徴—医師をめぐる多面的考察から—」,『社會保障研究』3(4), 2019, 463쪽; 日本女醫會史編纂委員會編,『日本女醫史』, 日本女醫會本部, 1962, 85쪽.

20 志村俊郎, 弦間昭彦,「日本醫科大學前身の濟生學舍-濟生救民と長谷川泰をめぐる人々-」,『日本醫科大學醫學會雜誌』18(1), 2022, 88쪽.

21 渡邊洋子,「日本の医療専門職の特徴—医師をめぐる多面的考察から—」,『社會保障研究』3(4), 2019, 463쪽; 渡邊洋子,『近代日本の女性専門職教育』, 明石書店, 2014, 93쪽.

22 日本女醫會史編纂委員會編,『日本女醫史』, 日本女醫會本部, 1962, 203쪽.

23 1903년을 기준으로 의적에 등록된 여의의 출신 의학교육기관(국내)을 살펴보면 제생학사 출신 여의가 압도적으로 많다. 그 외에 오기노 긴코의 고주인, 이쿠사와 구노의 동아의학교, 여자의학연수소, 오사카지케이의원의학교 출신 여의는 각 한두 건 정도 꼽을 수 있다. 三崎裕子,「明治女醫の基礎資料」,『日本醫史學雜誌』54(3), 2008, 282쪽.

24 1903년 전문학교령 칙령이 반포되어 전문학교의 제도화, 인가제가 실시되었고, 제생학사는 승격 조건을 만족시키지 못하여 700명 이상의 재학생이 있었음

에도 폐교하고 말았다.

25 다만 여성을 교육대상에서 제외한 것은 공학(共學)이라는 당시의 교육체제의 문제로 볼 수 있다. 渡邊洋子, 『近代日本の女性專門職教育』, 明石書店, 2014, 94쪽.

26 唐澤信安, 「濟生學舍の女子醫學教育及びその周邊」, 『日本醫史學雜誌』 43(3), 1997, 315쪽.

27 渡邊洋子, 『近代日本の女性專門職教育』, 明石書店, 2014, 82-86쪽.

28 日本女醫會史編纂委員會編, 『日本女醫史』, 日本女醫會本部, 1962, 207쪽.

29 渡邊洋子, 『近代日本の女性專門職教育』, 明石書店, 2014, 88쪽.

30 渡邊洋子, 『近代日本の女性專門職教育』, 明石書店, 2014, 97쪽.

31 松本龜藏編, 『立志成業東京修學案內』, 修學堂書店, 1902, 132쪽.

32 「東京女醫學校」, 『中外醫事新報』 518, 1901, 69쪽.

33 광고에서 교사가 협소하여 이전하는 것이며, 강사를 초빙하여 교무를 확장한다고 밝히고 있다. 아울러 기숙사를 설치하여 엄중한 감독도 할 것임을 밝히고 있다. 「教務擴張校舍移轉」, 『中外醫事新報』 508, 1901, 광고란 참조.

34 渡邊洋子, 『近代日本の女性專門職教育』, 明石書店, 2014, 99쪽

35 渡邊洋子, 『近代日本の女性專門職教育』, 明石書店, 2014, 100쪽.

36 그중에 센다이의학전문학교는 1912년 3월 의학전문부로 동북제국대학에 병치됨과 동시에 자연소멸되었다. 大山幸太郎, 『日本教育行政法論』, 目黑書店, 1912, 243쪽.

37 사립구마모토의학전문학교, 사립규슈약학전문학교, 도쿄지케이카이의원부속의학전문학교, 사립도쿄치과의학전문학교, 사립일본치과의학전문학교, 사립도쿄여자의학전문학교.

38 大山幸太郎, 『日本教育行政法論』, 目黑書店, 1912, 243-244쪽.

39 「告示」, 『官報』, 1912. 3. 14.; 「東京女子醫學專門學校」, 『中外醫事新報』 768, 1912, 426쪽.

40 東京女子醫學專門學校編, 『東京女子醫學專門學校一覽』, 東京女子醫學專門學校, 1937, 8-9쪽.

41 帝國教育會編, 『東京遊學案內』, 大洋堂書店, 1913, 187쪽.

42 문부성 지정학교로 인가받기 위해서는 의학전문학교 승격 2년 후의 전임교원, 교사, 입원 및 외래환자의 확보, 해부실습을 위한 사체확보, 교실 정비 등의 조

건을 충족시켜야 했다. 東京女子醫科大學百年史編纂委員會, 『東京女子醫科大學百年史』, 東京女子醫科大學, 2000, 37쪽.

43 渡邊洋子, 「日本の医療専門職の特徴—医師をめぐる多面的考察から」, 『社會保障研究』 3(4), 2019, 464쪽.

44 백옥경, 「식민지시기 조선여학생의 東京女子醫學專門學校 유학과 귀국후 활동」, 『이화사학연구』 66, 2023, 13쪽.

45 日本教育評論社調査部編, 『最新東京學校案內』(昭和12年版 改訂2版), 日本教育評論社, 1936, 51쪽.

46 東京女子醫科大學, 『東京女子醫科大學小史-六十五年のあゆみ』, 中央公論事業出版, 1966, 134쪽; 백옥경, 「식민지시기 조선여학생의 東京女子醫學專門學校 유학과 귀국후 활동」, 『이화사학연구』 66, 2023, 13쪽.

47 도쿄여의전의 강의구성 및 시수는 다음의 논문을 참조할 것. 백옥경, 「식민지시기 조선여학생의 東京女子醫學專門學校 유학과 귀국후 활동」, 『이화사학연구』 66, 2023, 13-15쪽.

48 東京女子醫學專門學校編, 『東京女子醫學專門學校一覽』, 東京女子醫學專門學校, 1937, 10쪽.

49 실제로 1916년 의학전문학교로 인가받은 후에 입학한 학생 46명이 졸업했는데, 이듬해 치러진 시험에서 27명만이 합격했다. 東京女子醫科大學百年史編纂委員會, 『東京女子醫科大學百年史』, 東京女子醫科大學, 2000, 38쪽.

50 東京女子醫學專門學校編, 『東京女子醫學專門學校一覽』, 東京女子醫學專門學校, 1937, 11쪽.

51 전문학교 지정된 후의 졸업생 수가 도쿄여의전 일람(1937)에서 240명과 241명으로 다르게 기재되어 있다. 우선 241명으로 기재하고, 추후 다른 자료와 대조하여 확인하도록 하겠다.

52 東京女子醫學專門學校編, 『東京女子醫學專門學校一覽』, 東京女子醫學專門學校, 1937, 12-14쪽.

53 도쿄여의전일람에서는 1935년 현재 도쿄여의전에서 수학한 외국인을 16명으로 집계하고 있다. 같은 자료에서 1920년 문부성 지정인가학교가 되기 전까지 외국인 청강생의 수를 14명으로 집계하고 있다. 외국인 청강생의 수와 수학한 외국인의 수가 별개인지, 중복되는 숫자인지는 확인해야 하나, 1935년 일람에서 지목하고 있는 외국인 16명이 1920년 문부성 지정인가학교가 된 이후에 배

출한 학생이라고 한다면, 백옥경의 논문에서 제시하고 있는 도쿄여의전 출신의 조선인 여의명단과 일치한다고 할 수 있다. 다만 중국, 대만 출신의 여학생도 졸업했을 가능성이 있으므로 이 부분은 추가적인 연구가 필요하다. 백옥경, 「식민지시기 조선여학생의 東京女子醫學專門學校 유학과 귀국후 활동」, 『이화사학연구』 66, 2023, 29-31쪽; 東京女子醫學專門學校編, 『東京女子醫學專門學校一覽』, 東京女子醫學專門學校, 1937, 14쪽.

54 1929년 현재, 의학과는 150명, 약학과는 120명을 모집했고, 의학과, 약학과 졸업생은 제1회 졸업생부터 무시험으로 개업이 가능했다. 一. 의육기관의 전경 및 직원(醫育機關ノ全景併ニ職員) 부분의 제국여자의학전문학교 소개 참조. 醫事時論社編, 『日本醫籍錄』, 醫事時論社, 1929; 山海堂編輯部編, 『學生年鑑』, 山海堂出版部, 1929, 140쪽.

55 渡邊洋子, 『近代日本の女性專門職敎育』, 明石書店, 2014, 89-90쪽.

56 鴨田担, 『現代女子の職業と其活要』, 成蹊堂, 1913, 1쪽.

57 저자는 서문에서, 이 책을 제작한 이유로 여성들이 생존 경쟁이 치열한 사회 속에서 불안감을 느끼지 않고, 자신이 지닌 능력을 신뢰하며 직업을 선택할 수 있도록 돕기 위함이라고 밝히고 있다. 아울러, 여성들이 자신의 진면목을 자각하고 사회로 나아갈 때 본서를 참고하길 바란다는 의도 또한 서문에 명시하고 있다. 아울러 다양한 여성의 직업을 소개하면서 의사를 가장 처음으로 소개하고 있는데, 이는 책을 발행한 주체에 일본약학협회가 포함되어 있어서 우선 순위를 둔 것으로도 보인다. 鴨田担, 『現代女子の職業と其活要』, 成蹊堂, 1913, 서문 및 목차 참조.

58 鴨田担, 『現代女子の職業と其活要』, 成蹊堂, 1913, 1쪽.

59 福嶋正和, 藤田慧子, 「大正女醫の動向」, 『日本醫史學雜誌』 62(4), 2016, 363쪽.

60 一. 의육기관의 전경 및 직원(醫育機關ノ全景併ニ職員) 부분의 도쿄여자의학전문학교 소개 참조. 醫事時論社編, 『日本醫籍錄』, 醫事時論社, 1929.

61 일반사단법인 시세이카이(至誠會) 연혁 페이지 참조. http://www.shiseikai.or.jp/01gaiyo03.html

제7장

해킷의학교와 근대 중국 여성 의학교육의 성장

황용위안

시작하며

여성의 의료학습과 의료행위는 중국 의료 근대화의 중요한 구성 부분으로 근대 이후 국민국가와 페미니즘 담론의 틀 속에서 종족을 보존하여 나라를 부강하게 만들고 여성해방을 실현하는 효과적인 수단으로 간주되는 경우가 많다. 뿐만 아니라 여의사의 직업화는 여성 신체의 의료화를 촉진하고 여성의 정치·사회 참여를 확대하는 데 대체 불가한 역할을 수행하였다는 점에서 높은 평가를 받고 있다. 이로 인해 근대 여의사의 역사 쓰기에서 일종의 진보주의적 시각이 늘 투영되어 있는 것은 사실이다.[1] 그럼에도 불구하고 여성의 몸과 의료를 둘러싸고 가부장적 질서와 계급의식이 계속 작동하고 있는 오늘날, 여의사에 대한 연구는 여전히 중요한 의미를 지닌다고 할 수 있다.

근대 의사의 직업화는 국가권력의 후견으로 뒷받침되는 면허제도의 규범화, 의학교육의 체계화, 의사협회의 보편화 등의 요인과 밀접한 관련이 있다. 그중 의학교육, 특히 지식의 상아탑인 고등교육기관에서 수행되는 의학교육은 근대 서양의학 지식의 헤게모니 구축, 지식의 생산 및 보급, 인재 양성에 결정적인 영향을 미친다. 남녀유별이라는 성 구분의 사회적 관습과 규범으로 추동된 근대 중국 여성 의학교육은 1870년대 전후부터 교회 병원의 조수·간호사 속성교육, 미션계 의학교 교육, 중국 본토 의학교 교육 등의 형식을 거치면서 발전하였다.

19세기 말 서양 의료선교사들은 교회 병원이나 진료소에서 진료에 필요한 조수와 간호사를 양성하기 위해 도제식·개별적 여성 의학교육을 실시하기 시작하였다. 물론 이처럼 간단한 조수·간호사 속성교육은 여의사 양성과 거리가 멀었다. 최초의 여의사 진윈메이(金韻梅, 일명 진야메이(金雅妹)), 쉬진훙(許金訇), 스메이위(石美玉), 캉청(康成, 일명 캉아이더(康愛德) 혹은 간제허우(甘介侯)) 등은 서양 선교사들을 따라 도미하여 의과대학에 다니면서 정규 의학 훈련을 받고 돌아온 유학파였다.[2] 한편, 거의 같은 시기인 1879년 광저우에 위치한 중국 최초의 미션계 의학교인 박제의원(博濟醫院) 부설 서양의학교(1866년 설립, 이하 박제의학교로 칭함)에서는 처음으로 여학생 2명을 모집하여 본토 여성 의학교육의 효시를 알렸다. 그 이후 여성 의학교육은 두 가지 갈래로 나뉘어 전개되었는데 하나는 여성만을 위한 여자의학교 교육, 예를 들어 광저우의 해킷의학교(Hackett Medical College for Women), 베이핑여자의학교 등이 있었고, 또 하나는 남녀공학의 의학교 교육이었다. 그 결과, 20세기 초 광저우, 푸저우(福州), 상하이, 쑤저우(蘇州) 등 개항장과 연해 대도시를 중심으로 여의사 집단이 형성되었으며 1910년대에 여의사들은 점차 내지로 진출하여 그 영향력이 갈수록 확대해 갔다.[3]

이 글에서 다루는 해킷의학교는 근대 중국 최초 여성 전문 의학교의 하나이자 가장 대표적인 여자 의학교였다. 해킷의학교는 박제의학교의 남녀공학 의학교육을 바탕으로 1899년 미국 장로회 여성 의료선교사 메리 해나 풀턴(Mary H. Fulton)에 의해 광저우 시관(西關)에서 설립되었다. 이 학교는 광둥여의학당(The Canton Woman Medical College)이라고 불렸다가 1902년 건물 기증자의 이름을 따 해킷의학교로 교명을 변경하였고, 1936년 링난(嶺南)대학 쑨이셴기념의학원(孫逸仙紀念醫學院, 현 중산대학교 중산의과대학 전신)에 통합될 때까지 근대 중국에서 역사가 가장 오래되고 졸업생 수가 가장 많으며 영향력이 가장 큰 여자 의학교였다.[4]

그러나 지방에 위치해 있던 학교의 지리적 위치, 여성 실용적 인재를 양성하는 학교의 운영 성격, 전국적으로 유명한 졸업생이 적어 영향력이 제한되어 있다는 점 등의 원인으로 기존의 의학사 저술에서는 해킷의학교의 역사적 위상에 대한 객관적이고 공정한 평가가 부족하였다. 지금까지 이루어진 선행 연구에서는 해킷의학교의 기본 운영 상황[5] 및 이 학교의 여의사 양성과 광저우 지역 여성 양의사 집단의 형성과의 관계를 밝혀냈거나,[6] 또는 미션계 학교의 운영 과정에서 나타난 선교사들과 본토 의학계 여성 간의 문화적 충돌과 권력 관계를 살펴보고,[7] 광저우 여성인권운동의 부상과 발전에 대한 해킷의학교의 역할을 고찰하였다.[8]

하지만 기존 연구는 사료적 제약으로 인해 학교 운영 상황과 학생 정보를 체계적으로 정리하지 않아 기본적인 역사 사실에 오류를 범하였고 학교의 위상에 대한 올바른 평가도 하지 못하였다. 해킷의학교는 중국 남단의 한쪽에 위치해 있고 광둥어를 교수 언어로 사용하기 때문에 학생

자원이 제한되어 있지만, 졸업생들의 영향력은 광둥 등 화남 지역에만 국한되어 있지 않았다. 이전 연구는 주로 장주쥔(張竹君, 사실 이 학교 졸업생이 아님)[9], 량환전(梁煥真), 우즈메이(伍智梅) 등 근대 혁명과 여성인권운동에 뛰어든 졸업생들만을 주목하였지만, 사실 이외에도 해킷의학교는 가오신룽(高欣榮), 량이원(梁毅文), 저우무잉(周穆英), 천쯔창(陳自強) 등 화남은 물론 전국적으로 유명한 졸업생들을 배출하였다. 근대 중국에서 제일 오래 유지되고 졸업생을 가장 많이 배출한 여자 의학교로서 해킷의학교는 지리와 성별 모두 '변두리'에 처해있지만, 그 변두리를 돌파하여 중국 본토에서 여의사를 양성하는 중추적 교육기관으로 성장하는 과정은 근대 중국 여의사 직업의 현지화의 축소판과 다름이 없다. 이러한 관점에서 이 글은 선행 연구를 기반으로 학계에서 충분히 활용하지 않은 광저우시당안관 소장 해킷의학교 자료를 사용하여 미션스쿨로서의 해킷의학교가 중국 근대 대표적 여자 의학교로 성장해 나가는 과정과 특징을 고찰하고 이 학교의 여성 의학교육이 근대 중국 여의사직 형성 및 서양의학 현지화에 미친 영향을 살펴보고자 한다. 이를 통해 근대 중국의 서양의학 도입과 지역·성별 차원에서의 구체적인 정착 메커니즘을 조명할 것으로 기대한다.

해킷의학교의 설립

해킷의학교의 설립은 우연성과 필연성을 모두 가지고 있다. 우선, 해킷의학교가 광저우에서 탄생한 것은 그만한 이유가 있었다. 명청시기에 서양 의학이 중국으로 전파되어 처음으로 영남 지역에 유입되었다. 청 중기 이후 공식적으로 대외에 개방된 유일한 항구이며 아편전쟁 후 첫 통상항구 도시라는 역사적 조건과 근대의 대외 무역항이라는 천혜의 지리적 강점에 힘입어 광저우는 서양문물을 수용하는 선두자이자 근대 서양 의학이 전래되는 교두보가 되었다. 1835년 11월 미국인 선교사 피터 파커(Peter Parker)가 광저우 신더우란(新豆欄, San Taulan)거리에 안과의원(Opbthalmic Hospital, 일명 광저우의원[廣州醫院], Canton Hospital)을 개설하였는데, 이는 박제의원(博濟醫院, 1865년 큰 화재 이후 재건축 및 개명하였다)의 전신이다. 광저우 박제의원은 근대 중국 대륙의 최초의 서양 병원으로서 여러 영역에서 1위를 기록하였으며 중국 서양 병원의 '원조'이자 '인큐베이터'였다. 동시에 박제의원은 서양 의학교육을 최초로 시작한 기관이기도 하다.

일찍이 1836년에 파커는 도제식 방식으로 3명의 중국인 남성 조수를 훈련시키기 시작하였다. 그 이후 1866년, 파커의 후임자인 존 글래스고 커(John Glasgow Kerr, 1824-1901)가 병원을 증축한 후, 견습생 훈련의 기초를 근거로 보다 전문적인 박제의원 부설 서양의학교이자 중국 근대 최초의 서양 의학교인 박제의학교를 설립하였다.[10] 존 글래스고 커의 학생 예팡푸(葉方圃)의 회고에 따르면 처음에는 남학생만 받았는데, 그 후 존 글래스고 커가 "중국 여자들이 습속에 얽매어 말 못할 질병이 있을 때마다 남자 의사에게 전부 알리지 못하므로 여자 의료진 확충을 재차 고려하였다"고 하였다. 1879년 3년 학제가 확립되면서 여학생을 추가로 모집하기 시작하였다.[11] 한편, 1872년에 설립된 광저우 최초의 여학교인 진광여서원(真光女書院)[12]의 설립자 해리엇 노예스(Harriet Noyes)에 따르면, 박제의학교의 여학생 모집은 옆에 있는 진광여서원 학생들의 요청과 관련이 있다고 한다.

> 1879년 진광여서원 학생 두 명에게 의학을 배우려는 열정이 싹텄습니다. 중국 여자들에게 이것은 천지개벽의 새로운 발견이라고 할 수 있으며 사람들은 한동안 그 이해득실에 대해 치열하게 토론했습니다. 그런데 그들의 요청은 결국 존 글래스고 커 의사의 손에 건네졌고, 후자는 그녀들이 과감하게 시도하도록 격려했습니다. 그는 자신이 교직을 맡은 박제의학교 클래스에 그녀들을 위해 자리를 마련해 주었을 뿐만 아니라 남학생들과 동등한 특권과 지도를 받을 수 있도록 그녀들에게 약속했습니다.[13]

해리엇이 1886년 존 글래스고 커가 맞이한 세 번째 아내 마사 노예스(Martha Noyes)의 자매라는 점을 감안하면 위와 같은 주장은 믿을 만하다. 즉, 진광여서원 학생들의 요구와 존 글래스고 커의 적극적인 태도가 박제의학교의 여학생 입학 수용을 성사시켰다고 볼 수 있다. 그 후 1899년까지 이 여학생 2명에 이어 박제의학교에서 의학과정을 전부 또는 일부 이수한 기혼·미혼 여학생은 모두 25명으로, 진광여서원은 그들을 '의학반(醫學班)' 여학생이라고 불렀다.[14] 1886년 쑨원이 쑨이셴(逸仙)이라는 이름으로 박제의학교에 입학하였을 때 같은 반 12명 중 4명이 여학생이었다.[15] 이 학교를 졸업한 여학생들은 대부분 광저우 지역의 첫 여의사가 되었는데, 그중에는 유명한 초대 여의사이자 여성인권운동가인 장주쥔, 마카오 최초의 중국인 여성 양의사 위메이더(余美德),[16] 그리고 청말민초 시기 광저우의 대표적인 산부인과 전문의 셰아이충(謝愛瓊)

등이 있었다.

박제의학교는 의학교육의 남녀공학을 최초로 실시하였지만 남녀칠세 부동석의 성별 분리 전통에 근거하여 처음에 산부인과 임상실습에는 여학생과 외국인 남학생만 참여하도록 제한하였으며 중국 남학생은 제외하였다. 이에 쑨원은 교장 존 글래스고 커에게 "학생들이 졸업 후 의술로 사람을 구하는데 산부인과 질환이 있는 경우에도 진단과 치료를 해야 합니다. 학생들이 의학 기술을 습득하고 미래에 환자를 책임지기 위해서는 이러한 불합리한 규정을 변경해야 합니다"라고 제안한 바 있었다. 존 글래스고 커가 이 제안을 받아들이자 남학생들도 산부인과 임상실습에 참여할 수 있게 되었다.[17]

한편, 박제의학교의 설립과 운영에는 서양 여성 의료선교사도 참여하였다. 존 글래스고 커의 학생 량간추(梁乾初)의 회고에 따르면, 이 학교의 소아병리학과와 산부인과학은 각각 미국인 여성 의료선교사 메리 해나 풀턴과 메리 웨스트 나일스(Mary West Niles)가 맡았다.[18] 메리 웨스트 나일스는 미국장로회 해외선교회의 파견으로 광저우에 온 최초의 여의사로, 1882년 광저우에 도착하여 처음에는 존 글래스고 커의 조수로 일하다가 1885년 정식으로 박제의원의 여의사로 임명되어 병원의 여성 환자 구역을 전담하게 되었다. 동시에 그는 광저우에 개인 진료소를 설립하여 여성 환자를 치료하였으며 1899년에야 박제의원의 의사직을 그만두었다. 메리 해나 풀턴은 나일스에 이어 두 번째로 광저우에 파견된 여성 의료선교사이다. 풀턴은 1884년 미국 펜실베이니아 여자의과대학을 졸업한 후 광저우로 건너왔는데, 당시 그의 오빠인 앨버트 풀턴(Reverend Albert Fulton) 선교사 부부가 이미 4년째 광저우에서 살고 있었다. 해나 풀턴은 곧 나일스를 소개받았고 나일스의 추천으로 박제의원의 의료 업무에 참여하였으며 여학생들을 전문적으로 가르쳤다. 나일스를 따라 왕진하는 과정에서 풀턴은 중국 여성에게 여의사가 중요하다는 것을 느꼈다. "왜냐하면 중국 여인들은 남성 의사들이 그들을 진료하는 것을 원하지 않았기 때문이다". 1897년, 풀턴은 박제의원의 여성 환자 구역 담당 업무를 인수·관리하였다. 박제의원에서 일하는 동시에 그는 광저우의 쓰파이러우(四牌樓)·통더제(同德街)·화디(花地) 등지에서 진료소를 운영하기도 하였다.[19]

1899년 존 글래스고 커는 27년간의 건설을 거쳐 마침내 광저우에 중국 최초의 광증병원([癲狂院], 정신병원)인 광저우 팡촌혜애풍인의원(芳村惠愛瘋人醫院)을 설립하였다.[20] 그는 정신병원의 운영에 전념하기 위해 박제의원의 직무를 그만두고 의대 남학생들을 모두 데려갔다. 이에 남은 여학생들은 학업을 이어갈 수 없게 되었다. 한편, 존 글래스고 커의 뒤를 이어 박제의원 원장으로 부임한 존 스완(J. M. Swan)은 독단적이고 대인관계가 좋지 않아 그가 소속된 수술과(외과, 산부인과 포함)의 많은 유명 의사들이 그만두는 사태가 벌어졌다.[21] 이러한 상황에서 미국 여자 의학교를 졸업한 풀턴은 1899년 박제의학교 졸업생인 위메이더와 스메이칭(施梅卿) 두 조수와 5명의 여학생을 이끌고 박제의학교를 떠나 광저우 리완(荔灣) 시관(西關) 펑위안(逢源)거리에 시료소(贈醫所)를 개설하고 전문 여성 의학교육 기관인 광둥여의학당(廣東女醫學堂)을 설립하였다.[22] 시료소는 1902년에 유제의원(柔濟醫院, The David Gregg Hospital for Women and Children, 현재 광저우의과대학 부속 제3병원)[23]으로 이름을 바꾸어 유명한 모자전문병원으로 자리 잡았다. 광둥여의학당은 1902년 새 학교 건물 기증자인 미국 인디애나주 해킷 장로를 기리기 위해 '해킷[夏葛]여의학당'으로 개칭되었다. 그 후 학교는 사립해킷의학원(1912), 해킷의학원(1931), 해킷의과대학 등으로 이름이 변경되었는데, 서술 편의를 위해 이하 '해킷의학교'로 통칭하겠다.

해킷의학교는 설립 초기부터 유제의원을 교생실습 병원으로 활용하였고, 1904년 풀턴은 유제의원의 간호 수요에 맞추기 위해 자금을 모아 유제단나(柔濟端拿)간호사학교(The Julia M Turner Training School for Nurses)를 설립하였다.[24] 이로써 해킷의학교, 유제의원, 단나간호사학교는 의학교, 병원, 간호학교의 삼위일체 구조를 형성하였다. 이러한 삼위일체 구조를 통해 해킷의학교는 체계적인 의학교육의 튼튼한 기초를 마련하였다고 할 수 있다.

해킷의학교의 운영 특징

해킷의학교는 1899년에 설립되어 1936년에 링난대학에 통합되기까지 총 38년 동안 학교 운영 역사에서 뚜렷한 미션스쿨의 속성, 선명한 지역 문화 특성, 실용적인 임상 인재 양성 지향이라는 세 가지 특징을 보여주었다. 물론 위의 세 가지 특징은 38년의 학교 운영 역사에서 고정불변한 것이 아니며, 국내외의 정세 변화에 따라 조정되기도 하였고 학교 안팎의 질의와 도전을 받기도 하였다. 따라서 세 가지 특징에 대한 심층 분석을 통해 해킷의학교의 운영 방침과 근대 서양 의학교육의 정착 과정을 보다 더 깊이 있게 이해할 수 있을 것이다.

뚜렷한 미션스쿨의 속성

해킷의학교는 미국 북장로회 직속 의학교로서 뚜렷한 미션스쿨의 속성을 지니고 있었다. 학교의 설립자 풀턴은 1909년 9월 『박의회보(博醫會報)』에 실린 학교 소개 기사에서 "학교의 목적은 기독교 여의사를 양성하여 그들이 나아가 자기 나라에 봉사하게 하는 것"이라고 명시하였다.[25] 여기서 말하는 '기독교 여의사'는 기독교를 믿는 여의사를 의미한다. 1915년에 제정된 학교 헌장에는 "예수의 진리를 본체로 삼고 의학으로 사람을 구하는 것을 용도로 삼는다. 의학의 이치를 깊이 연구하고 자립하여 타인을 세우고자 한다. 하늘의 이치로 사람의 영혼을 구하고 의학의 이치로 사람의 몸을 치료하며 여성을 일으켜 세우고 국가의 명맥을 기른다"[26]라고 학교 운영 취지를 밝혔다. 비록 학생들의 신앙 상태에 관한 규정은 없지만 "예수의 진리를 본체로 삼고 의학으로 사람을 살리는 것을 용도로 삼는다"는 표현을 통해 신앙과 의술을 겸비한 인재를 바람직한 인재상으로 꼽고 있음을 알 수 있다. 이는 당시 중국으로 건너가 선교하던 의료선교사들의 자화상이라고 할 수 있다. 미션스쿨로서 해킷의학교의 학비 면제 제도 역시 기독교인에게 편향되어 있는데 "학생 중 기독교를 믿고 품성이 우수하며 경제적으로 어려운 학생"이 학비 면제 장학생을 지원할 수 있었다. 뿐만 아니라 학교에서는 성경을 1학년부터 4학년까지 필수과목으로 매주 1시간씩 가르치고,[27] 매일 아침예배와 주일예배에 의무적으로 참석할 것을 규정하였다. 일반 예배 외에도 기독교 여성청년회, 촛불 저녁기도, 주일학교, 봉사학교 등 다양한 종교행사가 있었다.[28] 동시에 학사일정에는 겨울방학으로 크리스마스 방학 2주, 봄방학으로 부활절 방학 1주를 규정하였으며, 기독교식의 기념일·공휴일 설정을 통해 다른 의학교와 차별화된 뚜렷한 종교적 색채를 드러냈다.[29] 학교헌장에는 '신앙의 자유' 및 '누구에게도 종교 신앙을 강요하지 않는다'라고 명문화되어 있지만 실제로 학교는 기독교인을 선호하고, 비기독교인 학생이라도 위와 같은 제도적 인도와 일상 문화의 훈도(薰陶) 끝에 세례를 받고 입교할 가능성이 높았다.[30]

해킷의학교의 이러한 종교적인 분위기는 1930년대 초반까지 지속되었다. 1925년 반기독교운동의 배경 아래 각지에서 교육권회수운동이 일어났다. 해킷의학교도 학생, 언론, 정부로부터 입안(立案, 등록)을 요구하는 압력을 받았지만,[31] 미국장로회 선교부가 동의하지 않는다는 이유로 소극적으로 미루는 방법을 취하여 1927년에 입안 사태를 일시적으로 넘어갔다. 그 이후 1930년 국민정부가 이듬해 입안을 완료하지 않으면 폐교 또는 순수 신학교로 전환할 수밖에 없다는 최후통첩을 내렸다.[32] 이에 해킷의학교 설립자인 미국 장로회 선교부는 1930년 8월부터 토지 건물과 물건의 소유권 및 일부 교원의 파견을 제외한 모든 행정과 재산관리 업무를 새로 설립된 중국인을 주체로 하는 학교이사회에 위임하여 처리하기로 최종 결정하였고, 1932년 12월 교육부의 승인을 받고 입안하였다.[33] 입안으로 인해 초래된 결과 중 하나는 바로 성경과 같은 종교 수업이 밀려난 것이었다.[34] 1931–1932년의 헌장에 따르면 기존의 '성경' 수업은 '종교' 수업으로 이름이 바뀌었고 기독교인과 비기독교인 강의반으로 구분되었다.[35] 더 나아가 1934년에 이르러 성경 수업은 모두 당의(黨義, 국민당 사상교육) 수업으로 대체되었다.[36] 하지만 해킷의학교는 2년 뒤 바로 링난대학에 통합되었기 때문에 사실상 상기 변화는 이 학교에 큰 영향을 미치지 못하였다.

그렇다면 실제 이 학교 학생들의 신앙 상태는 어떠한가? 해킷의학교는 학생들에게 등록 시 입학 이력서를 제출할 것을 요구하였는데, 이 양식에는 자신과 아버지(혹은 어머니)의 신앙 상태에 대한 질문 사항이 포함되어 있었다. 비록 일부 학생의 이력서는 분실되었거나 정보가 불완전하지만, 이와 함께 일부 학생의 졸업 후 이력서에 근거하여 당시 학생의 신앙 상태를 대략적으로 파악할 수 있다. 1903년부터 1937년까지 해킷의학교 역대 졸업생 258명의 신앙실태를 집계한 통계[37]에 따르면 자신이 기독교인임을 명확히 표시한 사람은 113명으로 전체의 43.8%를 차지하며, 이 중 유아 세례를 받았다고 밝힌 사람은 10명이다. 부모가 기독교를 믿는다고 표시한 사람은 54명으로 전체의 20.9%를 차지하며, 이 중 14명이 목사·선교사 등 선교활동에 종사하였다. 입학 전 명확하게 미션스쿨에 다녔던 학생은 69명으로 26.7%를 차지하였다. 이 비율은 당시 다른 미션스쿨에 비해 낮은 수준이었다. 가령 1920년대 초기 기타 미션스쿨의 상황을 살펴보면 치루(齊魯)대학과 진링(金陵)여자대학은 각각 92.9%, 90%의 높은 수치를 나타냈으며 상대적으로 비율이 낮은 성요한(聖約翰)대학과 둥우(東吳)대학은 각각 44.9%와 38.9%였다. 같은 광저우에 위치해 있었던 링난대학의 비율은 86.4%나 되었다.[38] 물론 많은 학생들의 이력서 정보가 불완전하기 때문에 실제로 학생들이 기독교를 믿거나 일찍부터 기독교의 훈도를 받았다고 추측되는 경우가 더 많을 것으로 생각된다. 다만 중요한 것은 미션스쿨이라고 해서 비기독교인 학생을 배제한 것은 아니라는 점이다. 오히려 입학 이력서에 유교, 무신교 등으로 기재한 사례도 종종 있는 것으로 보아 종교가 결정적인 사안이 아니며 신앙의 자유가 보장되는 공간이 여전히 존재하고 있었음을 알 수 있다.

표 1 **해킷의학교 역대 졸업생 본적**(1903-1937년)[39]

본적	인원수
광둥(廣東)	190
푸젠(福建)	32
후베이(湖北)	9
광시(廣西)	6
장쑤(江蘇)	4
쓰촨(四川)	3
저장(浙江)	3
후난(湖南)	2
장시(江西)	2
안후이(安徽)	2
윈난(雲南)	2
마카오(澳門)	1
미상	2
합계	258

선명한 지역문화적 특성

해킷의학교는 영남 지역에 뿌리를 두고 학교를 운영하였기에 지역문화적 특성이 농후하다. 이 특징은 특히 학생 출신지와 교수 언어의 두 가지 면에서 드러난다. 표 1은 각종 사료에 수록된 졸업생 명단을 바탕으로 해킷의학교 역대 졸업생들의 출신지 및 졸업 후 진로를 정리한 결과이다.

표 1에서 알 수 있듯이 1903년부터 1937년까지 258명의 졸업생 중 광둥성 출신이 190명으로 73.7%를 차지하였고, 이어 푸젠성 출신이 32명으로 12.4%를 차지하였다. 그 외 34명은 각기 후베이, 광시, 장쑤, 쓰촨,

저장, 후난, 장시, 안후이, 윈난 및 마카오 등 10개의 성에서 왔다.

그림 1에 따르면 광둥성 전역에서 학생들이 해킷의학교로 모였지만 대부분은 포산(佛山, 난하이[南海], 순더[順德] 포함), 중산(中山), 판위(番禺), 타이산(臺山, 신후이[新會], 신닝[新寧], 카이핑[開平], 허산[鶴山] 등 포함) 등 주장(珠江)삼각주 서안 도시 출신이었다. 이들 지역은 강과 해안을 따라 성도 광저우에 인접해 있으며 교육 수준과 개방도가 상대적으로 높고 광둥어가 통용되어 성내의 주요 학생 공급지가 되었다.

출신지로 보면 해킷의학교의 학생들은 주로 광둥, 푸젠 및 기타 화남(華南) 지역 출신 학생들이 대다수였다는 특징을 보여준다. 그러나 당시의 지리, 교통 및 정보의 제약으로 많은 학교들이 유사한 특징을 가지고 있었다.[40] 오히려 민국시기에 이르러 해킷의학교는 거의 매년 다른 성의 학생들을 유치하였는데, 광둥, 푸젠을 비롯한 화남 지역에 기반을 두면서 점차 화중(華中), 서남(西南), 심지어 저장(浙江) 등의 지역을 망라하였다. 해킷의학교는 당시 여러 지역의 중학교 및 의학교와 좋은 관계를 유지하였으며 학생 모집, 홍보, 졸업생 진학 등 여러 방면에서 상호 편의를 제공하였다.

예를 들어, 1933년 8월, 중국 남서부 변경의 윈난 성립 쿤화여자중학교(昆華女子中學)의 학생 입학 추천서에는 "현재 학생들은 어제 본교에 게시된 광저우 해킷의학교의 학생 모집 광고를 보았습니다. …… 학생들은 우리 윈난 지역이 변경에 위치하여 의학이 오랫동안 정체된 것을 개탄하여 지금 광둥에 가서 시험을 보려고 합니다."라고 말하였다. 이를 통해 해킷의학교의 홍보 효과와 명성을 짐작할 수 있다.[41] 또한 일부 성 정부는 학생들이 해킷의학교에 진학할 수 있도록 직접 후원하기도

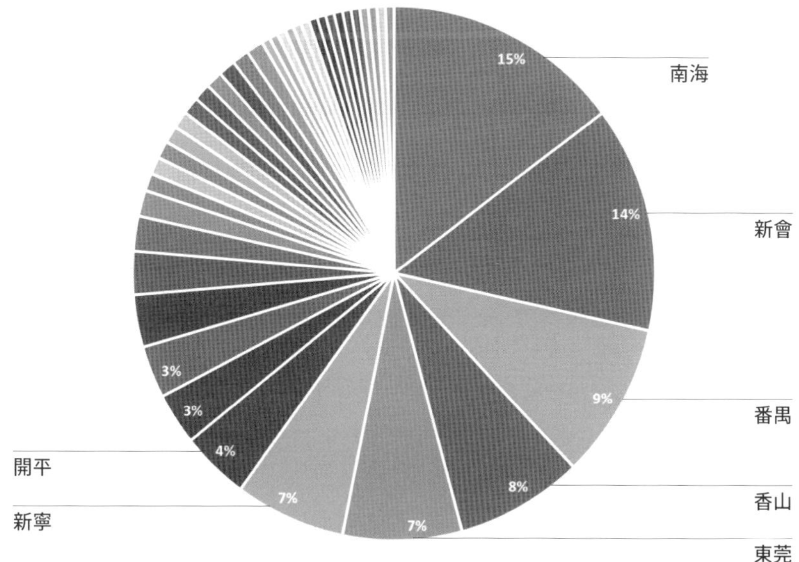

그림 1 **해킷의학교 광둥성 학생 본적 분포도**(1903-1937)

하였다. 예를 들어, 1921년에 입학한 리피화(李闢華), 황린펑(黃林鳳)은 모두 후난(湖南)성 정부의 지원을 받아 일종의 '위탁 교육'으로 후난성립제일여자사범학교(湖南省立第一女子師範)에서 해킷의학교로 진학하였다. 이는 이 학교가 정부의 인정을 받고 있었음을 여실히 보여준다.[42] 또한 학생의 입학을 보증하는 보증인 정보로 볼 때 보증인의 20% 가까이가 의약 및 간호업에 종사하고 있었으며, 동시에 적지 않은 모녀가 모두 해킷의학교를 졸업한 것도 이 학교의 실력이 업계에서 인정받고 있었음을 방증해 준다.[43]

해킷의학교가 영남 지역에 뿌리를 내린 또 다른 특징은 광둥어를 주요 교수 언어로 사용하였다는 점이다. 의학교육 언어는 내용의 정확한 전달과 서양의학의 전문화 및 현지화와 관련이 있으며 근대 중국 의학교육의 중요한 문제였다. 미션스쿨이든 중국인이 운영하는 의학교이든 이 문제에 대해 많은 논의가 있었다. 20세기 초 미션계 의학교는 선교와 교육의 품질을 보장하기 위해 중국어 강의를 선호하였고, 동시에 의학의 전문화와 국제 의학과의 연결을 확보하기 위해 점차 중국어 강의를 위주로 하고 영어 강의를 보조로 하는 공감대를 형성하였다.[44] 그러나 중국은 지역이 넓고 방언이 많아 중국어를 사용하는 많은 학교에서 반드시 표준어를 사용하는 것이 아니라 현지어를 교수 언어로 사용하는 경우가 종종 있었는데 특히 광둥성 학교들이 그러하였다. 예를 들어, 1909년 미션계 의학교의 교수 언어 사용 실태 조사에 따르면 현지 언어를 강의에 사용하는 4개의 의학교 중 3개가 광둥에 위치하고 있었다.[45] 그 후 다양한 의학교의 증가와 의학교육의 발전 및 의학 엘리트 교육 모델의 도입으로 의학교육 교수 언어의 양상도 변화하였다.[46]

1933년 협화의학원(協和醫學院)에 근무하며 의학사 교육과 연구에 종사하고 있던 리타오(李濤)[47]가 전국 주요 의과대의 교수 언어 상황을 조사한 바가 있다. 조사 결과에 따르면 조사에 참여한 27개 학교 중 베이핑대학(北平大學) 의대와 치루대학(齊魯大學) 의대를 비롯한 7개 학교는 중국어만 사용하고, 협화의학원·성요한대학 의대·상하이여자의학교 등 3개 학교는 영어를 교수 언어로 사용하며, 퉁지(同濟)대학 의대와 만주의과대학·하얼빈의학전문학교는 각각 독일어와 일본어를 사용하고, 나머지 14개 학교는 모두 중국어에 영어 또는 독일어·프랑스어·일본어·라틴어 등 기타 언어를 더한 교육 모델을 채택하였다. 그러나 모든 학교 중에서 유독 해킷의학교의 중국어가 국어가 아닌 광둥어라는 것이 이 학

교의 큰 특색이라고 할 수 있다.[48]

해킷의학교의 헌장에는 "다른 성에서 온 학생이 광둥어를 잘 모를 경우, 반년 일찍 입학하여 광둥어를 연습해야 하며, 이 반년 동안은 수업을 들을 필요가 없으며 학비도 면제된다"[49]라고 규정되어 있다. 해킷의학교가 광둥어를 주요 교수 언어로 사용하였던 것은 학교의 지리적 위치와 해당 교사의 역량, 학생의 출신지 및 졸업생이 봉사하는 인구 집단과 밀접한 관련이 있었다. 근대 중국은 각지에서 방언이 성행하여 사람들이 서로 말이 통하지 않는 경우가 많았다. 비록 국어통일운동이 대대적으로 전개되었지만 그렇다 할 성과를 달성하기는 어려웠고 그 중 특히 광둥인의 방언 사용은 관성이 강하였다. 가령 1936년 국민정부 교육부는 광둥성에 국어 교육을 촉구하는 명령을 특별히 내린 바 있다.

> 교육부는 광둥성의 대·중·소학교가 수업을 할 때 아직도 현지 방언을 많이 사용하여 국어 보급이 다른 성에 훨씬 미치지 못하니 영향이 매우 크다고 본다. 이에 특별히 해당 성에서 국어교육방법 요강 4조를 시행하도록 정하고, 광둥성 학교에 속히 명령하여 요강에 따라 상세한 방법을 제정하여 확실히 처리하도록 하라.[50]

교육부는 광둥성에서 보편적으로 현지 방언을 사용하여 다른 성에 비해 국어 보급이 느리다고 특별히 강조하였다. 이러한 상황은 해방 전까지 근본적으로 개선되지 않았다. 1947년, 광둥성 교육청 청장 야오바오유(姚寶猷)는 광둥성에서 추진한 국어보급운동의 성과를 총괄하는 연설에서 다음과 같이 논하였다.

> 최근 몇 년 동안 푸젠 사람들은 이미 보편적으로 국어를 말할 수 있게 되었습니다. 오직 우리 광둥 사람들만이 아직 보편적으로 알지 못합니다. 우리가 여러 성의 사람들과 만났을 때 우리는 그 사람들이 하는 말을 모르기 때문에, 스스로 할 말이 없다고 느낍니다. 대중들 사이에서, 번화한 장소에서, 우리가 표현할 기회가 전혀 없습니다. 이 얼마나 고통스러운 일입니까? 언어 장벽 때문에 다른 성 사람들은 종종 우리 광둥 사람들의 성격이 괴팍하다고 말하지만 사실 우리는 성격이 괴팍한 것이 아니라, 단지 유창하게 국어를 말할 수 없기 때문에 교제에 지장을 주어 다른 사람들에게 오해를 주었을 뿐입니다. 이러한 고통은 무릇 다른 성 사람과 접촉을 해본 광둥 사람이라면 특히 국어를 모르는 심각함을 느낄 것입니다.[51]

뿐만 아니라 광둥성은 중국 한어(漢語) 방언이 가장 복잡한 성 중 하나로, 한어 7대 방언 중 3대 방언인 월방언(粤方言), 민방언(閩方言), 객가방언(客家方言)이 경내에 분포되어 있다. 해킷의학교에서 사용하는 광둥어는 엄밀히 말하면 그중 월방언이다. 월방언은 가장 대표적인 광저우 말로 다른 지역에서도 사용하였다. 해킷의학교에서 월방언을 교수 언어로 삼은 것은 상술한 실정을 고려한 것이었다. 해킷의학교는 광둥성에 기반을 두고 의료선교에서 발단한 미션계 여자의학교인 만큼 학생들이 졸업 후 직면하게 될 상황을 고려하였다. 졸업 후 그들의 다수는 광둥성 현지 여성과 어린이 환자들을 치료하게 될 것이고 환자들에게 광둥어는 의심할 여지 없이 친화적이고 효과적인 선택이었다. 이는 박제의원장 존 글래스고 커의 주장에서도 입증되었다. 존 글래스고 커는 일찍이 "홍콩 병원에서 의학을 배우는 것은 광저우에서 배우는 것만큼 이상적이지 않습니다. 홍콩의 의사들은 학문으로 매우 유명합니다. 하지만 그들은 영어를 구사하고 학생들은 최대 30%만 알아들을 수 있습니다. 우리는 이곳에서 평범한 선생님을 초빙하지만 그들이 하는 모든 말을 학생들은 이해할 수 있습니다"[52]라고 말한 바 있다. 필경 알아들어야 다음 단계를 시작할 수 있기 때문이다.

그러나 1935년 5월 교육부가 이 학교에 개선을 지시한 사항에는 "외국인 교원이 광둥어로 강의하여 학리(學理)를 마음껏 발휘하지 못하고 있으므로 개선에 주의를 기울여야 한다"[53]고 명시되었다. 이는 원어민 교사도 광둥어로 강의하기 때문에 좋은 교육 효과를 얻을 수 없다는 뜻이다. 풀턴 등 의료선교사들이 처음 광저우에 와서 배운 중국어는 광둥어였지만 외국인이 광둥어로 의학까지 가르치는 것은 결코 쉬운 일이 아니었다. 이에 대해 해킷의학교 측은 "외국인 교사가 잠시 광둥어를 사용하는 것은 학생들의 영어 실력이 아직 좋지 않기 때문이기도 합니다. 지금 학생들의 영어 수준을 향상시키기 위해 노력하고 있으며, 직접적이고 투철하게 외국인 교사는 점차 전문 영어로 수업을 진행할 것"[54]이라고 답변하였다. 이로부터 알 수 있는바 해킷의학교가 광둥어를 교수 언어로 채택한 것은 광둥 방언이 성행하는 지역적 특성과 학생들의 취약한 영어 실력을 고려한 현실적인 선택이었다.

이처럼 해킷의학교가 영남 지역에 뿌리를 두며 여성 의학교육을 실시하였던 것은 사실이다. 하지만 지역을 기반으로 하면서도 전국적으로 그 영향력을 계속 확대해 나갔다. 이는 졸업생의 취업지를 통해 확인해 볼 수 있다. 취업 정보가 명확한 졸업생 177명 중 58.8%가 광둥성(104명)에 취업하는 것을 선택하였고, 이 중 광저우에 취업한 자가 가장 많으며 성내 취업의 72.6%(75명)를 차지하였다. 광둥성 이외의 취업 지역으로는 푸젠성(10.7%, 19명), 홍콩·마카오(7.3%, 13명), 상하이(6.9%, 12명), 광시성(6명), 후베이성(3명), 쓰촨성, 저장성, 베이징, 톈진(天津), 안후이성, 산둥성 등 10여 개 성과 지역이 포함되었다. 이 가운데 학생 출신지와 취업 지역이 일치하지 않은 경우가 53명으로 30%를 차지하였다. 이는 해킷의학교 졸업생은 광둥의 현지 의료 수요를 담당하였을 뿐만 아니라 영남 지역에서 벗어나 화북, 화남, 서남 등 지역으로 흩어져 전국적으로 여의사의 사회적 영향력을 확대하는 데 기여하였다는 것을 의미한다.

실용적인 임상 인재 양성 지향

마지막으로 해킷의학교는 실용적인 임상 인재 양성을 위한 명확한 운영 특성을 가지고 있었다. 근대 중국에서 의학교육의 이념에는 사실 엘리트화와 대중화의 딜레마가 줄곧 잠재해 왔다. 박제의원의 존 글래스고 커는 「의학교육대강(醫學教育大綱)」이라는 글을 발표하여 서양 의학교의 교육 목적을 다음과 같이 제시한 적이 있다. 1, 일반 대중을 위해 재능과 학식을 갖춘 중국 의사를 양성한다. 2, 교회 병원의 의사를 양성한다. 3, 의학교의 교원을 양성한다. 존 글래스고 커가 구분한 세 가지 유형의 인재는 각각 일반 개업의, 교회 병원 의사 및 의학교 교사로 이해할 수 있다. 그중 존 글래스고 커는 특히 의학교 교사의 영향력을 중시하였다. 그는 "만약 당신이 박제의학교 총장이라면 열심히 일하고 지식을 증진하기 위해 노력해야 한다. 만약 당신이 개인적으로 진료소를 열어 의료 행위를 한다면, 그것은 한사람만의 일이며 혜택을 보는 사람도 소수일 뿐이다. 그러나 만약 당신이 매년 40명의 학생들에게 학위를 줄 수 있다면 그들은 전 세계로 뻗어나갈 것이고 당신의 노동력은 40배가 될 것이며, 당신이 나이가 들면, 명성이 자자해질 것이다"[55]라고 설파하였다. 그가 말한 의학교 교원은 분명히 일반 임상의가 아니라 임상과 학문이 모두 뛰어난 의학 엘리트를 가리키는 것이었다.

해킷의학교는 존 글래스고 커가 말한 의학 엘리트를 양성하는 학교라고 하기 어려우며, 실제로 초기 학교의 운영 수준에 의문이 제기되기도 하였다. 1913년 이 학교의 주요 건물 기증자인 해킷 장로의 딸 마샤 해킷(Martha Hackett) 의사와 친구인 해리엇(Harriet M Allyn) 박사는 장로회의 파견으로 학교 운영을 돕기 위해 광저우로 왔을 때 학교의 운영 수준에 크게 실망하였다. 그들은 미국 장로회에 보낸 편지에서 해킷의학교가 자신들이 이해하는 '의사'를 배출할 수 없다고 불평하였다. 그들은 문제점으로 학교의 입학 요건이 너무 낮고 학생들이 의학 공부의 기초가 되는 서양 자연과학을 이해하는 능력을 갖추지 못하였으며, 현실적인 제약 속에서 전문가 대신에 본교 졸업생들을 조수로 다수 고용하여 학교 및 부속 유제병원에서 교육과 임상 업무에 종사하게 하였다고 지적하였다.[56]

해킷의학교의 문제를 지적한 것은 마샤 해킷만이 아니었다. 1914년 록펠러재단은 중국 전역의 의학교육과 의학의 발전현황을 조사하기 위해 시찰단을 파견한 뒤 『중국의 의학(Medicine in China)』이라는 제목의 조사보고서를 발표하였다. 이 보고서는 해킷의학교에 대해 다음과 같이 평가하였다.

> 유일한 입학 요건은 단지 중국 고전에 대한 학생들의 이해도가 높아야

한다는 것뿐이었다. 과정은 4년으로 운영되고 있으며 현재에는 어떠한 실험실 작업도 수행하지 않지만 조만간 실험실 작업과 2년 단위의 예과(預科) 학습이 시작될 것이다.[57]

록펠러재단 보고서 역시 이 학교의 입학기준이 너무 낮다는 문제점을 지적하고 있었다. 카니 시모(Connie Shemo)는 해킷의학교의 교육이 도제식을 기반으로 한 시스템이라고 보면서, 학생들이 외과 수술과 기타 치료법 등의 기술을 배울 수는 있지만 과학적 의학에서 요구하는 이론지식을 체계적으로 습득할 수 없다고 주장하였다. 그 이유는 두 가지가 있는데 첫째, 풀턴 자신의 학식과 안목의 한계로 인해 최신 의학교육의 흐름을 따라가기 어렵기 때문이었다. 왜냐하면 풀턴 본인이 의학을 공부하였던 1880년대의 상황에 비해 20세기 초 미국의 의학은 과학적 의학이 패권을 장악하기 시작하는 등 매우 큰 변화가 일어났던 것이다. 둘째, 실용을 추구하는 이런 의학교육은 단기간에 여성들이 의학 기술로 생계를 꾸릴 수 있어 당시 중국의 사회적 수요에 부합되었기 때문이다.[58]

객관적으로 해킷의학교는 임상과 과학연구 능력을 겸비한 의학 엘리트를 양성하는 것보다 실용적이고 대중적인 의학교육을 추구하는 데 더 치우쳐 있었다. 풀턴은 1909년 9월에 발표한 해킷의학교를 소개하는 글에서 "이(학교 교육)는 대부분 실천적이며 모든 학생은 병원과 도시에서 실습할 기회를 얻을 수 있다. 학생은 의사와 동반하여 환자의 집에 가서 진료를 한다. 병원이든 방문 진찰이든 대부분의 업무는 외과 수술이기 때문에 학생이 학업을 마치면 대부분 국내에서 수년간 개인 진료에 종사한 의사만큼 기술이 능숙하다"[59]라고 강조하였다. 또한 학교는 부속 유제병원과 긴밀한 협력을 유지해 온 박제의원에 의탁하여 임상 수업을 실시하였고, 견습 분과에는 치과, 안과, 산부인과, 정신과 등 다양한 분야가 포함되며 학생들도 유제병원 의사와 함께 왕진하여 조산과 응급처치를 할 수 있었다.[60] 사실 임상실천을 강조하는 것 자체가 잘못된 것은 아니다. 문제는 학생들이 의학 공부에 필요한 자연과학, 기초의학을 공부하지 않고는 진단부터 치료까지 전 과정을 독립적으로 수행하기 어렵기 때문에 결국 조수, 간호, 조산(助産) 혹은 간단한 외과수술의 역할에만 국한될 가능성이 높다는 것이다.

1909년 해킷의학교의 입학기준은 "만 18세 이상으로 중국어를 유창하게 읽고 쓸 수 있는 것"[61]만 충족하면 되는데, 이는 같은 여자 의학교인 베이핑여자의학교와 쑤저우여자의학교보다 훨씬 낮은 기준이었다.[62] 그러나 록펠러재단 보고서가 지적한 것처럼 여자 교육이 보편화되지 않은 상황에서 입학기준을 높이는 것은 현실적으로 타당성이 부족하며, 상술한 다른 두 여자의학교는 사실상 학생을 모집하기가 어려웠다.[63] 또 다른 유명한 여자의학교인 상하이여자의학교는 작은 규모의 고급 의과대학으로 알려져 있는데 처음에는 대학과 의과대학 예과 졸업생만을 대상으로 모집하였지만 기준이 너무 높아 적합한 학생을 모집하지 못하다가 1929년 이후 기준을 고등학교 졸업으로 낮출 수밖에 없었다.[64] 보고서는 "이런 조건에서 여성 의학교육을 성급히 추진하는 것은 오히려 현명하지 못하다. 특히 의학을 공부하기에 적합한 여성은 외국으로 보내 철저한 훈련을 받는 것이 바람직하다. 입학 요건을 높이지 않는 한 여자의학교의 발전은 오히려 간호양성학교의 학생 자원의 질을 더욱 떨어뜨릴 것이며, 당시 중국의 간호사에 대한 수요는 여의사에 대한 수요 못지 않다"

고 보았다.[65] 요컨대, 해킷의학교의 입학 조건이 낮은 것은 당시 여성 교육이 보편적으로 발달하지 못한 현실적 요인과 관련이 있었으며 이는 결국 교육목표의 설정과 실현에도 영향을 미칠 수밖에 없었다.

그러나 발전의 관점에서 볼 때 해킷의학교의 교육수준은 고정불변한 것이 아니었다. 우선 입학기준은 실제 상황에 맞게 점차 높아졌다. 1909년과 비교하여 1915-1916년의 헌장은 입학자격을 다음과 같이 조정하였다.

> 무릇 학교에 오는 모든 학생은 만 18세 이상이어야 하고 본국어를 읽고 쓸 수 있어야 하며, 본국의 역사·지리 및 산수(算數)에 대한 간략한 이해가 있는 자는 선발될 수 있다. 산수가 불합격인 경우 입학 첫해 동안 보충수업을 받을 수 있다. 1916년부터 무릇 와서 학업을 익히는 자는 최소 1년 동안 영어를 학습한 적이 있어야 한다. 만약 학습한 적이 없다면 입학 첫 학기 내에 보충 학습을 해야 한다.[66]

입시와 보충수업을 통해 학생들의 기초학문이 취약한 문제를 완화시키겠다는 것이었다. 1920년대 초에 이르러 '중학교·사범학교·간호학교 등을 졸업한 자나 중학교 졸업과 동등한 학력이 있는 자'라는 학력요건이 추가되었고, 국문·역사·지리·수학·영어 과목의 입시를 통과해야 하며 동시에 1년간의 예과도 추가되었다.[67] 그리고 1930년대에 이르러 입학시험 과목에 물리화학 과목이 추가되었고 예과는 2년으로 연장되었다.[68]

다음으로 교사의 역량 측면에서 교원 수, 학력 및 학연 구조도 지속적으로 개선되어 갔다. 표 2는 1930년대 초 해킷의학교 교직원의 학력, 직무, 교수 과목 등의 상황을 정리한 것이다. 표에서 알 수 있듯이 26명의 교사 중 12명은 미국과 독일 대학을 졸업한 외국인 교사이다. 마샤 해킷은 초기에 해킷의학교가 본교 여학생을 다수 고용한다고 불평하였으며 이것이 학교 수준 향상에 방해가 된다고 보았다. 실제로 표 2에서 보듯이 이 시기 본교 졸업생은 10명이나 되지만 량이원·관샹허(關相和)를 제외하면 모두 조교 역할을 하였을 뿐이고, 주요 교수진은 전문적인 외국인 교수와 새로 합류한 왕화이러(王懷樂) 등 북미 대학을 졸업한 중국인 남성 의사였다. 본교를 졸업한 유일한 두 명의 교수인 량이원과 관샹허의 경우, 졸업 후 모두 미국으로 건너가 의학박사 학위를 받았으며 우수한 동문으로서 모교에서 직무를 맡았기에, 사실 크게 비난할 바는 없다. 오히려 해킷의학교 및 부속 유제병원에서 본교 졸업생을 조수, 의사 내지 교수로 고용한 것은 여성 의학교육이 서양 의료선교사의 주도에서 점차 본토 여성의 공동 참여로 전환되어 갔던 현지화의 전형적인 모습이라 할 수 있다. 다시 말하자면 비록 부분적으로 제한되었지만 해킷의학교는 본교 학생들에게 병원 실습과 근무 내지 의학교육의 동참 기회를 제공함으로써 중국 여성들에 의한 여성 의학교육과 의료실천의 미래상을 제시하였던 것이다. 그리고 실제로 잠시 조수로 고용된 졸업생들도 나중에 대부분 베이징협화의원의 연수를 거쳐 손색없는 여의사의 노릇을 하였다.

해킷의학교의 운영 수준에 의문이 제기되는 또 다른 측면은 학과의 한계였다. 1932년 입안 후 해킷의학교는 교육부의 지도와 감독을 전적으로 받게 되었다. 1935년 5월, 국민정부 교육부는 시찰의 토대를 바탕으로 해킷의학교에 내린 칙령의 개선 훈령에서 다음 같이 지적하였다.

표 2 1931-1932년 해킷의학교 교원 일람표[69]

이름	국적(본적)	성별	직무	학력 및 주요 이력	교수과목
John Allen Hofmann	미국	남	감독	Wooster College 철학 학사, Western Reserve University 의학 박사, 광저우 혜애풍인의원 부원장, 광둥공의의학전문학교 교무장 역임	물리진단학, 내과
梁毅文	廣東番禺	여	교장	해킷의학교 의학사, 미국 필라델피아여자의학교에서 부인과 연수(1년 3개월), 의학박사학위 취득, 오스트리아 비엔나의학센터에서 해부학 연수	부인과 교수
關相和	廣東南海	여	교원	해킷의학교 의학사, 미국 유학	부인과 진단학 교수
王懷樂	廣東臺山	남	교원	Queen's University (Canada), 의학박사	외과학, 해부학 교수
麥邊恩賜	미국	여	교원	Queen's University (Canada), 의학박사	산과학, 의학윤리
淩晃	미국	여	교원	필라델피아의학교 의학박사	소아과, 생리학
J · Franklin Karcher	미국	남	교원	피츠버그대학 의학박사	내과, 실험진단학
喜威憐	미국	여	교원	문학사	영문
廖恩典	미국	여	교원	화학석사	화학
邵艾	독일	남	교원	Technical University Darmstadt 제약과 졸업, 약제사 자격증 소지자	약물학, 제약학
鮑慶明	浙江鄞縣	남	교원	쑤저우대학 학사, 미 대학 의학박사	소아과, 피부화류과
Oscar Thomson	미국	남	교원	미국 의학박사	외과학, 외과진단학
F. Oldt	미국	남	교원	미국 위생학·의학박사	위생학

이름	국적(본적)	성별	직무	학력 및 주요 이력	교수 과목
William Warder Cadbury	미국	남	교원	펜실베이니아대학 의학박사	내과진단학
Siddall	미국	남	교원	미국 의학박사	해부학, 병리학
彭利	미국	남	교원	미국 대학 세균학 석사	세균학
張伯瑤	廣東興寧	여	조교	해킷의학교 의학사	부인과학
李懿征	廣東臺山	여	조교	해킷의학교 의학사	외과학, 해부학, 이비인후과
胡兆德	廣東番禺	여	조교 겸 학교의	해킷의학교 의학사	소아과, 생리학
黃東英	廣東梅縣	여	조교	해킷의학교 의학사	내과학, 물리진단학
許少芳	廣東番禺	여	조교	해킷의학교 의학사	병리학, 부인과학
梁德芳	廣東南海	여	조교	해킷의학교 의학사	산과학, 태생학
王克終	廣東東陽	남	조교	유제(柔濟)약제학교 졸업	수학, 물리학, 약제학
王懷清	廣東東莞	여	조교	해킷의학교 의학사	산과학, 조직학
許寶靜	廣東番禺	여	조교	해킷의학교 의학사	내과학, 실험·영상 진단학
胡綺蘭	廣東鶴山	여	조교	미국 시카고간호학교, 신학교 졸업	영문

표 3 **전국 각 주요 의학교**(의과대학) **교과과목·시수 일람표**[70]

학교 \ 시수	해부(조직·태생)	생리	생물 화학	병리학(세균학)	약리학	위생학	내과(정신 병학)	소아과	산부 인과	피부 화류과	외과	안과	이비인후과
北平大學醫學院	644	38	204	510	221	136	544	102	170	170	442	170	102
上海醫學院	578	255	204	544	204	127.5	663	255	255	93.5	629	102	85
中山大學醫學院	636	408	102	527	272	102	612	136	187	136	459	136	136
江西醫科專校	765	272	204	510	136	68	408	68	204	174	47	102	102
河南大學醫學院	816	442		340	374	102	646	136	323	408	714	136	204
上海女子醫學院	782	306		476	374	102	663	170	306	102	442	17회	17회
夏葛醫學院	1080	252	324	432	360	90	1080	252	674	36	630	81	81
協和醫學院	561	218	225	462	176	185	808	187	386	121	572	60	39
齊魯大學醫學院	744	300	204	546	192	126	100	140	96	80	570	100	54
華西協和大學	840	308	246	633	225	75	810	99	246	54	621	45	54
聖約翰醫學院	768	288	144	528	224	96	688	33	96	32	512	16	16
湘雅醫學院	724	252	160	496	144	46	912	64	144	16	848		64
南通醫學院	782	306	255	561	170	170	578	102	238	170	595	119	68

해당 의학교의 각 특별교실, 연구실 및 부속병원의 각 부문의 설비는 산부인과와 약제실을 제외하고는 대체로 부족하다고 생각되므로 실습·연구의 필요를 충족시키기 위해 보강하도록 힘써야 한다. …… 이 학교의 개설 과목은 산부인과에 편중되어 부속병원에서 남성 환자 접수를 제한하니 학생들에게 충분한 학습 기회를 주지 못하므로 추후 학생들의 실습에 유리하도록 시정해야 한다[71]

교육부는 학교와 부속 유제병원이 산부인과 분야에 편중되어 학생들의 전반적인 발전을 제한한다고 보았다.

교육부의 훈령이 정곡을 찌른 것은 사실이지만 형평성에 어긋난다고 하지 않을 수 없다. 필자는 당시 전국 의학교육의 판도에서 해킷의학교의 실력과 위상을 다시 객관적으로 조명할 필요가 있다고 생각한다. 표 3은 리타오가 1933년 당시 전국 13개 주요 의학교(의과대학)의 교과과정을 조사한 결과이다. 표에서 이 시기 의학교의 학제는 5년에 1년의 실습을 더한 것이며 실습 시간은 통계에 포함되지 않았다.

앞의 표 3에서 해킷의학교는 다른 학교 및 같은 종류인 상하이여자의학교와 비교하여 산부인과, 소아과 및 이와 밀접한 관련이 있는 해부학, 조직학 및 태생학(胎生學)에 특히 주의를 기울이고 있음을 알 수 있다. 그러나 동시에 피부화류과(花柳科)의 시수가 가장 적은 것을 제외하고 기타 과목의 평균 학습 시간은 모두 중간 수준이었다. 해킷의학교는 총 5,372 시수로 12개 의학교(의과대) 중 1위를 차지하며 평균 학습 시간보다 37%나 많았다. 이에 따라 해킷의학교는 여자의학교로서 차별화되고 특화된 운영노선을 선택하였지만 동시에 다른 과목도 소홀하지 않아 오히려 교육 강도가 높은 학교라고 할 수 있다. 실습의 경우, 1933년 이후 비로소 부속 유제병원이 남자 환자를 접수하기 시작하였지만, 그 외에도 해킷의학교는 창립 초기부터 본교와 밀접한 관계를 맺고 있는 남녀 환자를 모두 접수하는 박제의원과 팡촌혜애풍인의원에 학생들을 안배하여 보충 실습하게 하였던 관계로, 산부인과에만 편중되었다고 하기는 어렵다.[72]

요컨대, 해킷의학교는 설립 시기가 빠르고 가장 오래 유지되었으며 여의사를 제일 많이 양성한 학교로서 당시 전국적인 여성 의학교육분야에서 중요한 위치를 차지하였다. 일례로 1935년에 발간된 『중화민국의사종람(中華民國醫事綜覽)』에 수록된 「중국의사명록」에 따르면 조사 가능한 4,800명의 양의사 중 307명의 여의사가 있는데, 그 중 해킷의학교 졸업생만 146명으로 전체의 47.6%를 차지하여 같은 종류의 여자의학교와 일반 남녀공학 의학교를 훨씬 능가하였다(표 4 참조). 한편, 해킷의학교 졸업생들의 취업 형태를 보면, 개원과 개인 병원 취직을 선택한 비율이 각각 43.8%, 14.3%로 합계 58% 이상에 달하였던 것으로 나타났다.[73] 이 비율은 당시 다른 미션계 의학교보다 훨씬 높았다.[74] 이는 한편으로 해킷의학교의 인재 양성 방향과 학생의 성별, 그리고 여의사의 취업 선택의 제한과 관련이 있었던 것으로 보인다. 그렇지만 다른 한편으로는 해킷의학교의 졸업생들이 의료현장의 최일선에서 다수 활약하였다는 것을 말해준다.

기존에 학계에서 해킷의학교 졸업생의 직업 성취에 대해 관심을 기울이지 않은 이유는 주로 이 학교에 린차오즈(林巧稚), 왕수전(王淑貞), 양충루이(楊崇瑞)와 같이 잘 알려진 의학전문가가 나타나지 않았기 때문

표 4 「중국의사명록」에 수록된 여의사 출신 학교 정보

출신 학교	소재지	인원수	성별 제한
夏葛醫學院	광저우	146	여
華北協和女子醫學校	베이징	39	여
廣東光華醫學院	광저우	32	남녀
東京女子醫學專門學校	도쿄	17	여
齊魯大學醫學院	지난	16	남녀
上海女子醫學院	상하이	10	여
同德醫學院	상하이	8	남녀
기타		39(각각 3명 이하)	

이다. 그러나 사실 자세히 들여다보면 꼭 그렇지는 않다. 대표적인 예로, 해킷의학교 졸업생 중 광저우의 량이원(1924년 졸업)과 우한의 가오싱룽(1929년 졸업)은 각각 '난량베이린(南梁北林)', '우한린차오즈(武漢林巧稚)' 또는 '북방에는 린차오즈가 있고, 남방에는 가우신룽이 있다[北有林巧稚, 南有高欣榮]'고 불릴 정도로 산부인과학계에서 매우 유명하였다. 물론 이들의 성장 경력을 보면 해킷의학교를 졸업한 후 모두 베이징협화의원이나 미국에서 유학·연수 등을 거쳤음을 확인할 수 있다.[75] 즉, 해킷의학교의 교육 배경은 그들에게 상급 의과대학에 진학하고 의사로 활동할 수 있는 기회를 제공하였고, 미국 등 더 넓은 무대에 가서 연수하는 것은 그들이 훗날 유명한 의학 전문가로 성장하는 데 결정적인 영향을 미쳤던 것이다. 실제로 베이징협화의원·미국 연수 경력이 있는 졸업생들은 훗날 거의 모두 산부인과 업계의 유명인사가 되었다.

한편, 위와 같은 경력이 없는 졸업생들은 해킷의학교에서 배운 의

학 기술, 특히 산부인과 분야의 능력으로 일부 업계에서 리더로 성장하였다. 대표적으로 황위잉(黃玉英, 1907년 졸업), 우즈메이(伍智梅, 1916년 졸업), 후옌진(胡燕襟, 1921년 졸업) 등을 들 수 있다. 특히 그들은 개원하는 데에 그치지 않고 조산사 양성 교육기관을 설립하여 신식 분만법을 익힌 조산사를 다수 배출하였다.[76] 당시 여의사가 부족한 상황에서 농촌 지역에서는 조산사가 의사의 역할을 수행하기도 하였을 만큼 조산사 양성은 결국 서양의학의 보급과 현지화에 중요한 영향을 미쳤다고 평가할 수 있다.

이처럼, 해킷의학교는 미션계 여자의학교이면서 광둥이라는 지역에 바탕을 둔 근대 중국 전문 여성 의학교육기관으로 종교성, 지역성, 대표성을 동시에 지녔다. 해킷의학교는 베이징협화의학원처럼 근대 중국의 서양의학과 공공위생의 발전을 이끄는 최고 의학 엘리트를 양성하는 곳이라고 할 수는 없지만, 의료현장 최일선에서 여성·소아 의료를 담당하고 여성 의학·조산 교육에 종사하는 여의사를 다수 배출하고 이들을 통해 근대 서양의학의 진정한 현지화를 추진시키는 중추적 역할을 수행하였다고 할 수 있다.

마치며

1936년 7월, 해킷의학교는 박제의원을 인수한 링난대학에 병합되었고, 공동으로 링난대학 쑨이셴기념의학원을 설립함으로써 여자의학교로서의 역사를 마감하였다. 합병을 성사시킨 이유는 반기독교운동의 풍조,

학교 경영의 어려움 등 요인 이외에, 남녀공학의 시대적 추세 역시 중요하게 작용하였다. 실제로 두 학교의 합병을 추진하는 과정에서 1933년 해킷의학교 측은 이미 이사 량환전의 건의로 남학생을 받기 시작하였다. 따라서 두 학교의 합병은 해킷의학교가 남녀공학이라는 시대의 흐름에 순응한 조치라고 볼 수도 있다. 합병 후 해킷의학교는 기존의 강점을 살려 산부인과, 소아과 및 신경병학 관련 수업을 책임졌고, 부속 유제병원에서도 남학생 실습을 허용하였다. 이로써 남녀유별의 성 구분에 의해 시작된 해킷의학교는 새로 탄생된 링난대 의대로 통합되면서 근대 여성 의학교육사에서 막을 내렸다.

이처럼 해킷의학교의 38년 역사는 근대 중국의 여성 의학교육 현지화의 단면을 함축하였다. 미션계 여자의학교인 해킷의학교는 남녀유별이라는 중국의 전통적 사회 규범을 바탕으로 설립되었다. 지리적이나 정치적 중심이 아닌 광저우에 위치해 있던 해킷의학교는 현지의 의료 수요를 바탕으로 운영되었으며 심지어 교수 언어도 현지 방언인 광둥어를 사용하는 독특한 방식을 택하였다. 한편, 해킷의학교는 광둥을 비롯한 화남 지역에 근거를 두면서도 점차 화중, 서남, 화동 내지 화북 등 지역으로 영향력을 확대해 나가면서 전국 유명 여자의학교로 성장하였다. 근대 중국 여성 의학교육사에서 해킷의학교가 중요한 위상을 차지할 수 있었던 이유는 창립 시기가 이르고 역사가 가장 오래된 것도 사실이지만 무엇보다 가장 많은 여의사를 배출하였던 것을 꼽을 수 있다. 근대 중국 의학교육계에서 전개된 의학교육제도 논의 중의 하나로, 즉 의사의 양과 질 가운데 어느 쪽이 우선시되어야 하냐는 논쟁의 맥락에서 볼 때, 해킷의학교는 사실 질보다 양을 우선시하는 대중적 모델에 더 가까웠다. 해킷의학교에서 양성한 졸업생은 비록 의학 엘리트는 아니지만 대부분 의료현장의 최일선에서 여의사 내지 의학·조산 교육 종사자로 활약하였던 만큼 그들이야말로 근대 서양의학의 현지화에 중추적인 역할을 수행하였던 역군이었다. 1931년 각종 논의 끝에 국민정부가 중국의 의료현실에 직면하여 의과대학(엘리트형)–의학전문학교(대중형) 병존의 이른바 양급제(兩級制) 의학교 제도[77]를 확립하였다는 사실을 상기한다면 해킷의학교에서 전개된 이러한 여성 의학교육의 의미를 더욱 잘 이해할 수 있을 것이다.

미주

1 趙婧, 「醫學·職業與性別—近代女子習醫論再探」, 『婦女研究論叢』 6, 2018, 57쪽.

2 진윈메이는 1869년 미국 선교사 Dr. Mc Carteo를 따라 미국으로 건너간 후 1881년 뉴욕병원 부설여자의학교에 들어가 1885년 의학사 학위를 취득하였고, 쉬진홍은 1884년 도미하여 필라델피아여자의학교에서 공부하였다. 그리고 스메이위, 캉아이더는 1892년 선교사 Gertude Howe를 따라 미국으로 건너가 미시간대학교 의과대를 졸업하였다. 郝先中, 「近代中國女西醫群體的產生及職業形象塑造」, 『自然辨證法通訊』 40(7), 2018, 54쪽.

3 趙俐, 「淸末民初中國女西醫硏究(1879-1919)」, 湖南師範大學 碩士學位論文, 2013.

4 해킷의학교 외에, 근대 중국 전문 여자의학교로는 1891년 미감리교에 의해 설립된 쑤저우여자의학교(1894년 쑤저우의학교로 통합, 1919년 폐교), 1908년 미감리회, 장로회, 공리회가 공동 설립한 베이핑여자의학교(화북협화여자의학교[North China Union Medical College for Women], 1923년에 치루(齊魯)대학 의과대에 통합), 1924년 미기독교여자선교연합회와 침례회가 공동 설립한 상하이여자의학교(상하이기독교여자의학교, The Shanghai Union Christian Medical College for Women 혹은 The Women's Christian Medical College, 1943년 폐교) 및 1905년 박제의학교 졸업생이자 여의사인 장주쥔(張竹君)과 유력인사 리핑수(李平書)가 세운 상하이중서의학교(동서양 의학교육 동시 실시, 1916년 폐교)가 있다. 이 글은 여자 의학교육만 다룰 뿐, 간호·조산 학교는 논외로 한다.

5 Pang Suk Man(彭淑敏), "To Save Life and Spread the True Light: the Hackett Medical College for Women in China(1899-1936)," Master of Philosophy Thesis, Hong Kong Baptist University, 1998; 方靖, 「中國近代第一所女子醫學院—夏葛醫學院」, 『廣州大學學報(社會科學版)』 1(3), 2002; 陳國欽, 「夏葛醫科大學與中國近代西醫教育的發端」, 『教育評論』 6, 2002; 李永宸, 「夏葛醫學院及其學生的地理分佈」, 『南京中醫藥大學學報(社會科學版)』 16(1),

2015.

6 夏坤·趙靜,「晚清廣州女醫群體」,『中華醫史雜誌』36(1), 2006; 王慶林·夏坤,「晚清教會醫校與女醫人才的培養—以廣州爲中心」,『江西行政學院學報』S(1), 2006.

7 Connie Shemo, "'Her Chinese Attended to Almost Everything': Relationships of Power in the Hackett Medical College for Women, Guangzhou, China, 1901–1915," *The Journal of American-East Asian Relations* 24(4), 2017, pp.321-346; Sara W.Tucker, "A Mission for Change in China: The Hackett Women' Medical Center of Canton, China, 1900-1930," Edited by Lesile A. Flemming, *Women'Work for Women*, Missionaries and Social Change in Asia, New York: Routledge, 2018.

8 Xu Guangqiu, "Medical Missionaries in Guangzhou: The Initiators of the Modern Women's Rights Movement in China," *Asian Journal of Women's Studies* 22(4), 2016, pp.443-461; Guangqiu Xu, *American Doctors in Canton, Modernization in China, 1835-1935*, Transaction Publishers, 2011.

9 일부 연구에서는 장주쥔을 해킷의학교의 졸업생으로 잘못 간주하였는데, 사실 그는 박제의원 부설의학교를 졸업하였다. 朱素穎,「再考中國第一位女西醫張竹君之學籍」,『現代醫學』50, 2022, 61-64쪽. 한편, 해킷의학교의 1926년 졸업생 중에 장주쥔과 동명인 자가 있었다.

10 陳小卡·李麗英,「關於博濟醫校是中國近代第一家西醫校的考辨」,『醫學與哲學』38(12A), 2017, 83-87쪽.

11 葉芳圃,「醫話叢存: 美國醫學博士嘉約翰先生傳」,『醫學世界』12, 1909, 120쪽.

12 진광여서원(真光女書院)은 1872년 미장로회 선교사 해리엇 노예스가 광저우 사지(沙基)에 설립한 것으로 광둥성 최초의 여학교이자 광저우 최초의 교회 중학교였다. 이 학교는 1878년 창디(長堤) 런지(仁濟)거리에 위치한 새 캠퍼스로 이전하였고 1910년 진광학당, 1912년 진광학교 중학부로 선후 교명이 변경되었다. 1917년 동 학교는 바이허둥(白鶴洞)의 새 캠퍼스로 이전하면서 진광여자중학교로 개명하였다. 현재 광저우시 진광중학교로 그 역사를 이어가고 있다. 廣州市國土資源和規劃委員會·廣州市嶺南建築研究中心編,『嶺南近現代優秀建築1911-1919(廣州)』, 廣州: 華南理工大學出版社, 2017, 95쪽.

13 那夏理,「華夏大地上的一束光—真光女書院的四十五年歷史(1872–1917)」, 王

美怡主編, 『近代廣州研究(第2輯)』, 廣州: 廣東人民出版社, 2014, 298-299쪽.

14 那夏理, 「華夏大地上的一束光—真光女書院的四十五年歷史(1872-1917)」, 302쪽.

15 梁碧瑩, 『美國人在廣州: 1784-1912』, 廣州: 廣東人民出版社, 2014, 294쪽.

16 위메이더(1876-1960): 광둥 보뤄(博羅)현 출신, 중화기독교회 목사 석구공(錫九公)의 딸. 1896년 박제의학교를 졸업한 뒤 박제의원에서 4년간 근무하였다. 1900년 풀턴 여의사를 도와 광둥여의학당을 설립하고 유제의원을 설립하는 데에도 협조하였다. 1904년 개업을 위해 마카오로 이전하여 마카오 역사상 최초의 여의사가 되었다. 黎小江·莫世祥主編, 『澳門大辭典』, 廣州出版社, 1999, 622쪽.

17 쑨원은 1887년 9월 홍콩 서의서원(西醫書院)으로 전학하여 학업을 계속하였다. 졸업 후 그는 의업에 종사하였는데 산부인과가 그의 전문 분야 중 하나였다고 한다. 莊政, 『孫中山—擁抱祖國, 愛情和書的偉人』, 臺北中央日報, 1995, 40-41쪽.

18 (美) 嘉惠霖·瓊斯 저, 沈正邦 역, 『博濟醫院百年(1835-1935)』, 廣州: 廣東人民出版社, 2009, 188쪽.

19 (美) 嘉惠霖·瓊斯 저, 沈正邦 역, 『博濟醫院百年(1835-1935)』, 2009, 152-153, 156쪽.

20 팡촌혜애풍인의원의 설립 경위에 대해서는 蘇精, 「嘉約翰籌建中國第一家精神病院的過程與爭議」, 『歷史文獻與傳統文化』 1, 2022, 298-322쪽.

21 劉澤生, 「清末廣州博濟醫院的裂變」, 王景峰·沈慧勇主編, 『劉澤生教授紀念文集』, 廣州: 中山大學出版社, 2014, 148쪽.

22 카니 시모(Connie Shemo)에 따르면 메리 해나 풀턴이 광저우에 여자 의학교를 설립한 것은 1880년대 미국 여자 의학교에서 교육을 받았던 그의 경험이 반영된 결과라며 미국에서 신속히 발전하는 과학적 의학교육 체제를 따르지 못하였다고 주장하였다. Connie Shemo, "'Her Chinese Attended to Almost Everything': Relationships of Power in the Hackett Medical College for Women, Guangzhou, China, 1901-1915," pp.333-339.

23 유제의원의 영문 이름은 기증자 데이비드 그레그(David Gregg) 목사를 기념하기 위해 'The David Gregg Hospital for Women and Children'으로 지어졌고 중문 이름은 의료선교의 취지를 살려 '도제(道濟)의원'으로 명명하였다. 그

러나 '도제'가 광둥어의 '칼'과 발음이 비슷하여 환자를 두려워하게 할 수 있다고 여겨져 모자보건병원의 특성에 맞게 '유제(柔濟)의원'으로 변경하였다.

24 廣州醫科大學附屬第三醫院編, 『發現·柔濟』, 廣州: 廣東人民出版社, 2016, 4쪽; 陳小卡編著, 『西方醫學傳入中國史』, 廣州: 中山大學出版社, 2020, 144-145쪽.

25 Mary H. Fulton, M.D, "Hackett Medical College for Women, Canton," *Chinese Medical Journal* 23(5), 1909.

26 『廣東夏葛女醫學校章程(1915-1916)』, 廣東省立中山圖書館 소장, 2쪽. 그 이후 이 말은 "본교는 기독교 진리를 바탕으로 의학의 연마에 매진하여 양호하고 아름다운 미덕을 갖춘 완벽한 의료인을 양성하는 데 목적을 둔다. 진리로써 영혼을 구원하고 의술로써 몸을 치료하며 사회에 도움이 되고 세상에 이바지하여 나라와 국민을 이롭게 하고자 한다."는 것으로 변경되었다.

27 『夏葛醫科大學簡章(1926-1928)』, 廣東省立中山圖書館 소장, 9-12쪽; 梁毅文, 「西關夏葛女子醫學校的片斷回憶」, 廣州市荔灣區政協文史資料研究委員會編, 『廣州文史資料』 35, 廣州: 廣東人民出版社, 1986, 149쪽.

28 『廣東夏葛女醫學校章程』, 1918, 廣東省立中山圖書館 소장, 6-7, 9-10쪽; Sara W. Tucker, "A Mission for Change in China: The Hackett Women's Medical Center of Canton, China, 1900-1930", Edited by Lesile A. Flemming, *Women's Work for Women, Missionaries and Social Change in Asia*, New York: Routledge, 2018, p.141.

29 李永宸, 「近代社會歷史背景視野下的民國廣州醫學院校教學日曆解讀」, 『南京醫科大學學報(社會科學版)』 3, 2014, 184쪽.

30 Sara W.Tucker, "A Mission for Change in China: The Hackett Women's Medical Center of Canton, China, 1900-1930," p.141.

31 「夏葛學生督促學校立案宣言」, 『廣州民國日報』, 1927. 3. 25, 10면; 「夏葛學生罷課促學校立案」, 『廣州民國日報』, 1927. 4. 2, 10면.

32 鮑靜靜, 「教會學校立案中的宗教教育和華人管理權問題研究」, 『廣東社會科學』 4, 2015, 131쪽.

33 「美國長老差會·夏葛醫學院校董會訂立的合約」, 1930. 3 .16, 문서번호: 0018-005-000065-022; 「調查與統計: 全國中西醫藥學校調查報告(九)夏葛醫學院」, 『中西醫藥』 2(1), 1936, 56-57쪽.

34 鮑靜靜, 「教會學校立案中的宗教教育和華人管理權問題研究」, 130-132쪽.

35 『夏葛醫學院章程(1931-1932)』, 廣東省立中山圖書館 소장, 42쪽.

36 『私立夏葛醫學院章程(1934-1935)』, 廣東省立中山圖書館 소장, 17쪽.

37 1936년·1937년 졸업생은 해킷의학교가 링난대학에 병합되면서 양교 졸업생 명단에 동시에 기록되었으나 두 학년 학생들의 학업은 모두 해킷에서 마쳤기 때문에 해킷의학교 졸업생으로 보는 것이 더 적합하고 판단한다. 한편, 리용천(李永宸)은 통합 후 링난대학의 의과 졸업생 역시 해킷의학교의 졸업생으로 간주하여 1903-1947년간 졸업생 총인원 수를 334명으로 계산하였다. 李永宸, 「夏葛醫學院及其學生的地理分佈」, 『南京中醫藥大學學報(社會科學版)』 16(1), 2015, 24쪽. 하지만 해킷의학교는 1933년 이후 남학생을 받기 시작하였고 통합된 이후의 링난대는 남녀공학으로 학교 성격 및 운영 방식이 모두 변화하였기 때문에 리용천의 통계에는 문제가 있다고 생각한다. 실제로 1932-1936년 사이에 입학한 학생은 해킷의학교에서 몇 년 공부하다 모두 통합 후의 링난대로 전학하였고 그중에 몇몇 남학생도 포함되어 있었다. 또한 해킷의학교의 졸업생 명부 역시 위의 전학생들을 수록하지 않아 필자 역시 이들을 통계에서 제외시켰다.

38 虞寧寧, 『中國近代教會大學招生考試硏究』, 武漢: 華中師範大學出版社, 2016, 41-42쪽.

39 「私立夏葛醫學院歷屆畢業生名冊」, 『廣東夏葛女醫學校章程』(1918年版), 「學生入學時之事歷」, 『夏葛醫學院三十周年紀念錄』, 『夏葛校友聲』.

40 虞寧寧, 『中國近代教會大學招生考試硏究』, 40쪽.

41 「雲南省立昆華女子中學校關於學生李曾賢·顧桂芳擬赴廣州投考廣州夏葛醫學院請該院逾格收錄的公函」, 문서번호: 0018-005-000065-016, 1933. 8. 8, 광저우시당안관 소장.

42 「夏葛醫學校關於學生鄧悅蘭·談淸靈·蘇淑媛·李再蘭(李木蘭)·鐘月英·區韶英·黃東英·黃林鳳·余海波·李關華入校時的事曆表及關於余海波科目的英文函」, 문서번호: 0018-005-000009-002, 1928, 광저우시당안관 소장.

43 현재까지 모녀 관계로 확인된 졸업생은 다음과 같다. 姚秀珍(1907년 졸업)-葉郁愛(1933년 졸업), 楊秀珊(1907년 졸업)-盧淑卿(1926년 졸업), 古月英(1911년 졸업)-梁福民(1934년 졸업).

44 牛桂曉, 「徘徊於醫療與傳教士之間: 近代中國教會醫學教育的語言之爭」, 『醫學與哲學』 43(17), 2022, 71-72쪽.

45 현지 방언을 교수 언어로 사용한 학교는 박제의학교(광저우), 보제(普濟)의학

당(둥관), 해킷의학교(광저우), 그리고 미감리회가 설립한 쑤저우의학교가 있었다. Jefferys W H., "A Review of Medical Education in China," *The China Medical Journal* 23(5), 1909, p.296. 한편, 량비잉(梁碧瑩)은 박제의학교의 교수 언어는 주로 영어였고, 광둥어를 동시에 사용하였다고 주장한다. 梁碧瑩, 『美國人在廣州: 1784-1912』, 廣州: 廣東人民出版社, 2014, 297쪽.

46 牛桂曉, 「徘徊於醫療與傳教士之間: 近代中國教會醫學教育的語言之爭」, 73-74쪽; 조정은, 「중국 근대 미션계 의학교의 발전과 토착화-의학교육 체계화를 위한 논의를 중심으로-」, 『한국사학사학보』 31, 2015, 257-261쪽.

47 鄭金生, 「中國醫史學科的教育科研先驅李濤」, 『中華醫史雜誌』2, 2021, 67-74쪽.

48 李濤, 「民國二十一年度醫學教育(二十一年七月至二十二年六月)附表」, 『中華醫學雜誌』 19(5), 1933, 682쪽.

49 『廣東夏葛女醫學校章程』, 1918, 廣東省立中山圖書館 소장, 2쪽.

50 「教育小消息一則: 教部督促廣東省推行國語教育」, 『教育短波』 83, 1936, 13쪽. 광둥성 교육청은 이에 대한 대응으로 관련 추진 방법을 제정하였다. 자세한 상황은 「廣東省推行國語教育辦法」, 『教育部公報』 9(3-4), 1937, 45-47쪽.

51 姚保猷, 「吾粵推行國語教育之重要性」, 『中山日報』, 1947. 5. 8, 8면.

52 嘉惠霖·瓊斯, 『博濟醫院百年(1835-1935)』, 190-191쪽.

53 「教育部列舉私立夏葛醫學院應行改進各點飭該院遵照改進具報的訓令」, 광저우시당앙관 소장, 문서번호: 0018-005-000062-019, 1935. 5. 31.

54 「私立夏葛醫學院報本院改進情形的呈」, 광저우시당안관 소장, 문서번호: L127-001-000047-033, 1935. 7. 30.

55 (美) 嘉惠霖·瓊斯 저, 沈正邦 역, 嘉惠霖·琼斯, 『博濟醫院百年(1835-1935)』, 191쪽.

56 Connie Shemo, "Her Chinese Attended to Almost Everything: Relationships of Power in the Hackett Medical College for Women, Guangzhou, China, 1901-1915," *The Journal of American-East Asian Relations* 24(4), 2017, p.323.

57 China Medical Commission of the Rockefeller Foundation, *Medicine in China*, New York, 1914, p.34, 36.

58 Connie Shemo, "'Her Chinese Attended to Almost Everything': Relationships of Power in the Hackett Medical College for Women,

Guangzhou, China, 1901–1915," pp.338-339.

59 Mary H. Fulton, M.D, "Hackett Medical College for Women, Canton," Chinese Medical Journal 23(5), 1909, p.327. 19세기 말 미국의 여자 의학교육에 관해서는 顔宜葳, 「美國女子醫學教育與晚淸中國最早的女西醫」, 張大慶·蘇靜靜編, 『全球視野下的醫學文化史』, 北京: 中國協和醫科大學出版社, 2019, 123-135쪽.

60 『廣東夏葛醫學院章程(1915-1916)』, 廣東省立中山圖書館 소장, 12쪽.

61 Mary H. Fulton, M.D, "Hackett Medical College for Women, Canton," *Chinese Medical Journal* 23(5), 1909, p.327.

62 베이핑여자의학교는 입학조건으로 대학(혹 전문학교) 학위나 고등학교 학력을 요구하였는데 미달할 경우 영어, 국어, 수학, 역사, 지리, 물리, 생리학 등 시험을 통과해야 한다고 규정하였다. 한편, 쑤저우여자의학교는 입학조건으로 적어도 미션계 초등학교 졸업증이 있어야 하며 미션계 고등학교에서 1년 이상 공부한 자를 우대한다는 것을 규정하였다. 관련 수학 경력서가 없는 자는 영어, 국어, 지리, 라틴어, 물리학, 수학 등의 과목 시험에 통과해야 하였다.

63 China Medical Commission of the Rockefeller Foundation, *Medicine in China*, New York, 1914, p.37.

64 李純康, 「上海的高等教育」, 『上海通志館期刊』 2(2), 1934, 649쪽.

65 China Medical Commission of the Rockefeller Foundation, Medicine in China, New York, 1914, p.34, 37.

66 『廣東夏葛醫學院章程(1915-1916)』, 廣東省立中山圖書館 소장, 2쪽.

67 『夏葛醫科大學章程(1923-1924)』, 廣東省立中山圖書館 소장, 4-5쪽.

68 『夏葛醫學院章程(1931-1932)』, 廣東省立中山圖書館 소장, 16쪽. 1935년에 이르러서는 "당의(黨義, 국민당 사상교육), 국문, 영문, 수학, 물리, 화학, 생물학"으로 변경하였다. 『私立夏葛醫學院章程(1934-1935)』, 廣東省立中山圖書館 소장, 21쪽. 학제의 변화는 다음과 같다. 1915-1916년은 4년, 1919-1920년은 5년, 1931-1932년은 7년, 1934-1935년은 6년이었다(각 연도 학교 헌장 참조).

69 「私立廣州夏葛醫學院章程, 校曆, 校董會各校董姓名及任期, 現屆院務會議委員會姓名冊, 職員一覽表, 教員一覽表及組織大綱」, 광저우시당안관 소장, 문서번호: 0018-005-000064-002.

70 李濤, 「民國二十一年度醫學教育(二十一年七月至二十二年六月)附表」, 『中華醫

學雜誌』19(5), 1933, 685쪽.

71 「教育部列舉私立夏葛醫學院應行改進各點飭該院遵照改進具報的訓令」, 문서번호: 0018-005-000062-019, 1935. 5. 31.

72 「私立夏葛醫學院報本院改進情形的呈」, 문서번호: 0018-005-000047-033, 1935. 7. 30.; J.Oscar Thomson, "The Medical Educational Situation in Canton," *Chinese Medical Journal* 40(8), 1926, p.793.

73 1931년 이후 졸업생 진로에 관한 데이터는 모두 결여되어 있어 통계 수치에서 제외시켰다. 이에 산출된 1903-1931년 간의 졸업생은 총 202명으로 집계된다. 개원과 개인 병원 취직 이외에 미션스쿨 및 병원 고용은 13.8%, 공공·정부기관 취직은 9.6%, 모교(부속병원 포함) 취직은 5.4%, 사망·미상은 12.4%로 나타났다. 통계 수치는 「卒業生一覽表」(문서번호: 0018-005-000064-003)를 바탕으로 하며 '미상', '사망'으로 표기된 경우, 『廣東夏葛醫學院章程(1915-1916)』, 『夏葛醫科大學章程(1923-1924)』, 『夏葛醫科大學卅周年紀念錄』의 기록과 대조하여 정보를 보충해 졸업생의 진로 상황을 최대한 파악한 결과이다.

74 WM. G. Lennox, "The Distribution of Medical School Graduates in China," *The Chinese Medical Journal*, Vol.XLVI, 1932, p.407.

75 番禺區地方誌編纂委員會編, 『廣州市番禺市誌(1992-2000)』, 北京: 方誌出版社, 2010, 841쪽; 「"南梁北林"之梁毅文」, 『世界最新醫學資訊文摘』 68, 2016, 171쪽; 武漢市政協文史學習委員會·中共武漢市委黨史研究室·武漢市地方誌辦公室等編, 『高欣榮: 一代名醫, 妙術仁心』, 武漢出版社, 2012, 105-106쪽.

76 「創辦保生助產學校的西關小姐」, 廣州市荔灣區婦女聯合會·廣州市荔灣區地方誌辦·廣州市荔灣區檔案局編著, 『西關名姝』, 廣州: 廣東經濟出版社, 2013, 142-143쪽; 庾熙光, 「懸壺濟世的徐甘澍醫生」, 政協廣州市花都區文史資料研究委員會編, 『花都文史第22輯 人物專輯』, 政協廣州市花都區文史資料研究委員會, 2003, 33-38쪽; 「一張1933年畢業文憑的解讀—圖強助產學校」, 卓稚雄, 『廣州歷史地理拾零』, 廣州: 廣東人民出版社, 2018, 111-125쪽; 黃悅亨, 「廣東省長公署省視學視察: 圖強產科專门学校」, 『廣東教育公報』 7(6), 1919, 93-95쪽.

77 양급제 의학교 제도에 관해서는 夏媛媛, 「民國時期兩級制醫學校的形成」, 『中華醫學會醫史學分會第十三屆一次學術年會論文集』, 2011, 87-92쪽, 그리고 夏媛媛, 『民國初期西醫教育的建構研究 1912-1937』, 北京: 科學出版社, 2014, 32-59쪽.

제3부

미국의 여성 의학교육

제8장

근대 미국의 여성 의학교육과 펜실베이니아 여자의과대학

신지혜

시작하며

우리에게 여성 의사를 보내주세요[1]

1915년 펜실베이니아 여자의과대학(WMCP; Woman's Medical College of Pennsylvania)은 「해외 선교에 관하여(Concerning Foreign Missions)」라는 소책자를 통해 의학교육과 선교활동의 연관성을 다루었다. 책자는 WMCP가 1903년부터 1915년까지 다른 의과대학보다 월등히 많은 수[2]인 31명의 의료선교사를 배출했다고 설명했다. 1869년에 WMCP를 졸업하고 곧 인도로 파견된 클라라 스웨인(Clara Swain)부터 시작하면 1915년까지 WMCP 졸업생 125명이 해외에서 의료선교사로 활약하고 있었다.[3] 「해외 선교에 관하여」는 눈에 띄는 이미지를 통해 학교가 의료선교에 기여한 바를 대대적으로 선전했다(그림 1).

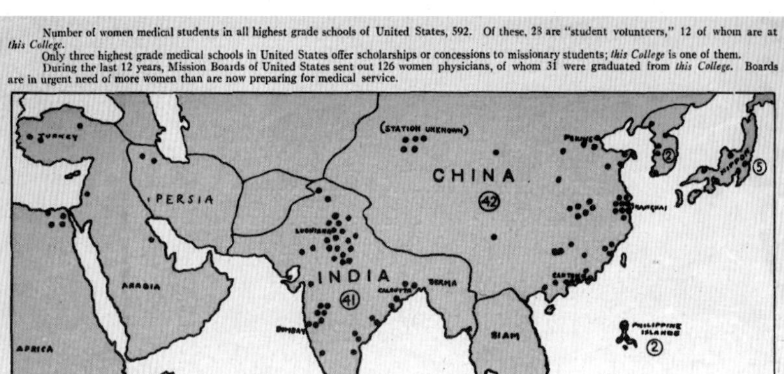

그림 1 **펜실베이니아 여자의과대학 졸업생이 의료선교사로 파송된 지역을 보여주는 지도**
(Woman's Medical College of Pennsylvania, "Concerning Foreign Missions," 1915)

당시 의료선교사를 비롯해 해외 선교사 파견을 직접 주관했던 기관은 미국선교위원회였고, 여성 의료선교사는 일반 여성 선교사의 3%에 불과했으므로 숫자만 가지고 펜실베이니아 여자의과대학이 의료선교에 미친 역할을 증명할 수는 없다.[4] 그러나 WMCP가 갖는 역사적 중요성은 한국의 예에서도 드러난다. 미국 여자의과대학 가운데 가장 오랜 역사를 자랑했던 WMCP는 19세기 말-20세기 초 조선에 파송된 미국의 여성 의료선교사 중 두 명 —로제타 셔우드(로제타 홀, 1889년 졸업), 릴리언 해리스(1897년 졸업)—의 모교였다.[5] 릴리언 해리스는 1897년부터 서울에서 의료선교사로 봉사했으며, 1901년에는 서울, 코리아(Corea)에 있다는 기록이 동문회집(Alumnae Transactions)에도 실렸다. 로제타 셔우드는 해리스보다 8년 이른 1889년에 WMCP를 졸업했는데, 그 해의 졸업

그림 2 1889년 졸업생 사진. 네번째 줄 오른쪽에서 두번째(20번)가 로제타 셔우드, 16번이 라플레쉬. 오카미 게이는 사진에 없다.

생 명단에는 미국 원주민 여성 최초로 의학학위를 받은 수전 라플레쉬(Susan La Flesche), 그리고 일본인 유학생 오카미 게이(Okami Kei)도 있었다(그림 2).

펜실베이니아 여자의과대학은 20세기 초 시카고, 볼티모어를 비롯해 대부분의 여자의과대학이 재정 문제와 지원 부족으로 폐교한 후에도 명맥을 유지했다. 이 사실만 봐도 WMCP를 통해 미국 여자의과대학 전체를 일반화할 수는 없을 것이다. 그러나 그 상징성과 대표성은 오늘날까지 남아 있다. WMCP에서 수학한 저명한 인물 중에는 미국 혁신주의 시대를 대표하는 개혁가 제인 애덤스(Jane Addams)가 있었다. 애덤스는 입학한 지 1년 만에 건강 문제로 학교를 그만두었지만, 그의 사례는 당시 좋은 집안의 교육받은 여성들이 WMCP를 선택한 이유를 생각해 보게 한다. 한국에도 방영되었던 1990년대 미국 드라마《닥터 퀸(*Dr. Quinn, Medicine Woman*)》의 주인공 미카엘라 퀸(Michaela Quinn) 역시 보스턴 출신이지만 1860년대 펜실베이니아 여자의과대학을 졸업한 후 서부(콜로라도)에 정착하여 개업했다는 설정이었을 만큼 WMCP는 역사적 상상을 자아내기도 했다. 이밖에 19세기 말-20세기 초 미국 여성 의학교육의 국제적 양상을 보여주는 예로 WMCP가 여성 의료선교사 양성에 미쳤던 역할에 주목해야 할 것이다.

19세기 후반 미국의 여러 지역에서 설립된 여자의과대학은 그동안 의학교육에서 배제되었던 여성들을 배움의 길로 이끌었다. 역사가 긴 만큼 미국의 여자의과대학과 당시 교육과정에 대한 연구는 많이 되어 있다.[6] 특히 WMCP 관련 논저가 눈에 띈다.[7] 여성 선교사의 역할 또한 널리 연구된 주제이다.[8] 국내에서는 이현주의 글을 통해 한국으로 파송된 미국 여성 의료선교사의 배경을 알 수 있다.[9] 이 글은 기존 연구에 더하여, 19세기 말-20세기 초(정확히는 앞의 소책자가 발행된 1915년까지) WMCP가 어떻게 다른 의과대학보다 더 많은 여성 의료선교사를 배출할 수 있었는지를 염두에 두고 펜실베이니아 여자의과대학의 역사를 되짚어 본다. 이 시기는 의학교육을 받은 여성들이 의사로 성장을 거듭한 때이자, 1910년 플렉스너 보고서가 발표된 후 의과대학이 흥망을 거듭하는 가운데 미국 여성 의학교육의 방향이 정립된 때이기도 했다. 1918년 이후 미국 유일의 여자의과대학으로 명맥을 유지해 나갔던 WMCP는 여타 여자의과대학과 비교할 수 없을 만큼 높은 교육 수준과 등록률을 자랑하던 기관이었다. 각 학교마다 설립 목표와 재정 등에도 차이가 있었다는 점 역시 간과할 수 없다. 그러나 여성 의학교육 기관으로서 WMCP는 일종의 대표성을 지녔기 때문에, WMCP 연구를 통해 당시 미국 여자의과대학 전반의 커리큘럼과 사회적 목표도 이해할 수 있을 것이라 기대한다.

이 글은 펜실베이니아주 드렉셀(Drexel) 대학에서 디지털화한 WMCP 관련 사료를 중심으로 19세기 말-20세기 초 펜실베이니아 여자의과대학의 교육내용과 발전 과정에 주목한다.[10] 1850년대부터 1890년대까지의 WMCP 연례발표는 학사일정과 커리큘럼 소개, 당시 학생들이 받은 교육내용, 입학자격, 졸업자격, 수업료(장학금), 졸업생과 등록 학생 명단을 기록했다. 졸업논문 제목을 포함한 해도 있어서 WMCP 학생들이 어떤 분야에 관심을 가졌는지 알 수 있다. 학생들이 주축이 되어 발행한 졸업기념앨범 또한 교과 과정, 학생들의 일상과 미래에 대한 희망을 엿볼 수 있는 좋은 자료이다. 그 시기 자료 중 현재 온라인으로 접근 가능한 것은 *Scalpel*(의과용 메스)이라는 제목의 1911년 졸업기념앨범 뿐이지만, 200페이지에 달하는 내용이 알차게 실려 있다.[11] 동문회집은 동문과 재학생 관련 정보를 제공하며, 동문이 작성한 의학 논문을 실어 지식 교환과 후학 교육에 이바지했다. 이밖에 학장의 고별사와 개강 첫 연설에서 WMCP가 지향했던 바를 엿볼 수 있다. 현재 디지털화된 사료 대부분이 19세기 중후반과 20세기 초에 발행된 것이므로, 이 글은 앞서 언급했듯이 1910년대까지로 연구 범위를 한정한다. 학장이었던 클라라 마셜(Clara Marshall)과 동문 굴리엘마 올숍(Gulielma F. Alsop)이 WMCP의 역사를 저술하면서[12] 학장, 교수, 저명한 동문 등 특정 인물을 중심으로 한 데 비해, 이 글은 WMCP를 보다 넓은 시대적 배경 속에서 살펴본다. 특히 의료선교와 관련된 내용을 더 분석하여 WMCP가 세계 전역에 의료선교사를 파견할 수 있었던 요인을 밝힐 것이다. 더불어 여성 의료선교사의 존재가 여자의과대학을 유지해 나가는 데 중요한 선전의 도구였음을 확인하고자 한다.

펜실베이니아 여자의과대학의 설립

19세기 중반까지만 해도 미국에는 여성이 의학교육을 받을 만한 기관이 부재했다. 따라서 여성에게도 의과대학 입학을 허락했던 취리히나 파리로 유학을 떠나 의학교육을 받는 경우가 왕왕 있었다. 그러나 1849년 엘리자베스 블랙웰(Blackwell)이 뉴욕주의 제네바 의과대학에서 의학학위를 받은 후, 미국 내 여성 의학교육이 점차 확대되었고 여자의과대학을 비롯해 여러 교육기관이 설립되었다. 1850년에는 퀘이커교도의 주도로 필라델피아에 펜실베이니아 여자의과대학(WMCP, 설립 당시에는 여성의과대학)이 세워졌다. 역사적으로 퀘이커교(Society of Friends)는 노예제에 반대하고 남녀평등을 강조하며 여성도 동등하게 사역할 수 있도록 했다. 따라서 퀘이커의 영향력이 컸던 필라델피아에 여자의과대학이 설립된 것은 그다지 놀라운 일이 아니었다. 필라델피아 여성들은 서기나 경리로 경제활동에 활발하게 참여해 왔으며, 남자의 에스코트 없이도 공공장소에서 오락을 즐길 수 있었다. 필라델피아에 위치한 만큼 WMCP는 다른 곳보다 자유로운 분위기를 누렸고 지역의 뒷받침도 받았다. 전혀 배타적이지 않았다고 할 수는 없겠지만, 학생들의 배경과 인종에 따른 차별이 덜해서 러시아 출신의 유대인 여성, 흑인 여성도 WMCP에서 수학의 기회를 얻을 수 있었다.[13] 미국 북동부만이 아니라 남부, 서부 등 각지에서 수많은 여성이 의학교육을 위해 필라델피아로 향했다. 국외에서도 WMCP를 선택한 학생이 적지 않았다.

1850년 3월 11일 설립강령서를 받은 펜실베이니아 여자의과대학은 조지프 롱쇼어(Dr. Joseph S. Longshore)와 바르톨로뮤 퓨셀(Dr. Bartholomew Fussell) 등 명망 있는 필라델피아 시민들에 의해 설립되었다. 여자의과대학 이사회 초대 의장은 윌리엄 멀린(William J. Mullen)으로, 사비를 들여 건물을 재정비하는 등 교육에 적합한 환경 조성을 위해 노력했다. 1850년 10월 12일 펜실베이니아 여성의과대학(Female Medical College of Pennsylvania)이라는 명칭으로 개교했고, 1868년에는 펜실베이니아 여자의과대학으로 이름을 바꾸었다.[14] 학생 40명, 교수 6명으로 야심차게 시작했지만, 1859년 필라델피아 의학학회가 파문 결의안을 통과시켜 여자의과대학을 졸업한 의사는 물론이고 교수진에게 의학자문을 구한 사람까지 배척하는 등 견제가 심했다.[15] 그러나 1860년대 이후 WMCP는 점차 지역 사회에서 자리를 잡게 되었다. 설립 초기에는 남자교수가 대부분이었으나, 1890년대가 되면 여자교수가 전체 교수진의 4분의 3을 차지할 정도로 그 비중이 커졌다.[16] 초기 WMCP의 여자교수 대부분이 유럽에서 의학교육을 받고 돌아왔던 반면, 19세기 후반으로 갈수록 WMCP 동문이 행정과 교육에서 두드러진 활약을 보였다. 1911년에는 교수, 강사, 임상강사, 조교의 수가 55명으로 늘었다. 그러나 학교에서 급여를 받고 상근하는 전임교수는 많지 않았는데,[17] 이것이 결국 20세기 초 학교의 존립을 위해 해결해야 할 문제로 떠올랐다.

WMCP가 개교한 후에도 한동안은 여학생이 훈련받을 수 있는 병원이 없었다. 일반 병원에서 이들을 받아주지 않았기 때문이다.[18] 따라서 1861년 퀘이커 여성들이 필라델피아 여성병원을 설립하여 WMCP 학생들에게 임상수업을 받을 기회를 주고자 했다. 펜실베이니아 여자의과대학의 1회 졸업생(1852년 졸업)이자 훗날 WMCP 최초의 여자학장이 된 앤 프레스턴(Ann Preston, 학장직 수행은 1866–1872)이 누구보다 적극적으로 필라델피아 여성병원 설립에 나섰다. 이때까지는 학교와 병원의 구분이 거의 없어서 병원 건물 일부를 빌려 수업을 열기도 했다. 그러나 1875년 새로운 학교 건물이 설립되자 하나의 기관이나 마찬가지였던 대학과 병원이 분리되기 시작했다. 19세기 후반에는 실험실과 임상실습실도 확장되어 수업 내용을 실습에 적용할 수 있게 되었다.

이러한 발전에도 불구하고 학교의 유지와 교육에는 어려움이 여전했고, 학생들 역시 험난한 시기를 거쳤다. 빅토리아 시대의 규범상 졸업을 한들 의사로서의 활동이 보장되지 않았다.[19] 이를 극복하는 과정은 물론, 의학교육의 실시에도 장애물이 산재했다. 무엇보다 큰 문제는 1861년 필라델피아 여성병원의 개원에도 불구하고 계속해서 임상교육 장소가 부족했다는 것이었다. 이와 관련해 WMCP의 역사에서 가장 잘 알려진 사건이 바로 1869년의 야유사건(Jeering Incident)이다. 필라델피아 소재의 펜실베이니아 병원이 WMCP 학생 20명에게 임상수업 참관을 허용하자 펜실베이니아 의학대학[20](남)학생들이 반발하면서 이들에게 야유와 조롱을 퍼부었던 것인데, 이 사건은 지역 신문에도 대대적으로 보도되었다. 남녀의 경계를 넘어서려 한다며 WMCP 학생들을 탓하는 글도 없지 않았으나,[21] 전반적으로 신사답지 못한 행동을 했던(남)학생들을 비판하는 여론이 강했다. 거리까지 따라 나와 여학생을 괴롭혔던 이들을 퇴학시키고 체포하라는 의견도 있었다. 펜실베이니아 병원 역시 WMCP 학생들의 참관을 허용한다는 뜻을 굽히지 않았다.[22] 여성의 의학교육과 실습에 대해 논의가 분분했지만, 야유사건 이후에도 WMCP 학생들은 임상수업에 꾸준히 참가했고, 반발했던 남학생들도 결국 이들을 받아들이게 되었다.[23]

학교가 자리를 잡아가면서 입학요건 역시 까다로워졌다. 1880년대까지 입학시험은 장학금 수혜자에게만 해당되었다. 이때는 영어 능력 평가 시험이 전부였고, 평판이 좋은 대학 출신이거나 커리큘럼에 해부학, 생리학, 화학이 포함된 학교의 졸업생이라면 시험을 볼 필요가 없었다.[24] 그러나 1891년부터는 철자법 및 영작문, 연산, 기초 물리학, 라틴어 시험이 의무화되었다. 다만 공인된 대학·학교의 졸업장, 교사 자격증 등이 있을 경우 시험이 면제였다. 위의 과목 외에도 입학 전 화학, 생물학, 언어(특히 독일어) 지식을 쌓을 것이 권장되었다. 19세기 말 WMCP의 합격률이 어느 정도였는지는 알 수 없지만, 입학 허가를 받지 못해 다른 학교로 눈을 돌린 학생이 있었을 만큼 교육기관으로서 WMCP의 위치는 공고했다.[25]

WMCP의 의학교육

19세기 후반 의학교육을 받고자 하는 여성들에게는 차별이 만연했던 기존의 의과대학 대신 여자의과대학이라는 선택지가 있었다. 그러나 당시 평범한 가정에서 여성 의사를 키워내기는 쉽지 않았을 것이다. WMCP

No. 199 MATRICULATION.

Woman's Medical College

OF PENNSYLVANIA.

Frances J. Woods

of South Dakota

has been matriculated for the ensuing Session.

Clara Marshall, M.D.
Dean.

PHILADELPHIA, 11. 27. '91

Materia Medica, Clara Marshall,
Physiology, Frances Emily White
Obstetrics,
Practice,
Gynæcology,
Anatomy, William H. Parish M.D.
Chemistry, Henry Leffmann
Surgery,
Histology, Harriet E. Lothrop.
Pathology,

☞The holder of this ticket is entitled to attend the lectures in the departments countersigned by the respective professors, but the ticket is not evidence of attendance unless endorsed to that effect by the Dean of the College.

그림 3 프랜시스 우즈(Frances J. Woods, 1894년에 WMCP 졸업)의 입학등록금 영수증(위)과 각 담당교수가 서명한 수강증(아래)(Tickets to the Healing Arts: Medical Lecture Tickets of the 18th and 19th Centuries)[25]

당시 WMCP의 학장은 클라라 마셜이었다. 약물학(Materia Medica), 생리학(Physiology), 해부학(Anatomy), 화학(Chemistry), 조직학(Histology)을 신청한 것으로 보아, 3년 과정 중 1년 차의 수강증이다. 1891년에는 입학등록금 5달러, 다섯 과목 수강비 100달러(과목당 20달러) 외에 실용해부학(10달러), 실용조직학(10달러), 해부재료비(6달러), 실험실비(20달러) 등으로 50달러 정도가 더 청구되었다.

의 1889–1890년 연례발표를 보면, 3년 과정에 총 325달러 50센트의 수업료가 책정되었다. 해당 시기 미국의 가구 평균소득이 연 500달러에서 1,000달러였으니 적잖은 금액이었다. 19세기 후반 WMCP의 신입생은 입학등록금 5달러를 지불하고 그림 3과 같은 수강증(ticket)을 받았다. 그 다음에는 듣고자 하는 수업의 담당교수를 찾아가 교수당 15–20달러를 내고 수강증에 서명을 받았다. 학교가 교수에게 일괄적으로 급여를 주는 게 아니라, 학생이 교수에게 수업료를 지불하고 교수가 그 돈으로 학교에 시설이용료 등 일정 금액을 내는 식이었다. 화학, 외과, 해부학 등에는 별도의 실습비가 청구되었다. WMCP는 20세기 초까지도 이러한 방식을 유지했다.[26] 수업료 외에 책값과 하숙비[27] 등 추가 비용도 만만치 않았다.

WMCP의 학생들은 기본 의학교육을 받았고, 교수나 강사에게서 세부 과목을 배웠다. 별도 전공이 있었다기보다 졸업논문에서 어떤 분야를 다루었는지에 따라, 그리고 개업 후 환자의 수요에 따라 진로가 결정된 것으로 보인다. 개교 초기에는 2년간 수업을 듣고—매년 5개월 동안—교육의사 밑에서 공부하면 학위가 주어졌다. 1871년에는 10월부터 5개월간 겨울학기 수업을 실시하고 2주를 추가해 학생들이 신체적, 정신적 무리 없이 수업 내용을 소화할 수 있도록 했다. 겨울학기가 끝난 다음 월요일부터는 10주 간 봄학기가 열려 실용적인 지식을 습득하도록 도왔다.[29] 당시 봄학기는 필수가 아닌 선택으로, 교육의사 밑에서 1년 동안 공부하는 것과 마찬가지였다. 매주 각 분야의 퀴즈가 있었고, 실용약학, 외과적 해부학, 소수술(minor surgery), 치과생리학, 진단학, 안과학, 식물생리학, 현미경 사용법 수업, 임상수업 등이 개설되었다.[30] 1881년에는 필수

교육과정이 3년으로 늘어났다. 1887-1888년의 경우, 1887년 10월 6일부터 겨울학기 시작, 1888년 3월 15일 졸업식, 그리고 3월 19일부터 5월 25일까지가 봄학기였으며, 이러한 일정이 3년간 계속되었다.

유수의 의과대학과 마찬가지로 WMCP도 1882년부터 4년 과정을 권장했다. 3년 과정으로도 학위를 받을 수 있었지만, 학교 측은 2년 차 때 부담이 다소 줄어들고 임상에 더 참여할 수 있는 것은 물론 다양한 의학 분야의 경험이 가능하다며 4년 과정의 이점을 강조했다. 4년 과정에서는 1년 차에 화학, 해부학, 생리학, 조직학 수업을 듣고 3년 과정과 동일하게 실용해부, 임상, 실험(laboratory work)을 했다. 2년 차에는 1년 차 과목에 약물학과 일반치료학이 추가되고, 학생이 원하는 과목(진단학, 수술적 산과학, 부인과학 등)을 하나 더 선택했다. 여기에 실험, 임상 등을 더하고, 화학, 해부학, 생리학 졸업시험을 치렀다. 3년 차 학생은 나머지 다섯 과목(산과학, 수술, 부인과학, 병리학, 아동질병학)의 강의와 임상에 참석하고, 화학, 해부학, 생리학 졸업시험을 통과했다는 것을 전제로 위의 다섯 중 두 과목의 졸업시험을 보았다. 4년 차에는 강의와 임상이 계속되었고 나머지 세 과목의 졸업시험도 있었다.[31]

1893년부터 4년 과정이 의무화되면서[32] 과목도 더 다양해졌다. 1학년은 일반화학, 해부학, 조직학, 발생학(embryology), 생리학, 약학, 약물학, 일반징후학 수업과 실험을 들었다. 1년 차가 끝나면 생리학, 조직학, 일반화학, 약물학 시험을 치렀다. 여기서 세 과목을 반드시 통과해야만 진급할 수 있었다. 2년 차에는 의화학, 해부학, 조직학, 생리학, 위생, 일반병리학, 수술, 진료, 산과학과 부인과학 수업, 실험, 여성병원 클리닉 참석이 있었다. 학기 말에 화학, 해부학, 조직학, 생리학의 졸업시험을 치렀는데 진급하기 위해서는 이중 적어도 세 과목을 통과해야 했다. 3년 차에는 응용해부학, 일반치료학, 일반병리학, 수술, 진료, 부인과학, 법의학, 신경체계질병, 이과학(otology), 후두학과 비과학, 교정학, 안과학, 피부병학 수업을 듣고, 카데바에 수술적 부인과 실습, 필라델피아 여성병원 및 다른 병원의 클리닉 출석, 임상의학의 임상수업, 여성병원 진료소의 임상수업, 외래 산과 사례 참관, 퀴즈(recitation)를 마쳐야 했다. 3년 차 말에는 1, 2년 차의 필수시험을 다 통과했다는 전제하에 치료학, 일반병리학, 수술이론, 진료 졸업시험을 치렀다. 4년 차 때는 위생, 법의학, 소아과학, 신경체계질병, 이과학, 후두학과 비과학, 교정학, 안과학, 피부병학 수업을 수강하고 수술과 골절의 드레싱 실습, 카데바와 마네킹에 수술적 산과학·수술적 부인과학 실습, 그리고 3년 차와 마찬가지로 병원 클리닉에서 임상실습, 외래 산과 사례 참관 등이 이어졌다. 학생들은 매일 오후 1시부터 4시까지 여성병원의 정규수술을 참관하고 실용산과학에도 참여할 수 있었다. 4년 차가 끝날 무렵에는 학위를 받기 위해 위생, 소아과학, 수술, 수술적 산과학·부인과학 졸업시험을 보았으며 이 외에도 사례 보고서 발표와 검시 발표가 있었다.[33] 당시 WMCP는 인근의 펜실베이니아대학이나 존스홉킨스의과대학에 뒤지지 않는 커리큘럼을 자랑했다.[34] 1890년대에 자리 잡은 교육과정은 20세기에도 이어졌다.

학생들 역시 열정적으로 수업에 임했다. 4년 과정이 의무화된 1890년대에는 3년간 월–금요일 아침 9시부터 오후 6시까지 정규 수업을 듣고 잠깐 휴식을 취한 후 오후 8시부터 10시까지 해부 실습, 산부인과 실습을 하며 닷새 동안 공부에 매진했고, 토요일에는 인근 병원 클리닉에 나갔다. 4년 차에는 오전 7시부터 여성병원 병동에서의 교육이 추가되었으며 클리닉 근무와 실습 시간도 전보다 늘어났다. 당시 재학생의 글에는 말로만 듣던 생리학 수업에 대한 관심, 처음 수업을 들었을 때의 기대와 흥분이 잘 드러나 있다.[35] 카데바의 해부는 썩 유쾌하지 않지만 극복해야 할 과제였다. 클리닉 활동과 임상실습에 대한 기록에서도 당시 WMCP 의학도의 자부심이 묻어났다.[36] 학생들은 엄청난 시간을 공부에 투자했지만, 필라델피아라는 대도시에서 학교생활을 즐기며 다양한 활동에 나서기도 했다.[37]

학교에서 습득한 분야는 여성 의사의 진로에도 영향을 미쳤다. 19세기 후반 WMCP가 배출한 여성 의사들은 미국 곳곳에서 산/부인과 말고도 여러 분야의 진료를 하고 있었다. WMCP의 학장 레이첼 보들리(Rachel Bodley, 학장직 수행은 1874–1886)가 1881년의 고별사에서 공개한 설문조사 결과가 이들의 진로를 잘 보여준다. 이 설문은 WMCP 졸업생 244명을 대상으로 개교 후 30년 동안 이들이 어떤 분야에 얼마나 종사해 왔는지를 물었다.[38] 답을 보낸 189명 중 23명만이 의업을 하지 않고 있다고 밝혔고, 나머지 166명에는 결혼 후에도 가정과 일을 병행해 가며 성공을 거둔 졸업생이 다수 포함되었다.[39] 주로 어떤 분야에 종사하는가에 대한 답으로는 부인과 32명, 산과 10명, 내과(medical) 10명, 외과 3명, 분야 가리지 않고 일반 37명, 부인과와 산과 23명, 부인과와 외과 6명, 부인과와 내과 29명, 산과와 내과 9명, 외과와 내과 7명이 있었다.[40] 부인과와 산과에 종사하는 동문 수가 많기는 했지만, 일반, 외과, 내과 진료를 하는 이들도 상당했던 것으로 보아 여성 의사의 활동 범위가 지속적으로 확대되었음을 알 수 있다. 의과대학의 교육과정이 심화되면서 전공 분야를 더 집중적으로 공부할 수 있었으나, 아직은 다방면에서 활약할 의사가 필요했다.

그러나 19세기 말이 되면 WMCP를 포함한 여자의과대학의 입지가 흔들리기 시작했다. 이미 꽤 전부터 공학을 선택하는 여학생 수가 늘고 있던 상황에서 존스홉킨스의과대학의 개교가 결정타를 날렸다. 1889년 존스홉킨스병원의 개원과 동시에 의학대학이 개교할 예정이었으나 자금 부족이 발목을 잡았는데, 이때 존스홉킨스대학 이사들의 딸 네 명이 의학대학 개교를 위해 50만 달러를 모금하고 건물 건축 비용을 댈 테니 자격을 갖춘 여성에게 입학을 허락하라고 제의했다.[41] 마지못해 이를 받아들인 존스홉킨스의과대학(1893년 개교)이 여학생의 입학을 허락하면서 타 대학도 그 뒤를 따랐다. 이제 여학생들은 더 이상 여자의과대학을 택할 필요가 없었다. 게다가 더 수준 높은 교육을 요구하는 목소리에 부응하여 의과대학 교육비와 시설유지비가 급증하자 영세했던 대다수 여자의과대학은 더 이상 버틸 수가 없었다. 1910년까지 남아 있던 여자의과대학은 뉴욕의 동종요법 의과대학, 볼티모어 여자의과대학, 그리고 펜실베이니아 여자의과대학뿐이었다. 1918년이 되면 미국의 여자의과대학은 WMCP가 유일했다.[42] 그러나 이렇게 명맥을 유지했던 이면에는 엄청난 고난이 자리하고 있었다.

첫째로 임상교육(bedside teaching)의 어려움을 들 수 있다. 이미 1890년대에도 필라델피아 여성병원에서의 임상교육 시간은 충분치 않았다.[43] 여성병원이 남성 환자를 받지 않았기 때문에 WMCP 학생들은 여성과 아동 전문 진료 말고는 폭넓은 교육을 기대할 수도 없었다.[44] 1902년에는 WMCP와 필라델피아 여성병원 이사회가 둘을 통합하여

학생들에게 더 많은 기회를 주고자 했다.[45] 그러나 이후 여성병원이 교육 목적의 병실 사용 시간을 줄이고 WMCP가 선정한 교수를 병원 스태프로 임명하지 않는 등 병원의 독립성을 주장하면서 갈등이 불거졌고, 1904년에는 둘이 완전히 갈라섰다. 여성병원 외에도 실습이 가능한 진료소가 있었지만 미국의사협회(AMA)에서 요구하는 종합병원 규모가 아닌 데다 일반적인 기준에도 채 못 미쳤다는 한계가 있었다.[46] 이후 적극적인 모금 활동을 통해 1913년에는 새로운 병원이 설립되었다. 재정 위기를 맞아 펜실베이니아 여자의과대학도 다른 여자의과대학과 마찬가지로 통·폐합을 고려했다. 그러나 기존의 의과대학이 여학생을 받아준 것은 금전적인 이득을 위해서였지 여성의 의학교육을 진지하게 고려했기 때문이 아니었다. 따라서 WMCP의 존립으로 여학생들이 더 많은 기회를 누릴 수 있다는 주장이 힘을 얻었다. 무엇보다 여자의과대학이 아니라면 여자교수가 설 자리가 없었다. 고난에도 불구하고 WMCP는 여성만을 위한 의학교육을 계속해 나갔다.[47]

둘째로 의학교육의 변화를 포함한 외부적 요인을 들 수 있다. 의학교육의 기준이 점점 높아지면서 재정이 충분치 않았던 여자의과대학이 더 큰 타격을 입었다. 당시 의과대학 대부분이 재정 부족에 시달렸지만, 존스홉킨스, 하버드, 코넬 같은 대형 사립대학은 외부의 지원이 많았고 통상 여자 동문보다 남자 동문의 기부 금액이 컸으므로 차이가 벌어지기 시작했다. 20세기에 들어서면서 전통적으로 여성의 등록률이 높았던 기관이 재정과 교육의 어려움으로 문을 닫고, 의과대학 입학 자격요건이 강화되자, 여학생의 등록률도 낮아졌다. 이는 1900년 전체의 6%에 달했던 여성 의사 비율이 점차 줄어드는 결과로 이어졌다.[48]

20세기 초 미국의사협회는 산하의 의학교육평의회(Council on Medical Education, CME)가 1906년에 실시한 조사를 바탕으로 의과대학 평가 시스템을 개발했고 미 전역의 의과대학을 A, B, C 등급으로 분류했다.[49] 이 외에도 카네기재단을 통해 에이브러햄 플렉스너(Abraham Flexner)를 고용하여 의과대학 자료를 수집하게 했다. 1910년에 발표된 『미국과 캐나다의 의학교육』(일명 플렉스너 보고서)은 미국 의과대학의 운명을 결정했다.[50] 정책에서도 변화가 일어 여러 주가 미국의사협회 등급 및 플렉스너 보고서에 따라 의사면허 자격요건을 강화했다. 변화에 제대로 대응할 수 없던 학교들은 문을 닫았다.[51] 1900년에 150곳 이상이었던 의과대학이 1923년에는 80곳으로 줄었다. 의과대학의 졸업생 수 역시 1906년의 5,700명에서 1921년에는 2,700명으로 급감했다.[52] WMCP는 플렉스너 보고서에서 긍정적인 평가를 얻었고 미국의사협회로부터 A등급을 받았으나, 등급을 유지하려면 수준을 더 높이라는 의학교육평의회의 압력에 대처해야 했다.[53] 1869년의 야유사건을 겪은 지 50여 년 만에 상황은 예기치 못했던 방향으로 흘러갔다. 그러나 어려움에도 불구하고 WMCP는 1970년까지 여자의과대학의 사명을 지키며 살아남았다.[54]

WMCP의 학생과 의료선교활동

WMCP의 의학교육은 미래 의료선교사를 육성하는 과정과도 밀접하게 연계되었다. 19세기 말부터 의학교육을 받은 미국 여성들이 세계 전역에 선교사로 파견되어 활동하기 시작했다. 믿음을 전파하는 동시에 그동안 의료 혜택에서 배제되었던 선교지의 여성을 치료하는 것이 목적이었다. 사실 절대적인 수는 많지 않았지만, WMCP 졸업생은 국내는 물론 국외에서도 의료선교사로 맹활약했다. WMCP가 여성 의료선교사역을 선도할 수 있었던 데는 여러 요인이 있었다.[55] 그러나 이 장에서는 학교와 선교회의 경제적인 지원, 그리고 개인적인 믿음과 신념에 바탕한 사역 분위기의 형성에 주목하고자 한다.

19세기 중반 기독교의 여러 분파가 해외 의료선교에 나섰다. WMCP 설립에 큰 영향을 미쳤던 퀘이커교도 1860년대부터 해외 선교에 관심을 보였다. 다른 분파보다 소극적이었지만 이들이 그동안 고수해 왔던 정적주의(quietism)를 생각하면 큰 변화였다. WMCP의 의료선교사 배출에 퀘이커교도가 직접적인 역할을 했다고 단언할 수는 없으나, 학교의 설립 시기와 배경을 보면 의료선교를 지원하는 분위기가 조성되어 있었다고 하겠다. 그러나 당시 선교단체가 미혼 여성의 선교사 파송을 거절했으므로 개교 후 수년 동안은 의료선교사가 배출되지 못했다. 1865년에 남북전쟁이 끝날 때까지 해외로 선교사를 내보낼 만한 상황이 아니었다는 점도 고려해야 한다.

WMCP 졸업생 중 최초의 해외 의료선교사는 클라라 스웨인으로, 1869년에 WMCP를 졸업한 후 1870년부터[56] 인도 바레일리(Bareilly)에서 선교를 시작했다. 스웨인은 여성통합해외선교회(Woman's Union Foreign Missionary Society, 인도여성선교회)에 선교사 파견 신청서를 냈는데, 1860년대 들어 여성에게 이전보다 더 많은 기회를 부여하기 시작했던 감리회 선교회가 미혼인 스웨인을 의료선교사로 보내는 데 동의

했다.[57] 스웨인은 미국 최초의 여성 의료선교사로도 이름을 남겼다. 스웨인의 파송을 계기로 선교단체는 여성 의사가 선교사로서 이룰 무한한 가능성에 눈을 떴고, 여성의 의학교육에도 긍정적인 반응을 보이게 되었다. 19세기 후반 WMCP 출신 의료선교사는 아시아에서 병원과 학교 설립에 중요한 역할을 했다.[58]

여성 의료선교사의 파송은 당시 여성의 교육을 둘러싼 편견을 줄이는 데 이바지했다. 이제 여자라고 의사가 되지 말라는 법은 없었지만, 해부 같이 거친 일은 견디기 어렵고 척박한 환경에서도 버티지 못할 것이라는 믿음이 여전했던 터였다. 그러나 1870-1880년대 WMCP의 학장이었던 레이첼 보들리는 1881년의 고별사에서 여성 의사 양성을 둘러싼 그동안의 억측을 반박했다. 이중 하나는 학업이 여성의 건강에 미치는 악영향에 대해서였다. 보들리는 개교 이래 30년간 276명의 졸업생 중 사망자가 32명(11.6%)뿐이었다고 강조했다. "여성이 의업을 하는 것에 반대했던 초기의 목소리 중에는 이렇게 힘든 일이 의사의 수명에 악영향을 미친다는 주장이 있었다. 이 두려움은 사실로 증명되지 못했다." 의업처럼 힘든 일을 하다 명을 재촉한다는 주장은 사실이 아님이 밝혀진 것이다. 비슷한 맥락에서, 여성은 비도시의 어려움을 견딜 수 없으니 여성 의사를 양성해도 결국 다 도시에서만 개업할 것이라는 우려가 있었다. 그러나 WMCP의 동문들은 소외 지역에서도 개업하여 성공을 거두었다.[59] 고난을 마다하지 않고 해외 의료선교에 나섰던 졸업생의 활동도 이에 해당될 것이다.

선교사역은 국내에서의 개업보다 험난했다. 여성의 건강에 대한 당대의 우려도 해외 선교활동에 영향을 미쳤다. 스웨인처럼 수십 년 동안 타지에서 사역을 이어 나간 여성 의료선교사가 적지 않았으나, 선교사역 중 사망하는 사례도 분명 있었다. 따라서 해외 선교 초기에 의료선교사 혹은 선교의사를 파송한 목적에는 지역의 주민보다 이미 사역하고 있던 선교사의 치료가 주요했다.

선교사의 건강 상태에 대한 우려는 선교사의 양성과 파송에 드는 비용과도 연관되었다. 그림 1에서 알 수 있듯이 1915년 미국에서 의료선교를 목표로 하는 학생에게 재정적인 혜택을 주는 상급 대학은 세 곳에 불과했는데 그중 하나가 바로 펜실베이니아 여자의과대학이었다. 19세기 중반 이후 WMCP는 선교단체와 협력하여 의료선교사를 목표로 하는 학생에게 수업료 반액 감면이라는 특혜를 제공했다. 나머지는 학생이 소속된 기독교선교단체가 지원했다. 미국 북감리회 여성 해외선교회(WFMS; Woman's Foreign Missionary Society, 1869년 설립)의 경우, 1870년대부터 의학교육 기금을 마련하여 해외 선교지로 나가려는 여성들이 의학을 공부할 수 있게 했으며, 학교에서도 같은 목적으로 지원하겠다는 동의를 받았다.[60] 매해 학사일정을 알리는 WMCP의 연례발표에도 의료선교를 희망하는 학생들에 대한 지원 사항이 실렸다. 다음은 40차 연례발표(1889–1890)의 일부이다.

> 의과대학은 선교의사(missionary physician)가 되겠다는 생각을 가지고 의학을 공부하고자 하는 여성에게 특별한 격려를 보낸다. 연간 4명의 학생이 위에 적힌 특별 비용을 제외한 모든 금액의 반값에 수업을 들을 수 있다. 지원자는 다른 수혜 학생에게 요구되는 모든 조건을 준수해야 하며, 소속된 해외선교회의 증명서를 추가로 제출해야 한다. 이 증명서에는 지

원자가 증명서를 발급해 준 협회의 지시에 따라 해외에서 의료 활동을 하겠다는 내용이 있어야 하고 의학교육을 받는 데 협회로부터 금전적 지원이 있을 것임을 명시해야 한다. 지원서는 학장이 담당하는 집행위원회의 비서에게 보내야 한다.[61]

학비 지원은 WMCP의 학생에게 큰 유인이었을 것이다. 단지 교육을 받고자 의료선교사가 되겠다고 표명한 이들도 있었을지 모른다. 그러나 지난한 과정을 거쳐야 했으므로 사명감 없이는 학업을 이어가지 못했음이 틀림없다. 학교든 선교단체든 재정이 충분치 않았기 때문에 점점 제약이 늘었다. 1884년부터 여성 해외선교회는 무상지원에서 학자금 대출로 지원 형식을 바꾸었다. 해외 선교지에 부임하지 못하거나 타 선교단체의 지원으로 파송되면 여성 해외선교회로부터 받은 지원금을 반환케 한 것이다. 실제로 공부를 마친지 얼마 되지 않아 사망하거나, 중도에 학교를 그만두거나, 파송되지 않거나, 가족 문제로 해외 선교를 포기하는 경우가 있었다. 다만 1884년 이후에도 반환된 금액 자체는 크지 않았다.[62] 19세기 후반부터는 미혼으로 파송된 여성 선교사가 결혼을 이유로 선교사역을 그만두는 것을 막기 위해 또 다른 제재가 가해졌다. 일례로 1904년 북장로회는 의료선교사로 파송된 미혼 여성의 경우, 해외 선교지에 도착한 지 5년 안에는 결혼하지 말 것을 권장했다. 일반 여성 선교사의 경우 각각 3년(선교회 내부인과 결혼할 시)과 5년(외부인과 결혼할 시)의 제한이 있었던 것을 보면, 의료선교사에 대한 제재가 더 강했음을 알 수 있다. 다른 단체도 비슷한 규정을 두었다.[63] 1913년의 여성 해외선교회 매뉴얼에 실린 선교사와 선교회 간의 계약서에도 파송된 여성 선교사들이 "독신으로 적어도 5년간 담당 분야에서 지속적으로 사역할 것에 동의해야" 하며 계약을 지키지 못할 시—결혼하거나 건강 문제로 은퇴하는 등—정착금과 여비를 반납하라는 내용이 있었다.[64] 더 이상 의료선교사에게 차등을 두지는 않았지만, 선교사들을 파송하고 사역을 유지하는 데 여전히 상당한 비용이 들었음을 알 수 있다.

WMCP에서 제공했던 반값 수업료도 계속되지 않았다. 1893-1894년부터 WMCP의 지원금은 연간 35달러로 줄어들었다. 이때도 졸업 후 선교사역에 나설 것이며 선교회로부터 금전적 지원을 받는다는 증서를 제출해야 했다.[65] 4년 과정이 필수가 되면서 수업료가 연간 100달러를 훌쩍 넘었지만 학교 지원금이 줄었다는 것은 선교단체에 더 의지하게 되었음을 뜻한다. 연간 4명에 불과했던 수혜 학생마저 제대로 돌볼 수 없을 만큼 학교의 재정은 좋지 못했다.

그러나 의료선교사의 교육에 경제적인 요인만 영향을 미쳤던 것은 아니었다. 넉넉하지 않은 형편에도 지원을 제공하며 미래의 의료선교사를 양성할 수 있었던 데는 WMCP 학장들의 개인적인 신념이 주요했다. 여성으로는 두 번째로 WMCP의 학장이 된 에멀라인 호턴 클리블랜드는 LMMS(Ladies Medical Missionary Society)의 후원으로 WMCP에서 학위를 받았으며,[66] 그의 뒤를 이어 학장을 지낸 레이첼 보들리도 본래 선교에 뜻을 두었다. 건강이 좋지 않아 선교사 파송을 거절당한 후, 보들리는 과학을 전공하고 WMCP에서 화학을 가르쳤다. 정식 의학교육은 받지 않았지만—훗날 WMCP에서 명예학위를 수여받았다—펜실베이니아 여자의과대학을 이끌며 학생들에게 의료선교에 대한 꿈을 심어주고 이들의 교육을 보조했다.[67] 보들리는 고별사와 개강 첫 연설을 통해 의료선교의 가치를 설파했다. 1874년의 고별사는 인도와 중국에서 의료선교사로 일하는 네 명의 졸업생을 언급하며 이들의 일이 교육만큼이나 의미 있고 중요하다고 강조했다.[68] 1875년 개강 첫 연설을 마무리 지으면서는 인도에서 의료선교사로 일했던 WMCP 동문 메리 실리(Mary F. Seelye)의 죽음을 애도함과 동시에, "빠른 발전에 놀라움을 금치 못하게 되는, 돈과 시간, 그리고 이제는 생명이라는 값비싼 비용을 치르고 설립된 이 일[의료선교]이 시들어서는 안 된다"고 당부했다. 선교사역을 마음에 두고 의학 공부에 임하는 젊은이들이 많아졌으면 하는 바람도 덧붙였다.[69] 1881년의 고별사도 동문 의료선교사의 활동에 상당한 비중을 할애했고 여성을 위한 이들의 사역을 칭송했다. 당시 미국 사회의 종교적인 색채를 감안하면 형식적인 어구였겠지만, 보들리는 의업이 "신과 인류를 위한" 일이라며 졸업생의 미래를 축복했다.[70] 보들리의 뒤를 이은 클라라 마셜(학장직 수행은 1888-1917)은 의료선교의 의료적 측면에도 주목했다. 여성 의료인의 역사에서 의료선교사역처럼 흥미를 자아내는 분야는 없을 것이라면서, 마셜은 의료선교가 개인과 학교에 직업상의 영예를 가져올 수 있다고 강조했다.[71]

WMCP가 내세운 의료선교는 해외뿐만 아니라 미국 내의 여러 지역을 포함했다. 필라델피아의 빈민층으로 대상으로 한 클리닉 진료도 그 일부였다. 더 멀리는 미국 원주민이나 남부 흑인의 건강을 지키려는 노력이 있었다. 이에 걸맞게 WMCP는 인종적으로 다양한 학생구성을 학교의 강점으로 선전했다. 1889년에는 수전 라플레쉬가 WMCP를 1등으로 졸업하여 미국 원주민 여성 최초로 의사가 되었다. 라플레쉬는 이후 국내 선교의 일환으로 오마하의 인디언 보호구역에서 의술을 행했다.[72]

그림 4 **1885년 레이첼 보들리가 연 리셉션의 사진**
(A memento of the Dean's reception, held Oct 10, 1885, Woman's Medical College of Pennsylvania Photograph Collection)

1867년 흑인 졸업생이 처음으로 배출된 후,[73] WMCP를 선택한 흑인 여학생의 수도 늘었다.[74] 이들 중 상당수는 졸업 후에 남부로 가서 개업했으나 아프리카로 의료선교를 떠나기도 했다.[75] 이 외에도 인종, 지역과 관계없이 WMCP 졸업생의 선교활동은 계속되었다.

1870년대부터 본격적으로 시작된 해외 선교활동은 WMCP의 학생구성에도 자취를 남겼다.[76] 레이첼 보들리의 영향력을 비롯해 학교의 분위기 역시 다양한 배경의 학생들을 이끌었다.[77] 그림 4는 여러 연구와 기사를 통해 잘 알려진 사진이다.[78] 1885년 겨울학기가 시작될 무렵 아난디바이 고팔라오 조쉬(Anandibai Gopalrao Joshi, 인도 봄베이 출신으로 1886년 졸업),[79] 오카미 게이(1889년 졸업 후 일본에서 개업), 타밧 M. 이슬람불리(Tabat[80] M. Islambooly, 쿠르드족이며 1890년 졸업)가 전통 복장으로 자세를 취했다. 졸업을 몇달 앞둔 조쉬, 입학한 지 얼마 안 되는 오카미와 이슬람불리를 한 자리에 모아 놓은 데는 학생들의 다양성과 이국적 모습을 강조하는 동시에 국제적 교육기관으로서 WMCP의 지위를 과시하려는 의도가 있었을 것이다. 이들의 존재는 선교활동의 정당성을 뒷받침하는 한편 WMCP에게 홍보의 기회도 안겨 주었다. 필라델피아 지역 신문에는 매년 WMCP 졸업식 소식이 실렸는데 무엇보다 유학생의 학위 수여에 관심이 쏠렸다. 유학생 개개인에 대한 정보 역시 신문기사를 통해 퍼져나갔다.[81] 조쉬의 경우, 아직 학교를 정하지 않았을 때도 WMCP에 등록할지 모른다는 가능성만으로 학교에 기자들의 문의가 쇄도했을 정도였다.[82]

사진 속 오카미 게이의 모습은 일본에서도 미국 유학을 선택한 이들이 있었음을 잘 보여준다. 대부분이 해당 지역에 파견된 미국 선교사나 선교단체를 통해 의학에 뜻을 두고 유학을 결심했다. WMCP에서는 오카미 게이(결혼 전 이름은 니시다 게이)[83] 외에도 나카가와 모토(아키야마 모토), 아이자와 미사오(소네 미사오)—둘 다 1910년 졸업—가 학위를 받았다.[84] 그러나 일본 내 의학교육의 상황이 급속도로 변화하면서 미국에서의 교육은 지속되지 못했다. 무엇보다 요시오카 야요이가 도쿄여의학교를 세워 미국 의과대학과 비슷한 교육을 제공하자 의학에 뜻을 가진 아시아 여성들은 일본으로 눈을 돌리게 되었다. 게다가 일본은 전통적으로 독일 의학의 우수성을 신뢰했는데, 1893년 존스홉킨스의과대학이 개교하기 전까지 미국의 의학교육 수준은 독일보다 뒤떨어진 게 사실이었다. 19세기 말 일본 내 미국 선교활동이 중단되면서 선교사와 의학교육의 접점도 약해졌다.[85]

비슷한 시기 중국인 여학생 세 명(Hü King Eng, Li Bi Cu,[86] Tsao Liyuin)도 WMCP를 졸업했다. 이들 역시 선교단체와 인연을 맺고 있었다. 쉬진홍(Hü King Eng)은 아버지의 죽음으로 WMCP에서 학업을 마칠 수 없었으나, 이후 감리교 선교사의 지원을 받아 다시 미국으로 향했고 1894년 WMCP를 졸업했다. 의료선교사로 중국에 돌아간 다음에는 '기적의 여성'으로 명성을 떨쳤다.[87] 미국 여성 메리 맥린(Mary McLean)의 후원을 받은 차오리윈(Tsao Liyuin)은 상하이와 나가사키에서 수학했고, 미주리주의 세인트루이스에서 공부한 후 WMCP에 입학해 1911년 학위를 받았다.[88] 산/부인과 전문으로 인턴십을 한 뒤 중국에서 일할 계획이었지만 자리를 구하지 못해 고군분투하다 결국 여성·아동 전문병원인 시카고의 메리 톰슨 병원에서 인턴십을 시작했으며,[89] 곧 중국에서 의업을 이어갔다.

의료선교사의 해외 파송과 유학생의 교육은 양쪽에서 홍보의 역할을 톡톡히 했다. 일반 선교에서도 마찬가지였지만 의학을 통한 기적의 창출과 이국적 색채야말로 선전용으로 쓰기에 제격이었다. 실제 효과가 어느 정도였는지는 분명치 않으나, 이렇게 흥미로운 이야기들이 위태로운 학교의 재정에 조금이나마 보탬이 될 가능성은 충분했다. 물론 의료선교에 대한 태도는 지역별로 달랐다. WMCP의 다채로운 학생구성에는 북부로의 여정을 감수한 남부 여학생들도 한 몫을 했지만, 남부는 해외 의료선교에 부정적이었다. 1892년 버지니아주의 한 신문기사는 "[1892년 현재] 미국에서 여학생들에게 열린 의과대학이 53개이며, 그중 아홉 곳이 여학생만을 받고 있다. 후자에서는 펜실베이니아 여자의과대학이 강의 과정과 필라델피아라는 장소에서 제공되는 임상 혜택 둘 다에서 최고라 칭해진다"며 WMCP의 위상을 강조했다. WMCP에서 수학한 남부 여학생 수도 점점 늘어 기사가 작성될 무렵에는 총 23명이 재학 중이거나 졸업한 상태였다. 1888년의 한 명에 비하면 실로 놀라운 발전이었다. 이들 중에는 의료선교사가 되겠다는 희망을 피력한 이들이 꽤 있었고, 나머지는 남부에서 의업에 종사할 것이라고 밝혔다. 학생들의 성과를 치하하면서도 기사는 의료선교를 장려하는 분위기에 반감을 표했다. "돌봐줄 사람이라고는 남자 의사밖에 없는 불쌍한 여성 정신병자들이 남부에 수천 명이나 있는데, 이렇게 남부 여성들이 의사가 될 교육을 받은 후에 의업을 행하러 외국의 선교지나 북부의 도시로 갈 것을 강요받아야 할 정당한 이유는 없다."[90] 이처럼 해외 선교지보다 국내의 필요가 더 크다는 목소리가 높았고, 빈민가, 소외지역, 인디언보호구역 등에서 국내 선교사로 일하는 여성 의사의 수도 상당했지만, WMCP는 해외 의료선교의 중요성을 잊지 않았다.

1915년 「해외 선교에 관하여」가 밝혔듯이 해외 의료선교는 펜실베이니아 여자의과대학에서 중요한 부분을 차지했다. 여러 단체가 의료선교사 파송을 위해 학교와 긴밀하게 협력하며 지원을 제공했다. 학교의 재정 문제를 해결하고자 대중에게 도움을 호소할 때도 의료선교는 영향력 있는 선전 도구가 되었다. 1916년 12월 필라델피아 지역 신문에 실린 WMCP의 기금모금운동 광고는 WMCP가 해외와 국내 선교지로 여성 의료선교사를 가장 많이 보내는(130명 이상) 기관이라고 강조했으며, '오리엔트'의 여성들이 WMCP에서 의학을 배우고 고국으로 돌아가 봉사하게 된다고 덧붙였다.[91] 기금 마련이 왜 필요한지를 제외하고는 의료선교에 대한 내용이 광고의 전부였다. 주된 타깃이 교회와 선교단체이기는 했지만, 의료선교야말로 학교를 대표하는 특징이었음을 확인할 수 있다. 게다가 이 시기에는 의료선교사 선발에도 더욱 까다로운 요건이 적용되었다. 의료선교사는 보조와 자문 없이 의료 전 분야를 맡아야 했으므로, 선교단체도 A등급을 받은 의과대학을 졸업하고 인턴 경력이 있으며 졸업 후에는 전공 분야를 정해 공부를 이어나갈 지원자를 요구했다.[92] 더 큰 비용을 투자하고 더 큰 사명감을 가져야 했지만 해외 선교에 대한 열정은 쉽게 사그라지지 않았다.

마치며

펜실베이니아 여자의과대학은 의학교육과 더불어 의료선교활동을 적극적으로 장려했다. 의료선교사 배출은 학교의 권위와 역할을 강조하는 데도 유용했다. 의학과 선교의 결합을 잘 보여주는 예로 우팅팡(Wu Ting Fang, 伍廷芳)의 축사를 들 수 있을 것이다. 19세기 말 주 미국 공사, 주 스페인 공사, 주 페루 공사를 지냈으며 신해혁명 후 중화민국군정부 외교총장직을 역임한 우팅팡은 1900년 5월 16일 WMCP 개교 50주년 기념행사에 초대받아 축사를 했다. 우 공사는 펜실베이니아 여자의과대학이 의학 분야에서 여성만 전문적으로 훈련하고 있고 "세계에서 이런 기관으로는 첫 번째"라는 데 감탄과 호기심을 표했다. 그러나 그가 전하고자 하는 바는 따로 있었다. 그는 중국에 파송된 미국 여성 의료선교사[93]가 총독 이홍장의 신임을 사게 되었다고 설명하며, 중국에서는 어떤 여성 의사라도 이렇게 엄청난 기회를 얻을 수 있다고 강조했다.

> 오늘날 여러분이 내 조언을 구한다면, 나는 호러스 그릴리(Horace Greeley)를 따라 이렇게 말하겠습니다. 서쪽으로 가십시오, 젊은 숙녀분들,[94] 그리고 태평양의 이쪽에 멈추지 말고, 오히려 더 먼 해안가에 닿을 때까지 밀고 나가십시오. 중국은 일반적인 추산에 따르면 인구가 4억에 달하며 적어도 그 수의 절반이 여성입니다. 남자의사 수가 많으니 지역 사회의 남성들은 돌봄을 잘 받고 있지만, 필수 의학 훈련을 받은 여자의사의 수가 매우 적습니다. 따라서 여러분이 보기에 이 나라에서 해당 직업의 인력이 너무 많다 싶으면 중국으로 가라고 조언합니다. 우리나라에는 여러분 모두를 위한 공간이 충분하고 일도 충분합니다.[95]

우 공사의 축사는 졸업식에 참석한 WMCP 학생들에게 무한한 확장의 가능성이라는 희망적인 메시지를 전달했다. 이는 세기말 WMCP가 지향하던 바를 잘 반영했다. 서쪽으로 가지 않은 졸업생들이 훨씬 많았지만, 의료선교는 학교를 대표하는 특징이었으며 목표였다. 한편 미국 여자의과대학의 현실과 한계도 드러났다. 의학교육에 내재된 어려움, 여성의 전문직 진출 증가에 따르는 제재, 졸업 이후의 진로 등은 서쪽으로 발을 내딛기 전에 해결해야 할 문제였다. 앞서 살펴보았듯이 20세기 초 WMCP는 이전과는 또 다른 고난의 시기를 마주하게 되었다. 그러나 그

후에도 한동안 의료선교는 산재한 문제를 풀어낼 좋은 방법이자, 여자의과대학 졸업생에게 열려 있던 몇 안 되는 선택지였다. WMCP의 1911년 졸업기념앨범 글은 이러한 미래를 예측했던 듯싶다. "고무적이면서도 매혹적인 이야기를 전해주고 있는 의료선교사들을 위해 역사가가 제 때 이 놀라운 이야기를 써주었으면 한다."[96] 이미 늦었는지도 모르겠지만 이 '놀라운 이야기'가 계속해서 연구되기를 바라며 글을 마친다.

미주

1 Woman's Foreign Missionary Society of the Presbyterian Church, *Woman's Work for Woman: A Union Magazine*, January 1880, p.236. 루스 에이브럼(Ruth J. Abram)이 편찬·저술한 *"Send Us a Lady Physician": Women Doctors in America, 1835-1920*, New York: W. W. Norton & Company, 1985로 잘 알려졌지만, 그보다 전부터 해당 문구가 인용되어 왔다.

2 같은 시기 시카고의 노스웨스턴대학에서는 4명, 미시간대학에서 5명, 존스홉킨스대학에서 6명의 졸업생이 여성 의료선교사로 해외 선교지에 파송되었다.

3 Woman's Medical College of Pennsylvania, "Concerning Foreign Missions," 1915. 1915년에도, 1930년대에도 '125'라는 숫자가 계속 언급되는데, 정확히 몇 명이 의료선교사로 파송되었는지 밝히려면 연구가 더 필요하다. Kate Campbell Hurd-Mead, *Medical Women of America*, New York: Froben Press, 1933, p.30. WMCP 동문 중 의료선교사의 비율을 보여주는 통계는 찾지 못했다. 다만 1925년 기준 동문 수가 1,563명이었고, 20세기 들어 매년 30명 정도 졸업했다고 가정하면(1900년 졸업생 26명, 1911년 32명, 1925년 31명 등), 1915년까지의 동문 수를 1,270여 명 가량으로 추산할 수 있다. 1869-1915년까지 WMCP 출신 의료선교사가 125명이었으므로, 동문의 10% 내외가 의료선교에 나섰다고 하겠다.

4 Connie A. Shemo, *The Chinese Medical Ministries of Kang Cheng and Shi Meiyu, 1872-1937*, Bethlehem, PA: Lehigh University Press, 2011, p.4. 의학교육과 파송에도 비용이 많이 들었으므로 웬만한 선교단체는 해외로 여성 의료선교사를 보낸다는 과업을 감당할 수 없었다.

5 이밖에 미국 여자의과대학 출신으로 1887년 시카고 여자의과대학을 졸업한 릴리어스 호턴(Lillias Horton)과 메타 하워드(Meta Howard), 볼티모어 여자의과대학 졸업생 마티 잉골드(Mattie B. Ingold, 1896년 졸업)가 있었다. 시카고 여자의과대학은 1870년 메리 H. 톰슨과 윌리엄 H. 바이포드(Byford)를 주축으로 설립되어 시카고 여성병원의과대학이라는 이름으로 개교했다. 1892년에는 노

스웨스턴대학과 손잡고 노스웨스턴대학 여자의학대학으로 명칭을 변경했다. 그러나 노스웨스턴대학으로부터 재정 지원을 받지 못한 데다 시카고 지역에 여학생의 입학을 허가하는 의과대학이 늘어나면서 등록률이 낮아졌고 1902년 문을 닫았다. "Woman's Hospital Medical College," Encyclopedia of Chicago, http://www.encyclopedia.chicagohistory.org/pages/1371.html. 검색일: 2023. 10. 15. 1882년에 개교한 볼티모어 여자의과대학은 1910년에 폐교했다. 재정 상태가 나빠지면서 당시 강화되던 학업 기준을 맞출 수 없게 되자, 교육의 질이 떨어지게 두느니 폐교하는 게 그동안의 업적을 훼손시키지 않는 길이라고 결론지었던 것이다. "Woman's Medical College of Baltimore Permanently Closed," Medical News, *JAMA*, June 11, 1910. *JAMA*의 기사는 폐교 결정이 더 나은 의학교육을 위한 교수진의 희생을 보여주는 것이라며 긍정적으로 평가했다.

6 Regina Morantz-Sanches, *Sympathy and Science: Women Physicians in American Medicine*, Chapel Hill: The University of North Carolina Press, 1985; 토마스 네빌 보너, 유은실 역, 『여의사의 역사』, 한울, 1996.

7 Clara Marshall, *The Woman's Medical College of Pennsylvania: An Historical Outline*, Philadelphia: P. Blakiston, Son & Co., 1897; Gulielma Fell Alsop, *History of the Woman's Medical College, Philadelphia, Pennsylvania, 1850-1950*, Philadelphia: Lippincott, 1950; Steven Jay Peitzman, *A New and Untried Course: Woman's Medical College and Medical College of Pennsylvania, 1850-1998*, New Brunswick: Rutgers University Press, 2000; Sarah Ross Pripas-Kapit, "Educating Women Physicians of the World: International Students of the Woman's Medical College of Pennsylvania, 1883-1911," Ph.D. dissertation, University of California, Los Angeles, 2015.

8 Patricia Hill, *The World Their Households: The American Woman's Foreign Mission Movement and Cultural Transformation, 1870-1920*, Ann Arbor: University of Michigan Press, 1985; Dana L. Robert, *American Women in Mission: A Social History of Their Thought and Practice*, Macon, GA: Mercer University Press, 1997.

9 이현주, 「여성 의사와 해외선교 -19세기 말에서 20세기 초 내한 미국인 선교사를 중심으로-」, 『이화사학연구』 63, 2021.

10 Drexel University Legacy Center, Archives & Special Collections, College of Medicine, Digital Collections, https://drexel.edu/legacy-center/the-collections/digital-collections/. 펜실베이니아 여자의과대학은 1970년 남녀공학으로 전환하면서 펜실베이니아 의과대학으로 명칭을 변경했고, 1993년에는 하네만 의과대학(미국 최초의 동종요법 의과대학)과 합병해 MCP 하네만 의학대학이 되었다. 2002년 드렉셀대학이 MCP 하네만 의학대학을 흡수합병했다. 드렉셀의학대학은 현재 미국 사립 의학대학 중 최대 등록생 수를 기록하고 있다.

11 해당 연도 졸업생 32명을 포함해 재학생도 참여했다. 1912년부터는 *Iatrian*이라는 제목으로 졸업기념앨범을 발간했다.

12 Marshall, *Woman's Medical College of Pennsylvania*; Alsop, *History of the Woman's Medical College*. 올솝 역시 연례발표, 동문회집, 고별사 등의 1차 사료를 활용했지만, 적어도 책의 앞부분에서는 마셜이 쓴 WMCP 역사(1897년; 이밖에 미출간된 1931년 글)에 많이 의존했다. 주요 인물과 그들의 사적·공적 활동을 중심으로 책을 구성했기 때문에 오늘날의 역사서술보다는 개인적이고 친밀한 태도가 드러났다.

13 보너, 『여의사의 역사』, 37, 224쪽.

14 WMCP의 18차 연례발표는 학교의 이름만 바뀌었을 뿐 설립강령서에 적힌 권리나 특권에는 변화가 없다고 강조했다. Female이 Woman이 된 것은 더 정확한 표현을 사용하고(female은 생물학적인 분류–어떤 종에서든 재생산이 가능하면 female–이며 woman은 인간여성을 특정한다), 남성의 동료이자 동반자인 여성의 존엄을 강조하기 위함이었다. *Eighteenth Annual Announcement of the Woman's Medical College of Pennsylvania for the Session of 1867-1868*, Philadelphia, 1867, p.6; Alsop, *History of the Woman's Medical College*, p.104.

15 Joseph Minardi, "History Matters: Ladies First," *The Local*, April 30, 2018, https://nwlocalpaper.com/history-matters-ladies-first.

16 "Where Women May Study the Science of Medicine," *The Philadelphia Inquirer*, May 5, 1895. WMCP의 역사를 구체적으로 다룬 기사이다. WMCP 개교 50주년(1900년) 때는 교수(강사 포함) 중 남자가 19명, 여자가 29명(60%), 그리고 75주년(1925년) 때는 남자가 25명, 여자가 46명(65%)이었다. Drexel University Legacy Center, 75th Anniversary of the Woman's Medical

College of Pennsylvania.

17 1911년의 졸업기념앨범 상으로는 당시 교직원 55명 중 10명(여 5명, 남 5명)이 전임교수였던 것으로 보인다. 이들 각각의 사진과 경력이 앨범의 한쪽씩을 차지한 반면, 나머지 임상강사와 조교(산/부인과, 소아과 중심으로 대부분 여성)는 사진 없이 이름과 전공 분야만 기록되었다. Woman's Medical College of Pennsylvania, *Scalpel*, 1911, p.22.

18 Elizabeth Fee and Theodore M. Brown, "An Eventful Epoch in the History of Your Lives," Images of Health, *American Journal of Public Health* 94(3), 2004, p.367. 1850년대에 학교와 연계된 진료소(dispensary)와 클리닉이 설립되었지만 임상실습을 하기에는 부족했다.

19 1회 졸업생이었던 해나 롱쇼어(Hannah Longshore)–WMCP의 공동창립자 조지프 롱쇼어의 제수로 명망 있는 가문의 일원이었다–는 필라델피아에서 개업한 후 한동안 동네 구경거리가 되었다. 처방약을 주지 않거나, 집에 가서 "가정을 돌보고 남편 양말이나 기우라"고 조롱한 약사도 있었다. 롱쇼어는 방해에 굴하지 않고 마침내 의사로 상당한 성공을 거두었다. 또 다른 졸업생 메리 에드워즈 워커(Mary Edwards Walker)는 남북전쟁 때 "주의를 끌지 않도록" 남장을 한다는 조건으로 부상병을 치료할 수 있었다. Minardi, "History Matters: Ladies First."

20 당시 펜실베이니아의학대학은 여학생의 입학을 허용하지 않았다.

21 Anika Burgess, "Student Life at the First Medical College for Women," *Atlas Obscura*, January 4, 2018, https://www.atlasobscura.com/articles/student-life-worlds-first-medical-school-for-women-feminism-health.

22 Morantz-Sanches, *Sympathy and Science*, p.9.

23 Ibid., p.78.

24 *Thirty-Third Annual Announcement of the Woman's Medical College of Pennsylvania, Session of 1882-83*, Philadelphia: Grant, Faires & Rodgers, Printers, 1882, pp.15-16.

25 박에스더도 펜실베이니아 여자의과대학을 목표로 했으나 입학에 실패하여 볼티모어 여자의과대학을 택했다고 한다. 박정희, 『닥터 로제타 홀』, 다산북스, 2015, 412-413쪽. 그러나 이 부분에 각주가 빠졌고 내용상 오류도 있어 재검토가 필요하다.

26 "Tickets to the Healing Arts," Penn History, Penn Libraries: University Archives & Records Center, https://archives.upenn.edu/exhibits/penn-history/medical-lecture-tickets/anatomy/. 검색일: 2023. 11. 2.

27 Ibid.

28 연례발표에는 교재와 참고서 목록도 실렸다. 필수 교재는 20권 정도였다. 기숙사 대신, 학교 근처에 하숙이 여럿 있어서 신입생이 목록을 들고 다니며 집을 알아보았다. 1893-94년의 연례발표에 따르면 하숙비는 주당 4.50에서 7달러 정도였는데, 시정부 보건검사관이 위생 상태를 확인해 준 하숙은 별도의 목록에 적혀있다는 것으로 보아 더 비싼 곳도 있었을 것이다. *Forty-Fourth Annual Announcement of the Woman's Medical College of Pennsylvania, Session of 1893-94*, Philadelphia: The Jas. B. Rodgers Printing Co., 1893, p.26.

29 *Twenty-Second Annual Announcement of the Woman's Medical College of Pennsylvania, Session of 1871-72*, Philadelphia: LOAG, Printer, Sansom Street Hall, 1871, p.4. 입학등록금 1년 차 5달러, 2년 차 없음. 교수 수강증 1년 차 105달러, 2년 차 105달러(수업당 15달러), 실용해부학 각 8달러, 졸업비 30달러. 2년 과정이 끝나면 수업료 청구 없음. 1890년대에는 필수로 들어야 하는 수업이 늘어나면서 수업료도 연간 30달러 정도 추가되었다.

30 Ibid., p.8.

31 *Twenty-Sixth Annual Announcement of the Woman's Medical College of Pennsylvania, Session of 1885-1886*, Philadelphia: JAS. B. Rodgers Printing Company, 1885, pp.5-7.

32 Peitzman, *New and Untried Course*, pp.92-93. 1891년에 4년 과정 도입이 결정되었지만, 실제 적용된 것은 1893년부터였다.

33 *Forty-Fifth Annual Announcement of the Woman's Medical College of Pennsylvania, Session of 1894-1895*, Philadelphia: The Jas. B. Rodgers Printing Co., 1894, pp.10-11.

34 Morantz-Sanches, *Sympathy and Science*, p.77. 다른 여자의과대학의 커리큘럼도 크게 다르지 않았으나 WMCP보다 규모가 작고 등록한 학생 수도 적어 그만큼 체계적으로 학사를 운영할 수는 없었을 것이다. 비슷한 시기 볼티모어 여자의과대학의 강의시간표는 다음을 참조. 이방원, 「박 에스더(1877-1910)의 생애와 의료선교활동」, 『의사학』 16(2), 2007, 202쪽.

35 WMCP, *Scalpel*, p.116.

36 Peitzman, *New and Untried Course*, p.122.

37 Ibid., pp.128-130; WMCP, *Scalpel*, p.35.

38 의업을 하지 않는 23명은 다음을 이유로 들었다. 8명: 가정일, 1명: 자선사업 종사, 6명: 건강 문제, 3명: 은퇴, 5명: 이유 설명 없음. Rachel L. Bodley, *The College Story*, Valedictory Address to the Twentieth Graduating Class of the Woman's Medical College of Pennsylvania, Philadelphia, 1881, p.5.

39 166명의 결혼 여부에 대한 통계는 없다. 그러나 총 졸업생(사망한 32명을 포함해 276명) 중 75명이 재학 당시 결혼한 상태였고 54명이 졸업 후 결혼했다는(즉 졸업생의 약 47%가 기혼) 내용으로 미루어볼 때, 166명의 기혼·미혼 비율도 이와 비슷했을 것이다. Ibid., p.11. 한편, 같은 해 보스턴의 뉴잉글랜드 병원에서도 미전역에 있는 여성 의사 390명을 대상으로 한 설문이 실시되었는데(Emily F. Pope, Emma L. Call, and C. Augusta Pope, *The Practice of Medicine by Women in the United States*, Boston: Wright and Potter, 1881), 설문에 응한 여성 의사 다수가 결혼하지 않았다고 응답했다. 390명 중 65명만이 의과대학을 졸업한 후 결혼했고(약 17%), 이중 19명은 의사와 결혼했다. Virginia G. Drachman, "The Limits of Progress: The Professional Lives of Women Doctors, 1881-1926," *Bulletin of the History of Medicine* 60(1), 1986, p.62. 드래크먼은 왜 이러한 차이가 있었는지 설명하지 않지만, 아마도 지역과 설문 대상(보들리의 설문 대상은 뉴잉글랜드 병원 설문 대상보다 전반적으로 나이가 더 많았을 가능성이 있다)의 차이 때문이었을 것이다.

40 Bodley, *The College Story*, pp.5-6.

41 Martha Carey Thomas, Mary Elizabeth Garrett, Elizabeth King, Mary Gwinn이 그 네 명이었다. https://www.hopkinsmedicine.org/about/history/women-med-ed. 검색일: 2023. 11. 02. 마사 캐리 토머스는 존스홉킨스대학에서 박사학위 과정을 밟고자 했으나 여학생은 받지 않겠다는 학교의 거부로 뜻을 이루지 못하고 결국 스위스 취리히에서 박사학위를 받았다. 모란츠-산체스는 토머스가 학교로부터 받은 모욕을 잊지 않았고, 존스홉킨스의과대학에 여학생 입학 허용이라는 조건을 내밀어 여성의 기회를 확대하는 한편 복수를 꾀했다고 설명한다. Morantz-Sanches, *Sympathy and Science*, p.86.

42 보너, 『여의사의 역사』, 230-235쪽.

43 Peitzman, *New and Untried Course*, p.93.

44 Morantz-Sanches, *Sympathy and Science*, p.257.

45 "Two Professors Have Resigned," *The Philadelphia Inquirer*, June 1, 1902.

46 Morantz-Sanches, *Sympathy and Science*, p.257.

47 Ibid., pp.258-259. WMCP 내에도 여자 전임교수의 수가 많지 않았으니, 당시 남녀공학에서는 상황이 더 어려웠을 것이다.

48 존스홉킨스의과대학의 입학 자격요건이 기준이 되었다. 1893년 개교 이래 존스홉킨스는 입학예정자에게 학사학위를 요구했고, 입학 후에는 철저한 과학 및 실험실 훈련은 물론 2년간 임상수업을 받을 것을 규정했다. 1905년에는 미국의사협회가 나서서 의과대학 학생은 모두 고등학교 교육을 마쳐야 하며(곧 2년제 대학 학위 이상으로 바뀐다), 의학교육은 5년 이상(1년은 기초과학 수업)의 과정을 거칠 것을 권고했다. 인턴십을 필수조건으로 내세웠던 것도 여학생의 등록률을 낮추었다. 여학생을 인턴으로 받아주는 병원이 많지 않았기 때문이다. Carolyn M. Moehling, Gregory T. Niemesh, and Melissa A. Thomasson, "Shut Down and Shut Out: Women Physicians in the Era of Medical Education Reform," Ostrom Workshop Working Paper, p.1; pp.5-6.

49 Peitzman, *New and Untried Course*, pp.151-152. A+등급은 우수, A는 적절, B는 일부 개선 필요, C는 전면적인 조정을 의미했다. 평가는 학교 기금 액수, 교육병원 확보 여부(학교의 교수가 해당 병원에서 교육 담당), 전임교수 수에 기초했다. 의학교육평의회는 1910년에 등급 체제를 도입했다. Morantz-Sanches, *Sympathy and Science*, p.429n65.

50 보고서가 반향을 불러일으키기도 했지만, 플렉스너가 그의 이상대로 의과대학 환경을 바꿀 수 있었던 것은 1913년, 의과대학에 엄청난 자금을 지원해 줄 수 있는 록펠러재단 일반교육위원회 사무국장이 된 후였다. 케네스 러드미러, 권복규 역, 『치유의 시간』, KMA의료정책연구소, 2023, 21쪽.

51 1900년대 초까지도 학위만 받고 의업을 할 수 있는 주가 꽤 있었으나, 점차 주정부의 시험에 통과하여 면허를 얻는 형식으로 바뀌었다. 1914년에는 C등급을 받은 의과대학 졸업생에게 의사면허를 발부하지 않는 주가 31개에 달했다. Moehling et al., "Shut Down and Shut Out," p.6.

52 Ibid., p.7.

53 Morantz-Sanches, *Sympathy and Science*, p.260. CME는 1912년과 1913년 수

차례 학교를 방문해 A등급을 받을만했는지 확인했다. 전임교수 수가 부족하고 임상 재료가 더 많아야 하며, 실험실 도구를 새로 마련해야 한다는 등 대부분 재정 부족과 관련된 문제로 지적을 받았다. 재정 위기가 닥칠 때마다 WMCP 동문이 기금 마련에 나섰지만 한계가 있었다. 볼티모어 여자의과대학도 플렉스너 보고서에서 좋은 평가를 받았으나 강화되는 요건을 충족시킬 수 없어 결국 폐교했다.

54 Moehling et al., "Shut Down and Shut Out," p.9. 페이츠먼(Peitzman)에 따르면, WMCP가 다른 여자의과대학보다 반세기 이상을 더 버틸 수 있었던 것은 교수진의 개혁 의지, 동문의 지원, 그리고 학교와 관련된 모든 이들의 충성심이 있었기 때문이었다. 이밖에 필라델피아 주민들의 박애주의와 지지도 학교의 존립에 보탬이 되었다. Peitzman, *New and Untried Course*, pp.223-227.

55 이현주, 「여성 의사와 해외선교」.

56 1869년이라고 명시한 사료가 많은데, 미국을 떠난 것이 1869년 11월이었고 인도까지 가는 데 시간이 꽤 걸렸기에 실제로 활동을 시작한 해는 1870년이었다.

57 뉴욕, 필라델피아, 보스턴의 명망 높은 여성들이 1860년 여성통합선교회를 세워 미혼 여성도 교사나 성경리더(reader)로 파송될 수 있도록 했다.

58 1875년 루신다 콤스(Lucinda L. Combs, 1849-1919, 1873년 졸업)가 중국에서 첫 번째 여성병원을 설립했으며, 1884년 졸업생 메리 풀턴(Mary Fulton, 1854-1927)은 광저우에서 병원, 의과대학, 간호학교를 세웠다. 풀턴은 광저우의 해킷 여자의과대학(Hackett Medical College for Women) 학장을 지내기도 했다. 또 다른 WMCP 동문인 엘리자베스 레이프스나이더(Elizabeth Reifsnyder, 1858-1922)는 상하이에 병원을 세웠고, 로제타 셔우드 홀이 평양과 서울에서 여성과 아동을 위한 병원을 설립했다. 1895년에서 1898년까지 WMCP에서 수학한 아이다 스커더(Ida S. Scudder, 1870-1960)는 인도에서 힌두 여성을 위한 의과대학과 병원을 설립했다. Minardi, "History Matters: Ladies First."

59 Bodley, *The College Story*, p.10.

60 '선교의사'를 재정적으로 지원한 것은 WMCP만이 아니었다. 1880년대에 시카고 여자의과대학은 의료선교사가 되기 위해 교육을 받는 학생들에게 그레이스 챈들러 장학금을 수여했다. 수혜자는 여성장로회선교위원회 북서지부(Woman's Presbyterian Board of Missions of the Northwest) 소속이어야 하며 수업료 지불을 제외하고는 학교의 모든 규칙과 규정을 따라야 했다. 이와 별도

로 학교는 의료선교를 희망하는 학생에게 수업료의 반을 지원했다. 따라서 여성 해외선교회 북서지부 소속 중에는 타 대학에 다니다 시카고 여자의과대학으로 전학한 학생도 있었다. 그러나 1910년대까지 지원 방침을 유지했던 학교는 WMCP 뿐이었다. 이때가 되면 미국의 여자의과대학 대부분이 문을 닫았다는 점도 고려해야 할 것이다. *Eighteenth Annual Announcement of the Woman's Medical College of Chicago, Session of 1887-8*, Chicago: Chas. J. Johnson & Col, Printers and Publishers, 1887, p.13; Frances J. Baker, *The Story of the Woman's Foreign Missionary Society of the Methodist Episcopal Church, 1869-1895*, Cincinnati: Curts & Jennings, 1898, p.175.

61 *Fortieth Annual Announcement of the Woman's Medical College of Pennsylvania, Session of 1889-90*, Philadelphia: The Jas B. Rodgers Printing Co., 1889, pp.19-20.

62 Baker, *Story of the Woman's Foreign Missionary Society*, pp.175-176. 시카고 여자의과대학 재학 시절 여성 해외선교회의 재정 지원을 받은 학생 중에는 한국에 파견된 메타 하워드가 있었다. 그러나 하워드는 얼마 되지 않아 건강 악화로 미국에 돌아가서 은퇴했다.

63 *Manual of the Board of Foreign Missions of the Presbyterian Church in the U.S.A.*, New York: Presbyterian Building, 1904, p.6. 미국 상황과 비슷하게 영국 여성 선교사들 역시 파견 후 일정 기간 결혼을 삼가라는 규정에 묶여 있었다. 영국에서도 선교단체가 선교활동을 원하는 여성들의 교육을 지원했는데, 돈과 시간을 투자하여 훈련한 여성 선교사가 파견된 지 얼마 되지 않아 결혼해서 사임하면 단체에 손해였으므로 여러 규정을 통해 여성 선교사에게 제약을 가했다. 이 기간을 지키지 않고 결혼한 여성 선교사에게는 그를 파견한 선교단체가 훈련과 파견 비용의 반환을 요구할 수 있었다. 그러나 실제로 선교지에서 결혼하는 이들이 많았기 때문에 파견 전 임신 및 출산 가능 여부에 대한 건강검진이 실시되었다. 결혼하면 선교사역을 그만두어야 했지만, 결혼과 출산을 통해 기독교적 가정성의 이점을 잘 보여주게 되리라는 생각도 있었다. Hilary Ingram, "Gender, Professionalism and Power: The Rise of the Single Female Medical Missionary in Britain and South Africa, 1875-1925," McGill University, M.A. thesis, 2007, pp.47-49.

64 Woman's Foreign Missionary Society, *Manual for Missionaries and*

Missionary Candidates, Boston: Woman's Foreign Missionary Society, Methodist Episcopal Church, 1913, p.12.

65 *Forty-Fourth Annual Announcement*, p.22.

66 Lisa Joy Pruitt, *A Looking Glass for Ladies: American Protestant Women and the Orient in the Nineteenth Century*, Macon, GA: Mercer University Press, 2005, p.136. LMMS는 1851년 『고디의 여성잡지(*Godey's Ladies Book*)』 편집장 새라 헤일의 주도로 필라델피아에 설립되었다. 에멀라인 호턴은 WMCP를 졸업한 후 남편과 함께 해외 선교지로 나가려 했으나 남편이 병에 걸려 영구적인 장애를 얻게 되면서 뜻을 이루지 못했다. 1862년 필라델피아 여성병원의 수석 레지던트가 되었으며, 1872년에는 WMCP의 학장직을 맡았다.

67 Peitzman, *New and Untried Course*, p.82.

68 Rachel L. Bodley, Valedictory Address to the Twenty-Second Graduating Class of the Woman's Medical College of Pennsylvania, March 13th, 1874, pp.10-12.

69 Rachel L. Bodley, Introductory Lecture Delivered at the Opening of the Twenty-Sixth Annual Session of the Woman's Medical College of Pennsylvania, October 7th, 1875, pp.13-14.

70 Bodley, *The College Story*, pp.15-16.

71 Clara Marshall, Valedictory Address to the Graduating Class of the Woman's Medical College of Pennsylvania, March 11, 1886, p.6. 클라라 마셜은 1888년에 정식으로 학장이 되었는데, 고별사를 할 당시는 학장대리였던 것으로 추정된다.

72 1891년 전국선교사협의회(National Missionary Committee)는 라플레쉬를 '의료선교사'로 선발하여 네브래스카의 오마하 부족에서 일하도록 했다. "Medical Missionary among the Omahas," *Lend a Hand* 6, 1891, p.435.

73 필라델피아 출신인 레베카 콜(Rebecca J. Cole)이었다. 콜은 "The Human Eye"라는 제목으로 졸업논문을 썼다. *Eighteenth Annual Announcement, 1867-1868*, p.4. 미국 흑인 여성 중 최초의 의과대학 졸업생은 레베카 크럼플러(Rebecca Crumpler/Rebecca Lee Crumpler)로 1864년 뉴잉글랜드 여자의과대학에서 학위를 받았다. WMCP에서는 이미 1853년에 흑인 여성 새라 맵스 더글라스(Sarah Mapps Douglas)가 등록했지만 졸업을 하지는 못했다.

74 19세기 말에도 흑인 여학생은 여자의과대학보다 하워드, 메하리 등 남녀공학인 흑인대학을 선택했다. 그러나 여자의과대학 중에서는 WMCP의 선호도가 단연 높았다. 1900년 미국에서 여자의과대학을 졸업한 11명의 흑인 학생 중 9명이 WMCP를 졸업했을 정도였다. 보너, 『여의사의 역사』, 227쪽.

75 대표적으로 룰루 플레밍(Lulu Fleming)은 1895년 WMCP에서 학위를 받은 후 미국침례교 여성 해외선교회(Woman's American Baptist Foreign Missionary Society)에 선교사 파송을 요청했고, 전에 있었던 콩고로 돌아가 4년간 일했으나 건강 문제로 귀국한 뒤 사망했다. 또 다른 흑인 동문 폴린 딘킨스(Pauline Dinkins)는 1919년에 WMCP를 졸업한 후 앨라배마에서 개업하고 지역 병원에서도 근무했다. 이후 런던대학교의 열대의학대학에서 수학했고, 전국흑인침례교협의회(Black National Baptist Convention) 여성들이 모금한 돈으로 1928년 라이베리아의 몬로비아에 선교병원을 설립했다. Vanessa Northington Gamble, ""Sisters of a Darker Race": African American Graduates of the Woman's Medical College of Pennsylvania, 1867-1925," *Bulletin of the History of Medicine* 95, 2021, pp.192-193.

76 이혀주, 「여성 의사와 해외선교」, 453쪽.

77 올솝은 보들리가 학생들을 교육 면에서 잘 준비시킨 것은 물론, 적극적으로 학교의 선전에 나서서 다양한 배경의 학생을 모집할 수 있었다고 설명한다. Alsop, *History of the Woman's Medical College*, p.124.

78 국내 연구 중에서는 박정희, 앞의 책, 113쪽에 실려 있다.

79 Pripas-Kapit, "Educating Women Physicians," p.13, 41. 국적을 막론하고 모두 기독교도였던 WMCP 학생들 사이에서 힌두 여성 조쉬가 눈에 띄는 것은 당연했다. 당시 유학생 대부분은 선교단체의 후원으로 WMCP에 입학했지만, 조쉬는 선교단체와 직접적인 연관이 없었고 기독교로 개종하지도 않았다. 1886년 6월 인도 콜라푸르(Kohlapur)의 앨버트 에드워드 병원 여성병동의 수석 레지던트로 임명받았지만, 일도 시작하기 전에 결핵으로 21년의 생을 마감했다.

80 Sabat이라고도 불렸다.

81 다른 지역에서도 마찬가지였다. 1900년 박에스더가 볼티모어 여자의과대학을 졸업했을 때도 여러 신문사에서 졸업식을 다루며 박에스더를 특별히 언급했다.

82 Pripas-Kapit, "Educating Women Physicians," pp.42-43.

83 남편인 오카미 센키치로가 미시간에서 농업을 공부하기 위해 도미한 후 니시다도 남편을 따라 미국으로 향했고 기독교 가정의 지원을 받아 학업을 이어갔다. 공혜정, 「'버려진 돌'에서 '모퉁이 돌'로-한국의 박에스더와 중국의 캉청 비교-」, 『이화사학연구』 62, 2021, 131-132쪽, 각주 41번.

84 메이지시기 일본 여성 여덟 명이 미국에서 의학학위를 받았다.

85 Hiro Fujimoto, "Women, Missionaries, and Medical Professions: The History of Overseas Female Students in Meiji Japan," *Japan Forum* 32(2), 2020, pp.186-187.

86 1905년에 WMCP 졸업.

87 "A Woman Doctor for Li Hong Chang," *The Philadelphia Times*, October 16, 1897. 1897년 이홍장 가문의 여성들을 돌보는 의사로 임명받았다.

88 Pripas-Kapit, "Educating Women Physicians," p.154.

89 차오를 채용한 메리 톰슨 병원의 버사 반 후센(Bertha Van Hoosen)은 백인 환자들이 불만을 토로할까 봐 걱정했다: "나는 충동적으로 허세를 부린 것[어디서도 인턴십을 못 구하면 메리 톰슨 병원에서 받아준다고 한 것]을 후회했고 중국인 인턴을 끊임없이 변호해야 할까 봐 두려워지기 시작했다. "짱깨(Chink)가 날 진료하게 두진 않겠어요", "저 외국인 내 옆에 얼씬도 못 하게 해요", "우리 여성들에게도 자리가 충분치 않은데 왜 외국인을 고용해야 하는 거죠?" 이런 말이 들리는 것 같았다." 그러나 차오의 실력이 뛰어났던지 반 후센은 계속해서 중국인 의사에게 기회를 제공했다. Judy Tzu-Chun Wu, *Doctor Mom Chung of the Fair-Haired Bastards: The Life of a Wartime Celebrity*, Berkeley: University of California Press, 2005, pp.57-58. 인용문은 58쪽에서 재인용.

90 "The Increase of Women Physicians at the South," *Staunton Vindicator*, January 8, 1892.

91 "Extension Fund Campaign," *The Philadelphia Inquirer*, December 2, 1916, p.13. 지면의 1/8 정도를 차지한 광고다.

92 Personnel Manual of the Board of Foreign Missions of the Methodist Episcopal Church, ca. 1918, p.11.

93 우팅팡이 언급한 의료선교사는 리오노라 하워드 킹(Leonora Howard King)으로 WFMS에서 중국에 파송한 최초의 캐나다 출신 여성 의료선교사였다. 1876년 미시간대학에서 의학학위를 받고 WFMS 소속으로 중국에 파견되었으

므로 미국인이라는 착오가 있었던 것 같다.

94 저널리스트 호러스 그릴리의 문구라고 알려진 "Go West, Young Men!"을 차용한 것이다. 원래 이 문구는 미국 서부 진출을 독려하기 위한 것이었는데, 우팅팡은 여기서 서쪽의 지평을 넓혀 중국까지 포함했다.

95 "Go West, Young Ladies," *New-York Tribune*, July 10, 1900, p.4.

96 WMCP, *Scalpel*, p.35.

제9장

19세기 말-20세기 초 해외 의료선교와 미국 여성 의사

이현주

시작하며

미국에서는 19세기 말에서 20세기 초까지 해외여성 의료선교가 발달했는데 그 역사적 동인은 무엇이었을까? 미국의 해외여성 의료선교의 역사를 정리하기 위해서는 매우 많은 지면이 필요할 것이라 생각된다. 지면 관계상 이 장에서는 19세기 말에서 20세기 초 내한 미국인 여성 의사 파견 현황과 이들의 해외선교 참여에 영향을 미친 미국적 동인에 집중해 살펴보겠다.

미국 여성 의료선교에 대한 연구사는 생각보다 그리 두텁지 않다. 19세기 말에서 20세기에 이르는 기간 동안 미국의 선교사들은 한국 기독교 선교에 주도적인 역할을 했다.[1] 의료선교 분야에서도 미국의 영향이 컸는데, 이 과정에서 여성 의료선교사도 중요한 역할을 했다. 그러나 지금까지 미국 여성선교사 또는 여성 의료선교사에 대한 국내 학자들의 연구는 주로 이들의 내한 이후 활동에 집중되어 있었다.[2] 이러한 이유로 기존의 국내 해외 의료선교 연구는 미국에서 여성 해외의료선교가 발달하는 맥락과 연결 부분에 아쉬운 점이 있다.

미국에서는 1970년대 후반 이후 여성 의사에 대한 연구가 꾸준하게 발전했다. 여성 질병과 환자, 의료직 종사자에 대한 연구가 발달하면서 다음과 같은 여성 의사에 대한 연구도 등장했다. 1977년 메리 월시(Mary Roth Walsh)는 미국의료사에서 여성 의사에 대한 연구가 없음을 강조하며 여성 의사에 대한 차별과 의료전문화의 관계를 연구한 『의사는 원하나 여성의 지원은 필요치 않음: 의료계에서의 성차별, 1835–1975』를 통해 여성 의사 연구의 사학사적 초석을 쌓았다. 월시의 연구 이후 여성 의사에 대한 보다 깊고 섬세한 연구들이 진행되었는데, 1980년대 중반 레지나 노랑츠–산체스(Regina Norantz–Sanchez)는 『동정과 과학: 미국의 여성 의사들』에서 여성 의학교육 기관, 중간계급으로서 여성 의사의 사회·문화적 네트워크, 과학에 대한 이해와 의료행위에 대한 심도 있는 고찰을 시도했다. 1999년에 출판된 엘런 모어(Ellen S. More)의 『균형 회복하기: 여성 의사들과 의료계, 1850–1995』는 19세기 중반에서 현대까지 이어지는 여성과 의사라는 두 개의 정체성 사이에 일어난 갈등에 대해 논의한 저작이다. 2014년에 출판된 캐롤린 스키너(Carolyn Skinner)의 『여성 의사와 19세기 미국에서의 직업정신』은 사회적 소수자로서 여성 의료인들이 여성의 의료인으로서의 적합성을 주장해 온 방식을 연구했다.

다른 한편 미국의 해외 기독교 선교에 있어 여성의 역할은 1968년 출판된 로버트 피어스 비버(Robert Pierce Beaver)의 『모든 사랑은 탁월하다: 세계 선교에서 미국 프로테스탄트 여성』을 통해 처음 조명되었고, 이후 1985년 출판된 패트리샤 힐(Patricia Hill)의 『세계, 그들의 가정: 미국 여성의 해외선교운동과 문화적 변화, 1870-1920』를 통해 더욱 부각되었다. 국가와 지역에 따른 케이스 스터디도 관련 연구사 발전에 기여했는데, 그 예로 1984년에 출판된 제인 헌터(Jane Hunter)의 『온유함의 복음: 세기 전환기 중국에서 미국 여성』과 2009년 출판된 최혜월의 『한국에서 젠더와 선교의 만남: 신여성, 오래된 방식』 등을 들 수 있다. 각각 중국과 한국을 무대로 하는 두 연구는 상이한 문화가 교차하는 선교지에서 근대적 여성관의 역할 및 그 형성 과정의 복잡함을 그려내면서 미국 여성의 선교 경험을 보다 입체적으로 이해할 수 있게 도왔다.

그러나 비교적 긴 여성 의료사 및 여성선교사의 역사를 가지고 있는 미국의 경우에도 해외 여성 의료선교 연구는 여전히 그 발전이 더딘 영역으로 남아 있다. 1970년대 후반 이후 미국에서 꾸준히 발달한 여성 의료사와 1960년대 후반부터 발달한 여성 해외선교사는 각각의 독립적인 연구영역으로 성장해 왔고, 이 두 연구영역의 가교 역할을 할 수 있는 여성 의료선교사에 대한 연구는 비교적 많이 진행되지 못했기 때문이다. 1997년 초판이 나온 데이나 로버트(Dana L. Robert)의 『선교에서 미국인 여성: 사상과 실천』은 여성 의료선교가 여성에 의한 주요 선교 타입의 하나라고 소개한 바 있다. 2009년에는 세 명의 여성 의료사가 엘렌 S. 모어(Ellen S. More), 엘리자베스 피(Elizabeth Fee), 그리고 마농 패리(Manon Parry)가 공동 편집자로 『여성 의사와 의료문화』를 출판했다. 의료사와 여성학 분야에 업적을 남긴 버지니아 A. 메타사스(Virginia A.

Metaxas)는 상기한 책에 수록된 「루스 A. 파믈리, 에스더 P. 러브조이 그리고 20세기 초 소아시아와 그리스에서 모성 담론」에서 간호사 루스 파믈리(Ruth A. Parmelee, 1885-1973)와 의사 에스더 러브조이(Ester P. Lovejoy, 1869-1967)의 터키와 그리스에서 의료선교활동을 다뤘다. 메타사스의 연구는 여성 의료사 분야에서 의료선교 연구의 중요성이 변화했음을 보여주는 예라고 하겠다.

여성 의료선교사에 대한 연구는 의료사, 종교사, 국제관계사, 여성사 등 다양한 분야에 연구사적 기여를 할 수 있는 중요한 연구 주제이다. 특정 시대를 살았던 여성 의료선교사의 정체성 형성에 영향을 준 사회적, 의료사적, 종교적 측면의 다양한 요소에 대한 포괄적인 이해는 한국에서 여성 의료선교사의 활동에 대한 더욱 깊이 있는 이해를 가능하게 해줄 것이다. 앞으로 더 많은 그리고 다양한 연구의 축적을 기대하며 이 글에서는 19세기 말에서 20세기 초 미국의 개신교회를 통해 한국에 파견된 여성 의사를 중심으로 이 시기 여성 의료선교의 성장 및 쇠퇴와 관련된 미국 사회 내의 여성, 의료, 선교에 관련된 사회적 변화와 그들 간의 연관관계에 대해 살펴보도록 하겠다. 따라서 아쉽게도 여성 간호사에 대한 논의가 배제되어 있음을 미리 언급한다.

1880-1940년대 내한 여성 의료선교사

1884년부터 1940년대까지 한국에 파견된 의료선교사의 총수는 195명이다(당시 선교부에서 공식적으로 의료선교사의 자격을 어떻게 규정했는지의 문제는 아직 역사적인 논의가 더 필요한 부분으로, 여기서는 의료선교사라는 용어를 선교에 있어 영적 소명과 의료전문지식을 함께 실천하며 활동했던 선교사의 의미로 사용한다). 표 1에서 보면 이 중 미국의 선교부를 통해 한국에 온 선교사가 압도적인 수를 차지하고 있어 163명이고, 나머지 32명은 영국, 캐나다, 호주 선교부를 통해 한국에 왔다. 163명의 미국 선교부를 통해 한국에 파견된 의료선교사 중 남성은 89명, 여성은 74명이고, 기타 국가의 선교부를 통해 파견된 인원의 경우 남성은 17명, 여성은 15명으로, 전체적으로 남성의 수가 여성에 비해 조금 더 많으나 의료선교사 중 여성의 비율이 꽤 높았음을 알 수 있다.

남녀의 성비를 보면 미국에서 파견된 의료선교사 중 남성의 경우 83명은 의사로, 6명은 의료선교사(약사 또는 의사로 명시되지 않고 의료선교사로 기록되어 역할이 분명하지 않은 케이스)로 분류될 수 있으며, 여성의 경우 의사는 23명, 간호사는 42명, 의료선교사는 9명으로 집계되었다.

이 통계를 참고할 때 여성의 경우 한국에 파견된 간호사의 수가 여성 의사 수의 2배가량으로 의료선교에 참여한 다수는 의사가 아닌 간호사였음을 알 수 있다. 따라서 이 시기 여성 의료선교사 연구에 있어 간호사에 대한 연구는 매우 중요하다. 그러나 간호사와 미국에서의 간호전문화의 과정은 여성 의사와는 별도의 논의가 필요한 분야로 이에 대한 부분은 후속 연구에서 보충할 예정이고, 이 장에서는 여성 의사를 중심으로 논의를 전개한다.

선교사로 내한한 남성 의사 대비 여성 의사의 수를 볼 때 후자의 숫자가 매우 적어 보인다. 그러나 이 시기 미국의 전체 의사 수에서 여성이 차지하는 비율이 1915년에도 단지 3.6%, 1920년에는 겨우 5%에 이르렀던

표 1 1884에서 1940까지 10년 단위 내한 의료선교사 파견 현황

		국가	소속 교단	파견 연대(10년 단위)							합계
				1880	1890	1900	1910	1920	1930	1940	
남성	의사	미국	북장로교회	2	8	9	6	7	-	-	32
			남장로교회	1	4	7	4	4	-	-	20
			북감리교회	2	4	3	2	4	-	-	15
			남감리교회	-	2	4	4	4	-	-	14
			기타	-	-	-	-	1	-	1	2
			미국세부합계	5	18	23	16	20	-	1	83
		기타 국가 영국, 캐나다, 호주		-	5	2	8	-	-	-	15
	의료 선교사	미국	북장로교회	-	-	-	1	2	1	-	4
			남장로교회	-	1	1	-	-	-	-	2
			북감리교회	-	-	-	-	-	-	-	0
			남감리교회	-	-	-	-	-	-	-	0
			기타	-	-	-	-	-	-	-	0
			미국세부합계	0	1	1	1	2	1	-	6
		기타 국가		-	-	-	2	-	-	-	2
미국 남성의료선교사 합계				5	19	24	17	22	1	1	89
기타 국가 남성의료선교사 합계				0	5	2	10	0	0	0	17
전체 남성의료선교사 합계				5	24	26	27	22	1	1	106

		국가	소속교단	파견 연도							합계
				1880	1890	1900	1910	1920	1930	1940	
여성	의사	미국	북장로교회	2	2	1	1	2	1	-	9
			남장로교회	-	1	-	-	-	-	-	1
			북감리교회	1	4	-	2	3	1	-	11
			남감리교회	-	-	-	-	1	-	-	1
			기타	-	-	-	-	1	-	-	1
			미국세부합계	3	7	1	3	7	2	0	23
		기타 국가		1	-	-	2	-	-	-	3
	간호사	미국	북장로교회	-	3	4	5	4	1	-	17
			남장로교회	-	-	-	3	2	-	-	5
			북감리교회	-	1	2	2	3	-	-	8
			남감리교회	-	1	-	5	4	2	-	12
			기타	-	-	-	-	-	-	-	0
			미국세부합계	0	5	6	15	13	3	0	42
		기타 국가		-	-	-	4	2	3	-	9
	의료 선교사	미국	북장로교회	-	1	1	3	1	-	-	6
			남장로교회	-	-	-	-	-	-	-	0
			북감리교회	-	-	-	-	2	-	-	2
			남감리교회	-	-	-	-	1	-	-	1
			기타	-	-	-	-	-	-	-	0
			미국세부합계	0	1	1	3	4	0	0	9
		기타국가		-	-	1	1	1	-	-	3
미국 여성의료선교사 합계				3	13	8	21	24	5	0	74
기타 국가 여성의료선교사 합계				1	0	1	7	3	3	0	15
전체 여성의료선교사 합계				4	13	9	28	27	8	0	89
미국 의료선교사 총 합계				8	32	32	38	46	6	1	163
기타국가 의료선교사 총 합계				1	5	3	17	3	3	0	32
의료선교사 총 합계				9	37	35	55	49	9	1	195

참고자료

김승태·박혜진 편, 『내한 선교사 총람 1884-1984』, 한국기독교역사연구소, 1994; 손영규, 『코리아, 그대는 아직도 내 사랑』, 예영커뮤니케이션, 2019의 338-356쪽에 부록으로 수록된 내한의료선교사명단(1884-1984); "Missionaries of the Woman's Foreign Missionary Society, 1869-1919," *Year Book, Woman's Foreign Missionary Society of the Methodist Episcopal Church Being the Fiftieth Annual Report of The Society*. Boston, 1919.

분류기준 설명

1. 의사는 내한 의료선교사명단(1884-1984)의 직능란에 의사로 명시된 경우로 치과의, 수의사를 포함했다.
2. '의료선교사는 내한 의료선교사명단(1884-1984)의 직능란에 의료선교사로 명시된 경우와 남성의사의 경우 약사로 분류된 의료선교사를 포함한다. 손영규가 내한 의료선교사명단(1884-1984)에 의사와 의료선교사를 구분해 표기한 이유는 명확하게 알 수 없으나 내한 『선교사 총람 1884-1984』에 의료선교사라는 표현이 등장하고, 이 경우 정확한 역할을 알 수 없는 경우가 많기 때문이 아닌가 추정해 본다. 특히 개인 정보가 매우 제한적으로 제공되는 여성의 경우 의사인지 간호사인지 또는 기타 병원관련 업무 담당자인지 구분하기가 어려운 경우가 있다. 이에 이 글에서도 이러한 이유로 의료선교사 항목을 따로 두었다.
3. 내한 의료선교사명단(1884-1984)에 결혼 전 이름과 결혼 후 이름이 두 번 중복 기재된 애니 엘러스와 로제타 셔우드는 최초 파견 시기를 기점으로 1회만 합산에 반영했다.
4. 본 표의 국가 구분은 선교사 개인의 국적이 아닌 소속 교단를 기준으로 한 분류이다.
5. WFMS 1919년도 Year Book의 "Missionaries of the Woman's Foreign Missionary Society, 1869-1919"에 의사(M.D.)로 표기되어 있으나, 『내한 선교사 총람 1884-1984』에는 일반선교사로, 내한 의료선교사명단(1884-1984)에는 누락된 아만다 힐만(1911년에 선교사로 임명되고, 1914년에 은퇴)이 명단에 추가 되었다.

미국의 시대적 상황을 생각한다면 남성 대비 내한 여성 의사선교사의 수는 비율적으로 이해되어야 할 것이다.[3]

1880년대에 의료선교사 파견이 시작되어 1930년대에 들어 그 수가 급락해 대부분의 의료선교사가 1890년도에서 1920년도 사이에 파견되었다. 최초로 한국에 파견된 여성 의사는 1886년 내한한 애니 J. 엘러스(Annie J. Ellers)였고, 1887년에 메타 하워드(Meta Howard)가, 1888년에는 릴리어스 S. 호턴(Lillias Stirling Horton)이 내한했다. 한국에 파견된 마지막 여성 의사는 1937년 내한해 이듬해까지 사역한 미북장로교회의 바바라 젠소(Barbara Genso)였다. 교단별 분포는 남성의료선교사의 경우 북장로교에서 36명, 남장로교에서 22명, 북감리교에서 15명, 남감리교에서 14명, 기타 2명을 파견했다. 여성의 경우 북장로교에서 32명, 남장로교에서 6명, 북감리교에서 21명, 남감리교에서 14명, 기타 1명을 파견했다. 남성의 경우 북장로교와 남장로교가, 여성의 경우 북장로교와 북감리교가 의료선교사 파견에 중심적 역할을 한 것을 알 수 있다. 의료선교사로 표기된 9명을 제외한 여성 의료선교사 중 의사를 교파별로 보면 북장로교에서 9명, 남장로교에서 1명, 북감리교에서 11명, 남감리교에서 1명, 기타 1명을 파견해, 여성 의사 파견에 있어 역시 북장로교와 북감리교가 중심적인 역할을 한 것을 알 수 있다. 북장로교와 함께 남장로교의 역할이 두드러진 남성의료선교사 파견과 달리 여성의 경우 북부교단들의 역할이 더 중요했던 것으로 보인다. 그 이유에 대해 북부와 남부 사회의 여성의 사회활동에 대한 의식 차이 그리고 여성 의학교육기관의 지역별 분포도와 그로 인한 교육 기회의 차이가 영향을 미친 것이 아닌지 조심스럽게 추정해 본다.

한편 여성선교사에 대한 기록은 대체적으로 남성선교사에 비해 부정확하거나 적은 경우가 많은데, 이러한 이유로 한국에 파견된 여성 의료선교사의 수를 다른 지역에 파견된 인원과 비교해 볼 수 있는 자료를 확보하는 것이 쉽지 않았다. 그러나 한국에 가장 많은 여성 의사를 파견한 북감리교회의 여성 해외선교회(WFMS; Woman's Foreign Missionary Society of Methodist Episcopal Church)의 1869년에서 1919년도 선교사 명부를 통해 여성 해외선교에 있어 한국에 파견된 여성 의사의 비중을 대략적으로 가늠해 볼 수 있다.

이 시기 한국에 WFMS를 통해 파견된 여성 의사는 총 8명으로 7명은 미국인이고 1명은 한국인으로 선교사 자격을 부여 받은 박에스더였다.(표 2 참고) 이 시기 한국을 포함 해 중국, 일본, 미안마, 필리핀, 말레이시아, 인도, 이탈리아, 멕시코, 남미, 불가리아, 아프리카에 WFMS가 파견한 여성 의사는 총 75명이었다. 선교지역 별로 보았을 때 중국 37명, 인도 23명으로 이 두 지역에 비해 많은 차이가 있지만 한국은 세 번째로 많은 여성 의사가 파견된 지역이었다(표 3 참고). WFMS가 최초로 해외에 파견한 여성 의사는 1869년 인도에 파견한 클라라 A. 스웨인(Clara A. Swain)이었고, 1885년에는 중국 북경에 애나 D. 글로스(Anna D. Gloss)를 파견했다. 1886년에 한국에 파견된 메타 하워드가 세 번째여서 중국과 유사한 시기에 한국에 여성 의사가 선교사로 파견된 것을 알 수 있다.

표 2 1884-1919년 WFMS에서 한국에 파견한 여성 의사

선교사 임명 연도	선교사 이름
1887	Howard, Meta, M.D.
1890	Hall, R. Sherwood, M.D.
1892	Cutler, Mary M., M.D.
1897	Harris, Lillian, M.D.
1899	Ernsberger, Emma, M.D.
1900	Pak, Esther K., M.D.
1910	Stewart, Mary S. M.D.
1911	Hillman, Amanda, M.D.
Total	8명(미국인:7명/ 한국인:1명)

표 3 1869-1919년 WFMS의 여성 의사 파견지 및 파견 인원

선교 지역	인원(명)
중국	37
인도	23
한국	8
일본	2
일본 & 인도	1
필리핀	1
이탈리아	1
no record	2
Total	75

참고자료
"Missionaries of the Woman's Foreign Missionary Society, 1869-1919," *Year Book, Woman's Foreign Missionary Society of the Methodist Episcopal Church Being the Fiftieth Annual Report of the Society*, Boston, 1919.

내한 여성 의사선교사

여성 선교사에 대한 개인 정보가 많이 남아 있지 않기 때문에 선교사의 정확한 출신 지역을 파악하는 일은 쉽지 않다. 23명의 내한 여성 의사 중 단지 9명만 출신 지역에 대한 정보를 찾을 수 있었는데, 중서부 지역 5명(미시간 3명, 오하이오 2명), 동부 지역 3명(뉴욕 2명, 필라델피아 1명), 남부 지역 1명(노스캐롤라이나)으로, 중서부 지역 출신이 가장 많았고, 동부, 남부 순서였다(일부 출신지 자료는 표 4 참고). 중서부는 다음 장에서 후술할 여성운동의 중심지이면서 19세기 말 20세기 초 청년계층을 중심으로한 종교운동의 중심지였다. 해외선교의 중요성을 강조한 드와이트 L. 무디(Dwight Lyman Moody, 1837–1899)의 부흥회 뿐 아니라 중서부는 다양한 개신교 관련 학생자원운동의 요람이었다. 캐서린 안에 의하면 1880년에서 1890년도 선교활동의 중심지가 기존의 뉴잉글랜드에서 중서부로 이동했고, 북부교단 출신 선교사 중 1884년에서 1905년 내한한 여성의 대다수가 중서부 출신이었다고 한다.[4]

이들의 사회적 계급에 대해 추정해 볼 수 있는 근거가 되는 가족사항, 성장배경, 학업 및 직업에 대한 정보는 더욱 제한적이지만, 대체적으로 중산층 이상 가정에서 성장해 대학 등 고등교육을 받았고 의과대학 입학 전 교사 및 가정교사로 직업 활동을 했던 여성들도 있었다.[5] 릴리어스 호턴의 아버지 제임스 M. 호턴(James Mandeville Horton, 1823–1908)은 철물, 철강 자재업 종사자로 호턴은 어린 시절을 비교적 풍족하게 보냈다. 애니 엘러즈의 아버지는 장로교 성직자였고, 로제타 셔우드의 부모님은 농장을 경영했다. 6남매 중 막내로 태어난 마티 잉골드의 아버지

이사야 잉골드(Isaiah Ingold)의 직업은 교수였다. 교육과 직업적 배경을 볼 것 같으면, 애니 엘러스는 일리노이의 록포드 대학(Rockford College, 1881 졸업), 릴리언 해리스는 오하이오 웨슬리언 대학(Ohio Wesleyan University 1890 졸업), 마티 잉골드(Mattie B. Ingold, 1867-1962)는 힉커리(Hickory)의 클레어몽(Claremont)대학과 윈스롭(Winthrop) 대학에서 공부했다. 로제타 셔우드는 뉴욕의 오스웨고 스테이트 노멀 스쿨(State Normal School)에서 초등과 고등학교 교사 자격증 취득 후 1886년까지 교편을 잡았고, 마티 잉골드는 록힐(Rock Hill)의 크로포드(Thomas A. Crawford) 가문의 가정교사로 일했다.[6] 의학교육에 대한 정보를 알 수 있는 8명의 여성 의사 중(표 4 네번째 칼럼 '의학교육' 참고) 7명은 의과대학을 졸업했고 1명은 졸업 전 학생 신분(애니 엘러스)으로 내한했다. 요컨대 이들은 성장기와 성장 후 중산층 이상의 삶을 누린 것으로 추정된다. 내한 여성선교사의 출신 배경을 연구한 캐서린 안과 다수의 남성선교사의 출신 배경을 분석한 류대영의 연구도 내한 선교사 대부분이 중산계층 출신이었다는 유사한 결론을 도출했다.[7] 다만 대학 이후에도 의대교육을 받은 여성 의사들의 경우(마티 잉골드의 경우에는 의대 교육을 소속 교회에서 지원받았지만) 일반 선교사들에 비해 집안 또는 개인적 재정 상태가 더 나았을 것으로 추정된다.

내한 여성 의사들의 해외선교 참여 동기를 살펴보면 가정환경, 현직 해외선교사와의 만남이나 교회의 권유, 학생자원운동 등의 영향을 받은 것으로 보인다. 릴리어스 호턴의 경우 성장기 선교사를 꿈꿨으나 결혼으로 포기한 어머니 마틸다 맥퍼슨 호턴(Matilda McPherson Horton: 1825-1898)의 영향이 컸고, 양가 모두의 친척들이 인디언 선교에 종사하거나,

표 4 **미국인 내한 여성의료(의사)선교사 상세 정보**

이름	생몰연도	출생지	의학교육	소속 교단	내한 기간	활동 기관
릴리어스 S. 호턴 (Lillias Stirling Horton)	1851-1921. 10. 29	알바니, 뉴욕주 Albany, New York	시카고여자의과대학, 1887년 졸업	NP (PBFM)	1888. 3. 27-1921	제중원 부녀과, 정동 모화관 진료소, 명성황후 시의, 청국공사 원세개의 가정의
애니 J. 엘러스 (Annie J. Ellers)	1860(또는 1862). 8. 31-1938. 8. 8[8]	버 오크, 미시간주 Burr Oak, Michigan	보스턴의과대학, 1884년 입학[9]	NP/M	1886. 7. 4-1926	명성황후 시의 제중원 부녀과
메타 하워드 (Meta Howard)	1862-1930	알비온, 칼훈 카운티, 미시간주 Albion, Calhoun County, Michigan	시카고여자의과대학, 1887년 졸업[10]	M (WFMS) Northwestern branch	1887. 10. 31-1889	정동 시병원, 보구녀관
로제타 셔우드 (Rosetta Sherwood)	1865. 9. 19-1951. 4. 5	리버티, 설리반카운티, 뉴욕주 Liberty, Sullivan County, New York	펜실베이니아 여자의과대학, 1886. 9 입학-1889. 3. 14 졸업	M (WFMS)	1890. 10. 13-1894. 12. 2 1897. 11-1935	보구녀관, 평양기홀병원설립, 평양광혜여원, 동대문부인병원

메리 커틀러 (Mary M. Cutler)	1865. 12. 12-1948	그랜드래피즈 인근 농장, 미시간주 Grand Rapids, Michigan	미시간대학교 의과대학, 1888 졸업[11]	M (WFMS) New York Branch	1892 (1893. 3. 30)[12] -1933, 귀국: 1939	보구녀관, 이화학당 교의, 평양광혜여원
릴리언 해리스 (Lillian A. Harris)	1863(1865)-1902. 5. 16[13]	델러웨어 근처, 오하이오주 near Delaware, Ohio	펜실베이니아 여자의과대학, 1897년 졸업 [1890년도 전반에 Woman's Medical College in Cincinnati, Ohio에서 수학했을 가능성이 있음][14]	M (WFMS)	1897.11.10-1902.05.16	볼드윈 시약소, 동대문부인병원, 평양광혜여원
엠마 언즈버거 (Emma Ernsberger)	1862-1934[15]	라이마 근처, 오하이오주 near Lima, Ohio	Laura Memorial Medical College, Cincinnati, 1897 졸업 [Baltimore Woman's Medical College에서 강의를 들었을 가능성이 있음] [16]	M (WFMS) Cincinnati Branch	1899.09-1920	정동병원, 동대문부인병원에서 시무 및 이화학당 교의 겸직
마티 잉골드 (Mattie B. Ingold)	1867. 5. 31-1962. 10	르노아, 노스캐롤라이나주 Lenoir, North Carolina	볼티모어 여자의과대학 Women's Medical College of Baltimore, 1896년 졸업[17]	SP	1895-1925	전주 예수병원

참고자료

이만열, 『한국기독교의료사』, 아카넷, 48쪽; 김승태, 박혜진 편. 『내한 선교사 총람 1884-1984』, 한국기독교역사연구소, 1994, 191-192, 208, 212, 246-247, 255-256, 276-277, 279, 286쪽; 이방원, 「보구여관의 설립과 활동」, 『의사학』 17(1), 2008, 37-55쪽; 최금희, 「전라도 지방 최초의 여성 의료선교사 마티 잉골드 연구-기여와 한계: 문화적 배경과 장로회 선교부의 해외선교 정책을 중심으로」『선교신학』 17, 2008, 3쪽; Eugene R. Smith ed. *The Gospel in All Lands*, January, 1888, p.566; "Spreading the Christian Light," *Democrat and Chronicle*, 03 November, 1896, p.12; *Woman's Medical School Northwestern University(Woman's Medical College of Chicago) The Institution and Founders Class History, 1870-1896*, Chicago: H. G. Cutler Publisher, 1896, pp.108, 143-144; Alumni Association of the University of Michigan, *Michigan Alumnus*, vol. VII, 1900, p.213; *Annual Report of the Woman's Foreign Missionary Society of the Methodist Episcopal Church 1900-1901*, Boston: Miss P. J. Walden, 1901, p.227, 230, 235; *The Greenville Advocate*, 24 February, 1904, p.4; Ida J. Draeger, "Women as Physicians in the United States 1850-1900: A List of the Publications Issued during the Period Which Are Found in the Library of the Woman's Medical College of Pennsylvania," *Bulletin of the History of Medicine* 16, June 1994, p.80; Alumni Association of the University of Michigan, *The Michigan Alumnus*, vol. LIV, October 4, 1947, p.523; ; Sung-Deuk Oak, *Sources of Nursing History of Korea vol.1: 1886-1911*, Seoul: Korean Nurses Association, 2011, p.25, 53, 89, 143, 149 ; American National Biography, https://www.anb.org/view/10.1093/anb/9780198606697.001.0001/anb-9780198606697-e-1201919(검색일: 2020.04.01.); "Lillian Harris," Drexel University College of Medicine Archives& Special Collections, Women Physicians, 1850s-1970s, http://xdl.drexelmed.edu/item.php?object_id=2250&search_param=subject&search_by=Missionaries,%20Medical—Korea&t=womanmd(검색일: 2020.10.10).

약어 설명

PBFM: 미국장로교해외선교부 Presbyterian Board of Foreign Missions

NP: 미북장로교회

SP: 미남장로교회

M: 미북감리교회

WFMS: 여성 해외선교회 Woman's Foreign Missionary Society of Methodist Episcopal Church

중국 등 해외선교병원 건설에 관여했다고 한다. 로제타 셔우드의 경우도 어머니 피비 셔우드(Phoebe Sherwood)의 영향으로 선교에 대해 접했다. 그러나 이들이 해외선교사의 꿈을 구체화하는 과정에서 현직 선교사와의 만남, 교회 관련인의 추천과 지원이 결정적인 역할을 했다. 애니 엘러스의 경우 페르시아 해외선교사를 하는 여성을 만난 후, 로제타 셔우드의 경우 어린 시절 미혼 여성 해외선교사 엘리자 에그뉴(Miss. Eliza Agnew)와의 만남이 있었고, 성장 후 인도 선교사 캐너드 챈들러(Kennard Chandler)여사와 인도 의료선교였던 닥터 토번 여사로부터 의료선교의 필요성에 대한 이야기를 듣고 결심을 굳혔다고 한다. 릴리어스 호턴의 경우도 영국인 여성선교사 페이지니터(Fagerneather)를 만나 인도 선교에서 여성 의사의 필요성에 대해 듣고 의료선교사가 되기로 결심했다.[18] 마티 잉골드의 경우 그녀를 가정교사로 고용한 크로포드 박사와 그의 지인 목사 알렉산더 스프런트(Alexander Sprunt)박사의 영향으로 의료선교사가 되기로 결심했다. 1892년 남장로교회가 그녀를 해외선교사로 받아들였고, 1896년 졸업까지 의과대학 교육을 지원했다.[19] 이어지는 장에서 후술할 19세기 후반에서 20세기 초에 발달한 학생 중심의 해외선교 자원 운동의 영향을 언급한 이들도 있는데, 메리 커틀러(Mary M. Cutler, 1865–1948)의 경우 미시간의과대학 재학 중 학생자원운동에 참여했고, 엠마 언즈버거(Emma F. Ernsberger, 1862–1934)는 학생자원운동 관계자에게 발탁되었다.[20] 로제타 셔우드의 경우 결혼 전 뉴욕에서 국내 의료선교 활동 중 미래의 남편 윌리엄 제임스 홀(William James Hall)을 만나 해외선교의 꿈을 함께 키웠는데, 제임스 홀 또한 캐나다의 퀸즈대학을 방문해 설교를 했던 해외선교를 위한 학생자원운동의 대표였

던 목사 존 포먼(Rev. John Forman)에게 감명 받아 해외선교를 결심했었다.[21]

여성 선교사 해외파견의 성장과 발전

그러면 미국에서 여성의 해외선교는 언제 어떤 이유로 발전했을까? 19세기 말에서 20세기 초 남녀공통으로 해외선교와 의료선교의 성장에 기여한 요인은 다음과 같이 생각해 볼 수 있다. 첫째 대학가를 중심으로 활발하게 전개된 해외선교운동이 청년층의 해외선교 참여율을 높였다. 남북전쟁 이후 미국에서는 고등교육기관이 발달하게 되고, 연방정부는 학교 부지 제공 등의 재정적 지원을 통해 고등교육기관의 성장에 기여했다. 그 결과 1870년 18세에서 21세 사이 인구의 2%만 대학에 다녔으나, 1930년도에는 12%로 그 수가 증가하게 된다.[22] 한편, 이러한 변화와 함께 1880년대부터 1920년대 초까지 미국의 개신교회는 대학을 거점으로 청년층을 중심으로 한 선교운동을 활발하게 진행했고 남녀 학생들에게 해외선교 참여를 독려했다.[23] 위에서 언급한 커틀러와 언즈버거의 케이스 외에도 1884년에서 1910년 사이 한국에 온 247명의 여성 해외선교사 중 107명이 학생자원운동을 통해서 해외선교에 참여했다.[24]

둘째, 미국을 중심으로 한 의료선교의 발달이다. 19세기 말부터 가속화되는 미국의 제국주의적 팽창은 해외선교에 대한 기대감도 함께 열었는데, 1870년대에 들어서는 의료선교에 대한 관심이 높아졌다. 우선 1870년대 이후 미국에서 근대의학이 발달하고 전문화되기 시작하면서,

의료선교의 영역은 점점 더 현지의 성직자가 아니라 전문교육을 받은 의료인력에게 맡겨졌다. 이에 1870년대 이후 의료선교사와 복음을 전파하는 선교사의 구분이 그 이전 시기에 비해 더욱 명확해졌고, 해외 선교지에서도 의료인력에 대한 수요가 증가했다. 이러한 변화에 있어 미국이 중심적인 역할을 하게 되는데, 1890년대에 이르면 세계적으로 680여 명의 의학교육을 받은 개신교 선교사가 활동하게 되고, 미국인이 그 중 절반이 넘는 388명을 차지했다.[25] 다른 한편, 1870년대 이후 세균학의 발전과 함께 축적된 근대서양의학 지식은 서양의학의 우수성에 대한 기대감을 증폭시켰다. 이와 함께 1870년대 이후 미국 내에서 개인건강과 공중보건에 있어 과학에 기반을 둔 의학이 종교의 영역을 대신해 점차 많은 역할을 하게 된다. 해외선교에 있어서 의학은 서양의 종교에 대한 거부감을 가지는 현지인들에게 접근할 수 있는 계기를 마련했다. 종교와 의학, 근대화된 서구문명의 우월성에 대한 믿음이 묘하게 중첩된 가운데, 육체적 치료와 정신적 치료의 중요성이 함께 강조되면서 서양의 의학은 파견된 선교사의 건강관리뿐만 아니라 선교지에서 개종을 도울 수 있는 유용한 수단으로 인식되었다.[26]

한편, 19세기 말에서 20세기 초 미국 여성은 사회적·정치적 지위에 있어 큰 과도기를 겪었다. 19세기를 통해 여성을 공적인 영역에서 배제함과 동시에 가정과 관련된 사적인 영역에 국한 시키려고 했던 빅토리아 시대의 여성관이 지배적인 가운데, 여성운동의 제 1물결이라고 할 수 있는 변화가 이 시기 진행되었다. 여성 참정권뿐만 아니라 교육과 직업, 사회참여, 문화적 부분에 있어서 여성에 대한 불평등을 재고하고 여성의 권리를 증진시키기 위한 노력들이 계속되었다. 여성운동의 스펙트럼은 매우 넓어, 여성평등을 주장하는 범위 및 달성 방법 등에 있어 사용된 전략도 다양했다. 완전한 성평등을 주장하고, 전통적 여성관에 도전하면서, 즉각적인 사회 및 정치적 변화를 요구하는 방식과 여성의 도덕적 우월성과 사회적 효용성을 '모성'에 기대어 역설하며 기존의 전통적인 빅토리아 시대의 여성관에 정면 도전을 하기 보다는 여성의 영역을 확장하는 타협적이고 우회적인 접근방식이 공존하기도 했다. 시대적 한계에도 불구하고 19세기 말에서 20세기 초 여성의 사회활동 영역이 넓어졌고, 의료와 선교의 영역에서 여성의 참여에 대한 논의 또한 이러한 여성의 사회적 활동과 참여에 대한 변화의 흐름과 연결되어 있었다.

이와 함께 19세기 전반 해외선교의 경험은 미국의 개신교회들이 선교에 대해 새로운 접근 방식을 취하도록 종용했고, 이는 교회가 여성의 해외선교 참여를 수용하는데 기여했다. 특히, 당시 서구사회보다 남녀 구분에 더 철저했던 동양에서 남성은 세속세계의 여성들에 대한 접근이 어려웠다. '이교도(heathen)'의 개종에 어머니의 역할이 그 무엇보다도 중요하다는 인식이 깨어나면서, 그들의 개종을 유도할 수 있는 여성 선교사의 역할이 주목받게 되었다.[27] 다른 한편 현지 선교사 부인들이 가정과 선교일 사이에서 생기는 갈등과 어려움에 대해 호소하면서, 현장에 파견된 기혼 여성들의 한계를 극복할 수 있는 대안으로 선교에 집중할 수 있는 미혼 여성 파견이 논의되었고, 19세기 중반부터 선교부의 태도가 바뀌기 시작했다.[28] 더 나아가 선교부에서는 타지에서의 생활로 건강 및 문화면에 있어서 많은 어려움을 겪을 수밖에 없었던 해외선교지로 보낼 선교사를 확보하기 위한 노력을 지속했는데 이 분야에서 실질적으로 많은 인력을 필요로 했다. 해외선교지에서 현지 여성에 대한 접근성이라는 이유 이외에 임금 대비 여성 노동력의 유용함이 논의되기도 했다. 1868년 장로교회 잡지 『선교사(*The Missionary*)』에 여성은 "심지어 남성보다 말썽을 덜 일으키고 덜 비싸다. 나는 여성들이 선교부가 파견할 수 있는 가장 저렴한 선교사라고 믿는다"라는 여성 해외선교사 파견에 대한 불편한 긍정의 의견이 등장하기도 했다.[29]

"신성한 어머니의 사랑"이나 "진정한 여성의 본능적으로 종교적인 성향" 등 여성의 특수한 성정이 해외선교에서 요구되는 역할을 하는데 적합하다는 '여성적 덕성'과 모성에 기댄 논리가 당시 빅토리아 시대 이데올로기와 공적으로 충돌하지 않으면서도 여성의 활동영역을 확장하는데 기여하기도 했다. '여성을 위한 여성의 일'이라는 모토와 함께 세상의 모든 여성이 자매이며 서로를 도울 수 있다는 연대의식이 발전했다. 이들은 선교지에서 여성의 종교적 해방을 넘어서 사회적 해방이 중요하다고 믿었는데 그 과정에서 교육을 주요한 방법으로 인식했다.[30] 빅토리아 시대의 가치에 준거한 여성의 영역의 확장은 다수의 교육 받은 미국인 여성들을 선교로 이끌었고, 해외로 여성의 활동 영역이 확장되는데 기여했다.[31]

엘리자베스 캐디 스탠턴(Elizabeth Cady Stanton, 1815－1902)과 같은 당대 여성운동가들은 1890년대에도 교회와 정치 분야에서 여성불평등을 비판했지만,[32] 그럼에도 해외선교지에서 교육, 의료, 복음의 모든 부분에서 여성 선교사들은 비교적 국내에서는 불가능한 예외적인 기회를 부여 받았다. 공공의 영역에서 지도자로서 활동할 수 있었으며 그에 대한 공로를 인정받았고, 국내에서는 불가능한 권위가 그녀들에게 부여되었으며, 국내 선교에서는 허락되지 않았을 '유연성(flexibility)'이 해외

선교에서 허락되었다.[33]

교회 내 여성 조직도 성장했는데 1869년 미국에서 가장 큰 개신교회였던 감리교회의 경우, 여성의 지적·사회적 평등에 대해 보다 수용적인 태도를 견지했다. 사회적, 그리고 선교학적 변화 속에서 1870년대 이후 미국교회에서 다수의 여성 조직이 결성되었다. 회중교회의 경우 1868년 뉴잉글랜드 여성해외선교회의 조직을 논의했으나 교회의 반대로 국내 선교에 한정된 여성 조직이 만들어졌다. 1869년에는 회중교회 여성들이 『이교도 여성을 위한 생명과 빛(*Life and Light for Heathen Women*)』이라는 여성선교잡지를 발간했다. 1868년 시카고의 회중교회와 장로교회 여성들이 통합 선교회를 조직했지만, 1870년도에 분리되었다. 1870년도에는 침례교도 여성선교회를 조직했다. 이후 1869년 북감리교회의 여성 신도들이 WFMS를 결성했다.[34] WFMS는 1869년부터는 인도를 시작으로 여성 의사를 중국과 한국에도 파견했고, 인도, 중국, 한국에서 최초의 여성병원을 개원하기도 했다. 1893년 처음 6개 지부로 시작했던 WFMS는 미국 전역에 펼쳐져 있는 11개 지부를 가진 큰 조직으로 성장했다.[35] 이 해에 WFMS는 유럽, 동유럽, 동아시아, 동남아시아를 포함한 세계의 18개 지역에 여성선교사를 파견했다.[36] 1900년도까지 전국적으로 40개의 여성 조직이 존재했고, 300만 정도의 여성이 활동했다. 이들 조직은 독립적인 잡지를 출판하고, 병원과 학교 건설을 위한 재정모금을 했으며, 미혼여성 선교사 파견을 지원하는 등 남성 중심의 교회 조직의 제약에도 불구하고 여성선교를 성장시켰다. 20세기 초 전국적으로 41개의 여성 선교회가 1,200명이 넘는 선교사를 지원하고 있었고, 1910년까지 WFMS는 여성 선교조직 중 가장 큰 예산, 인력, 학교와 대학, 회원을 가진 조직으로 성장했다. 더 나아가 이 기관은 지역 자율성을 보장하는 탈중심적인 조직으로 발달해 나갔다.[37]

이러한 상황에서 19세기 말에서 20세기 초 해외선교 전반에 있어 미국인 여성이 기여하는 비중이 매우 높아졌고 여성은 미국의 해외선교 성장 그 자체에 기여했다. 19세기 말 이미 여성선교사(미혼과 선교사 부인)의 수는 전체 선교사의 60%에 달했다.[38] 1884년도에서 1910년도 사이 내한한 419명의 미국 개신교 선교사 중 59%가 여성, 41%가 남성이었으며, 미혼여성의 수가 기혼여성의 수 보다 많았다. 1936년까지 한국서 활동하는 여성선교사의 수는 63%로 증가했다.[39]

여성 의사의 성장과 해외선교

19세기 후반에서 의학교육 개혁이 본격화되기 이전인 1920년대까지 미국은 여성의 의학교육에 대해 다른 서구 국가에 비해 비교적 개방적이었다. 1870년대까지만 해도 미국에서도 기존 의대에서 여성의 의과대학 입학과 남녀 합반 수업에 대해 반대하거나, 여성이 의학이라는 학문에 부적합하다는 등의 비판이 존재하는 가운데 여성의 의대 입학은 어려웠다. 1870년 비로소 미시간대학이 8명의 여성이 의대에 입학하는 것을 허가했고, 1880년대 이후에는 14개 정규의과대학에서 여성의 입학이 가능했다. 한편, 의학교육 기관 설립 기준이 높지 않았던 미국의 경우 유럽에 비해 비교적 쉽게 여자의과대학이 건립되었다.[40] 1890년까지 10개 이상의 여자의과대학이 설립되었고, 1899년에 이르러서는 8개의 여자의과대학이 미국에 존재했다.[41] 더불어 남녀공학 중 독립된 의학교를 가지고 있고 독립된 자격증 제도도 추진했었던 동종요법(homeopathy) 의학교와 같은 비정규의학교육 기관의 경우 여성의 입학에 좀 더 관대했다.[42] 표 4의 의학교육 칼럼은 내한 여성 의사 선교사 중 의학교육 기관에 대한 정보가 추적 가능한 사례를 정리한 것이다. 이 표를 통해 졸업 학교의 성격에 대한 구체적 정보가 부족한 엠마 언즈버거의 경우를 제외하고, 7명 중 5명의 여성이 여자의과대학에서 의학을 공부한 것을 알 수 있다. 또한 애니 엘러스가 입학한 보스턴 의과대학은 동종요법 학교였다.[43]

여자의과대학교 학생 뿐 아니라 여성 의사들도 의학교육의 기회를 얻고, 전문가로서 인정받기 위해 빅토리아 시대의 전통적인 여성관에 도전하기도 하고 타협하기도 했다. 그러나 그 과정과 실천, 그리고 목표에 있어 차이가 있었을 지라도 의료계에서 의사로서 활동하기를 원했던 여성들은 여성에 대한 사회적 편견, 그들에게 지워진 차별적 사회적 조건에서 기인한 제약을 극복하고 싸워나가야 했다. 의료의 영역 안에서도 여성은 '여성에게 더 적합한 영역'이라고 생각되는 산과, 부인과, 소아과 이외의 분야에서 임상경험을 쌓기가 어려웠다. 더불어, 여성의과대학교에 대한 사회적 불신이 잔존하는 가운데 의사자격증을 취득한 이후에도 이들 대학 출신들은 '2류 의료진'으로 취급받는 불명예를 감당해야 했다.[44] 남성과 동등한 의학교육의 기회를 얻기 위한 교육기관과의 투쟁이 계속되는 한편, 여성 의사들은 여성에 대한 사회적 편견(여성의 열등성 또는 의학과 같은 학문에 대한 부적합성을 반박하는)을 과학적 논거를 통해 극복해 보고자 하는 노력을 했다.[45] 그러나 다른 한편 여성의 진입에 긍정적이지 않았던 의료계와 사회를 설득하기 위해 여성이 의학의 영역에서 여성으로서 담당할 수 있는 일의 가치에 중심을 둔 논리를 펼치기도 했다. 펜실베이니아 여자의과대학의 연례 보고서에 명시되어 있는 초기 설립 시 의과대학의 목적은 "단순히 여성들을 의료행위자로서 자격을 갖추도록 하는 것이 아니라 '여성이 그 자신에 대해 알 수 있도록' 여성 생물체를 이해할 수 있게 가르치고, 그 지식을 통해 아내와 어머니의 중요한 관계가 획득될 수 있게 함이다"라고 밝히고 있다.[46]

앞장에서 설명한 의료선교와 여성해외선교에 대한 접근 방식의 변화와 함께 여성 의료선교의 중요성에 대한 관심이 19세기 중반부터 나타났다. 작가이자 『고디의 여성잡지(*Godey's Lady's Book*)』의 편집자였던 세라 J. 해일(Sarah Josephe Hale)은 일찍이 여성선교에 있어 의료선교의 중요성을 인식하고, 1851년 '숙녀들의 의료선교회(Ladies' Medical Missionary Society)'를 조직했다. 1869년에 여성 의료선교사 파견에 대한 첫 요청이 있었는데, 펜실베이니아 여자의과대학을 졸업한 클라라 스웨인이 해외파견 선교사로 선정되었다. 그러나 이즈음 WFMS가 형성되어 스웨인은 결국 WFMS에서 처음으로 해외에 파견한 의료선교사가 되었다. 1885년 여성에게 입학이 개방된 시카고에 위치한 북감리교의 선교사 훈련학교는 커리큘럼에 의학과 간호 강좌를 포함시켰다. 인도에서 선교사로 활동했던 WFMS의 리더 애니 라이더 그레이시(Annie Ryder Gracey)는 1888년 "예수의 제자들이 병든자를 치료했던 것과 같이" 근대 선교운동에서 영혼의 돌봄만큼 육체의 돌봄도 중요하다고 주장하며 의료선교를 옹호했다.[47]

여성 의사들은 교육의 기회뿐만 아니라 개업이나 취업에 있어서도 사회적 편견과 도전에 직면했다. 여성개업의는 동료 남성 의사들 뿐 아니라 환자들에게도 전문인으로서의 대접을 받지 못했다. 의료 관련 직업에 종사하는 약사들은 여성 의사에게 약재를 파는 것을 거부하기도 했다. 여성 의사의 경우 여성 또는 아동과 관련된 병원 이외의 장소에서 수련의 과정을 밟는 것이 제한되기도 했다. 그럼에도 여성 개업의의 수는 계속 증가했고 1881년 미국의 여자의과대학 졸업생 400명을 대상으로 한 조사에서 390명이 개업을 했다고 대답했다. 평균 31.5세에 개업을 했고, 다수의 여성이 조사 당시 미혼의 상태였다.[48]

이 시기 여성의과대학 졸업생 중 다수의 여성 의사들이 해외선교에 참여했다. 개별 사례를 보았을 때 선교사의 꿈을 안고 의학교에 입학한 경우도 있지만,[49] 여성 의학교육의 선두에 서 있었던 펜실베이니아 여자의과대학의 경우 개업 이외에 졸업생들에게 의료선교활동 참여를 통해 사회에 봉사하는 직업인으로 살아갈 것을 독려했다. 의료선교사 파견으로 이름이 나있던 이 학교는 1907년까지 45명의 졸업생이 의료선교사로 봉사했고 로제타 셔우드도 그들 중 하나였다.[50] 호턴과 하워드가 졸업한 시카고여자의과대학의 경우에도 다수의 여성이 해외 의료선교사로 사역했다.

굴리엘마 올솝(Gulielma Alsop)의 연구에 따르면, 펜실베이니아 여자의과대학 출신 의사들이 높은 비율의 선교활동을 한 것은 우연이 아니었다. 학교는 정책적으로 의료선교 지원을 독려했는데, 1대 학장 앤 프레스턴(Ann Preston, 1866 – 1872)의 재임 시절인 1869년부터 이 학교에서는 해외의료선교사가 배출되었다. 당해 년 15명의 졸업생 중 하나였던 의사 클라라 스웨인이 1869년도에 처음으로 인도 바레일리(Bareilly)로 선교를 떠났다. 교내 동양 선교에 대한 열정은 꽤 높았고, 중국과 인도로 간 선교사들은 질병을 치료하는 것뿐만 아니라 예방의학을 통해 새로운 방식의 삶을 보여주고자 했다. 1874년 25회 연례발표 때 2대 에멀라인 호턴 클리블랜드(Emeline Horton Cleveland, 1872-1874) 학장은 학교는 선교사가 되기 위해 의학을 공부하는 학생에게 '특별한 격려'를 보낸다고 명시했고, 차기 3대 학장 레이첼 보들리(Rachel Bodley, 1874-1886)가 이러한 뜻을 이어갈 것을 서약했다.[51]

이러한 가운데 1880년대 후반 펜실베이니아 여자의과대학의 중심 이슈는 큰 변화를 겪었다. 1대와 2대 학장 시기 중심 이슈가 여성에게 의학교육의 기회를 제공하는 것이었다면, 국내외 남녀공학에서의 의학교육의 기회가 열리고 여성 의사의 수가 증가한 3대 학장 시대부터는 여성 의사들이 어떻게 연마한 기술을 이용하느냐가 학교의 중점 사안이 되었다. 보들리 학장은 여성의 부드러운 성정과 의료인으로서의 지식을 함께 펼칠 수 있는 분야가 여성선교라고 생각했고, 자신이 직접 졸업생들에게 선교사 자리를 권유하기도 했다. 은퇴 후 1888년 갑자기 심장마비로 세상을 떠날 때까지 학교에 대한 보들리 학장의 영향력은 지속되었다.[52]

이후 시기에는 펜실베이니아 여자의과대학에서 교육 받은 여성 의사들은 졸업생의 의료선교사 파견을 넘어 선교지의 여성을 미국학교에서 교육 받도록 하는 역할을 했다. 1889년부터 인도(Mrs. Anandibai Joshi) 및 일본(Okami Kei)에서 온 여성들이 펜실베이니아 여자의과대학에서 유학했고, 로제타 셔우드 홀(결혼 후 이름)이 후일 한국의 박에스더를 볼티모어 여자의과대학에서 수학할 수 있도록 지원한 것도 그녀만의 결정이 아니었고 해외여성 의료선교를 통한 여성 의학교육의 국제적 확장이라는 이 시기 여성선교와 의학교육의 흐름의 일환이었다는 것을 알 수 있다.[53]

여성 의사선교사 해외파견의 쇠퇴

그러면 여성 의료선교는 언제 왜 쇠퇴한 것인가? 표 1에서 남녀 의료선교사의 수 및 미국에서 파견된 의료선교사의 수가 1930년대에 들어 급격히 줄어들었음을 알 수 있다. 우선 한국에서 의료선교의 쇠퇴 요인은 일본의 식민통치의 영향이 컸다. 1885년에서 1945년까지 한국에서 기독교 의료 발전을 연구한 이만열에 의하면, 20세기 첫 10년까지 양적인 측면과 질적인 측면 모두에서 발전을 하던 기독교 의료는 1910년도에 들어가면서 식민통치의 제약, 관립병원 및 개인병원과의 경쟁으로 위기를 맞이했다. 이러한 가운데 1910년 초 한국의 기독교 교회에서는 의료사업 존속 여부에 대한 논의가 제기되었고, 그 결과 지속적인 투자를 결심하고 병원을 넘어 보건, 유아, 나환자 관리 등의 분야로 사업을 확장하고, 의료 전문화를 진행하게 된다.

그러나 1920년대에 들어 일제의 탄압과 조선총독부의 도립병원과의 경쟁으로 기독교 의료 발전이 둔화되고 1920년대 중반 이후 양적 성장이 멈추게 되었다. 이후에는 한국인에게 의료사업을 이전하는 현지화가 진행되었고, 1941년과 1942년 선교사 추방과 기독교 의료 기관 봉쇄로 19세기 말부터 이어져 온 한국에서 기독교 의료선교의 역사가 일단락되었다. 요컨대 1920년대 중반 이후로 한국에서의 기독교 의료 성장은 양적 측면에서 큰 한계에 부딪히게 되었던 것이다.[54] 그러나 이러한 한반도에서 변화와는 별도로 미국 내 동인들이 있다.

20세기 초반까지 성장하던 여성 해외의료선교는 1910–1920년도에 이르는 기간 동안 다양한 측면의 도전에 직면했다. 교회의 근본주의자

(fundamentalist) - 현대주의자(modernist) 논쟁은 여성 해외선교의 존재 기반을 흔들었다. 선교의 영역을 좀 더 전통적으로 해석하려고 하는 보수주의의 대두는 사회문제에 대한 교회의 적극적 참여를 옹호하는 자유주의적인 접근의 발전을 저지했다. 개종뿐만 아니라 의료와 교육 등을 통한 이교도 국가에서의 여성해방 등 사회적 문제 해결에 많은 중심을 두었던 여성 해외선교는 보수주의와 자유주의자 사이의 적대적 분위기 속에서 실용적인 중도라는 설 자리를 위협받았고 성장의 추동력을 상실해 갔다.[55]

더 나아가 이 시기에 진행된 교회 조직의 재편을 통해 해외선교에 있어 여성의 주도권과 자율성이 축소되는 변화가 일어났다. 제1차 세계대전 이후 미국사회는 기업 및 행정기관 운영에 있어 과학적 분석에 기반을 둔 효율성을 추구하게 되는데, 이러한 운영상의 효율성에 대한 문제의식은 교회 조직에도 영향을 미쳤다. 이 과정에서 여성선교 조직에 대한 다양한 비판이 제기되었다. 미혼여성이 선교지에서 말썽을 일으킨다는 주장부터, 여성 멤버의 재정운영이 효율적이지 못하다는 공격과 여성의 문제에만 집중해 과도한 비용을 지출하고 있는 여성선교는 선교에서 중심을 두어야 하는 다른 과업의 중심성을 저해한다는 의견도 나왔다. 더 나아가 여성선교회의 재정적 성공이 선교부 전체의 입장에서는 재정적 어려움을 더 가중시키고, 교회 조직 내에서 균형과 조화를 깬다는 비판이 일어났다. 여성해외선교에서 중요한 역할을 했던 북장로교회의 해외여성선교부는 교회 내에서 분리된 힘을 키운다는 비판에 직면했다. 여성들은 이 전국적인 조직에 대한 통제권을 잃게 되었고, 제2차 세계대전 경에 이르러 여성 주도의 선교운동은 와해되었다. WFMS의 경우 비교적

이러한 변화에 대응해 여성부를 신설하는 것을 통해 효과적으로 재정, 선교사 임명권, 여성과 아동선교에 대한 권리를 지켜냈지만 1964년 결국 독립성을 잃었다.[56]

의료계에서도 여성은 이 시기 이후 침체기를 경험했다. 우선 비교적 열악한 교육 시설과 재정 문제를 가지고 있었던 여자의과대학교는 남녀공학 학교와 입학생 모집 경쟁에서 밀려나 20세기 초까지 대거 폐교 되었다. 1910년까지 펜실베이니아 여자의과대학을 제외한 모든 여성의과대학이 문을 닫았다. 한편, 1910－1920년대 사이에 본격적으로 시작된 미국의 의학교육 개편과 의료전문화 과정에서 여성은 부정적인 타격을 받았고, 이러한 손실은 20세기 중반까지 회복되지 못했다. 미국에서는 1870년도부터 의대교육의 질을 향상시키기 위한 노력이 있었다. 의과대학 수준 향상을 위한 의과대학 자체모임인 미국의과대학협회(AAMC; Association of American Medical Colleges)가 1876년 처음 결성되었고, 1889년 재결성되었다. 1904년에는 미국의사협회(AMA; American Medical Association)가 의학교육위원회를 조직해 미국 내 의과대학에 대한 등급을 산정했고, 1910년도에는 미국과 캐나다의 의대교육과정의 실태에 대한 에이브러햄 플렉스너(Abraham Flexner, 1866－1959)의 보고서가 출판되었다. 이에 1914년까지 미국의 31개의 주에서 AMA로부터 C등급 이하를 받은 학교에서 교육을 받은 학생들에게 의사면허를 주는 것을 거부하게 되었다. 그 결과 기준에 맞지 않는 다수의 의대가 폐교 또는 합병되게 되었고 1900년대 150개가 넘던 의과대학은 1923년 불과 80개로 축소되었다. 여성의 입학에 호의적이던 절충주의 및 동종요법 계열의 남녀공학 의과대학도 다수 사라졌다.[57]

이러한 과정 속에서 의학교육을 받고자 했던 여성들은 이중의 어려움에 처했다. 교육개혁과 전문화 과정이 같이 진행되면서 의과대학 입학과 졸업에 대한 조건으로 학부교육 1–2년, 인턴쉽 등의 의무조항이 생겼고 의대 과정 또한 2년에서 4년으로 연장되었다.[58] 여성의 경우 남성에 비해 학부 학위를 가지고 있는 경우가 적었고, 비용의 문제로 의학교육을 받는 여성의 수가 하락했다. 다수의 의대가 졸업 전 결혼을 금지해 20대 후반까지 결혼과 출산을 미루길 원하지 않는 여성은 의학공부를 포기하기도 했다. 제1차 세계대전 기간 동안 학생 수 감소로 여성학생 입학을 허가했던 학교들도 1930년에 들어서는 다시 그 수를 축소했고 하버드대학은 1945년까지 여성 입학을 거부했다. 그나마 여성 입학을 허가한 학교들인 존스홉킨스대학과 노스웨스턴대학도 재정적 이유로 공학으로 전환하면서도 여성의 입학을 지속적으로 제한했다.[59] 인턴쉽과 레지던트 과정에서 여성에 대한 차별은 이후 1960년대까지 지속되었다. 그 결과 1930년대부터 여성 의사의 비율은 전체 의사의 4.4%의 수준에 머무르며, 1950년 6.1%로 성장할 때까지 의료분야에서 여성은 긴 침체기를 겪었다.[60]

한편, 이 시기 미국에서는 여성 문제에 대한 사회적 논의와 여성의 사회 문제 분야에 있어서 참여 및 활동도 쇠퇴기에 들어갔다. 아이러니하게도 1920년대 8월 수정 조항 19조 비준을 통해 여성 참정권이 보장된 이후 미국의 여성운동 또한 발전의 추동력을 잃었다. 이러한 변화와 함께 1920년도 초 이후 국가행정기관 재편 과정에서 아동과 여성건강과 복지 부분에 있어 중요한 역할을 했던 여성 인력들이 다수 배제되기 시작했다. 여성과 아동 문제에 대한 사회적 관심의 증가와 여성 참여는

1912년 미국 아동국 설치 및 1921년 모자보건지원금을 연방이 제공하는 셰퍼드-타우너법(Sheppard-Towner Act) 통과 등의 성과를 거두었다. 그러나 주정부와 연방정부 간의 정치적 갈등으로 인해 1929년 연방정부는 결국 이 법의 효력을 종료했다. 1920년 여성 참정권 보장을 여성운동의 종결점으로 보는 시각과 또 다른 시작점으로 보는 관점이 충돌하는 가운데, 1930년 미국은 긴 경제공황의 시기에 접어들었고 여성운동이 새롭게 결집된 사회적 추동력을 만들어내기 위해서 향후 몇십 년의 세월이 더 지나야 했다.[61]

마치며

19세기 미국사회에서 전통적 여성관에 따라 제한되어 왔던 여성의 사회적, 정치적 지위에 대한 논의와 변화를 위한 노력은 교육, 의학, 종교 등 당대 여성의 삶에 다각적인 영향을 미쳤다. 이러한 변화에 대한 개인 및 그룹의 대응에는 다양한 스펙트럼이 존재할 수 있으나 19세기 말에서 20세기 초 여성이고, 의사이며, 선교사였던 한 사람의 삶을 생각해 볼 때 여성 의사선교사의 자아와 사회적 정체성에 대한 인식은 이러한 당대에 공존했던 복잡한 변화의 흐름과 맥락의 연결망 속에서 총체적으로 이해되어야 할 것이다.

이 글은 그 시기 미국인 여성 의사의 해외선교에 영향을 미쳤던 미국 내 상황을 살펴보는 분석을 시도했으나 연구의 시작점에서 제한된 분석을 제시할 수밖에 없음에 아쉬움이 남는다. 앞으로 본인과 관련 연구자들에 의해 더 많은 깊이 있는 연구가 생산되길 기대하며 몇 가지 제언과 함께 이 글을 마무리하려 한다.

1920년대 이후 선교, 의료, 사회운동에서 여성 참여의 동시적 쇠퇴가 현상을 넘어 어떤 실제적 연관 관계를 가지고 있었는지를 더 상세하게 분석하기 위해 미국에서 여성운동과 의료 및 미국 내 선교발달의 연관 관계에 대해 개별 사례를 이용한 미시적 관점에서의 심화연구가 보강되어야 할 것으로 생각된다. 이를 바탕으로 해외선교와 국내선교의 흐름을 비교하는 분석 및 국제적 인적 이동과 문화적 교류, 상호 영향에 대한 더 명확한 분석이 가능할 것이다. 이와 함께 의료선교사의 역사적 정의, 의료의 영역에서 의사와는 다른 전문화 과정을 거쳤으나 선교지에서 의료 활동에 있어 중요한 역할을 했던 간호사 선교사들에 대한 연구가 함께 이루어질 때 19세기 말에서 20세기 초 미국 해외 여성의료선교에 대한 보다 명확한 이해가 가능할 것으로 생각된다. 마지막으로 남성에 비해 그 보존 사례가 적은 여성 의료선교사에 대한 사료의 발굴과 체계적인 정리가 본 연구 분야의 장기적 발전을 위해 필요하리라 생각된다.

미주

1 1884년에서 1984년 100년의 기간 동안 미국에서 파견된 선교사의 총 수는 1,059명으로 전체 1,529명에서 69.3%를 차지한다. 다른 국가는 영국, 캐나다, 호주, 기타 순이다. 김승태·박혜진 편, 『내한 선교사 총람 1884-1984』 한국기독교역사연구소, 1994, 2쪽.

2 보구녀관에서 활동했던 여성 의료선교사에 대해서는 이방원, 「보구여관(保救女館)의 설립과 활동」, 『의사학』 17(1), 2008; 릴리어스 호턴 언더우드의 의료선교 활동에 대해서는 윤정란, 「19세기 말 조선의 안방을 찾은 미국 여성의 욕망-여선교사 릴리어스 호턴 언더우드(Lillias Horton Underwood)를 중심으로」, 『사림』 34 2009, 112-114쪽 및 118-124쪽; 정미현, 『릴리어스 호턴 언더우드』, 연세대학교 대학출판문화원, 2015, 74-97쪽.

3 Ellen S. More, Elizabeth Fee, and Manon Parry eds., *Women Physicians and the Cultures of Medicine*, Baltimore: Johns Hopkins University Press, 2009, p.4.

4 Jane Hunter, *The Gospel of Gentility: American Women in Turn of the Century China*, New Haven: Yale University Press, 1984, p.28; Mark A. Noll, *A History of Christianity in the United States and Canada*, 2nd ed., Grand Rapids, Michigan: William B. Eerdmans Publishing Company, 2019, pp.289-292; 캐서린 안, 김성웅 역, 『조선의 어둠을 밝힌 여성들』, 포이에마, 2012, 53-55쪽.

5 토마스 네빌 보너에 의하면 초창기 여성 의사의 다수가 중산층 여성이었다고 한다. 토마스 네빌 보너, 유은실 역, 『여의사의 역사』, 한울, 1992, 31쪽.

6 정미현, 『릴리어스 호턴 언더우드』, 7-8쪽; 손영규, 『코리아, 그대는 아직도 내 사랑』, 예영커뮤니케이션, 2019, 64, 79, 173쪽; 최금희, 「전라도 지방 최초의 여성 의료선교사 마티 잉골드 연구-기여와 한계: 문화적 배경과 장로회 선교부의 해외선교 정책을 중심으로」, 『선교신학』 17, 2008, 71쪽.

7 캐서린 안, 『조선의 어둠을 밝힌 여성들』, 54-55쪽; 류대영, 『초기 미국 선교사

연구, 1884-1910』 한국기독교역사연구소, 2000, 36-59쪽.

8 『내한 선교사 총람 1884-1984』 152쪽에는 1860년으로 Sources of Nursing History of Korea vol.1: 1886-1911(p.25)에는 1862년으로 기록되어 있다.

9 『내한 선교사 총람 1884-1984』(152쪽)에는 졸업이라고 되어 있으나 *Sources of Nursing History of Korea vol.1: 1886-1911*(p.25)에는 1884년에 입학한 의과대학 학생으로 기록되어 있다. 이만열의 『한국기독교의료사』(48쪽)은 후자의 기록을 뒷받침 한다.

10 『내한 선교사 총람 1884-1984』(279쪽)과 *Sources of Nursing History of Korea vol.1: 1886-1911*(p.53)에 노스웨스턴대학교 의과대학(Northwestern University Medical College)으로 기록되어 있다. 그러나 노스웨스턴대학의 명칭은 1891년부터 사용되었다. 1859년 시카고여자의과대학(Woman's Medical College of Chicago)이 설립되었고, 이 대학이 1891년 노스웨스턴대학으로 병합되면서 이름이 변경된 것이다. 이 대학의 졸업생인 릴리어스 호턴과 메타하워드는 합병 이전에 졸업했음으로 시카고여자의과대학의 졸업생으로 분류하는 것이 옳다고 본다. 플렉스너, 『플렉스너 보고서』, p.343.

11 『내한 선교사 총람 1884-1984』(192쪽)은 1889년 졸업으로 기록하고 있으나, Alumni Association of the University of Michigan, *Michigan Alumnus*, vol. VII(p.213) 과 Alumni Association of the University of Michigan, *The Michigan Alumnus*, vol. LIV(p.523), *Sources of Nursing History of Korea vol.1: 1886-1911*(p.89)에는 1888년 졸업생으로 기록되어 있다.

12 1892년은 『내한 선교사 총람 1884-1984』(192쪽), 괄호 안은 *Sources of Nursing History of Korea vol.1: 1886-1911*(p.89)의 기록이다. *Annual Report of the Woman's Foreign Missionary Society of the Methodist Episcopal Church 1900-1901*에는 1892년에 선교사로 임명되었다고 기록되어 있다(p.227).

13 "Lillian Harris," Drexel University College of Medicine Archives& Special Collections, Women Physicians, 1850s-1970s에 1863년으로 기록하고 있다. 괄호 안은 내한 선교사 총람 1884-1984』(255쪽)과 *Sources of Nursing History of Korea vol.1: 1886-1911*(p.143)의 기록이다.

14 『내한 선교사 총람 1884-1984』(255쪽)에는 1891년 신시내티의과대학에 입학하고 1897년 필라델피아여자대학을 졸업한 것으로 기록되어 있다. *Sources of Nursing History of Korea vol.1: 1886-1911*는 그녀의 의학교육에 대해

Woman's Medical College in Cincinnati, Ohio에서 수학하고, 1897년 Woman's Medical College in Philadelphia, PA를 졸업한 것으로 기록하고 있다.(p.143) 그러나 드렉셀대학(Woman's Medical College of Pennsylvania'가 1970년 Medical College of Pennsylvania에 합병되고, 이후 1993년 드렉셀대학이 Medical College of Pennsylvania와 동종요법 의학교인 Hahnemann University를 인수 합병함)의 기록에 의하면 릴리언 해리스는 1897년 Women's Medical College of Pennsylvania를 졸업한 것으로 기록되어 있어, Woman's Medical College in Philadelphia, PA는 오기일 가능성이 있다. 릴리언 해리스와 Woman's Medical College in Cincinnati, Ohio와의 관계는 아직 정확하게 찾지 못했다. 그러나 19세기 후반(1850-1900) 여성이 수강할 수 있는 의학강의를 제공하는 의과대학 목록에 기록이 남겨져 있고, 1892- 1895년 강의가 있었던 것으로 기록되어 있어 1890년대 오하이오 신시내티에 존재했던 학교가 맞는 것으로 보인다. 하지만 이 대학의 경우 1910년에 출판된 플렉스너 보고서에는 기록이 없어, 누락된 것인지 보고서 이전에 폐교한 것인지 알 수 없었다. Ida J. Draeger, "Women as Physicians in the United States 1850-1900: A List of the Publications Issued during the Period Which Are Found in the Library of the Woman's Medical College of Pennsylvania," *Bulletin of the History of Medicine* 16, 1994, p.80.

15 『내한 선교사 총람 1884-1984』에는 '?-1934'(212쪽)로 *Sources of Nursing History of Korea vol.1: 1886-1911*에는 '1862-1934'로 기록되어 있다. 'Find A Grave Memorial'에는 오하이오 퓨트남 카운티, 콘티넨탈(Continental, Putnam County, Ohio)에서 사망한 Dr. Emma Ernsberger의 생몰연대를 '1862-1935'로 기록하고 있다. "Dr Emma Ernsberger(1862-1935) - Find A Grave Memorial"https://www.findagrave.com/memorial/187668999/emma-ernsberger(검색일: 2020. 6. 10)

16 Baltimore Woman's Medical College에 다녔다는 내용 및 Laura Memorial Medical College, Cincinnati 졸업 관련 내용은 *Sources of Nursing History of Korea vol.1: 1886-1911*의 149페이지 참고. *The Cincinnati Post*에 보도 내용을 기사화한 앨라배마 그린스빌의 *The Greenville Advocate*에 의하면 언즈버거는 오하이오에 있는 The Presbyterian Hospital and Methodist College for Women에 다니고, M.D. 자격을 받았다고 하는데, 관련 자료의 부족으로 Laura

Memorial Medical College와 The Presbyterian Hospital and Methodist College for Women의 연관 관계 또는 동일 여부는 확인하지 못했다. *The Greenville Advocate*, 24 February, 1904, p.4.

17 『내한 선교사 총람 1884-1984』에 '노드캐롤라이나에서 의학 전공'(286쪽)이라고 기록하고 있으나, 2008년도 최금희의 연구에 의하면, 마티 잉골드는 볼티모어 여자의과대학을 졸업했다고 한다. 최금희의 연구는 University of Maryland의 Health Sciences Library에서 제공한 14th Annual Announcement and Catalogue of the Women's Medical College of Baltimore를 참고하고 있어, 『내한 선교사 총람 1884-1984』보다 정확할 것으로 보인다. 최금희, 「전라도 지방 최초의 여성 의료선교사 마티 잉골드 연구-기여와 한계: 문화적 배경과 장로회 선교부의 해외선교 정책을 중심으로」, 73쪽.

18 Hyaeweol Choi, *Gender and Mission Encounters in Korea: New Women, Old Ways*, Berkeley: University of California Press, 2009. p.55; 박정희, 『로제타 셔우드홀』, 키이츠, 2018, 188쪽; 손영규, 『코리아, 그대는 아직도 내 사랑』, 79-80쪽; 정미현, 『릴리어스 호턴 언더우드』, 13-15쪽.

19 최금희, 「전라도 지방 최초의 여성 의료선교사 마티 잉골드 연구-기여와 한계」, 71-72쪽.

20 Sung-Deuk Oak, *Sources of Nursing History of Korea vol.1: 1886-1911*, Seoul: Korean Nurses Association, 2001, p.149; Choi, *Gender and Mission Encounters in Korea*, p.54.

21 "Sketches of Deceased Methodist Episcopal Missionaries," *Gospel in All Land* 26, 1901, p.226. Gunshik Shim, "Methodist Medical Mission in Korea," *Methodist History* 46(1), 2007, p.39.

22 Noll, *A History of Christianity*, pp.301-302.

23 Noll, *A History of Christianity*, pp.289-292.

24 Choi, *Gender and Mission Encounters in Korea*, p.54.

25 영국인은 288명, 캐나다인이 27명, 호주인이 7명, 유럽 대륙 출신이 20명 정도였다. David Hardiman, *Healing Bodies, Saving Souls: Medical Missions in Asia and Africa*, Amsterdam & New York: Rodopi, 2006, pp.14-16. 데이비드 하디만은 미국의 유명 신경외과의였던 윌리엄 윌리엄스 킨(Dr. William Williams Keen, 1837-1932)의 자료를, 닥터 킨은 제임스 S. 데니스(James

S. Dennis)의 자료를 이용한 것으로 보인다. 사료와 통계년도에 대한 논의는 Hyon Ju Lee, "The Gospel through Healthy Bodies: Vaccinations and American Foreign Missionaries to Korea in the Late Nineteenth Century to the Mid-Twentieth Century," *Journal of American Studies* 51(3), 2019의 각주(27)번(p.235) 참고. 의료선교대학 설립에 관한 논의는 pp.235-236.

26 Lee, "The Gospel through Healthy Bodies," pp.236-238.

27 Choi, *Gender and Mission Encounters in Korea*, p.52; 강선미, 「근대 초기 조선파견 여선교사의 페미니즘: 조선 '신여성'의 특수성 구명을 위한 기초 연구」, 『신학사상』 125, 2004, 67-68쪽.

28 Dana L. Robert, *American Women in Mission: A Social History of Their Thought and Practice*, Macon: Georgia, Mercer University Press, 1998, pp.132-135; 강선미, 「근대 초기 조선파견 여선교사의 페미니즘」, 68쪽.

29 *The Missionary*, 1868년 11월, p.117. Martha Huntley, "Presbyterian Women's Work and Rights in the Korean Mission," *American Presbyterians* 65, 1987, p.37에서 재인용. 장로교의 경우 1902년을 기준으로 기혼남성 선교사의 연봉은 1,250달러, 미혼남성은 833.33 달러, 미혼여성은 625달러를 받았다. 남성의 경우 공적 영역에 사용되는 비용이 많다는 이유로 임금 불평등을 옹호 했다.

30 Hill, *The World Their Household*, p.5.

31 Robert, *American Women in Mission*, pp.130-135; Choi, *Gender and Mission Encounters in Korea*, p.63.

32 Choi, *Gender and Mission Encounters in Korea*, p.25.

33 Noll, *A History of Christianity in the United States and Canada*, pp.292-294; Choi, *Gender and Mission Encounters in Korea*, p.56; Hill, *The World Their Household*, pp.45-55; 강선미, 「근대 초기 조선파견 여선교사의 페미니즘」, 70-71쪽.

34 Robert, *American Women in Mission*, pp.128-130.

35 출범 당시에는 뉴잉글랜드, 뉴욕, 필라델피아, 북서부, 신시내티, 서부 지부가 있었고, 1893년까지 북서부와 서부 지부가 없어지고, 볼티모어, 북동부, 디모인(Iowa), 미니애폴리스, 토피카(Topeka, Kansas), 태평양연안, 컬럼비아 강, 워싱턴 & 오리건 지부가 생겨났다. Frances J. Baker, *The Story of the Woman's*

Foreign Missionary Society of the Methodist Episcopal Church, 1869-1895, Cincinnati: Curts & Jennings/ New York: Eaton & Mains, 1898, pp.15-34; *Twenty-Fourth Annual Report of the Woman's Foreign Missionary Society of the Methodist Episcopal Church, for the Year 1892-93*, Boston: Massachusetts, Heathen Woman's Friend, 1893, p.141.

36 인도(India-North, Northwest, South, Bombay, Bengal), 중국(China-North, Central, West, Foochow), 말레이시아, 일본, 한국, 불가리아, 이탈리아, 멕시코, 남미), 스위스, 독일. *Twenty-Fourth Annual Report of the Woman's Foreign Missionary Society of the Methodist Episcopal Church*, p.141.

37 Robert, *American Women in Mission*, pp.128-130.

38 Noll, *A History of Christianity in the United States and Canada*, p.292.

39 Choi, *Gender and Mission Encounters in Korea*, p.58.

40 보너, 『여의사의 역사』, 213-216쪽.

41 보너, 『여의사의 역사』, 222쪽.

42 보너, 『여의사의 역사』, 217-227쪽.

43 Abraham Flexner, 김선 역, 『플렉스너 보고서: 미국과 캐나다의 의학교육(*Medical Education in the United States and Canada*)』, 한길사, 2005, 387쪽.

44 보너, 『여의사의 역사』, 42-44쪽.

45 Carla Bittel, "Mary Putnam Jacobi and the Nineteenth-Century Politics of Women's Health Research," More, Fee, Parry, eds. *Women Physicians and the Cultures*, pp.23-51; Arleen Marcia Tuchman, "Maternity and the Female Body in the Writing of Marie Zakrzewska, 1829-1902," More, Fee, Parry, eds. *Women Physicians and the Cultures*, pp.52-68.

46 "First Annual Announcement of the Female Medical College of Pennsylvania for the Session 1850-51 Situated in Philadelphia," Gulielma Fell Alsop, *History of The Woman's Medical College Philadelphia, Pennsylvania 1850~1950*, Philadelphia: J. B. Lippincott Company, 1950, p.19에서 재인용.

47 Robert, *American Women in Mission*, pp.154-155, 160-164.

48 보너, 『여의사의 역사』, 21, 27-28, 226쪽.

49 릴리어스 호턴과 마티 잉골드의 케이스가 여기에 해당한다.

50 보너, 『여의사의 역사』, 224쪽.

51 Alsop, *History of The Woman's Medical College Philadelphia*, pp.135-139.

52 Alsop, *History of The Woman's Medical College Philadelphia*, pp.135-139.

53 Alsop, *History of The Woman's Medical College Philadelphia*, pp.135-139, 141, 143.

54 그는 1885년에서 1945년까지 한국에서 기독교의료 발전을 다음과 같은 6단계로 분류한다: 한국 기독교 의료의 개척기(1885-1889), 기반 조성기(1890-1903), 의료사업 기반 완성기(1904-1909), 억압 속 발전기(1910-1923), 억압 속 성숙기(1924-1940), 기독교 의료기관 봉쇄와 그 속에서의 성숙기(1940-1945). 이만열, 『한국기독교의료사』, 아카넷, 2003, 873-893쪽.

55 Robert, *American Women in Mission*, p.307.

56 Robert, *American Women in Mission*, pp.304-307.

57 Melissa A. Thomasson, Caroly M. Moehling, and Gregory T. Niemesh, "Shut Down and Shut Out: Women Physicians in the Era of Medical Education Reform," Ostrom Workshop, Political Institutions and Economic Policy Conference, Indiana University at Bloomington, April 2019, pp.5-7.

58 괄호 안은 폐교년도. Woman's Medical College of Baltimore(1910), Womans Medical School of Northwestern University(1902), Woman's Medical College of Pennsylvania(각주 58번 참고), New York Medical College for Women(1918), Woman's Medical College of St. Louis(1896), Woman's Medical College of Cincinnati(1903), Woman's Medical College of Presbyterian Church(Cincinnati, Ohio)(1903), Woman's Medical College of the New York Infirmary for Women and Children(1899). Thomasson, Moehling, and Niemesh, "Shut Down and Shut Out: Women Physicians in the Era of Medical Education Reform," p.32.

59 Thomasson, Moehling, and Niemesh, "Shut Down and Shut Out: Women Physicians in the Era of Medical Education Reform," pp.18-19.

60 More, Fee, Parry eds. *Women Physicians and the Cultures of Medicine*, p.5.

61 이현주, 「1910년에서 1930년까지 미국과 한국에서의 "베이비 쇼(Baby Show)"에 관한 소고」, 『미국사연구』 46, 2017, pp.227-229.

제10장

20세기 미국 여성 의학교육의 성과와 한계

공혜정

시작하며

1849년 미국에서 엘리자베스 블랙웰(Elizabeth Blackwell, 1821-1910)이 의과대학을 졸업한 첫 여성이 된 이래, 1970년까지 여성들은 전체 의사들의 5%에 불과한 주변부에 머물러 있었다. 20세기 미국 의학사에서 여성 의사들은 1970년 이후에서야 비로소 사회적, 정치적, 법적 변화의 영향에 힘입어 전문직 권위의 중심에 가까워졌다. 아프리카계 미국 여성 의사들의 경우는 상황이 더욱 열악하였다. 1920년 전체 아프리카계 의사 중 약 1.6% 정도만이 여성이었다. 그러나 1970년대 이후 여성 의사의 숫자는 계속 증가하여 1980년에 전체 의사 중 여성이 11.6%, 1990년에 16.9%, 1995년에 20.7%를 차지했다. 1980년에서 1990년 사이 전체 의사 수의 증가율은 32%였지만, 여성 의사의 경우 92% 증가하였다.[1]

20세기 미국 여성 의사의 수가 1970년까지 저조한 증가율을 보이다가 1970년대 급격하게 증가하게 된 원인은 무엇일까? 이 문제는 바로

"여성 의사들이 수적이나 권력적으로 왜 그렇게 오랜 시간 동안 주변부에 머물러 있었을까?"라는 질문과도 연결된다. 많은 학자가 미국 역사 속에서 여성 의사의 탄생 및 성장에 관해 연구하였다. 페미니스트 학자인 몬세라트 카브레(Montserrat Cabré)는 중요한 정치적이고 상징적인 행위인 역사 서술에서 여성과학자와 의사의 경험을 제대로 인정하지 못했다는 점을 지적하고 있다. 그러면서 카브레는 여성 의사에 대한 선구적인 연구로 케이트 허드-미드(Kate Campbell Hurd-Mead)의 『미국 여성 의료진(Medical Women of America)』(1933)과 『의료계 여성들의 역사(A History of Women in Medicine)』(1938)를 꼽는다. 카브레에 의하면, 허드-미드는 인류의 기원부터 19세기까지 여성이 수행한 의료 활동을 평가하면서 의학의 역사에서 남성을 역사적 주체로 두는 서술 방식을 비판하였다. 허드-미드 연구 이후의 여성 의사에 관한 연구 중 대표적인 연구로는 레지나 모란츠-산체즈(Regina Morantz-Sanchez)와 엘렌 S. 모어(Ellen S. More)의 연구가 있다. 이 두 학자의 연구는 여성 의학사의 두 가지 중요한 쟁점, 즉 남성 의료진과의 '분리 대(對) 융화,' 그리고 '일-가정 사이의 균형'을 지적하였다는 점에서 연구사적으로 큰 의미를 지닌다. 모란츠-산체즈는 미국 여성 의학역사에서 존재했던 여성 의사전문직업성의 두 가지 유형, 즉 '분리주의적 완벽주의(separatist perfectionism)'와 '집단적 동화(collegial assimilation)' 사이의 긴장 관계를 고찰하였다. 모어는 미국 여의사의 역사를 다음과 같은 세 가지의 '균형 회복하기(restoring the balance)'라고 규정지었다.

첫째, 미국 여성 의사들이 의학 분야에서 직업적 평등을 위해 싸워온 과정, 둘째, 개인적, 공동체적, 직업적 이익의 현명한 균형을 추구함으로써 일차원적인 전문성 개념에 대한 확고한 저항, 셋째, 많은 여성 의사가 환자 삶의 심리적, 사회적, 생리적 차원 간의 상호작용에 관심을 기울인 점 등이 그것들이다.[2] 본 연구는 여성 의사의 탄생과 성장에 관한 기존의 연구 성과를 비판적으로 고찰 및 수용하면서, 20세기 미국 여성 의사의 수가 1970년대까지 저조한 증가율을 보이다가 1970년대 급격하게 증가하게 된 원인을 미국 의학교육 체제의 변화와 1970년대 일어난 정치 및 사회 문화적 변혁 속에서 찾아보려고 한다.

1910년 미국의 의학교육은 일명 '플렉스너 혁명'이라고 불리는 계기로 큰 변화를 겪었다. 현재와 같은 기초의학과 임상의학의 두 개의 기둥을 중심으로 하는 의학교육의 기틀을 마련한 것은 에이브러햄 플렉스너(Abraham Flexner, 1866–1959)가 존스홉킨스의과대학 모델을 의학교육의 표본으로 『플렉스너 보고서(Flexner Report)』를 제시하기 시작하면서부터였다. 『플렉스너 보고서』는 19세기 이후 양적으로 증가해 오던 의학교육의 방식과 교과과정을 질적으로 향상하는데 크게 이바지하였다. 즉 『플렉스너 보고서』가 발간된 1910년은 미국 의학교육역사에서 매우 중요한 분기점이라 할 수 있다. 이에 본 연구는 의학교육의 새로운 판도를 제시했던 『플렉스너 보고서』가 출간된 1910년부터 2000년대까지를 다루고자 한다.

이 연구에서 고찰할 20세기 미국 여성 의사들의 역사는 수적으로, 또한 능력 면에서 '비가시적으로 잘 드러나지 않았던' 여성 의사들이 제2차 세계대전(1939–1945)과 1960–1970년대의 사회변혁을 겪으면서 '눈에 띄게 가시화'되는 이야기라고 할 수 있다. 그러나 한가지 기억해야 할 점은 이러한 여성들이 소수이고 사회적으로 눈에 띄는 역할을 담당하지 못했던 기간에도 여성들은 '조용하지만, 지속적인 발전'을 이루고 있었다는 점이다. 1960－1970년대 사회운동의 결과는 여성들이 그간의 성장을 두드러지게 만드는 계기가 되었다고 할 수 있다.

성장을 향한 발돋움: 제2차 세계대전 이전 미국 여성 의학교육과 여성 의사

19세기 중엽 미국 최초의 여성 의사 블랙웰의 배출은 여성이 정규의과대학[3]을 졸업하여 의사가 된 중요한 선례를 만들었다. 그러나, 19세기 미국 의료계는 아직 여성 의사를 받아들일 준비가 되어 있지 않았다. 1800년대 후반에 이르면 일부 정규의학을 교육하는 의과대학에서 여성의 입학을 허가하였다. 뉴욕, 필라델피아, 시카고 등의 지역에서는 19세기 말까지도 여성과 남성이 따로 의학교육을 받았다.[4] 남북전쟁(1861－1865) 이후에 설립된 주립대학의 경우 남녀공학을 조건으로 대학설립 허가를 받을 수 있었기 때문에, 일부 의과대학에서 남녀공학을 지향했다. 사립대학들은 재정 지원을 받기 위해서 여성에게 입학을 허가 하는 학교들이 생겨나는데, 대표적인 대학이 1893년 메릴랜드주 볼티모어에 개교한 존스홉킨스의과대학(Johns Hopkins University School of Medicine)이었다. 이와 같은 큰 사립대학에서 남녀공학을 시도한 것은 매우 중요한 의미가 있었다. 존스홉킨스의과대학에 이어 코넬의과대학교(Weil Cornell Medicine)에서 1899년에 여학생을 입학시켰고, 버펄로와 시러큐스, 보스턴, 시카고, 세인트루이스를 비롯하여 콜로라도와 캘리포니아, 오리

표 1 **미국 여성 의사의 수와 비율**, 1850-1920

연도	여성 의사의 수	전체 의사 수	여성 의사의 비율
1850	-	40,755	-
1860	200(추정)	64,414	0.4
1870	544	85,671	0.8
1880	2,432	104,805	2.8
1890	4,557	132,002	4.4
1900	7,387	151,132	5.6
1910	9,015	144,977	6.0
1920	7,219	153,803	5.0

출처: Mary Roth Walsh, *Doctors Wanted No Women Need Apply: Sexual Barriers in the Medical Profession, 1835–1975*, New Haven: Yale University Press, 1977, p.186의 Table 5. Boston and the U.S. Historical Patterns of Women Physicians에서 발췌.

건, 미시간, 캔자스, 네브래스카, 켄터키주 등지에서도 여학생들의 입학이 늘어났다.[5] 그러나 여전히 1893년까지 105개의 정규의학을 교육하는 의과대학 중 단 37개 학교만이 여학생의 입학을 허가하고 있었다.[6]

다행스럽게도 미국에서는 교육기관 설립 기준과 규정이 유럽에 비해 비교적 덜 엄격했기 때문에, 여성 의사를 배출하기 위한 다수의 여자의과대학(정규의학 및 비정규의학)이 미국의 동부와 중서부 지역에 설립되었다. 정규의학교육기관은 여전히 여성의 입학을 제한하였지만, 많은 여성들이 '비정규의학,' 그중에서도 동종요법을 교육하는 학교에서 교육받을 수 있었다.[7] 아울러 미국에서 정규 및 비정규 의과대학에 입학하는 여학생의 수는 점차 증가하였다.[8] 19세기 말에 이르면, 미국은 유럽의 그 어떤 나라보다 여자의과대학생과 여성 의사가 많은 국가가 되었다.

1900년 프랑스에는 95명, 영국에는 258명의 여성 의사가 활동하고 있었고, 1899년 여학생의 입학을 허가하기 시작한 독일의 대학교에는 406명의 여학생이 재학했다. 미국의 경우 이 시기 대략 1,200명을 넘는 여학생이 의과대학에서 의학을 공부하고 있었고, 7,000명 이상의 여성 의사가 활동하고 있었다[표 1].[9]

1910년 『플렉스너 보고서』는 가히 '혁명'이라고 불릴만한 계기를 마련하였다. 155개 미국과 캐나다의 의과대학을 대상으로 조사한 후 작성된 『플렉스너 보고서』가 발간된 후 교육병원의 설립과 인턴 및 레지던트 제도를 확립하는 등 의학교육의 질적 향상을 위한 노력—즉, 동일한 입학 규정과 교과과정 및 졸업 필수조건 확립, 주에 의해 규제되는 면허제도 개혁 등—을 하게 되었다.[10] 반면, 이 과정에서 도태된 일부 의과대학들은 문을 닫게 되었다. 1902년에서 1915년 사이에 92개 의과대학이 다른 기관으로 흡수되거나 문을 닫았다. 1920년 통계에 의하면 플렉스너가 방문했던 155개 의과대학 중 85개가 남았다.[11] 1906년 162개였던 학교는 1930년에 76개로 감소했고, 의과대학 등록률은 25,000명에서 21,000명으로 줄어들었다. 대신 1921년에 이르면 대다수 학교가 모두 2년 이상의 학부 교육을 요구했고, 거의 45%의 졸업생이 학부 교육을 받고 의과대학에 입학했다. 1937년에 이르면 92%의 의과대학 입학생들이 최소 3년 이상의 학사과정을 수료했고, 반 이상이 학부 학위를 가지고 입학하게 되었다.[12]

앞서 설명한 대로, 기부금을 모집하여 남녀 입학을 공평하게 하라는 조건을 걸고 한 여성이 1893년 존스홉킨스대학에 50만 달러를 기부한 것을 시작으로 여성들의 남녀공학 의과대학 입학률이 증가하기 시작하였다. 1910년에 이르면 미국과 캐나다에서 의학을 공부하는 여성 중 80% 이상이 남녀공학 의과대학을 다니고 있었다.[13] 그러나, 기존의 의과대학들이 여학생을 받기 시작하고 의과대학 교육비용이 증가하면서, 여자의과대학 대부분은 문을 닫게 되었다. 애틀랜타, 세인트루이스, 캔자스시티, 신시내티 등에서 1903년 이전에 여러 여자의과대학들이 문을 닫았다. 마지막까지 남아 있었던 대학은 1850년에 설립되어 1970년에 펜실베이니아의과대학에 병합되면서 남녀공학이 된 펜실베이니아 여자의과대학뿐이었다.[14]

1920년대에는 자격을 갖춘 의과대학 지원자들 거의 모두가 합격하였지만, 1920년대 후반에는 자격 있는 지원자 수가 입학정원을 초과하여 입학 경쟁률이 높아졌다. 1929–30년 전국 13,569명의 지원자 중 48%만이 의과대학에 합격했다.[15] 또한, 경제적으로 어려운 학생들이 입학을 거부당하지는 않았지만, 비싼 등록금과 장학금 부족이라는 간접적인 장벽 때문에 의사가 되는데 불리했다. 늘어난 실습 덕에 높아진 등록금을 감당할 수 없는 저소득층 학생들은 직접적으로 입학을 거절당했다기보다는 의대학생을 위한 장학금이 적어서 높은 수업료를 감당하지 못하는 경우가 많았다.[16]

의학교육 비용의 증가는 여성들에게도 영향을 끼쳤다. 20세기 초가 되면서 의과대학 입학 기준이 강화되고 의학교육 비용이 증가하면서 여학생의 수가 1902년 1,280명에서 1913년에는 526명으로 줄어들었다. 미시간의과대학에서 여학생이 차지하는 비율이 20%에서 1910년에는 5%로 떨어졌고, 캔자스의과대학에서는 1893년 31%였던 것이 1907년에는 4%로 감소하였다.[17] 성별에 따른 장학금 혜택에서의 불이익 역시 여성의과대학생들에게는 장애요인이었다. 1927 – 1928년 전국적으로 24,328개의 장학금이 여성과 남성에게 지급되었지만, 여성은 그중 8,834개만 수령하였다. 특히나 747개의 장학금이 의학교육에 지급되었는데, 그중 여성들은 7%밖에 차지하지 못했다. 미국여성의사협회(AMWA; American Medical Women's Association)[18]와 펜실베이니아 여자의과대학에서도 장학금을 마련하긴 했지만, 충분하지 않았다.[19] 또한, 1949 – 1958년 사이에 여성의과대학생들의 중도 탈락률은 남성이 9%인 비해서 여성은 15%에 달했다.[20]

1904년에서 1915년 사이 의대 졸업생 수는 총 5,574명에서 3,536명으로 37% 감소했다. 이 기간에 남학생은 36% 감소했으나, 여성졸업생 수는 198명에서 92명으로 54% 감소하였고, 여성의대졸업생의 비율은 1904년 3.4%에서 1915년 2.6%가 되었다. 이렇게 감소한 이후 여성졸업생의 비율은 1924년까지 약 5%로 소폭 증가하였다. 실제 여성의 비율은 1920년부터 제2차 세계대전까지 4.4 – 5% 사이로 굳어졌다[표 1, 표 2].[21] 1904년에서 1915년 사이에 여성의과대학생의 비율이 줄어드는 이유에는 몇 가지 원인이 있었다. 즉 여성의과대학의 소멸, 사회복지학 및 심리학 등 교육받은 여성이 진출할 수 있는 새로운 분야의 확대, 의과대학의 전반적인 입학정원 감소, 의대 학위 취득에 드는 시간과 비용의 증가, 일부 여학생에 대한 고의적인 차별 등이 그 원인이었다.[22]

1930년대 경제대공황과 제2차 세계대전 시기에는 여성들이 직업을 가지고 남성들과 경쟁한다는 사실이 사회적으로 반감을 불러일으켰다. 그러나 전시 중에는 더 많은 의사가 필요했다. 결국 이 기간에 여학생을 입학시키지 않고 있던 몇몇 사립의과대학을 비롯하여 하버드의과대학에서도 여성의 입학을 허용(1945)했고, 병원에서도 더 많은 여성을 인턴이나 레지던트로 받아들였다.[23] 일시적으로 제2차 세계대전으로 여성들에게는 의대에 입학할 기회와 함께 졸업 후 교육을 받을 기회가 늘어났다.[24] 그러나 전쟁으로 모든 의과대학에서 여성의 수가 늘어난 것은 아니었다. 1941년 전시 중에 아칸소의과대학에서는 의과대학에 입학하지 못한 남성들이 군대에 징집될 경우를 생각하여 더 이상 여성을 입학시키지 않기로 하기도 하였다.[25]

제2차 세계대전 후에도 여전히 여성이 의사가 되는 데에는 어려움이 있었다. 의과대학에서 여성의 수는 1930년대 5%를 겨우 넘는 정도였고, 전쟁을 겪으면서 느리지만 조금씩 그 수가 늘어나서 1945년에 8%로 되었다.[26] 1946년이 되자 거의 모든 의과대학이 여성에게 입학을 허용하였다. 그러나 여전히 여성에 대한 19세기 '빅토리아 시대'적 고정관념이 남아 있었고, 여성을 학생으로 받는 학교 중 상당수가 그 입학자 수를 제한하기도 하였다.[27] 예를 들어 미시간대학에는 입학생의 10%에 해당하는 여성 쿼터가 있었는데, 한 반에 20명으로 여학생의 수를 제한했다. 많은 의학교육자는 여성들이 보건의료에 크게 기여하고 있긴 하지만, 의학교육을 받은 후에 가정을 위해 직업을 포기할 수 있어서 큰 낭비라고 여기고 있었다.[28]

이 시기에 여성들은 의과대학 졸업 후 병원에서 인턴이나 레지던트로 교육을 받을 기회는 있었지만, 그 자리는 극히 소수의 졸업생에게만 주어졌다. 1914년에는 의과대학 졸업생의 절반만이 인턴을 할 수 있었다. 1923년에는 처음으로 인턴십의 수가 모든 의대 졸업생을 수용할 수 있을 만큼 많아졌다. 제2차 세계대전이 끝날 무렵에는 약 1,300개의 병원

(전국 병원의 약 1/3)이 인턴십을 수용할 수 있었고, 인턴 자리의 수는 의대 졸업생 수를 훨씬 초과하였다.[29] 그러나 대부분 병원에서 여성을 인턴으로 받아들이는 것은 일반적이지 않았다. 1915년 의과대학을 졸업한 여성은 92명(전체 졸업생의 2.6%)에 불과했기 때문에 인턴 자리가 충분했다. 그러나, 여성을 받아들이는 병원은 명성이 없거나 진료 수준이 낮은 곳이 많았다. 점점 더 많은 젊은 의사들이 '수련병원'에서 인턴십을 받기 위해 경쟁하기 시작하면서, 인맥이 두터운 선배 의사들의 추천서가 그들의 길을 쉽게 열어주었다. 대부분의 의대 졸업생이 인턴십을 찾던 1925년 말, 공식 승인된 인턴십이 있는 524개 병원 중 128개 병원만이 여성 인턴을 받아주었다.[30] 17개 주에서는 여성 인턴을 받을 수 있는 병원이 하나도 없었고, 여성 인턴십의 기회는 펜실베이니아, 뉴욕, 캘리포니아, 일리노이 주에 집중돼 있었다.[31] 대다수 여성은 여성병원에서 임상수련을 할 수밖에 없었다. 대표적인 여성병원으로 '여성과 아동을 위한 뉴잉글랜드 병원'이 있었다. 1862년에 설립된 이 병원은 여성전문병원으로 여성 의사들에게 임상수련의 기회를 제공한 것은 물론 여성 환자들에게도 동성의 의료진에게 진료받을 기회를 제공하였다. 그러나 이러한 병원의 수는 미국 전역에서 극소수에 불과했다.[32]

제1차 세계대전(1914–1918)으로 인해서 남성 인턴의 수가 줄어들게 되면서 여성의과대학 졸업생들이 인턴십의 기회를 가질 수 있었다. 그러나, 전쟁이 끝나자 여성을 인턴으로 고용하는 기회는 다시 줄어들었다. 1921년 통계에 의하면, 482개 인턴십 자리 중 단지 40명의 여성만이 인턴십의 기회를 얻었다. 다른 말로 하자면 90% 이상의 병원에서는 여성 의사를 수련시키지 않았던 것이었다. 그나마 여성들의 수련기회가 많았던 뉴욕시에서조차 1,190개의 인턴 중 42명만이 여성이었다. 제2차 세계대전이 일어나자 712개 미국의사협회(American Medical Association, AMA)가 승인한 인턴십 기회를 제공하는 병원 중 105개에서 여성들을 받았다. 제2차 세계대전 역시 여성들에게 더 넓은 기회를 제공하였지만, 제1차 세계대전 때와 마찬가지로 전쟁이 끝나면서 다시 그 기회는 줄어들었다.[33]

1920년대에 이르면 레지던트 프로그램이 널리 보급되었다. 1925년 AMA소속 의학교육 및 병원평의회에서는 29개 병원이 포함된 최초의 레지던트 프로그램의 목록을 발표하였다.[34] 1925년과 1930년의 레지던트 수는 인턴십 수에 비해 훨씬 적었고 경쟁도 치열하였다. 1930년에는 338개 병원에서 총 1,921개의 레지던트 프로그램만 AMA에서 승인했다. 그러나 레지던트 수가 두 배 이상 늘어난 1940년에도 레지던트 프로그램이 있는 병원 중 여성 레지던트가 있는 병원은 6.5%에 불과했다. 더구나, 그 무렵까지 전문의보드 인증을 받은 전문의의 97.3%가 남성이었다.[35]

20세기 초반과 중반까지 여성들은 의과대학 교수로 임명되었다 해도 제대로 능력을 인정받지 못했다. 1919년 직업의학의 창시자이자 그 분야의 전문가였던 앨리스 해밀턴(Alice Hamilton, 1869–1970)은 하버드의과대학에서 유일한 여교수로 임명되었다. 그러나 대학에서는 그녀에게 계약직 직위만을 주려고 했고, 결국 퇴직할 때까지 조교수에 머물렀다.[36] 전간기(1차 대전과 2차 대전 사이 기간, 1918–1939) 동안 여성들의 급여는 보통 비슷한 직급과 이력을 가진 남성들에 비해 낮았고, 의과대학에서 출산휴가를 허용한다 해도 대개 무급이었다. 20세기 전반기 동안

여성 학장을 임명한 의과대학은 펜실베이니아 여자의과대학뿐이었다.[37]

1920년 펜실베이니아 여자의과대학의 학장인 마사 트레이시(Martha Tracy, 1876–1942)는 "여성 의사들은 과학적인 방법에서는 남성 의사들에게서 분리되어서는 안된다"라고 말하면서 "모든 여성 의사는 여전히 여성과 아동을 위한 특별한 작업을 증진하기 위해 살아야 한다"라고 말하였다.[38] 트레이시의 말처럼 여성 의사들은 남성 중심의 의사집단과 '분리'할지, 이들과 함께 '동화'될지를 놓고 고심하였다. 그러나, 이들의 고민과 관계없이 여성 의사들은 주류 의사집단에서 이미 배제되고 있었다. 여성 의사들이 1847년에 설립된 AMA에 참석하기 시작한 것은 협회 설립 30년 가까이 지난 1876년 최초로 새라 해킷 스티븐슨(Sarah Hackett Stevenson, 1841–1909)이 일리노이주 지역 의사회 대표단의 일원으로 참석하게 되면서부터였다. 이후 1909년에는 로잘리 슬래터 모튼(Rosalie Slaughter Morton, 1872–1968)이 AMA 여성 공중보건교육위원회 위원장으로 임명되었다. 1913년에는 켄터키주 출신 릴리언 H. 사우스(Lillian H. South, 1879–1966)가 AMA 부회장으로 임명되었고, 이듬해 앨리스 해밀턴(Alice Hamilton, 1869–1970)이 제3대 부회장에 임명되었다. 그리고 1915년에는 AMA의 과학 총회 프로그램에 일부 여성이 발표하거나 운영에 참여하기도 했다. 그러나 AMA은 1915년이 되어서야 여성의 입회를 공식적으로 승인하였다.[39] 안타깝게도 공식적인 입회 허가 이전이나 이후에도 여성 의사들은 AMA에서 주류에서 배제되었다.

이처럼 여성 의사들은 수적으로 적었고, 의사 집단 내부에서도 주변부에 머물러 있었음은 사실이다. 그럼에도, 그들은 다양한 사회변화와 개혁의 첨단에 서 있었다. 1873년 미국공중보건협회(American Public

Health Association)가 설립된 이후 점차 미국의 공중보건은 더욱 전문화되었다. 1900년 초중반 여성 의사들의 수는 전체 의사 수의 5% 남짓했으나, 이들은 임금과 노동시간 입법화, 산업의학의 발전, 빈민가의 건강과 주거환경 개선, 성교육과 위생교육 대중화, 예방의학과 공중보건교육, 결핵과 성병 퇴치, 산파와 산부인과 관련 교육, 깨끗한 물과 우유공급 운동, 학교건강검진 등의 다양한 분야에 관심을 가졌다. 일부 여성들은 우생학운동[40]과 산아제한운동에도 관여하였다.[41]

또한, 여성 의사 중 43%가 여성 참정권운동의 지도자들이었다.[42] 보스턴대학교 의과대학을 졸업하고 전미여성참정권협회의 회장을 역임한 애나 하워드 쇼(Anna Howard Shaw, 1847-1919)는 페미니즘은 "사회구조의 기초에서부터 시작되어야 하고, [여성을 위한] 법이 만들어져야 한다. 그 [여성을 위한] 법 중 일부는 여성에 의해서만 만들어질 수 있고 여성에 의해서만 시행될 수 있다"라고 말했다.[43]

애나 하워드 쇼 같은 일부 여성 지도자들은 영아사망률을 줄이고 모자보건을 향상하기 위한 일에도 관여하였다. 1912년 아동국이 설립되었고, 이후 1921년 「셰퍼드-타우너 모자보호법(Sheppard-Towner Maternity and Infancy Protection Act)」이[44] 통과되었다. 셰퍼드-타우너법은 여성이 1919년 참정권을 획득하고 나서 처음으로 쟁취한 법안, 즉 '여성입법'이라고 할 수 있었다. 이 법안은 출산과 육아에 대한 지원을 확보하고 사회보장법안에 대한 첫걸음을 내딛는 법안이었다. 특히 아동국은 다른 연방기관과는 다르게 여성들이 주도하는 기관이었다. 이곳은 여성자원봉사기관 및 지역 여성클럽과 밀접한 관계를 맺고 있었다.[45]

그러나, AMA에서는 모자보건을 향상시키는 것은 좋으나 연방정부에서 재정을 지원하는 것은 비미국적이라고 주장하면서 이 법안의 갱신을 반대하였고, 결국 1929년 법안은 폐기되었다. 그러나, 이 법안이 폐기되기 전인 1924년 통계에 의하면, 40개 주에서 법이 운용되고 있었다. 1927년 보고서에 의하면, 이 법에 의해 만들어진 일자리에서 40명의 여성 의사가 전일제로 고용되었고, 마사 메이 엘리엇(Martha May Eliot, 1891–1978)이 이끄는 아동국의 모자부서에는 4명의 여성이 고용되어 있었다.[46]

1930년대 경제대공황기에 들어서면서 사회 전반적으로 여성들이 요직에서 설 자리를 잃어가고 있었다. AMWA 보고서에 의하면, 많은 여성들이 주정부 보건부 산하 아동위생성에서 지도적 위치를 잃어가고 있었다. 「셰퍼드- 타우너법」이 통과된 1921년에는 45개 주에서 세 자리만 빼고 모두 아동위생성의 장은 여성이었다. 1930년대 「사회보장법」이 시행되면서 주정부의 모자보건 및 공중보건 부서를 총괄하는 책임자 중 남성이 31명으로 증가하고, 여성은 17명으로 줄었다. 연방정부 산하 아동국의 모자보건부서도 본래 여성 중심 기관이었지만, 1930년대에는 대부분의 부서장이 남성으로 교체되었다.[47]

한편, 여성 의사 중 소수인종이나 민족 여성 의사의 수는 소수인종이나 민족 전체 집단에서나 여성 의사 집단 내에서 모두 극소수에 해당하였다. 1920년 통계에 의하면 3,885명의 아프리카계 미국 남성 의사가 있었던 것에 비해서 아프리카계 미국 여성 의사는 65명에 불과했다. 또한, 이 숫자는 전체 여성 의사 수의 1.6%에 불과했다. 이들 중 2/3가 흑인 의과대학인 하워드의과대학(Howard University College of Medicine)과 메해리의과대학(Meharry Medical College) 출신이었고, 9명은 여자의과대학인 펜실베이니아 여자의과대학 출신이었다. 다시 말하자면, 일반 남녀공학 의과대학에서는 흑인 여성이 교육받을 기회가 거의 없었다고 할 수 있다.[48] 1920년대에 오직 31명의 아프리카계 미국인에게만 레지던트 자리가 주어졌는데, 레지던트 기회는 물론 인턴십 기회를 얻을 수 있는 아프리카계 미국 여성은 거의 없었다.[49]

이상에서 살펴본 바와 같이, 19세기 중엽부터 미국의 여성 의사들은 여자의과대학이나 남녀공학 의과대학에서 입학과 수련 과정에서 차별을 이겨내면서 느리지만 천천히 그 수를 늘려갔다. 20세기 초 '플렉스너 혁명' 이후 의학교육계의 개혁은 미국의 의료전문화와 의료 수준 향상에 이바지하긴 했지만, 아이러니하게도 여성 의사 배출에는 부정적인 영향을 주었다. 20세기 이전에 이미 많은 수의 여성의과대학이 문을 닫은 가운데, 여성의 입학에 호의적이었던 일부 남녀공학 의과대학조차 높아진 의과대학 인증 기준을 맞추지 못해 문을 닫았다. 의학교육개혁 이후 의과대학 이전의 교육(pre-med)과 의과대학에서의 교육기간이 길어지면서, 남학생과 비교하여 교육비 지원에서 배제되었던 여성의 경우 의학 공부를 시작하거나 지속하기 어려워졌다. 제1차 세계대전과 제2차 세계대전 기간에 의료인에 대한 수요가 증가하고, 남학생의 수가 감소해서 여학생 입학을 허가했던 의과대학들도 종전 후에는 다시 그 자리를 남성들에게 내주었다. 한편, 졸업 후 교육(GME; Graduate Medical Education)인 인턴십과 레지던트 과정에서도 여성이 선발되는 경우는 드물었다. 그럼에도 여성 의사들은 소수이긴 했지만, 여성 참정권운동을 비롯한 다양한 여권신장운동에 참여하였고, 보건의료계의 개혁에도 주도적으로 활동하였다. 그러나, 여성들은 1910년대와 1920년대를 거치면서 다양한 사회개혁의 첨단에서 활동하였지만, 1930년대 경제대공황과 제2차 세계대전을 거치면서 개혁의 물결은 주춤하였고, 1970년대까지 정체기를 유지하게 되었다. 그럼에도 한가지 간과해서는 안 될 사실은, 여성들이 이룩한 느리지만 점진적인 의학교육과 의료현장 및 사회개혁 분야에서의 변화는 다음 시대를 준비하는 밑거름이 되었다는 점이다.

성장과 그 뒤에 가려진 그림자: 제2차 세계대전 이후 미국 여성 의학교육과 여성 의사

제2차 세계대전 이후 미국 의학계와 의학교육에 변화가 생겼다. 1940년대 후반 대중은 여전히 더 많은 의사의 공급을 요구하기 시작하였고 제2차 세계대전이 끝난 이후 의사의 공급 부족에 대한 우려가 커지고 있었다.[50] 그 우려의 원인으로는 세 가지를 꼽을 수 있었다. 첫째, 제2차 세계대전 이후 미국의 전반적인 인구 증가가 있었다. 1946년부터 1964년까지 매년 평균 424만 명의 신생아가 태어났다. 풍요로운 미국 사회에서 성장한 이들 '베이비 붐 세대'들은 기성세대를 비판하고 새로운 변화를 촉구하면서, 1960년대 다양한 사회변혁운동에 참여하였고, 미국 사회 전반에 큰 영향력을 끼쳤다.[51] 둘째, 인구의 점진적인 고령화와 함께 전통적으로 가장 많은 사망자를 발생시켰던 질환이었던 급성감염질환(예를 들어, 콜레라, 황열병 등)이 줄어들고, 주요 사망 원인으로 만성질환의 비중이 높아졌다. 이에 지속적이고 꾸준한 의료 서비스에 대한 수요가 높아지면서 더 많은 수의 의사가 필요해졌다. 1989년에 출간된 미국 국립연구위원회 보고서에 의하면 죽상동맥경화성 심혈관 질환(관상동맥심장병, 뇌졸중, 말초동맥질환), 고혈압 및 관련 질환, 비만 및 관련 질환, 암, 골다공증, 성인병 등 주요 식이 관련 만성질환 및 성인질환이 급속하게 증가했다고 지적하고 있다.[52] 마지막으로, 1946년 「힐-버튼법(Hill-Burton Act)」 혹은 「병원 조사 및 건설법(Hospital Survey and Construction Act)」의 통과로 병원건설 붐이 일면서, 인턴십과 레지던트 과정을 채울 의대 졸업생에 대한 수요가 빠르게 확대되었다. 이 법은 비영리로 운영되는 지역사회병원(community hospital) 건설에 연방에서 보조금을 제공한다는 내용을 담고 있었다. 매년 각 주에서는 인구 대비 병상 비율에 따라 시설보강계획을 세워서 보고해야 했고, 이는 주에 대한 연방 건설 보조금 배분의 기준이 되었다. 1957년까지 의과대학은 연간 7,000명 미만의 의사들을 배출했지만, 전국 각지의 병원은 매년 12,000명의 인턴십을 채워야 했다.[53]

미국 내 의사부족 현상을 개선하기 위해서 연방정부에서는 일련의 법 개정—즉, 1963년 「보건전문직교육지원법」 제정 및 1965년 법 개정, 1968년 「보건인력법」, 1971년 「종합보건인력훈련법」, 1976년 「보건전문직교육지원법」 등—을 통해서 보건의료인 양성을 위한 기반을 마련하였다.[54] 이 결과 1960년대에 16개의 의과대학이 신설되었고, 1980년에 126개 의과대학(주로 지역사회 기반 의과대학)으로 증가했다.[55] 1960년대 이후 의과대학의 수가 늘어나면서 남학생의 수는 물론 여학생의 숫자 역시 꾸준히 늘어났고, 1970년대를 이후 급격하게 증가했다[표 2].

1960년대와 1970년대를 거치면서 미국 사회는 '혁명'이라 불릴만한 변혁을 경험하였다. 1970년대 이후 여성 의사들의 증가는 다양한 정치적, 사회적, 문화적 대변혁의 결과였다. 미국의 흑인민권운동(Civil Rights Movement)[56]과 베트남전쟁(Vietnam War, 1955–1975)에 대한 강한 반전 정서에 힘입어 1960–1970년대에 대학 캠퍼스에서 학생운동이 일어났다. 학생운동은 크게 세 방향으로 일어났다. 첫째, 대학생들은 일련의 정치적 저항, 즉 환경운동, 페미니즘, 동성애 권리 주장, 핵 군축, 빈곤 문제와 인종차별 문제 저항, 베트남전쟁에 대한 반전운동 등에 참여했다. 둘째, 사회개혁운동의 하나로 지역사회, 특히 빈민들의 건강 요구에 더욱 부응하고자 노력하였다. 한 예로, 컬럼비아의과대학(Columbia University Vagelos College of Physicians and Surgeons) 학생들은 학교가 약물 중독자의 치료와 재활을 위한 프로그램을 설립하고 메디컬 센터에 소수자(여성, 소수인종 및 민족) 집단의 채용을 증가시킬 것을 요구하였다. 셋째, 교육개혁을 추구하며, 대학의 입학, 교육과정, 교수채용과 승진, 수업료 결정 등의 모든 쟁점에 대해서 학생위원회를 조직하여 관여하고자 하였다.[57]

이러한 학생운동은 여타의 사회개혁운동과 함께 여성과 소수인종 및 민족들을 가로막고 있던 '사회제도적 차별'이라는 장애물을 제거하는 데 일조하였다. 1964년 7월, 린든 존슨(Lyndon B. Johnson, 1908–1973) 대통령이 재건기(1865–1877)[58] 이후 가장 포괄적인 민권법(Civil Rights Act of 1964)에 서명하였다. 이 법안에서는 인종, 피부색, 종교, 성별 또는 출신 국가에 근거한 차별을 금지하고, 고용, 승진, 해고에 있어 성별과 인종을 근거로 한 차별 역시 금지했다. 또한, 이 법은 공공시설 및 연방자금지원 프로그램에서 차별을 금지하면서, 투표권 집행과 학교에서의 인종 분리를 철폐할 것을 규정했다. 그러나, 여전히 문제는 남아 있었다. 1964년 「민권법 제6편」과 「제7편」에서 직장고용에 있어서 인종과 성별에 따른 차별을 금지하긴 했지만, 대학교는 규정준수 대상에서 제외되었다는 점이었다. 고용기회균등위원회조차도 「1964년 민권법 제7편」을 강제할 수 없는 것으로 간주했다. 존슨 대통령이 연방고용 및 연방정부계약자 간의 성차별을 금지하는 「행정명령 11246(1964－1965)」과 「11375(1966－1970)」를 공포한 후에도 의과대학에서 교수직에 채용되거나 입학하는 여성의 수는 미미한 수준에 머물렀다. 1970년대 들어 「민권법 7편」을 강화해야 할 필요성이 드러나면서, 1971년 10월 의과대학 및 기타 보건전문직학교에서의 고용 차별을 금지하는 조항을 포함한 「공중보건서비스법」이 통과되었다. 1972년 「고용기회균등법」은 고등교육기관에 관한 면제 조항을 뒤집었다. 마침내 1972년 6월 연방기금을 받는 모든 학교에서 입학 및 급여 등의 차별정책을 금지하는 「고등교육법 9편」이 통과되었다. 이 법안에 따라 연방기금을 받는 교육기관은 당시 존재했던 차별과 이를 줄이기 위해 계획된 조치를 자세히 설명하는 소수자우대정책계획(혹은 차별철폐조치)을 제출해야 했다.[59]

정부가 주도한 소수자우대정책 덕분에 의과대학에서 여성의 수가 극적으로 증가하였다. 1930년에서 1966년 사이에 의과대학을 지원하는 남성의 수가 29% 증가한 것에 비해, 여성들의 수는 300% 증가하였다. 그러나, 아이러니하게도 이 시기 동안 입학 허가를 받는 여성의 수는 감소하였고, 오히려 남성의 수는 늘어났다. 1970년까지 의과대학에서 여성 지원자의 약 50%에 해당하는 수가 입학이 거절당했다. 이것은 입학 자격이 문제가 아니라 단지 여성이라는 이유로 거절당한 것이었다.[60] 그러

표 2 **미국 여성의과대학 졸업생과 활동하는 여성 의사의 비율**, 1920-2005.

연도	졸업생 비율(%)	활동하는 여성 비율(%)
1920	4.0	5.0
1930	4.5	4.4
1940	5.0	4.6
1950	10.7	6.1
1960	5.7	6.8
1970	8.4	7.6
1980	23.1	11.6
1990	33.9	16.9
2000	42.6	24
2005	46.8	27

출처: Ellen S. More, Elizabeth Fee, and Manon Parry, eds., *Women Physicians and the Cultures of Medicine*, Baltimore: Johns Hopkins University Press, 2009, p.5.

나, 1972년 「고등교육법 9편」이 통과되고 나서 2년 만에 여성 지원자 수가 3배 이상 증가했다. 1959-1960년에 비해서 1974년에는 의과대학에 입학하는 여성의 수가 약 700% 증가하였다. 1969-1973년 사이 여성 인턴의 수 역시 약 200% 증가하였다.[61] 1990년에는 여학생이 전체 의과대학생 수의 30% 이상을 차지하게 되었고, 1995년 미국 의과대학의 신입생은 남성 57.3% 여성 42.7%가 되었다. 1997-1998년 통계에 의하면 여성이 미국의 20개 의과대학 신입생의 절반 이상을 차지하게 되었고, 여성이 전체 전공의 중 36%에 이르게 되었다[표 2].[62]

1970년대 이후 의료계에서 대대적인 여성의 수적 증가는 여러 가지 원인이 있었지만, 페미니즘의 영향을 무시할 수 없었다. 1960년대부터 미국에서는 제2차 페미니즘이 나타났다. 제1차 페미니즘은 여성참정권을 비롯하여 제도적 성평등(투표권, 재산권 등)에 집중한 데 반하여, 제2차 페미니즘은 섹슈얼리티, 가족, 재생산 권리, 불평등 등으로 범위를 확대하였다. 일부 여성의과대학생들과 의사들은 페미니즘의 영향을 받아 다양한 사회변혁의 현장에서 활동하였다. 1960년대 말 일부 페미니스트 여성 의사들과 활동가들은 여성의 재생산 권리에 관심을 가졌고, 특히 낙태를 범죄화하지 않고 여성의 안전한 낙태를 위한 피임 관리를 증대시키기 위해 힘을 기울였다. 그 결과 1973년 로 대 웨이드(Roe v. Wade) 판결[63]로 낙태권이 보장되었다. 이 판결은 낙태를 범죄화하여 여성의 성 자기 결정권을 침해하는 것이 여성의 사생활 존중에 대한 헌법상의 권리를 위반하는 것이라는 획기적인 판결이었다. 이렇게 법적으로 낙태권이 보장되자, 페미니즘 활동가들은 대체 의학 서비스를 확대하기 위해, 보건 클리닉을 설립하거나 지역보건센터를 운영하기도 하였다. 1976년 미국의 도시와 마을에 최소 50개의 페미니스트 클리닉이 설립되었고, 기존 의료 서비스의 대안적 모델로 제시되기도 하였다. 이들은 질병예방 및 기타 건강교육, 자조와 돌봄 등을 통해서 미국 의료 시스템에 내재하는 성 불평등을 바꿀 수 있다는 메시지를 전했다. 또한, 이들은 의료 전문가가 아닌 여성 스스로 자기 몸에 대한 통제권을 행사할 수 있도록 낙태, 가족계획, 정기 부인과 진료 등을 무료 혹은 저렴한 비용으로 제공하고자 하였다.[64]

1960–1970년대 미국 전역에서 진행된 사회운동은 소수인종 및 민족 출신 여성의과대학생들과 의사들에게 매우 큰 영향을 미쳤다. 의과대학은 상대적으로 다른 단과대학에 비하여 사회적 저항의 목소리가 낮

은 편이었으나, 그 변화의 물결은 의과대학에도 여지없이 파문을 일으켰다. 또한, '소수자 우대정책'으로 인해 의과대학에도 소수인종 및 민족지원자에 대한 혜택과 지원이 증가하게 되었다. 역설적으로 의과대학을 다니는 소수인종 및 민족학생의 수는 증가했으나, 한때 75%에 가까운 아프리카계 미국 학생이 다녔던 의과대학에서는 아프리카계 미국 학생 비율이 20%(1979년 통계)로 떨어졌다.[65] 1975년 의과대학 졸업생 중 아프리카계 미국인은 5%, 아메리카 원주민은 0.2%, 히스패닉 및 라틴계는 1.1%를 차지했으며, 이들은 전체 졸업생의 6.3% 밖에 미치지 못했다. 20년 후인 1995년에는 아프리카계 대학 졸업생의 비율이 6.6%, 아메리카 원주민이 0.5%, 히스패닉 및 라틴계가 6.1%로 증가하여 전체 의대 졸업생의 13.2%를 차지할 만큼 수적으로 증가하였다. 아프리카계 미국인의 약 20%가 주로 흑인 의과대학인 하워드대학교, 메헤리, 모어하우스, 찰스 R. 드류의과대학 출신이었다.[66]

앞서 살펴본 바와 같이, 전반적인 여성 의사의 증가는 소수인종 및 민족 여성에도 영향을 끼쳤다. 1970년과 1990년에 미국 전체 의사 중 아프리카계 미국인 여성 비율은 0.4%에서 약 1.3%로 증가했다. 1990년대의 의과대학 입학 통계에 따르면 1992년 기준으로 남성과 여성 아프리카계 미국인 의사의 비율은 약 2대 1로, 미국 남성 의사 대 여성 의사의 비율과 비슷했다. 그리고 1990년과 1995년 사이에는 아프리카계 미국인 의대 졸업생 중 여성이 남성보다 많은 수를 차지하기도 하였다. 소수인종 및 민족 여성은 백인 여성이나 소수인종 및 민족 남성보다 지원자 수가 빠르게 증가했다. 1995년 통계에 의하면 소수인종 및 민족 입학생의 55%가 여성인 것으로 나타났다. 하지만 비백인 여성 의사는 여전히 백인 여성에 비해 그 수가 매우 제한적이었다. 같은 시기에 전체 여성 의사 중 70%가 백인이고, 18%가 아시아계 미국인, 7%가 아프리카계 미국인, 5%가 라틴계 미국인, 1%도 안 되는 수가 미국 원주민/알래스카 원주민이었다.[67]

비백인 여성의과대학생과 의사의 수, 그리고 교수진의 수는 극소수에 머물지만, 이들 소수인종 및 민족 여성 의사들과 사회운동가들은 자신들만의 조직을 구성하여 여성의 건강과 보건 문제에 지속적인 관심을 보이고 영향력을 행사하였다. 비백인들의 건강 문제는 성차별 이상의 문제, 즉 인종차별과 경제적 불평등, 양질의 의료서 비스에 대한 접근성에의 장애 등에 의해서 비롯되었다. 대다수의 백인 페미니스트 운동가들이 인종차별에 관심을 두지 않았던 반면, 비백인들은 자신들만의 조직을 구성하여 성차별은 물론 인종차별에까지 관심의 영역을 확대하였다. 대표적인 조직이 1980년대 조직된 전국 흑인여성 건강 프로젝트, 전국 라틴아메리카 여성건강기구, 아메리카원주민 여성건강기구교육지원센터, 전국아시아여성건강기구 등이 그것들이었다.[68]

그러나, 1980년대 들어서는 경제 위축과 정치적 반동, 특히 여성의 재생산권에 대한 반동[69]으로 인해 페미니즘운동이 위협을 받았다. 여성들이 운영하던 보건 클리닉 등은 정치적 반동과 연방정부 예산 삭감 등을 견디지 못하고 사라졌다. 1990년대를 거치면서 페미니스트운동은 초창기와는 다르게 다양한 방향으로 발전하였다. 전문가 집단, 즉 정책 입안자, 생의학 연구 집단, 국립보건원, 연방정부 관료 등과 함께 여성건강 증진과 여성건강 관련 연구에 힘을 쏟았다.[70]

1960–1970년대 이후 여성들은 의학계에서 전통적인 성 고정관념에

도전하면서 양적, 질적으로 극적인 성장을 이룩하였다. 그러나, 이들은 전문직에 종사하면서도 성차별이나 성희롱에 대응해야 했고, 환자 및 남성 동료들의 편견과 싸워야 했다. 의료 현장에 있는 여성의 19%는 여성 의사 역할 모델(role model)이 부족한 현실을 아쉬워했다.[71] 1990년대에도 여성 의사는 남성 의사와 비교하면, 경력에 비례한 급여를 받지 못하고 고위 직책을 맡지 못했다. 여성들이 주로 선호하는 전공 분야인 산부인과를 제외한 일차 진료 전공(가정의학, 소아청소년과 등)은 평균적으로 수술이나 영상의학과와 같은 시술 위주의 전공에 비해 급여가 적었다. 동일한 전문 분야에서 같은 경력을 가진 남성에 비해 여성은 환자당 수입이 적고 연간 수입도 적었다. 1976년부터 1991년까지 정교수 직급에 도달한 남성의 비율은 여성보다 2배 이상 많았으며, 1997년에는 정교수 직급에서 남성과 여성의 비율이 3 대 1을 넘었다. 병원 CEO 중 여성은 1995년 기준 약 10% 밖에 되지 않았다.[72] 1990년대 연구에 의하면, 부부가 의사일 경우 남성 의사들은 원하는 전문의 과목을 선택한 경우가 67%인 경우, 여성 의사들은 불과 45%만이 원하는 전문의 과목을 선택하였다.[73]

여성 의사의 수가 늘어난 1970년대 이후에도 성 고정관념과 편견으로 인해서 여성들은 여전히 대학교육과 졸업 후 수련과정에서 차별을 경험하였다. 여성 의사들과 의과대학생들은 남자답지 못한 '암탉 의료진(hen medic)'으로 조롱받거나 머슴아(one of the boys)라는 비아냥거림을 받기도 했다. 여성이 의과대학에서나 레지던트 과정[74] 중에 임신할 경우, 동료 남학생들과 교수로부터 성차별적인 모욕을 받기도 하였다. 성차별적인 농담은 의과대학이나 의학계에서 흔했고, 이를 받아들이지 못하는

여성들은 유머감각이 모자란다고 비아냥거림의 대상이 되기도 했다.[75]

전체적으로 헬스케어 부문에 종사하는 사람들의 대다수가 여성인 것에 비해서 책임자 지위에 있는 여성의 숫자는 상대적으로 적었다. 현재 미국에서는 여성 의사들의 수가 점점 늘어나고 있지만, 여전히 많은 부분에서 불평등한 상황이다. 1998년 기준, 의과대학 전체 교수진의 26%가 여성이었으며. 이 여교수들 중에서 22%는 부교수였고, 11%는 정교수였다. 또한, 여성들은 의과대학 내에서 최고직에 오르지 못하고 있었다. 1997-1998년 125개 학교 가운데 단 9대 의과대학에서만 여학장이 있었다.[76]

더구나, 백인이 많은 의과대학에서 소수인종 및 민족 의과대학생들과 레지던트들은 인종차별, 부정적 고정관념, 지적 능력 폄하 등으로 불안해하거나 소외감을 느꼈다. 또한, 수련이나 임상실습 과정에서도 인종 또는 민족에 따른 학대[77]를 경험하는 일이 많았다. 여성 의사건강연구(WPHS; Women Physicians' Health Study)에 의하면 소수인종 혹은 민족에 속하거나 외국 태생의 여성 의사들은 상당히 높은 비율로 학대를 경험한 것으로 조사되었다. 소수인종 및 민족 여성 의사들은 학대, 인종차별, 역할 모델 부족 등의 어려움에 직면해야만 했다.[78]

그렇다면 여성 의사들은 아직도 유리천장(glass ceiling)을 깨뜨리지 못하고 있는가? 유리천장이란, 눈에 보이지 않지만, 엄연히 존재하는 암묵적인 사회적 차별과 편견을 말한다. 자격이 있음에도 불구하고 승진에 있어 여성이거나 소수인종이나 민족 출신이라는 이유로 승진이나 기타 경력개발의 측면에서 가로막히게 되는 보이지 않는 장벽을 뜻한다. 그렇다면 수적으로 증가하고 여권의 지위가 향상된 지금에도 여성 의사들에게 유리천장이 존재할까? 이에 대한 대답은 '예'와 '아니오'이다. 앞서 서술한 여성 의사들이 경험하는 사회적, 문화적, 성차별적 장애는 여전히 존재하고 있다.

그럼에도 현재 여성 의사의 수가 증가하고 있고, 여성 의사들의 능력이 입증되면서 그들에 대한 시각은 눈에 띄게 긍정적으로 변하고 있다. 1970년대 연구에 의하면 환자들이 대개 남성 의사를 선호하고 여성 의사의 능력이 떨어지거나 경험이 부족하다고 여겼다. 그러나, 점차 실제 여성 의사의 진료를 받아본 환자들은 여성 의사에 대해서 긍정적으로 바라보게 되었다. 더구나 특정 검사나 불편(예를 들어 생식기에 관한 진료)을 해결하는 데 있어, 환자들이 동성 의사를 선호하게 되면서 여성 의사의 존재와 중요성이 더욱 드러나고 있었다. 실제로 여성 의사들은 여성의 건강과 관련된 문제를 다룸에 있어서 남성 의사들보다 월등함을 보여주고 있다.[79]

1960년대까지 이상적인 의사의 모델은 모든 것을 독단적으로 처리할 줄 아는 주도적인 의사(sovereign physician)였다. 이 시기에는 의사는 자율적이고 독립적이며 권위적이었고, 모든 의료 행위에 대해서 개인적으로 책임을 져야 했다. 그러나 20세기 중반 이후 만성 질병이 주를 이루고 질병이 더욱 복합해지면서 의사 혼자가 아닌 협진 및 협력이 필요한 팀으로 의료 체계가 돌아가게 되었다.[80] 이러한 변화된 의료 상황에서 요구되는 의사상은 독립적이고 과학적이며 이성적인 성향은 물론 여성적 속성으로 알려진 친밀하고 감정 표현을 잘 하면서 사람 간의 관계를 중시하고 배려 있는 성향을 동시에 겸비한 의사가 되었다.

또한, 소수인종 및 민족 여성 의사들은 의료 사각지대에 놓인 같은 인종 및 민족 환자들의 의료 불평등을 감소시키는 데 중요한 역할을 하고 있다. 이 환자 중에는 저소득층에게 의료혜택을 보장하는 메디케이드(Medicaid)에 의존하는 비율이 높았다.[81] 이런 측면에서 볼 때 소수인종 및 민족 여성 의사의 증가는 미국의 고질적인 문제인 의료 공백을 메우는 데 있어 중요한 역할을 한다고 할 수 있다.

1970년대 이후 의료계에서 여성 의사의 수적 증가는 여러 가지 원인이 있었지만, 페미니즘의 영향을 무시할 수 없었다. 일부 여성의과대학생들과 의사들은 페미니즘의 영향을 받아 다양한 사회 변혁의 현장에서 활동하였다. 소수인종 및 민족 여성 의사들에게 성별과 인종/민족 차별은 수련과정이나 개업과정에서 큰 장벽이었다. 의과대학 지원자의 성비가 미국 전체 국민의 성비와 비슷한 경향을 보이는 것에 비해, 인종이나 민족 비율은 상응하지 못하고 있다. 비백인 여성의과대학생과 의사의 수, 그리고 교수진의 수는 1970년대 이후에 증가하는 추세를 보여주었으나 그래도 여전히 소수에 머무르고 있다. 그러나 비백인 인종 및 민족 여성 의사들과 사회운동가들은 자신들만의 조직을 구성하여 여성의 건강과 보건 문제에 지속적인 관심을 보이고 영향력을 행사하였다. 20세기 말이 되어도 여성 의사들은 의사라는 직업에 입문하는 첫 관문이라고 할 수 있는 의과대학 입학부터 시작하여 공적 및 사적 삶의 균형 맞추기와 성차별로 인해 쉽지 않은 삶을 살고 있다. 그럼에도 의료계에 진출하는 여성들의 수가 늘어나면서 많은 역할 모델과 멘토, 지도자들이 생기고 있다. 아울러 미국 의료계와 미국 사회에서 여성 의사들의 위치와 역할 역시 상당히 개선되고 있다.

마치며

1910년부터 시작된 의학교육계의 개혁은 1920년에 이르면 기본적인 개혁이 거의 완성되었다. 1890년대 이후 여자의과대학의 입학생들은 줄어드는 추세였고, 남녀공학 의과대학에 입학하는 여성들의 숫자는 꾸준히 증가하였다. 여성이 인턴, 레지던트, 전임의 임명을 받을 기회는 의대생이 될 기회와 비례하지 않았다. 인턴십에 비해 레지던트 자리는 숫자도 적었고 선발 방식도 비공식적이었다. 인턴과 레지던트 자리는 여성과 소수인종 및 민족에게 기회가 제한적이었다.

1960-1970년대 미국 의학교육 체제가 확정되었다. 4년의 의과대학교육과 전공의 시험을 치르기 전의 레지던트 수련과정이 확정되었다. 1960년대 후반부터 의과대학에서 여학생의 수가 급증하기 시작했다. 1970년대 「고등교육법 9편」과 소수자 우대정책의 통과 결과 전문직 학교에서 공정한 방식으로 학생들을 선출하게 되었다. 또한, 1960-1970년대 페미니즘운동에 힘입어 중산층 여성들이 전문직에 도전하는 일이 늘어났다. 페미니즘과 사회적 변화는 다양한 영역에서 여성들의 야심을 자극하여 목표를 높이고 전통적인 성 고정관념에 도전하게 만들었다.

그러나, 여전히 많은 미국 여성 의사들은 사회적, 문화적, 성차별적 장애를 극복하면서 자신들의 전문성을 키워나가야 했다. 남성 의사들이 의과대학을 마치면서 직업적으로 가장 빠르게 성장하는 반면, 많은 여성 의사들이 직업적인 성장과 함께 다른 당면 문제를 극복해야만 했다. 여성들은 의과대학에 진학하고 의료직에 근무하면서 사회적 편견과 싸워야 했고, 가정에서 학업, 직업, 가정, 출산, 육아 등의 복잡하고 어려운 시기를 경험해야만 했다. 그럼에도 1960–1970년대 미국 사회에 일어났던 큰 사회변혁에 힘입어, 여성 의사의 수는 놀랍도록 증가하였고, 미국 의료계에서 중요한 몫을 당당하게 담당하게 되었다.

앞으로 여성 의사들이 감당해야 할 어려움은 그 종류와 비중이 달라질지라도 여전히 존재할 것이다. 그러나, 20세기 동안 여성들이 남성들과 동등하게 전문지식과 기술을 습득하고 의료계에 종사할 수 있게 될 때까지, 그리고 사회적, 문화적으로 그 전문성을 인정받기까지 들인 오랜 시간과 눈에 띄는 성과는 이후 세대에게 앞으로 나아가야 할 방향성을 제시했다고 할 수 있다.

미주

1 Ellen S. More, *Restoring the Balance: Women Physicians and the Profession of Medicine, 1850–1995*(Kindle), Cambridge: Harvard University Press, 1999, 101-105(location).

2 Kate Campbell Hurd-Mead, *Medical Women of America; A Short History of the Pioneer Medical Women of America and of a Few of Their Colleagues in England*, New York: Froben Press, 1933; Kate Campbell Hurd-Mead, *A History of Women in Medicine: From the Earliest Times to the Beginning of the Nineteenth Century*, Haddam, Conn.: The Haddam Press, 1938; More, *Restoring the Balance*; Regina Morantz-Sanchez, *Sympathy and Science: Women Physicians in American Medicine*, Chapel Hill: University of North Carolina Press; 2000; Montserrat Cabré, "Toward a History of Us All," Maralee Mayberry, Banu Subramaniam, and Lisa Weasel, eds., *Feminist Science Studies: A New Generation*, London: Routledge, 2001, pp.119-124.

3 정규의학(regular medicine) 혹은 정통의학(orthodox medicine)은 역증요법 혹은 이증요법(allopathy)을 사용하는 의학을 일컫는다. 특히 역증요법이란 동종요법(homeopathy)과 대비되는 의미로 1810년 독일 의사 사무엘 하네만(Samuel Hahnemann, 1755-1843)이 공격형 의학(heroic medicine)을 조롱하며 지칭한 용어이다. 서양에서는 전통적으로 인간의 몸은 4가지 체액(혈액, 점액, 황담즙, 흑담즙)으로 구성되어 있고 이 체액 간의 균형이 깨질 때 질병이 발생한다고 믿었다. 이 4 체액의 불균형으로 인한 질병을 치료하기 위해 사혈(bloodletting), 정화(purging) 및 발한(sweating) 등의 치료법이 사용되었다. 이러한 역증요법 혹은 이증요법 치료법은 질병의 증상과 반대되는 상황을 통해서 증상을 완화하거나 소멸시키는 방법이었다. 이 과정에서 환자에게 가혹하고 학대적인(harsh and abrasive) 치료법을 사용하게 되는데, 이를 공격형 의학이라고 불렀다. 역증요법과 대비되는 동종요법은 유사성의 법칙에 의해서 질병으로 인해 발생하는 증상과 유사한 증상을 생성하는 방법으로 치료하는 것이

었다. 이는 공격형 의학과 달리 과격한 치료제를 사용하지 않았다.

4 Mary Roth Walsh, *Doctors Wanted No Women Need Apply: Sexual Barriers in the Medical Profession, 1835–1975*, New Haven: Yale University Press, 1977, pp.182-183.

5 토마스 네빌 보너, 유은실 역, 『여의사의 역사』, 한울, 1996, 230-232쪽.

6 Morantz-Sanchez, *Sympathy and Science*, p.65

7 19세기 말까지 설립된 여자의과대학들은 다음과 같은 것들이 있었다. 그러나, 여자의과대학 대부분이 짧은 기간 동안 존립하고 다른 대학에 흡수되거나 폐교되었다: New England Female Medical College(Boston, Mass., 1848-1873), Woman's Medical College of Pennsylvania(Philaldelphia, Pa., 1850-1970), New York Woman's Medical College(New York, N.Y., 동종요법, 1863-1918), Homeopathic Medical College for Women(Cleveland, Ohio, 동종요법, 1868-1870), Woman's Medical College of the New York Infirmary Women and Children(New York, N. Y., 1868-1899), Woman's Hospital Medical College(Chicago, Ill., 1870-1892), New York Free Medical College for Women(New York, N.Y., 1871-1876), Woman's Medical College(Baltimore, Md., 1882-1909), Woman's Medical College(St. Louis, Mo., 동종요법, 1883-1884), Woman's Medical College(Cincinnati, Ohio, 1887-1895), Woman's Medical College of Georgia and Training School for Nurses(Atlanta, Ga., 1889-1891), Woman's Medical College(St. Louis, Mo., 동종요법, 1891-1896), Presbyterian Hospital and Woman's Medical College(Cincinnati, Ohio., 1891-1895), Northwestern Woman's Medical College(Chicago, Ill., 1892-1902), St. Louis Woman's Medical College(St. Louis, Mo., 1894-1896), Woman's Medical College(Kansas City, Mo., 1895-1903), Laura Memorial Woman's Medical College(Cincinnati, Ohio., 1895-1903). Walsh, *Doctors Wanted*, p.180.

8 Morantz-Sanchez, *Sympathy and Science*, p.65.

9 Walsh, *Doctors Needed*, p.181.

10 에이브러햄 플렉스너, 김선 역, 『플렉스너 보고서: 미국과 캐나다의 의학교육』, 한길사, 2005.

11 Morantz-Sanchez, *Sympathy and Science*, p.243.

12 토마스 네빌 보너, 권복규·최은경·윤현배·정한나 역, 『근대 의학교육의 탄생:

의사 만들기』, 청년 의사, 2024, 617-620쪽.

13 보너, 『여의사의 역사』, 235쪽.

14 각 여자의과대학의 존립 기간은 각주 7번 참조. 펜실베이니아의과대학은 1993년에 하네만의과대학과 합병되었고, 2003년에 드렉셀의과대학에 흡수되었다. 보너, 『여의사의 역사』, 230-232쪽.

15 Kenneth M. Ludmerer, 권복규 역, 『치유의 시간』, 의료정책연구소, 2023, 82쪽.

16 Ludmerer, 『치유의 시간』, 86-87쪽.

17 보너, 『여의사의 역사』, 236-237쪽.

18 전국여성 의사협회(Medial Women's National Association)는 1937년에 미국여성의사협회(American Medical Women's Association)로 개칭하였다.

19 U.S. Department of Interior, Bureau of Education, "Scholarships and Fellowships Grants Available in the United States Colleges and Universities," *Bulletin* 15, 1931, pp.93-96; Morantz-Sanchez, *Sympathy and Science*, p.330.

20 Morantz-Sanchez, *Sympathy and Science*, p.333.

21 More, *Restoring the Balance*(Kindle), 1268-1271(location).

22 More, *Restoring the Balance*(Kindle), 1263-1265(location).

23 *New York Times*, September 26, 1945; 보너, 『여의사의 역사』, 251쪽.

24 Ludmerer, 『치유의 시간』, 159쪽.

25 Ludmerer, 『치유의 시간』, 470쪽.

26 보너, 『근대 의학교육의 탄생: 의사 만들기』, 631-634쪽.

27 영국 여왕이었던 빅토리아 여왕의 재임 기간(1837-1901)을 빅토리아 시대라고 부른다. 이 시기 동안 여성과 남성이 마땅히 있어야 할 공간을 구분하였다. 즉 남성들은 가정 밖의 공간인 공적 영역인 정치·사회적 및 직업 공간에, 여성들은 사적 영역인 가정 안에 머물러야 한다고 여겼다.

28 Ludmerer, 『치유의 시간』, 85쪽.

29 Ludmerer, 『치유의 시간』, 105쪽

30 More, *Restoring the Balance*(Kindle), 1411-1417(location).

31 Morantz-Sanchez, *Sympathy and Science*, p.334.

32 Hurd-Mead, *Medical Women of America*, p.50; 보너, 『여의사의 역사』, 247쪽. 여성과 아동을 위한 뉴잉글랜드 병원(New England Hospital for Women and

Children)에 대한 자세한 역사는 다음을 참조하시오. Virginia G. Drachman, *Hospital with a Heart: Women Doctors and the Paradox of Separatism at the New England Hospital, 1862-1969*, Ithaca: Cornell University Press, 1984.

33 Walsh, *Doctors Needed*, pp.224-226.

34 Ludmerer, 『치유의 시간』, 109-110쪽.

35 More, *Restoring the Balance*(Kindle), 1446-1448(location).

36 Barbara Sicherman, *Alice Hamilton: A Life in Letters*, Cambridge: Harvard University Press, 1984, p.237, 311.

37 Ludmerer, 『치유의 시간』, p.67.

38 More, *Restoring the Balance*(Kindle), 931-932(location).

39 Morantz-Sanchez, *Sympathy and Science*, pp.232-233.

40 우생학 운동이란 인간종의 형질을 인위적으로 육종하여 우수한 종을 만들려는 사회운동을 말한다. 우생학은 유전자의 질을 개량하여 인간을 보다 나은 존재로 만들려는 학문이다.

41 Morantz-Sanchez, *Sympathy and Science*, pp.282-296.

42 Richard Jensen, "Family, Career, and Reform: Women Leaders of the Progressive Era," Michael Gordon, ed., *The American Family in Social-Historical Perspective*, New York: St. Martin's Press, 1973, p.273.

43 Walsh, *Doctors Needed*, pp.214-215. 애나 하워드 쇼(Anna Howard Shaw, 1847-1919)는 미국 여성참정권 운동의 지도자이자 의사였다. 그녀는 감리교 목사로 안수받은 최초의 여성 중 한 명이기도 했다. 그녀는 의학을 공부하긴 했지만, 의료를 실제로 행한 적은 없었다. 대신 그녀는 1885년 목회직을 사임하고 1880년대부터 1919년 사망할 때까지 여성참정권을 획득하기 위해 활동하였다. 1904년에 그녀는 전국 미국 여성참정권 협회의 회장이 되었다. 제1차 세계대전 중에 국방위원회 여성위원회 의장이 되어 활동하였고, 이 공로를 인정받아 공로훈장을 받은 최초의 여성이 되었다. "Anna Howard Shaw," National Women's Hall of Fame, https://www.womenofthehall.org/inductee/anna-howard-shaw/. Accessed 3 May 2024.

44 1921년에 만들어진 「셰퍼드-타우너법」을 통해서 1929년까지 약 3,000개의 산전 진료소 설립, 180,000개의 유아관리 세미나 개최, 이동 간호사의 300만 회 이상의 가정방문, 교육자료 배포 등의 성과를 거두었다. 이후, 이 법은 1935년

사회보장법과 같은 입법에서 모자 복지 향상을 위한 모델을 제공했다. 더 자세한 「셰퍼드-타우너법」과 여성 의사와의 관계에 대해서는 다음을 참조하시오. More, *Restoring the Balance*(Kindle), 1911-1986(location); Katherine Madgett, "Sheppard-Towner Maternity and Infancy Protection Act(1921)," Embryo Project Encyclopedia(2017-05-18). ISSN: 1940-5030 https://hdl.handle.net/10776/11503. Accessed 3 May 2024.

45 Morantz-Sanchez, *Sympathy and Science*, pp.296-300.

46 Morantz-Sanchez, *Sympathy and Science*, pp.302-303. 마사 메이 엘리엇은 1912년에 설립된 아동국에서 25년 이상 근무했다. 그녀는 제2차 세계대전 이후 세계보건기구(WHO) 창설의 출발점인 최초의 세계보건총회(World Health Assembly)에 미국 대표로 참석했는데, 그녀는 WHO 창립 문서에 서명한 유일한 여성이었다. 1947년 엘리엇은 미국공중보건협회(American Public Health Association) 회장으로 선출된 최초의 여성이 되었고, 1958년 미국공중보건협회의 세지윅 기념 메달을 받은 최초의 여성이 되었다. 엘리엇은 1967년 미국소아과학회의 가장 권위 있는 상인 '하울랜드 메달'를 받았다. 1964년 미국공중보건협회는 엘리엇의 모자건강관리 분야의 업적을 인정하기 위해 마사 메이 엘리엇 상을 제정하였다. "Dr. Martha May Eliot," Changing the Face of Medicine, https://cfmedicine.nlm.nih.gov/physicians/biography_99.html. Accessed 3 May 2024.

47 Morantz-Sanchez, *Sympathy and Science*, pp.314-315.

48 More, *Restoring the Balance*(Kindle), 97-113(location).

49 보너, 「근대 의학교육의 탄생: 의사 만들기」, 636-637쪽; More, *Restoring the Balance*(Kindle), 1422-1424(location).

50 Ludmerer, 『치유의 시간』, 243-245쪽.

51 Martin Feldstein, ed., *The American Economy in Transition*. Chicago: University of Chicago Press, 1980, p.276.

52 National Research Council(US) Committee on Diet and Health, *Diet and Health: Implications for Reducing Chronic Disease Risk*, Washington(DC): National Academies Press, 1989, "Chapter 5. Extent and Distribution of Chronic Disease: An Overview.

53 More, *Restoring the Balance*(Kindle), 2409-2413(location).

54 1963년 「보건전문직교육지원법(Health Professions Educational Assistance Act)」은 새로운 역량 구축을 위한 보조금과 학생 대출이라는 두 가지 영역에서 학교에 재정지원을 제공한다는 법안이었다. 1965년 법 개정으로 이 두 프로그램은 계속되었고, 재정지원을 위한 기본 교육환경 개선 보조금, 특별 교육환경 개선 보조금, 장학금 프로그램뿐만 아니라 학자금 대출에 대한 새로운 예산이 추가됐다. 1968년 「보건인력법(Health Manpower Act)」은 이전 법안의 수정 사항을 그대로 유지하면서, 간호사 훈련, 관련 보건 전문직 및 공중보건 훈련, 보건 연구 시설에 대한 지원도 포함했다. 1971년 「종합보건인력훈련법(Comprehensive Health Manpower Training Act)」 은 기존 법에 광범위한 추가 및 수정을 해서, 연방 지원금을 받기 위한 요구 사항을 확대하고, 등록 및 졸업생 증가에 대한 인센티브를 늘렸다. 1976년 법에서는 보건 전문학교 학생을 위한 연방 대출 프로그램에 대한 개정안, 국립건강서비스공단(National Health Service Corps)과 같은 프로그램에 대한 자금지원 승인 확대, 인두제 지원(capitation support)을 위해 보건전문학교에의 충족요건 제정, 기존 지역보건교육센터(Area Health Education Center) 프로그램의 확대 등을 다루고 있다. Owen MacBride, "An Overview of the Health Professions Educational Assistance Act, 1963-1971," *Report* No. A1., New Brunswick: Robert Wood Johnson Foundation, 1973; John J. Greene, "The Health Professions Educational Assistance Act of 1976: A New Prescription?" *Fordham Urban Law Journal* 5(2), 1979, pp.279-302.

55 Ludmerer, 『치유의 시간』, 245-246쪽; 309-310쪽.

56 민권운동은 1946년부터 1968년까지 아프리카계 미국인의 완전한 정치적, 사회적, 경제적 권리를 보장하기 위해 노력한 다양한 활동을 총칭하는 용어다. 민권운동에는 법정 소송 제기부터 연방정부를 상대로 한 정치적 로비, 대규모 시위, 블랙 파워(black power)운동에 이르기까지 다양한 접근 방식을 포함하고 있다.

57 Ludmerer, 『치유의 시간』, 274-276쪽.

58 재건기(1865-1877)는 남북전쟁(Civil War, 1861-1865)에 이은 1865년부터 1877년까지 시기를 의미한다. 이 시기에 노예제로 발생한 불평등과 폐해를 없애고, 노예제 폐지에 따른 변화를 해결하기 위해 헌법 개정(수정헌법 13, 14, 15조)이 있었다. 수정헌법 제13조는 공식적으로 노예제를 폐지하고, 범죄자를 제외하고서 비자발적인 예속을 금지시켰다. 수정헌법 제14조는 노예 출신 흑인

과 그 후손의 권리를 보장할 목적으로 적법 절차 없이 생명, 자유, 혹은 재산을 박탈할 수 없음과 평등보호조항을 포함하였다. 수정헌법 제15조는 인종, 피부색, 이전의 노예 상태에 상관없이 투표권을 보장하였는데, 이 조항에는 여성들이 포함되지 않았었다. 따라서 1920년에 비준된 수정헌법 제19조를 통해 여성의 투표권이 포함되게 되었다.

59 Walsh, *Doctors Wanted*, p.242. 소수자우대정책계획(혹은 차별철폐조치)에서는 고용주가 인종, 피부색, 성별, 종교, 출신, 국가, 연령 등에 관계없이 장점과 능력을 바탕으로 평등한 고용 기회를 제공하고 승진 기회를 제공하는 조치를 자세히 설명하는 프로그램이다.

60 Walsh, *Doctors Wanted*, p.242.

61 More, *Restoring the Balance*(Kindle), 2281-2783(location); 2766-2771(location); Walsh, *Doctors Wanted*, pp.268-269.

62 보너, 『여의사의 역사』, 253쪽; Ludmerer, 『치유의 시간』, p.334; 마저리 A. 보먼, 에리카 프랭크, 데보라 I. 앨런 편, 박경아, 이유미 역, 『여성 의사로 살아간다는 것』, 에코리브르, 2011, 20쪽.

63 2022년 6월, 연방대법원은 낙태에 대한 실질적인 권리가 미국의 "역사나 전통에 깊이 뿌리 내리지 않았고, 적법절차 조항에 의한 권리에 해당하지 않는다"라는 이유로 돕스 대 잭슨 여성 건강 조직(Dobbs v. Jackson Women's Health Organization) 판결에서 낙태에 대한 연방 헌법상 권리를 인정했던 로 대 웨이드 판결을 뒤집었다.

64 Sandra Morgan, "Women Physicians and the Twentieth-Century Women's Health Movement in the United States," Ellen S. More, Elizabeth Fee, and Manon Parry, eds., *Women Physicians and the Cultures of Medicine*, Baltimore: Johns Hopkins University Press, 2009, pp.163-165.

65 More, *Restoring the Balance*(Kindle), 3006-3009(location).

66 More, *Restoring the Balance*(Kindle), 3010-3013(location).

67 More, *Restoring the Balance*(Kindle), 3006-3009(location); Morgan, "Women Physicians and the Twentieth-Century Women's Health Movement in the United States," p.161; Charles Terrell and James Beaudreau, "3000 by 2000 and Beyond: Next Steps for Promoting Diversity in the Health Professions," *Journal of Dental Education* 67(9), 2003,

pp.1048-1052; 보먼, 프랭크, 앨런, 『여성 의사로 살아간다는 것』, 181쪽.

68 Morgan, "Women Physicians and the Twentieth-Century Women's Health Movement in the United States," pp.163-165.

69 로 대 웨이드 판결 후 미국에서 낙태 문제는 문화전쟁이 벌어지는 대표적 전투지가 됐다. 프로 라이프(pro-life) 구호를 내세워 낙태를 반대하는 진영에서는 기독교적 생명윤리를 지향하는 반면에, 프로 초이스(pro-choice) 진영에서는 여성의 자신 신체에 관한 선택권을 주장하며 낙태 허용을 주장하고 있다.

70 Morgan, "Women Physicians and the Twentieth-Century Women's Health Movement in the United States," pp.165-167.

71 보먼, 프랭크, 앨런, 『여성 의사로 살아간다는 것』, 33-35쪽.

72 More, *Restoring the Balance*(Kindle), 2926-2942(location).

73 보먼, 프랭크, 앨런, 『여성 의사로 살아간다는 것』, 69쪽.

74 미국에서는 1975년 이후 인턴과 레지던트 과정을 통합하여 레지던트 과정이라고 칭한다.

75 Naomi Rogers, "Feminists Fight the Culture of Exclusion in Medical Education, 1970-1990," Ellen S. More, Elizabeth Fee, and Manon Parry, eds., *Women Physicians and the Cultures of Medicine*, Baltimore: Johns Hopkins University Press, 2009, p.206, 219, 225.

76 보먼, 프랭크, 앨런, 『여성 의사로 살아간다는 것』, pp.214-215, 220.

77 여기서 학대란 '원치 않는 육체적, 언어적 관심, 유혹, 적대감이나 위협을 받는 것'을 의미한다.

78 보먼, 프랭크, 앨런, 『여성 의사로 살아간다는 것』, 184쪽.

79 보먼, 프랭크, 앨런, 『여성 의사로 살아간다는 것』, 143쪽; 212쪽.

80 Catherine R. Lucey, "Medical Education: Part of the Problem and Part of the Solution," *JAMA Internal Medicine* 173(17), 2013, pp.1639-1640.

81 보먼, 프랭크, 앨런, 『여성 의사로 살아간다는 것』, 186-187쪽. 린든 존슨(Lyndon B. Johnson, 1908-1973) 대통령 시기 1965년 사회보장법에 따라 메디케어(Medicare)와 메디케이드(Medicaid)가 설립되었다. 메디케어는 미국 연방정부가 65세 이상 노인들과 특정한 자격을 갖춘 사람에게 제공하는 의료보험제도이다. 메디케이드는 국민의료보조제도로 65세 미만의 저소득층과 장애인을 위해 연방정부와 주정부가 공동으로 재정을 부담하는 의료 프로그램이다.

참고문헌

1부 1장

1. 자료

『대한흥학보』, 『동아일보』, 『조선일보』, 『제국신문』, 『황성신문』

『朝鮮總督府官報』

京城女子醫學講習所編, 『京城女子醫學講習所 校友會誌』, 第1號, 京城女子醫學講習所, 1934.

沈英燮, 『友石先生小傳』, 발행지 불명, 1967, 고려대 소장본.

길정희, 『나의 자서전: 한국여자의학교육 회고』, 삼호출판사, 1981.

셔우드 홀 지음, 김동열 옮김, 『닥터 홀의 조선회상』, 좋은 씨앗, 2014.

H. N. Allen and J. W. Heron, *First Annual Report of the Korean Government Hospital Seoul*, Yokohama R Meiklejohn & Co., 1886.; 『제중원 일차년도 보고서』의 원문과 번역본은 『延世醫史學』 3-1, 1999. 3.

Annual Report of the Korea Woman's Conference of the Methodist Episcopal Church(KWC Annual Report)

Annual Report of the Woman's Foreign Missionary Society of the Methodist Episcopal Church(WFMS Report)

Korea Mission Field(KMF)

General Commission on Archives and History(GCAH) 소장, *Methodist Medical Work General*

2. 연구서

고려대학교 여성 의학사연구소, 『고려의대 백년의 여정』, 역사공간, 2024.

고려대학교 의과대학, 『고려대학교 의과대학 90년사(1928-2018)』, 고려대학교 의과대학, 2018.

기창덕, 『한국근대의학교육사』, 아카데미아, 1995.

박정희, 『로제타 셔우드 홀: 한국 근대 여성의 길을 놓다』, 키아츠, 2018.

박정희, 『닥터 로제타 홀: 조선에 하나님의 빛을 들고 나타난 여성』, 다산북스, 2019.
박형우, 『세브란스와 한국의료의 여명』, 청년의사, 2006.
박형우, 『한국 근대 서양의학교육사』, 청년의사, 2008.
박형우, 『제중원』, 21세기북스, 2010.
신규환·박윤재, 『제중원 세브란스 이야기』, 역사공간, 2015.
연세대학교 의과대학, 『의학백년, 1885-1985』, 연세대학교 출판부, 1986.
이충호, 『일제암흑기 의사교육사』, 국학자료원, 2011.
이화의료원 역사편찬위원회 지음, 『이화 의료 이야기: 보구녀관에서 이화의료원까지』, 이화여자대학교출판문화원, 2022.

3. 연구논문

공혜정, 「한국 최초의 여성 의학전문교육기관 탄생의 산파 역할을 한 산부인과 의사, 길정희」, 『대한의사협회지』 64(10), 2021.
김성은, 「로제타 홀의 조선 여의사 양성」, 『한국기독교와 역사』 27, 2007. 9.
김성은, 「구한말 일제시기 미북감리회의 여성 의료기관」, 『이화사학연구』 35, 2007. 12.
김영·송지청, 「경성여자의학전문학교에 대한 연구: 『京城女子醫學專門學校一覽』을 중심으로」, 『한국의사학회지』 36(1), 2023. 5.
김영수, 「해외여선교회(WFMS)의 서울지역 의료사업: 동대문 부인병원을 중심으로」, 『이화사학연구』 62, 2021. 7.
박지영, 「한국 근현대 여성 의학사의 동향과 전망: 여성 의료인의 성장에서 여성의 의료 경험으로」, 『이화사학연구』 69, 2024. 12.
백옥경, 「한국 근대 초 의료선교사 메리 커틀러(Mary M. Cutler, 1865-1948)의 진료 활동과 여성 의학교육」, 『여성과역사』 35, 2021. 12.
백옥경, 「평양의 여성병원: 광혜여원의 설립과 운영」, 『의료사회사연구』 제12집, 2023. 10.
백운기·김상덕, 「경성여자의학전문학교 창립의 주체였던 김탁원·길정희 부부는 왜 실제 설립과정에서 제외되었는가?」, 『연세의사학』 13(1), 2010. 6.
백운기·김상덕, 「김종익의 유언과 경성여자의학전문학교 설립과정」, 『연세의사학』 14(1), 2011. 6.

신규환, 「일제시기 '의전체제'로의 전환과 의학교육: 세브란스의전과 경성의전을 중심으로」, 『연세의사학』 20(1), 2017. 6.
신규환, 「한말 일제 전반기 여성 의학교육의 계보와 특징: 로제타 홀(1865-1951)의 의학교육을 중심으로」, 『연세의사학』 26(2), 2023. 12.
신규환, 「로제타 홀(1865-1951)과 한말 일제하의 여성 의학교육」, 『의학사연구』 1(1), 2024. 2.
신은정, 「근대시기 한국의 여의사 양성과정 성립 연구」, 『한국의사학회지』 36(1), 2023. 5.
여인석, 「세브란스의전 연구부의 의학연구 활동」, 『의사학』 13(2), 2004. 12.
여인석, 「제중원과 세브란스의전의 기초의학교육과 연구」, 『연세의사학』 12(1), 2009. 6.
여인석, 「한말과 일제시기 선교의사들의 전통의학 인식과 연구」, 『의사학』 15(1), 2006. 8.
이근환, 「1930-1940년대 의학교육과 병원설립에 관한 연구: 경성여자의학전문학교를 중심으로」, 고려대학교 역사교육학과 석사학위논문, 200. 8
이방원, 「보구여관(保救女館)의 설립과 활동」, 『의사학』 17(1), 2008. 6.
이영아, 「최초의 '국내파' 여성 의사 안수경(安壽敬), 김영흥(金英興), 김해지(金海志) 연구」, 『의사학』 30(1), 2021. 4.
이헌정, 「자료로 살펴보는 여자의학강습소와 경성여자의학전문학교의 연계성」, 김상덕·이헌정 편, 『자료로 살펴본 여자의학강습소: 한국 여자의학교육기관의 효시』, 한림원, 2003.
이현일, 「일제하 공립 의학전문학교의 설립과 운영」, 『한국독립운동사연구』 42, 2012. 8.
이희재·강문석·권복규, 「보구녀관(普救女館)의 명칭과 표기에 관한 재고찰」, 『의사학』 28(3), 2019. 12.
정다혜, 「"여성을 위한 의료사업은 여성의 힘으로(Medical work for women by women)": 로제타 홀의 여성병원운영론과 여성 의학교육」, 『의료사회사연구』 14, 2024. 10.
정준영, 「식민지 의학교육과 헤게모니 경쟁: 경성제대 의학부의 설립과정과 제도적 특징을 중심으로」, 『사회와역사』 85, 2010.

최은경, 「일제강점기 조선 여자 의사들의 활동: 도쿄여자의학전문학교 졸업 4인을 중심으로」, 『코기토』 80, 2016. 8.
李賢一, 「京城帝國大學醫學部の硏究活動: その學術誌の分析を中心に」, 『アジア太平洋硏究科論集』 17, 2009. 4.
李賢一, 「植民地朝鮮における醫學硏究の軌跡: 京城醫學專門學校を中心に」, 『アジア太平洋硏究科論集』 19, 2010. 5.

1부 2장

1. 1차 자료

연속간행물 및 단행본

『신한민보』; 『매일신보』, 『긔독신보』, 『조선일보』, 『동아일보』
Annual Report of the Woman's Foreign Missionary Society(AR of WFMS, 1919년 이후 Year Book)
Annual Report of he Korea Woman's Conference of the Methodist Episcopal Church
Annual Report of the Woman's Missionary Council of the Methodist Episcopal Church, South
Annual Report of the Board of Foreign Missions of the Methodist Episcopal Church
Minutes of the Korea Woman's Conference
The Christian Movement in the Japanese Empire(The Christian Movement in Japan, Korea and Formosa)
The China Medical Journal
The Korean Mission Field(KMF)
American Board of Commissioners for Foreign Missions, Manual for Missionary Condidates(Boston: Congregational House), 1916.

자료집

옥성득, 『한국간호역사자료집』, 대한간호협회, 2011.

인천기독병원 원목실, 『인천기독병원: 교회가 시작한 100년 사료집- I』, 인천기독병원 원목실, 2020.

기타 자료

Cutler, Mary M., and Margaret J. Edmunds, "Po Ku Nyo Koan Report with Addenda," 1906. 기독교대한감리회 역사정보자료실 소장.

Pak, Rohda Kim, "Status of Women Physicians," Journal of the American Medical Women's Association 5(3), 1950.

Payne, Zola, "Medical Education Work for Women," Fifty Years of Light, 1938.

로제타 홀 작성 자료(연도순)

Hall, Rosetta Sherwood, "Woman's Medical Work, Seoul, Korea," The Chinese Recorder and Missionary Journal 24(9), 1893.

Hall, Rosetta Sherwood, "Medical-Evangelistic Work for Women and Children, Pyeng Yang," AR of KWC, 1906.

Hall, Rosetta S., and Esther K. Pak, "Woman's Medical Work, Pyong Yang," KMF 5(7), 1909.

Hall, Rosetta S., and Mary M. Cutler, "Koang Hyoe Nyo Won(Woman's Hospital of Extended Grace)," AR of KWC, 1913.

Hall, Rosetta S., and Mary M. Cutler, "Koang Hyoe Nyo Won(Woman's Hospital of Extended Grace) and Woman's Medical Class," 1914.

Hall, Rosetta S., and Mary M. Cutler, "Medical Report of Pyeng Yang Hospital," AR of KWC, 1915.

Hall, Rosetta S., "Methodist Episcopal Mission, Pyeong Yang," The Christian Movement in the Japanese Empire, 1915.

Hall, Rosetta S., "Urgent Medical Needs of Korean Women," *The China Medical Journal* 29(5), 1915.

Hall, Rosetta S., "Dr. Hall's Report for the Year 1922," *AR of KWC*, 1923.

Hall, Rosetta S., "One Phase of Your Work," *AR of KWC*, 1924.

Hall, Rosetta S., "Women Physicians in the Orient," *KMF* 21(2), 1925.

Hall, Rosetta S., "Backward Glances at Women's Medical Work," *The Korea Mission Year Book*, Seoul, Korea: The Christian Literature Society of Korea, 1928.

Hall, Rosetta S., "The Woman's Medical Training Institute," *KMF* 24(9), 1928.

Hall, Rosetta S., "Medical Education and Rural Medical Work," *AR of KWC*, 1929.

Hall, Rosetta S., "Medical Education," *AR of KWC*, 1930.

Hall, Rosetta S., "Woman's Medical Institute," *AR of KWC*, 1931.

Hall, Rosetta S., "Woman's Medical Institute," *KMF* 30(1), 1934.

국사편찬위원회 소장자료

Missionary Research Library Korea General Papers, 1904-1964, Folder "Seoul Conference, [1913?]: Occupation in the Field, Medical Missions." 유니언 신학교 버크도서관(Burke Library) 소장자료. 국사편찬위원회 사료참조코드: AUS292_01_00C0007.

Files Methodist Church, 1912-1949, China, Japan, and Korea, Box Korea, Folder "Anderson A. Garfield(Dr. & Mrs) 1913-1927." 미국 감리교총회역사보존위원회(General Commission on Archives and History Missionary) 소장자료. 국사편찬위원회 사료참조코드: AUS294_01_00C0036.

Files Methodist Church, 1912-1949, China, Japan, and Korea, Box Korea, Folder "Korea Conference, 1912-1940." 미국 감리교총회역사보존위원회 소장자료. 국사편찬위원회 사료참조코드: AUS294_01_00C0021.

Files Methodist Church, 1912-1949, China, Japan, and Korea, Box Korea, Folder "Korea Conference, Miscellaneous M-Z." 미국 감리교총회역사보존위원회 소장자료. 국사편찬위원회 사료참조코드: AUS294_01_00C0024.

Presbyterian Church in the U.S.A. Board of Foreign Missions, Korea Mission Record 1903-1957, Series 2 - Korea Mission Field Correspondence and Board Circular Letter, 1910-1953, Folder "Board Circular Letters to Mission, 1923." 미국 장로교역사연구소(Presbyterian Historical Society) 소장자료. 국사편

찬위원회 사료참조코드: AUS293_02_00C0010.
Presbyterian Church in the U.S.A. Board of Foreign Missions, Korea Mission Record 1903-1957, Series 2 - Korea Mission Field Correspondence and Board Circular Letter, 1910-1953, Folder "Board Circular Letters to Mission, 1924." 미국 장로교역사연구소 소장자료. 국사편찬위원회 사료참조코드: AUS293_02_00C0011.

양화진문화원기록관 소장자료

To the Third Regular Meeting of the W.M.T. I. May 19, 1928. 유물번호 00000197(홀 Box 7).
Mrs. Rosetta Sherwood Hall, M.D. Liberty, N.Y. 1935, 유물번호 00000215(홀 Box 7).

2. 연구논문 및 단행본

고려대학교 여성 의학사연구소, 「한국 최초의 정식 여성 의학교육 기관이 배출한 첫 번째 여의사, 박순정」, 『의학사연구』 1(1), 2024.
김성은, 「로제타 홀의 조선여의사 양성」, 『한국 기독교와 역사』 27, 2007a.
김성은, 「구한말 일제시기 미북감리회의 여성 의료기관」, 『이화사학연구』 35, 2007b.
김영수, 「해외여선교회(WFMS)의 서울지역 의료사업 – 동대문 부인병원을 중심으로 –」, 『이화사학연구』 62, 2021.
김정인, 「식민지기 여성 고등교육의 지향점으로서 교사 양성 – 이화여자전문학교를 중심으로 –」, 『강원사학』 37, 2021.
김태웅 · 장세웅, 『일제강점기 고등교육 정책』, 동북아역사재단, 2022.
김혜경 · 이희천 엮음, 『애니 엘러스: 한국에 온 첫 여의료선교사』, 홍성사, 2019.
데이빗 하워드, 『학생운동과 세계복음화』, 생명의 말씀사, 1980.
박윤재, 「조선총독부의 지방 의료정책과 의료 소비」, 『역사문제연구』 21, 2009.
박정희, 『닥터 로제타 홀: 조선에 하나님의 빛을 들고 나타난 여성』, 다산북스, 2015.
백옥경, 「한국 근대 초 의료선교사 메리 커틀러(Mary M. Cutler, 1865-1948)의 진료 활동과 여성 의학교육」, 『여성과 역사』 35, 2021.
백옥경, 「평양의 여성병원: 광혜여원의 설립과 운영」, 『의료사회사연구』 12, 2023.
사토고조 지음, 이충호 역, 『조선의육사』, 형설문화사, 1993.

셔우드 홀, 김동열 역, 『닥터 홀의 조선회상』, 좋은씨앗, 2009.
송현강, 「미국 남장로교의 전북지역 의료선교(1896-1840」, 『한국기독교와 역사』 35, 2011.
신규환, 「한말 일제 전반기 여성 의학교육의 계보와 특징: 로제타 홀(1865-1951)의 의학교육을 중심으로」, 『연세의사학』 26(2), 2023.
신지혜, 「19세기 말-20세기 초 미국의 여성 의학교육: 펜실베이니아 여자의과대학(WMCP)을 중심으로」, 『의학사연구』 1(1), 2024.
여인석 옮김·해제, 『알렌의 의료보고서』, 역사공간, 2016.
윤매옥, 「한국인을 위한 간호선교사 엘리자베스 쉐핑(Elizabeth J. Shepping, R. N.)의 교육과 전인적 간호」, 『지역사회간호학회지』 27(1), 2016.
이꽃메·김화중, 「일제시대 선교회의 보건간호사업에 대한 역사적 연구」, 『지역사회간호학회지』 10(2), 1999.
이꽃메, 「한국 최초의 간호사 김마르다와 이그레이스 연구」, 『여성과 역사』 30, 2019.
이덕주, 『한국감리교 여선교회의 역사』, 기독교대한감리회 여선교회전국연합회, 1991.
이만열, 『한국기독교의료사』, 아카넷, 2003.
이방원, 「박 에스더(1877-1910)의 생애와 의료선교활동」, 『의사학』 16(2), 2007.
이방원, 「보구여관 간호원양성소(1903-1933)의 설립과 운영」, 『의사학』 20(2), 2011.
이방원, 「보구여관의 설립과 활동」, 『의사학』 17-1, 2008.
이방원, 「일제강점기 도립의원의 변화와 한계(1925-1945): 질병 치료 기능을 중심으로」, 『의료사회사연구』 12, 2023.
이영아, 「최초의 '국내파' 여성 의사 안수경(安壽敬), 김영흥(金英興), 김해지(金海志) 연구」, 『의사학』 30(1), 2021.
이은혜, 「여성 의료선교사 프로렌스 제시 머레이(Florence J. Murray, 慕禮理)의 한국 사역」, 『신학과 목회』 58, 2023.
이현주, 「여성 의사와 해외선교-19세기 말에서 20세기 초 내한 미국인 선교사를 중심으로-」, 『이화사학연구』 63, 2021.
조정은, 「근대 동아시아 프로테스탄트 의료선교의 보편성과 특수성: 한·중 비교를 중심으로」, 『의료사회사연구』 4, 2019.
최규진, 「후지타 쓰구아키라의 생애를 통해 본 식민지 조선의 의학/의료/위생」, 『의사학』 25(1), 2016.
황미숙, 「선교사 마렌 보딩(Maren Bording)의 공주 대전지역 유아복지와 우유급식소 사업」, 『한국기독교와 역사』 34, 2011.
황미숙, 「1920년대 내한 여선교사들의 공중보건위생과 유아복지사업」, 『한국기독교신학논총』 103, 2017.
Dana L. Robert, *American Women in Mission: A Social History of Their Thought and Practice*, Macon, Georgia: Mercer University Press, 1998.
Karen E. Campbell and Holly J. McCammon, "Elizabeth Blackwell's Heirs: Women as Physicians in the United States, 1880-1920," *Work and Occupations* 22(3), 2005.

1부 3장

1. 자료

『조선일보』, 『동아일보』, 『厚生日報』
京城女子醫學講習所, 『校友會誌』, 1934.
京城女子醫學講習所, 『記念誌(校友會誌第二號代刊)』, 1936.
京城女子醫學專門學校, 『京城女子醫學專門學校 一覽』, 1941.
京城帝国大学衛生調査部 編, 『土幕民の生活·衛生』, 岩波書店, 1942.
고려대학교 의과대학교우회, 『명륜반세기』, 1988.
고려대학교 의과대학교우회, 『고의가족』, 2015.
順天大學校 地域開發硏究所, 『자료로 본 友石 金鍾翊』, 1994.
友石大學校, 『友石大學校 醫科大學 同窓會員 名簿』, 1970.
이화의료원 역사편찬위원회, 『이화의료이야기』, 이화여자대학교 출판문화원, 2022.
의료정책연구소, 『우리나라 근·현대여성사에서 여의사의 활동과 사회적 위상』, 2012.

2. 연구서 및 연구논문

공혜정, 「한국 최초의 여성 의학전문교육기관 탄생의 산파 역할을 한 산부인과 의사,

길정희」, 『대한의사협회지』 64(10), 2021.
길정희, 『나의 自敍傳』, 三護出版社, 1981.
기창덕, 『한국근대의학교육사』, 아카데미아, 1995.
기창덕, 「사립여자의학교육」, 『의사학』 2(1), 1993.
김성은, 「로제타 홀의 조선여의사 양성」, 『한국기독교와 역사』 27, 2007.
김영·송지청, 「경성여자의학전문학교에 대한 연구」, 『한국의사학회지』 36(1), 2023.
박윤재, 『한국 근대의학의 기원』, 혜안, 2005.
백운기·김상덕, 「경성여자의학전문학교 창립의 주체였던 김탁원·길정희 부부는 왜 실제 설립과정에서 제외되었는가?」, 『연세의사학』 13(1), 2010.
백운기·김상덕, 「김종익의 유언과 경성여자의학전문학교 설립과정」, 『연세의사학』 14(1), 2011.
서기재, 「엘리트 의사집단의 식민지 진출과 근대한국 의학교육」, 『일본어교육』 103, 2023.
신규환, 신규환, 「한말 일제 전반기 여성 의학교육의 계보와 특징: 로제타 홀(1865-1951)의 의학교육을 중심으로」, 『연세의사학』 26(2), 2023
신동원, 「일제강점기 여의사 허영숙의 삶과 의학」, 『의사학』 21(1), 2012.
우윤중, 「민립대학 설립운동의 주체와 성격 : 민립대학기성준비회를 중심으로」, 성균관대학교 석사학위논문, 2016.
유승흠 편, 『우리나라 의학의 선구자 1』, 한국의학원, 2007.
이근환, 「1930-1940년대 의학교육과 병원설립에 관한 연구」, 고려대학교 석사학위논문, 2008.
이방원, 「보구여관(保救女館)의 설립과 활동」, 『의사학』 17(1), 2008.
이방원, 「박 에스더(1877~1910)의 생애와 의료선교활동」, 『의사학』 16(2), 2007.
이영아, 「최초의 '국내파' 여성 의사 안수경(安壽敬), 김영흥(金英興), 김해지(金海志) 연구」, 『의사학』 30(1), 2021.
이헌정, 「자료로 살펴보는 여자의학강습소와 경성여자의학전문학교의 연계성」, 김상덕·백운기 편, 『자료로 살펴본 여자의학강습소』, 한림원, 2003.
이희재, 「유영준(劉英俊)의 생애와 활동」, 『한국문화연구』 42, 2022.
전종휘, 『醫窓夜話』, 의학출판사, 1994.
정구충, 『한국의학의 개척자』, 동방도서주식회사, 1985.

차예람, 「1920~1930년대 조선 의학계의 여자의학전문학교설립운동」, 고려대학교 석사학위논문, 2024.
최은경, 「일제강점기 조선 여자 의사들의 활동」, 『코기토』 80, 2016.
佐藤剛藏, 이충호 역, 『조선의육사』, 형설, 1993.
水野直樹, 정선태 역, 『창씨개명』, 산처럼, 2002.
水野直樹, 「식민지의 가난한 여성이 의사가 된다」, 경북대학교 강연자료, 2019.

1부 4장

1. 자료

『경성일보』, 『경향신문』, 『동아일보』, 『제국신문』, 『조선중앙일보』, 『조선일보』, 『황성신문』
Alice R. Appenzeller, Changes at Ewha Haktang : Annual Report of the Korea Woman's Conference of the Methodist Episcopal Church 27(Seoul, Methodist Pub. House 1924-1925, 1925.
Rosetta Sherwood Hall, "The Women's Medical Training Institute", Korea Mission Field 24(9), 1928.
Rosetta Sherwood Hall, M.D., "Woman's Medical Institute," AR, 1931.
京城女子醫學講習所, 『校友會誌』創刊號, 京城女子醫學講習所, 1934.
Zolla Payne, "Medical educational work for women," FIFTY YEARS OF LIGHT, 1938.

2. 단행본

김상덕, 이현정, 『자료로 살펴 본 여자의학강습소: 한국 여자의학교육기관의 효시』, 한림원, 2003.
한국여자의사회, 『한국여자의사회50년사 1956-2005』, 한국여자의사회, 2005.
길정희, 『나의 自敍傳:한국여자의학교육 회고』 ,삼호출판사, 1981.
김경일,이상경,김성은, 『한국 근대 여성 63인의 초상』,한국학중앙연구원출판부, 2015.

정구충,『한국의학의 개척자』, 동방도서, 1985.

順天大學校 地城開發研究所,『자료로 본 友石 金種翊』, 正文社, 1994.

주진오, 김선주, 권순형, 이순구, 박정애, 김은경,『한국 여성사 깊이 읽기』, 푸른역사, 2013.

3. 연구논문

백옥경,「식민지시기 조선여학생의 東京女子醫學專門學校 유학과 귀국후 활동」,『梨花史學研究』66, 이화여자대학교 이화사학연구소, 2023.

김성은,「로제타 홀의 조선 여의사 양성」,『한국기독교와 역사』27, 한국기독교역사연구소, 2007.

신동원,「일제강점기 여의사 허영숙의 삶과 의학」,『의사학』21, 2012.

공혜정,「한국 최초의 여성 의학전문교육기관 탄생의 산파 역할을 한 산부인과 의사, 길정희」,『대한의사협회지』64, 대한의사협회, 2021.

최은경,「일제강점기 조선 여자 의사들의 활동: 도쿄여자의학전문학교 졸업 4인을 중심으로」,『코키토』80호, 부산대학교 인문학연구소, 2016.

주양자, 남경애, 류창욱, 김신명숙, 홍예원,「우리나라 근·현대여성사에서 여의사의 활동과 사회적 위상」, 대한의사협회 의료정책연구소, 2012.

이동순,「여성운동가 현덕신 연구」,『문화와 융합』42, 한국문화융합학회, 2020.

김진혁,「여성 의학교육기관의 설립과 운영(1928-1945)」,『동아시아 역사속의 여성 의학교육』, 고려대학교 여성 의학사연구소, 2023.

강혜경,「숙명여고보 맹휴사건으로 본 식민지 여성교육」,『한국독립운동사연구』, 독립기념관 한국독립운동연구소, 2010.

이희재,「유영준(劉英俊)의 생애와 활동: 신여성 의사에서 좌익 여성운동 지도자까지」,『한국문화연구』42, 이화여자대학교 한국문화연구원, 2022.

김용범,「일제강점기 여성지에 나타난 생활개선 담론의 경향 고찰-주생활 및 부엌 개량의 내용을 중심으로」,『한국주거학회 논문집』22(4), 한국주거학회, 2011.

장원아,「근우회와조선여성해방통일전선,『역사문제연구』42, 역사문제연구소, 2019.

2부 5장

김영수, 「근대 일본의 의사면허의 변천:의제부터 의사법까지」, 『연세의사학』 16(1) 2013.

김영수, 「근대 일본의 여성 의학교육: 도쿄여자의학전문학교를 중심으로」, 『의학사 연구』, 2024.

김옥주, 「에도 말 메이지 초 일본 서양의사의 형성에 대하여」, 『의사학』 20(2), 2011.

天野郁夫, 「職業と試験の制度化」, 『教育と選抜』, 第一法規, 1982.

石原あえか, 『ドクトルたちの奮闘記 ゲーテが導〈日独医学交流〉』, 慶應義塾大学出版会, 2012.

大竹沙織·城丸瑞恵·佐藤公美子, 「産婆·女医高橋瑞の生涯」, 『日本看護歴史学会誌』 27, 2014.

賀古鶴所, 「日本医育論」, 日本科学史学会, 『日本科学技術史大系』 第24巻, 医学, 1965.

唐沢信安, 「済生学舎廃校の歴史」, 『日本医史学雑誌』 41(3), 1994.

猪狩周平, 「明治期日本における開業医集団の成立—専門医と一般医の身分分離構造を欠く日本医師集団の源流」, 『大原社会問題研究所雑誌』 511, 2001.

神崎清, 吉岡弥生女史伝記編纂委員会編, 『吉岡弥生伝』. 柏書房, 1941.

楠戸義昭, 『維新の女』, 毎日新聞出版, 1992.

板垣英治, 「石川県甲種医学校の医学教育：医学教科書と参考書から医学教育を見る」, 『日本海域研究』 40, 2009.

坂井建雄·澤井直·瀧澤利行·福島統·島田和幸, 「我が国の医学教育·医師資格付与制度の歴史的変遷と医学校の発展過程」, 『医学教育』 41(5), 2010.

酒井シヅ, 『日本の医療史』, 東京書籍, 1982.

酒井シヅ, 「通史」, 『東京女子医科大学百年史』, 東京女子医科大学, 2000.

酒井シヅ, 『愛と至誠に生きる—女医吉岡彌生の手紙』, NTT出版, 2005.

佐々木啓子, 「女性医師のパイオニア、岡見京と吉岡彌生 –海外留学による医師資格取得と、機関養成としての女医学校設立 –」, 『電気通信大学紀要』 33(1), 2021

社会事業研究所, 『近代 医療保護事業発達史』 上巻 総説編, 日本評論社, 1943.

集英社,『教育・文学への黎明』, 集英社〈人物日本の女性史〉, 1978

東京女子医科大学,『東京女子医科大学 80 年史』, 東京女子医科大学, 1980.

中山茂,『野口英世』, 朝日新聞社, 1978.

長与専斎,『松香私志』, 長与称吉, 1902.

西条敏美,『理系の扉を開いた日本の女性たち ゆかりの地を訪ねて』, 新泉, 2009

日本女醫會史編纂委員會編,『日本女醫史』, 日本女醫會本部, 1962.

橋本鉱市,「近代日本における専門職と資格試験制度一医術開業試験を中心として 一」,『教育社会学研究』51, 1992.

橋本鉱市,「近代日本における医師社会の階層的構造 :『日本杏林要覧』(M42)による実証的分析」,『放送教育開発センター研究紀要』, 1992.

藤本大士,「1880-1890 年代の日本におけるアメリカ女性医療宣教師の活動」,『日本医史学雑誌』64(3), 2018

布施昌一,『医師の歴史—その日本的特長』, 中公新書, 1979.

堀口文,「歴史的背景から考察した日本の女子医学教育について」,『医学教育』16(1), 1985.

三上昭美,『東京女子医科大学小史:六十五年の歩み』, 東京女子医科大学, 1966

三崎裕子,「「近代的明治女醫」誕生の經緯と背景」,『日本醫史學雜誌』61(2), 2015.

渡邊洋子,『近代日本の女性専門職教育』, 明石書店, 2014.

渡邊洋子,「総論:日本の医療専門職の特徴—医師をめぐる多面的考察から—」,『社会保障研究』3(4), 2019

吉岡彌生,『吉岡弥生 吉岡弥生伝』, 日本図書センター〈人間の記録〉, 1998. 8. 25.(原著1941年)

吉岡彌生,『来るものの為に』, 相模書房, 1927

Dana L. Robert, *American women in mission : a social history of their thought and practice*, Macon, Ga.: Mercer University Press, c1996, 4. "Woman's Work for Woman" and the Methodist Episcopal Church. Ch. 5. Women.

2부 6장

1. 자료

「中外醫事新報」, 「醫學中央雜誌」

2. 연구서

大山幸太郎, 『日本教育行政法論』, 目黑書店, 1912.

渡邊洋子, 『近代日本の女性専門職教育』, 明石書店, 2014.

東京女子醫科大學, 『東京女子醫科大學小史 −六十五年のあゆみ』, 中央公論事業出版, 1966.

東京女子醫科大學百年史編纂委員會, 『東京女子醫科大學百年史』, 東京女子醫科大學, 2000.

東京女子醫學專門學校編, 『東京女子醫學專門學校一覽』, 東京女子醫學專門學校, 1937.

松本龜藏編, 『立志成業東京修學案內』, 修學堂書店, 1902.

日本教育評論社調査部編, 『最新東京學校案內』(昭和12年版 改訂2版), 日本教育評論社, 1936.

日本女醫會史編纂委員會編, 『日本女醫史』, 日本女醫會本部, 1962.

帝國教育會編, 『東京遊學案內』, 大洋堂書店, 1913.

坂井建雄編, 『日本醫學教育史』, 東北大學出版會, 2012.

厚生省醫務局編, 『醫制八十年史』, 印刷局朝陽會, 1955.

醫事時論社編, 『日本醫籍錄』, 醫事時論社, 1929.

山海堂編輯部編, 『學生年鑑』, 山海堂出版部, 1929.

鴨田担, 『現代女子の職業と其活要』, 成蹊堂, 1913.

3. 연구논문

김영수, 「근대일본의 의사면허 변천: 의제부터 의사법까지」, 『동아시아 역사 속의 의사들』, 역사공간, 2015.

백옥경, 「식민지시기 조선여학생의 東京女子醫學專門學校 유학과 귀국후 활동」, 『이화사학연구』 66, 2023.

최은경, 「일제강점기 조선 여자 의사들의 활동-도쿄여자의학전문학교 졸업 4인을 중심으로」, 『코기토』 80, 2016.
堀口文, 「歷史的背景から考察した日本の女子醫學敎育について」, 『醫學敎育』 16(1), 1985.
唐澤信安, 「濟生學舍の女子醫學教育及びその周邊」, 『日本醫史學雜誌』 43(3), 1997.
渡邊洋子, 「日英における女性醫療專門職の比較硏究の視點-醫師とジェンダー-」, 『京都大學生涯敎育フィールド硏究』 14, 2015.
福嶋正和, 藤田慧子, 「大正女醫の動向」, 『日本醫史學雜誌』 62(4), 2016.
三崎裕子, 「「近代的明治女醫」誕生の經緯と背景」, 『日本醫史學雜誌』 61(2), 2015.
三崎裕子, 「明治女醫の基礎資料」, 『日本醫史學雜誌』 54(3), 2008.
三崎裕子, 「從來開業女醫についての一考察」, 『日本醫史學雜誌』 65(3), 2019.
志村俊郎, 弦間昭彦, 「日本醫科大學前身の濟生學舍-濟生救民と長谷川泰をめぐる人々-」, 『日本醫科大學醫學會雜誌』 18(1), 2022.
坂井建雄, 「我が國の醫學敎育 · 醫師資格附與制度の歷史的變遷と醫學校の發展過程」, 『醫學敎育』 41(5), 2010.
横川弘藏, 「明治期日本醫學校の女醫養成について」, 『日本醫史學雜誌』 31(2), 1985.

2부 7장

1. 자료

「廣東教育公報」, 「廣州民國日報」, 「教育短波」, 「教育部公報」, 「上海通志館期刊」, 「醫學世界」, 「中山日報」, 「中西醫藥」, 「中華醫學雜誌」, 「夏葛校友聲」, *Chinese Medical Journal*
「廣東夏葛女醫學校章程(1915-1916)」, 廣東省立中山圖書館 소장.
「廣東夏葛女醫學校章程」, 1918, 廣東省立中山圖書館 소장.
「私立夏葛醫學院章程(1934-1935)」, 廣東省立中山圖書館 소장.
「夏葛醫科大學章程(1923-1924)」, 廣東省立中山圖書館 소장.
「夏葛醫科大學簡章(1926-1928)」, 廣東省立中山圖書館 소장.
「夏葛醫學院三十周年紀念錄」, 廣東省立中山圖書館 소장.

「夏葛醫學院章程(1931-1932)」, 廣東省立中山圖書館 소장.

「教育部列舉私立夏葛醫學院應行改進各點飭該院遵照改進具報的訓令」, 1935. 5. 31., 광저우시당안관 소장, 문서번호: 0018-005-000062-019.

「美國長老差會·夏葛醫學院校董會訂立的合約」, 1930. 3. 16., 광저우시당안관 소장, 문서번호: 0018-005-000065-022.

「私立廣州夏葛醫學院章程, 校曆, 校董會各校董姓名及任期, 現屆院務會議委員會姓名冊, 職員一覽表, 教員一覽表及組織大綱」, 광저우시당안관 소장, 문서번호: 0018-005-000064-002.

「私立夏葛醫學院報本院改進情形的呈」, 1935. 7. 30., 광저우시당안관 소장, 문서번호: L127-001-000047-033.

「私立夏葛醫學院歷屆畢業生名冊」, 1948. 9. 27., 광저우시당안관 소장, 문서번호: L127-001-000078-003.

「雲南省立昆華女子中學校關於學生李曾賢·顧桂芳擬赴廣州投考廣州夏葛醫學院請該院逾格收錄的公函」, 1933. 8. 8., 광저우시당안관 소장, 문서번호: 0018-005-000065-016.

「卒業生一覽表」, 광저우시당앙관 소장, 문서번호: 0018-005-000064-003.

「夏葛醫學校關於學生鄧悅蘭·談清靈·蘇淑媛·李再蘭(李木蘭)·鐘月英·區韶英·黃東英·黃林鳳·佘海波·李關華入校時的事曆表及關於佘海波科目的英文函」, 1928, 광저우시당안관 소장, 문서번호: 0018-005-000009-002.

「學生入學時之事歷」, 廣州市檔案館 소장.

China Medical Commission of the Rockefeller Foundation, *Medicine in China*, New York, 1914.

2. 연구논저

(美) 嘉惠霖·瓊斯 저, 沈正邦 역, 『博濟醫院百年(1835-1935)』, 廣州: 廣東人民出版社, 2009.

廣州市國土資源和規劃委員會·廣州市嶺南建築研究中心編, 『嶺南近現代優秀建築 1911-1919(廣州)』, 廣州: 華南理工大學出版社, 2017.

廣州市荔灣區婦女聯合會·廣州市荔灣區地方誌辦·廣州市荔灣區檔案局編著, 『西關名姝』, 廣州: 廣東經濟出版社, 2013.

廣州醫科大學附屬第三醫院編, 『發現 · 柔濟』, 廣州: 廣東人民出版社, 2016.
梁碧瑩, 『美國人在廣州: 1784-1912』, 廣州: 廣東人民出版社, 2014.
黎小江 · 莫世祥主編, 『澳門大辭典』, 廣州出版社, 1999.
武漢市政協文史學習委員會 · 中共武漢市委黨史研究室 · 武漢市地方誌辦公室等編, 『高欣榮: 一代名醫, 妙術仁心』, 武漢出版社, 2012.
虞寧寧, 『中國近代教會大學招生考試研究』, 武漢: 華中師範大學出版社, 2016.
王景峰 · 沈慧勇主編, 『劉澤生教授紀念文集』, 廣州: 中山大學出版社, 2014.
莊政, 『孫中山—擁抱祖國, 愛情和書的偉人』, 臺北中央日報, 1995.
陳小卡編著, 『西方醫學傳入中國史』, 廣州: 中山大學出版社, 2020.
卓稚雄, 『廣州歷史地理拾零』, 廣州:廣東人民出版社, 2018.
番禺區地方誌編纂委員會編, 『廣州市番禺市誌(1992-2000)』, 北京: 方誌出版社, 2010.
夏媛媛, 『民國初期西醫教育的建構研究 1912-1937』, 北京: 科學出版社, 2014.
Guangqiu Xu, American Doctors in Canton, Modernization in China, 1835-1935, Transaction Publishers, 2011.
조정은, 「중국 근대 미션계 의학교의 발전과 토착화-의학교육 체계화를 위한 논의를 중심으로-」, 한국사학사학보 31, 2015.
「"南梁北林"之梁毅文」, 『世界最新醫學資訊文摘』 68, 2016.
那夏理, 「華夏大地上的一束光—真光女書院的四十五年歷史(1872-1917)」, 王美怡主編, 『近代廣州研究(第2輯)』, 廣州: 廣東人民出版社, 2014.
梁毅文, 「西關夏葛女子醫學校的片斷回憶」, 廣州市荔灣區政協文史資料研究委員會編, 『廣州文史資料』 35, 廣州: 廣東人民出版社, 1986.
方靖, 「中國近代第一所女子醫學院—夏葛醫學院」, 『廣州大學學報(社會科學版)』 1(3), 2002.
蘇精, 「嘉約翰籌建中國第一家精神病院的過程與爭議」, 『歷史文獻與傳統文化』 1, 2022.
顏宜葳, 「美國女子醫學教育與晚清中國最早的女西醫」, 張大慶 · 蘇靜靜編, 『全球視野下的醫學文化史』, 北京: 中國協和醫科大學出版社, 2019.
庾熙光, 「懸壺濟世的徐甘澍醫生」, 政協廣州市花都區文史資料研究委員會編, 『花都文史第22輯 人物專輯』, 政協廣州市花都區文史資料研究委員會, 2003.

牛桂曉, 「徘徊於醫療與傳教士之間: 近代中國教會醫學教育的語言之爭」, 『醫學與哲學』 43(17), 2022.

王慶林 · 夏坤, 「晚淸教會醫校與女醫人才的培養—以廣州爲中心」, 『江西行政學院學報』 S(1), 2006.

李永宸, 「夏葛醫學院及其學生的地理分佈」, 『南京中醫藥大學學報(社會科學版)』 16(1), 2015.

李永宸, 「近代社會歷史背景視野下的民國廣州醫學院校教學日曆解讀」, 『南京醫科大學學報(社會科學版)』 3, 2014.

趙俐, 「清末民初中國女西醫研究(1879-1919)」, 湖南師範大學 碩士學位論文, 2013.

趙婧, 「醫學 · 職業與性別—近代女子習醫論再探」, 『婦女研究論叢』 6, 2018.

朱素穎, 「再考中國第一位女西醫張竹君之學籍」, 『現代醫學』 50, 2022.

陳國欽, 「夏葛醫科大學與中國近代西醫教育的發端」, 『教育評論』 6, 2002.

陳小卡 · 李麗英, 「關於博濟醫校是中國近代第一家西醫校的考辨」, 『醫學與哲學』 38(12A), 2017.

鮑靜靜, 「教會學校立案中的宗教教育和華人管理權問題研究」, 『廣東社會科學』 4, 2015.

夏坤 · 趙靜, 「晚淸廣州女醫群體」, 『中華醫史雜誌』 36(1), 2006.

夏媛媛, 「民國時期兩級制醫學校的形成」, 『中華醫學會醫史學分會第十三屆一次學術年會論文集』, 2011.

郝先中, 「近代中國女西醫群體的產生及職業形象塑造」, 『自然辨證法通訊』 40(7), 2018.

Connie Shemo, "'Her Chinese Attended to Almost Everything': Relationships of Power in the Hackett Medical College for Women, Guangzhou, China, 1901–1915," *The Journal of American-East Asian Relations* 24(4), 2017.

Pang Suk Man(彭淑敏), "To Save Life and Spread the True Light: the Hackett Medical College for Women in China(1899-1936)," Master of Philosophy Thesis, Hong Kong Baptist University, 1998.

Sara W.Tucker, "A Mission for Change in China: The Hackett Women' Medical Center of Canton, China, 1900-1930," Edited by Lesile A. Flemming, *Women' Work for Women, Missionaries and Social Change in Asia*, New York:

Routledge, 2018.
Xu Guangqiu, "Medical Missionaries in Guangzhou: The Initiators of the Modern Women's Rights Movement in China," *Asian Journal of Women's Studies* 22(4), 2016.

3부 8장

1. 자료

New-York Tribune, Philadelphia Inquirer, Philadelphia Times, Staunton Vindicator

Annual Announcements of the Woman's Medical College of Pennsylvania, 1870-1899.
Baker, Frances J. *The Story of the Woman's Foreign Missionary Society of the Methodist Episcopal Church, 1869-1895,* Cincinnati: Curts & Jennings, 1898.
Bodley, Rachel L. *The College Story*, Valedictory Address to the Twentieth Graduating Class of the Woman's Medical College of Pennsylvania, Philadelphia, 1881.
Bodley, Rachel L. Introductory Lecture Delivered at the Opening of the Twenty-Sixth Annual Session of the Woman's Medical College of Pennsylvania, October 7th, 1875.
Bodley, Rachel L. Valedictory Address to the Twenty-Second Graduating Class of the Woman's Medical College of Pennsylvania, March 13th, 1874.
Drexel University Legacy Center, Archives & Special Collections, College of Medicine, Digital Collections, https://drexel.edu/legacy-center/the-collections/digital-collections/.
Eighteenth Annual Announcement of the Woman's Medical College of Chicago, Session of 1887-8, Chicago: Chas. J. Johnson & Col, Printers and Publishers, 1887.
Hurd-Mead, Kate Campbell. *Medical Women of America*, New York: Froben Press, 1933.

Manual of the Board of Foreign Missions of the Presbyterian Church in the U.S.A., New York: Presbyterian Building, 1904.

Marshall, Clara. Valedictory Address to the Graduating Class of the Woman's Medical College of Pennsylvania, March 11, 1886.

Marshall, Clara. *The Woman's Medical College of Pennsylvania: An Historical Outline*, Philadelphia: P. Blakiston, Son & Co., 1897.

"Medical Missionary among the Omahas," *Lend a Hand* 6, 1891.

Personnel Manual of the Board of Foreign Missions of the Methodist Episcopal Church, ca. 1918.

Woman's Foreign Missionary Society, *Manual for Missionaries and Missionary Candidates*, Boston: Woman's Foreign Missionary Society, Methodist Episcopal Church, 1913.

Woman's Foreign Missionary Society of the Presbyterian Church, *Woman's Work for Woman: A Union Magazine*, January 1880.

Woman's Medical College of Pennsylvania, "Concerning Foreign Missions," 1915.

Woman's Medical College of Pennsylvania, *Scalpel*, 1911.

2. 연구논저

공혜정, 「'버려진 돌'에서 '모퉁이 돌'로-한국의 박에스더와 중국의 캉청 비교-」, 『이화사학연구』 62, 2021.

박정희, 『닥터 로제타 홀』, 다산북스, 2015.

이방원, 「박 에스더(1877-1910)의 생애와 의료선교활동」, 『의사학』 16(2), 2007.

이현주, 「여성 의사와 해외선교-19세기 말에서 20세기 초 내한 미국인 선교사를 중심으로-」, 『이화사학연구』 63, 2021.

케네스 러드미러, 권복규 역, 『치유의 시간』, KMA의료정책연구소, 2023.

토마스 네빌 보너, 유은실 역, 『여의사의 역사』, 한울, 1996.

Abram, Ruth J., ed. *Send Us a Lady Physician: Women Doctors in America, 1835-1920*, New York: W. W. Norton & Company, 1986.

Alsop, Gulielma Fell. *History of the Woman's Medical College, Philadelphia,*

Pennsylvania, 1850-1950, Philadelphia: Lippincott, 1950.

Burgess, Anika. "Student Life at the First Medical College for Women," *Atlas Obscura*, January 4, 2018, https://www.atlasobscura.com/articles/student-life-worlds-first-medical-school-for-women-feminism-health.

Drachman, Virginia G. "The Limits of Progress: The Professional Lives of Women Doctors, 1881-1926," *Bulletin of the History of Medicine* 60(1), 1986.

Fee, Elizabeth, and Theodore M. Brown. "An Eventful Epoch in the History of Your Lives," Images of Health, *American Journal of Public Health* 94(3), 2004.

Fujimoto, Hiro. "Women, Missionaries, and Medical Professions: The History of Overseas Female Students in Meiji Japan," *Japan Forum* 32(2), 2020.

Gamble, Vanessa Northington. ""Sisters of a Darker Race": African American Graduates of the Woman's Medical College of Pennsylvania, 1867-1925," *Bulletin of the History of Medicine* 95, 2021.

Hill, Patricia. *The World Their Households: The American Woman's Foreign Mission Movement and Cultural Transformation, 1870-1920*, Ann Arbor: University of Michigan Press, 1985.

Ingram, Hilary. "Gender, Professionalism and Power: The Rise of the Single Female Medical Missionary in Britain and South Africa, 1875-1925," McGill University, M.A. thesis, 2007.

Minardi, Joseph. "History Matters: Ladies First," *The Local*, April 30, 2018, https://nwlocalpaper.com/history-matters-ladies-first.

Moehling, Carolyn M., Gregory T. Niemesh, and Melissa A. Thomasson. "Shut Down and Shut Out: Women Physicians in the Era of Medical Education Reform," Ostrom Workshop Working Paper, 2019.

Morantz-Sanches, Regina. *Sympathy and Science: Women Physicians in American Medicine*, Chapel Hill: The University of North Carolina Press, 1985.

Peitzman, Steven Jay. *A New and Untried Course: Woman's Medical College and Medical College of Pennsylvania, 1850-1998*, New Brunswick: Rutgers University Press, 2000.

Pripas-Kapit, Sarah Ross. "Educating Women Physicians of the World:

International Students of the Woman's Medical College of Pennsylvania, 1883-1911," Ph.D. dissertation, University of California, Los Angeles, 2015.

Pruitt, Lisa Joy. *A Looking Glass for Ladies: American Protestant Women and the Orient in the Nineteenth Century*, Macon, GA: Mercer University Press, 2005.

Robert, Dana L. *American Women in Mission: A Social History of Their Thought and Practice*, Macon, GA: Mercer University Press, 1997.

Shemo, Connie A. *The Chinese Medical Ministries of Kang Cheng and Shi Meiyu, 1872-1937*, Bethlehem, PA: Lehigh University Press, 2011.

Wu, Judy Tzu-Chun. *Doctor Mom Chung of the Fair-Haired Bastards: The Life of a Wartime Celebrity*, Berkeley: University of California Press, 2005.

3부 9장

1. 1차 사료

에이브러햄 플렉스너, 김선 역. 『플렉스너 보고서: 미국과 캐나다의 의학교육(*Medical Education in the United States and Canada)*』, 한길사, 2005.

Alumni Association of the University of Michigan, *Michigan Alumnus*, vol. VII, 1900.

Alumni Association of the University of Michigan, *The Michigan Alumnus*, vol. LIV, October 4, 1947.

Annual Report of the Woman's Foreign Missionary Society of the Methodist Episcopal Church 1900-1901, Boston: Miss P. J. Walden, 1901.

Baker, Frances J., *The Story of the Woman's Foreign Missionary Society of the Methodist Episcopal Church, 1869-1895*, Cincinnati: Curts & Jennings; New York: Eaton & Mains, 1898.

Draeger, Ida J., "Women as Physicians in the United States 1850-1900: A List of the Publications Issued during the Period Which Are Found in the Library of the Woman's Medical College of Pennsylvania," *Bulletin of the History of Medicine* 16, June 1994.

Huntley, Martha, "Presbyterian Women's Work and Rights in the Korean Mission," *American Presbyterians* 65, 1987.

"Missionaries of the Woman's Foreign Missionary Society, 1869-1919," *Year Book, Woman's Foreign Missionary Society of the Methodist Episcopal Church Being the Fiftieth Annual Report of The Society*. Boston, 1919.

"Sketches of Deceased Methodist Episcopal Missionaries," *Gospel in All Land* 26, 1901.

Smith, Eugene R. ed. *The Gospel in All Lands*, January, 1888.

"Spreading the Christian Light," *Democrat and Chronicle*, 03 November, 1896.

The Greenville Advocate, 24 February, 1904.

Twenty-Fourth Annual Report of the Woman's Foreign Missionary Society of the Methodist Episcopal Church, for the Year 1892-93, Boston: Heathen Woman's Friend, 1893.

Woman's Medical School Northwestern University(Woman's Medical College of Chicago) The Institution and Founders Class History, 1870-1896, Chicago: H. G. Cutler Publisher, 1896.

2. 2차 사료

강선미, 「근대 초기 조선파견 여선교사의 페미니즘: 조선 '신여성'의 특수성 구명을 위한 기초 연구」, 『신학사상』 125, 2004.

김승태 · 박혜진 편, 『내한 선교사 총람 1884-1984』, 한국기독교역사연구소, 1994.

류대영, 『초기 미국 선교사 연구, 1884-1910』, 한국기독교역사연구소, 2000.

박정희, 『로제타 셔우드 홀』, 키이츠, 2018.

손영규, 『코리아, 그대는 아직도 내 사랑』, 예영커뮤니케이션, 2019.

윤정란, 「19세기말 조선의 안방을 찾은 미국 여성의 욕망-여선교사 릴리어스 호턴 언더우드(Lillias Horton Underwood)를 중심으로」, 『사림』 34, 2009.

이만열, 『한국기독교의료사』, 아카넷, 2003.

이방원, 「보구여관(保救女館)의 설립과 활동」, 『의사학』 17(1), 2008.

이현주, 「1910년에서 1930년까지 미국과 한국에서의 "베이비 쇼(Baby Show)"에 관한 소고」, 『미국사연구』 46, 2017.

정미현, 『릴리어스 호턴 언더우드』, 연세대학교 대학출판문화원, 2015.

최금희, 「전라도 지방 최초의 여성 의료선교사 마티 잉골드 연구-기여와 한계: 문화적 배경과 장로회 선교부의 해외선교 정책을 중심으로」, 『선교신학』 17, 2008.

토마스 네빌 보너, 유은실 역, 『여의사의 역사*(To the Ends of the Earth: Women's Search for Education in Medicine)*』, 한울, 1996.

캐서린 안, 김성웅 역, 『조선의 어둠을 밝힌 여성들*(Pioneer American Women Missionaries in Korea)*』, 포이에마, 2012.

Alsop, Gulielma Fell. *History of The Woman's Medical College Philadelphia, Pennsylvania 1850-1950*, Philadelphia: J. B. Lippincott Company, 1950.

Choi, Hyaeweol, *Gender and Mission Encounters in Korea: New Women, Old Ways*, Berkeley: University of California Press, 2009.

Hardiman, David. *Healing Bodies, Saving Souls: Medical Missions in Asia and Africa*, Amsterdam & New York: Rodopi, 2006.

Hill, Patricia. *The World Their Household: The American Woman's Foreign Mission Movement and Cultural Transformation, 1870-1920*. Ann Arbor: The University of Michigan Press, 1985.

Huntley, Martha."Presbyterian Women's Work and Rights in the Korean Mission," *American Presbyterians* 65, 1987.

Hunter, Jane. *The Gospel of Gentility: American Women in Turn of the Century China*. New Haven: Yale University Press, 1984.

Lee, Hyon Ju, "The Gospel through Healthy Bodies: Vaccinations and American Foreign Missionaries to Korea in the Late Nineteenth Century to the Mid-Twentieth Century," *Journal of American Studies* 51(3), 2019.

More, Ellen S., Elizabeth Fee, and Manon Parry eds.. *Women Physicians and the Cultures of Medicine*. Baltimore: Johns Hopkins University Press, 2009.

Noll, Mark A.. *A History of Christianity in the United States and Canada*. Grand Rapids, Michigan: William B. Eerdmans Publishing Company, 2019.

Oak, Sung-Deuk, *Sources of Nursing History of Korea vol. 1: 1886-1911*, Seoul: Korean Nurses Association, 2001.

Robert, Dana L., *American Women in Mission: A Social History of Their Thought and Practice*, Macon: Georgia, Mercer University Press, 1998.

Shim, Gunshik, "Methodist Medical Mission in Korea," *Methodist History* 46(1), 2007.

Thomasson, Melissa A., Caroly M. Moehling, and Gregory T. Niemesh, "Shut Down and Shut Out: Women Physicians in the Era of Medical Education Reform," Ostrom Workshop; Political Institutions and Economic Policy Conference, Indiana University at Bloomington, April 2019

3. 인터넷 검색 자료

American National Biography, https://www.anb.org/view/10.1093/anb/9780198606697.001.0001/anb-9780198606697-e-1201919. Accessed 1 April 2020.

"Lillian Harris," Drexel University College of Medicine Archives& Special Collections, Women Physicians, 1850s-1970s, http://xdl.drexelmed.edu/item.php?object_id=2250&search_param=subject&search_by=Missionaries,%20Medical-Korea&t=womanmd. Accessed 10 October, 2020.

3부 10장

1. 자료

New York Times.

에이브러햄 플렉스너, 김선 역, 『플렉스너 보고서: 미국과 캐나다의 의학교육』, 한길사, 2005.

MacBride, Owen, "An Overview of the Health Professions Educational Assistance Act, 1963-1971," *Report* No. A1., New Brunswick: Robert Wood Johnson Foundation, 1973.

National Research Council(US) Committee on Diet and Health, *Diet and Health: Implications for Reducing Chronic Disease Risk*, Washington(DC): National Academies Press, 1989.

U.S. Department of Interior, Bureau of Education, "Scholarships and Fellowships Grants Available in the United States Colleges and Universities," *Bulletin* 15, 1931.

2. 연구논저

마저리 A. 보먼, 에리카 프랭크, 데보라 I. 앨런 편, 박경아, 이유미 역, 『여성 의사로 살아간다는 것』, 에코리브르, 2011.

토마스 네빌 보너, 유은실 역, 『여의사의 역사』, 한울, 1996.

토마스 네빌 보너, 권복규·최은경·윤현배·정한나 역, 『근대 의학교육의 탄생: 의사 만들기』, 청년의사, 2024.

Ludmerer, Kenneth M., 권복규 역, 『치유의 시간』, 의료정책연구소, 2023.

Cabré, Montserrat, "Toward a History of Us All," Maralee Mayberry, Banu Subramaniam, and Lisa Weasel, eds., *Feminist Science Studies: A New Generation*, London: Routledge, 2001.

Drachman, Virginia G., *Hospital with a Heart: Women Doctors and the Paradox of Separatism at the New England Hospital, 1862-1969*, Ithaca: Cornell University Press, 1984.

Feldstein, Martin, ed., *The American Economy in Transition*, Chicago: University of Chicago Press, 1980.

Greene, John J., "The Health Professions Educational Assistance Act of 1976: A New Prescription?" *Fordham Urban Law Journal* 5(2), 1979.

Hurd-Mead, Kate Campbell, *Medical Women of America; A Short History of the Pioneer Medical Women of America and of a Few of Their Colleagues in England*, New York: Froben Press, 1933.

Hurd-Mead, Kate Campbell, *A History of Women in Medicine: From the Earliest Times to the Beginning of the Nineteenth Century*, Haddam, Conn.: The Haddam Press, 1938.

Jensen, Richard, "Family, Career, and Reform: Women Leaders of the Progressive Era," Michael Gordon, ed., *The American Family in Social-Historical Perspective*, New York: St. Martin's Press, 1973.

Lucey, Catherine R., "Medical Education: Part of the Problem and Part of the Solution," *JAMA Internal Medicine* 173(17), 2013.

Morantz-Sanchez, Regina, *Sympathy and Science: Women Physicians in American Medicine*, Chapel Hill: University of North Carolina Press, 2000.

Morgan, Sandra, "Women Physicians and the Twentieth-Century Women's Health Movement in the United States," Ellen S. More, Elizabeth Fee, and Manon Parry, eds., *Women Physicians and the Cultures of Medicine*, Baltimore: Johns Hopkins University Press, 2009.

More, Ellen S., *Restoring the Balance: Women Physicians and the Profession of Medicine, 1850–1995*(Kindle), Cambridge: Harvard University Press, 1999.

Rogers, Naomi, "Feminists Fight the Culture of Exclusion in Medical Education, 1970-1990," Ellen S. More, Elizabeth Fee, and Manon Parry, eds., *Women Physicians and the Cultures of Medicine*, Baltimore: Johns Hopkins University Press, 2009.

Sicherman, Barbara, *Alice Hamilton: A Life in Letters*, Cambridge: Harvard University Press, 1984.

Terrell, Charles, and James Beaudreau, "3000 by 2000 and Beyond: Next Steps for Promoting Diversity in the Health Professions," *Journal of Dental Education* 67(9), 2003.

Walsh Mary R., *Doctors Needed No Women Need Apply: Sexual Barriers in the Medical Profession, 1835–1975*, New Haven: Yale University Press, 1977.

3. 인터넷 자료

"Anna Howard Shaw," National Women's Hall of Fame, https://www.womenofthehall.org/inductee/anna-howard-shaw/. Accessed 3 May 2024.

"Dr. Martha May Eliot," Changing the Face of Medicine, https://cfmedicine.nlm.nih.gov/physicians/biography_99.html. Accessed 3 May 2024.

Madgett, Katherine, "Sheppard-Towner Maternity and Infancy Protection Act(1921)," Embryo Project Encyclopedia(2017-05-18). ISSN: 1940-5030 https://hdl.handle.net/10776/11503. Accessed 3 May 2024.

찾아보기